21세기 연세 인문학 V

미메시스, 시뮬레이션, 상상력

이윤석 · 김장환 · 양석원
조주관 · 선우환 · 전동열

연세대학교 대학출판문화원

21세기 연세 인문학 V

미메시스, 시뮬레이션, 상상력

지은이 이윤석·김장환·양석원·조주관·선우환·전동열
펴낸곳 연세대학교 대학출판문화원
주 소 서울시 서대문구 연세로 50
http://press.yonsei.ac.kr
ysup@yonsei.ac.kr
전 화 02)2123-3380~2
팩 스 02)2123-8673
등 록 1955년 10월 13일 제9-60호
인 쇄 (주)동국문화

2017년 5월 30일 1판 1쇄
ISBN 978-89-6850-186-9(93800)

값 17,000원

발간사

〈21세기 연세 인문학〉을 발행하며

지식의 대통합을 지향하는 학문의 통섭 혹은 융·복합에 대한 요구가 거세지고 있다. 그 요구의 핵심은 학문들 사이의 소통 단절 내지는 소통 부재를 극복하자는 데 있다. 근대 이전에는 보편적인 학문이 가능했다면, 세계의 탈주술화가 시작된 근대 이후 학문이 더욱 세부적으로 분화되고 전문적인 경향을 띠게 되었음은 부인할 수 없는 사실이다. 이제 그와 같은 개별화와 전문화에 대한 비판적 성찰의 목소리가 높아지면서 넓게는 인문학과 자연과학 간의 소통이 시도되고 있는 상황이다.

그러나 인문학이 사회과학, 자연과학, 예술분야 등과 소통해야 한다는 요구에 부응하는 것보다 더욱 시급한 문제가 있다. 그것은 바로 인문학 자체 내의 대화 부재를 극복하는 일이다. 서로간의 대화가 불가능할 정도로 전공이 세분화되고 그로 인한 소통 단절의 경향은 넓게는 어학과 문학 간의 상호 낯섦에서뿐만 아니라 국문학, 중문학, 일문학 같은 동아시아 관련 학문들 사이의 소원한 관계에서도 드러난다. 이런 현상은 영문학, 독문학, 불문학, 노문학 같은 국가 단위의 외국문학 분야에서는 물론 사학과 철학에서도 마찬가지다. 정약용, 이광수, 공자, 루쉰, 플라톤, 촘스키, 소쉬르, 칸트, 하이데거, 셰익스피어, 괴테, 보들레르, 도스토옙스키 등은 오래 전부터 개개 전공자만이 탐구하고 향유하는 지식의 대상으로 여겨지고 있을 뿐이다. 이렇듯 인문학 내에서 개별 학문이 전문화되는 경향은 한편으로 연구 분야의 심오한 과학적 탐구라는 뜻에서 반가운 일로 여겨졌지만 다른 한편으로 인문학 자체 내의 소통 부재라는 결과를 낳고 말았는데, 이러한 양면성은 인문학 자체가 안고 있는 불편한 진실이 아닐 수 없다.

이제 인문학이 걸어 나가야하는 길이 무엇인지를 모색하지 않을 수 없으며, 그 새로운 전환의 일환으로 〈21세기 연세 인문학〉을 발행하고자 한다. 〈21세기 연세 인문학〉이 여러 상이한 학문이 함께 모여 사유의 일치와 불일치를 주고받는 실험적 대화 공간으로 정착될 것임을 우리는 기대한다.

연세대학교 문과대학

100주년 기념사업

〈21세기 연세 인문학〉 편집위원회

목차

춘향전 연구자들의 상상력

이윤석(연세대, 전 국어국문학과 교수)

I. '판소리'의 발명

현재 중등학교에서 고전소설을 다루면서, 소설『춘향전』은 판소리 <춘향가>의 가사를 옮겨놓은 것이라고 가르치고 있다. 그리고 많은 고전문학 연구자들도 소설『춘향전』은 판소리 <춘향가>에서 나온 것이고, 판소리 <춘향가>는 설화에서 소재를 가져온 것이라는 "설화 → 판소리 → 소설"의 도식을 정설로 받아들이고 있다. 이 판소리계소설 도식은 1950년대에 김동욱의「판소리 발생고」에서 이론적으로 정립되었다고 하지만, 이 이론에 대한 학계의 검증이 이루어진 일은 없다. 1930년 무렵 경성제국대학 학생들을 중심으로『춘향전』에 대한 연구가 시작되면서, 연구자들 사이에서 소설과 판소리 가운데 어느 것이 먼저인가 하는 문제가 논의되었다. 연구자마다 제각기 자신의 의견을 냈는데, 둘 중에 어느 하나가 먼저라고 얘기하거나 또는 상호 영향을 미쳤다고 했다. 그런데 이러한 여러 가지 의견은 학술적 근거를 갖고 있는 것이 아니라 개별 연구자가 갖고 있는 피상적인 견해였을 뿐이었다.

해방 후에 서울대학교에서 이병기가 소설『춘향전』은 판소리 <춘향가>에서 온 것일 가능성이 있다는 내용의 강의를 했고, 이 강의를 들은 학생 중 김삼불, 김동욱, 강한영 등이 이 가설을 실증적으로 증명해나가기 시작했다. 그 중에 대표적인 연구자는 김동욱이다. 김동욱 이전에 김삼불은 학부 졸업논문으로 1949년「신오위장연구서설」을 제출하여 판소리 전반에 걸친 자신의 견해를 내어놓았다. 그러나 이 학부 졸업논문은 간행되지 못했고, 김삼불은 북한으로 갔기 때문에 남한에서는 더 이상 판소리에 대한 그의 견해를 볼 수 없게 되었다. 김동욱은 1955년「판소리 발생고」,「춘향전 이본고」 등의 논문을 발표하면서『춘향전』과 판소리 연구에 가장 정통한 연구자로 평가받기에 이르렀다. 그는 소설『춘향전』은 판소리 <춘향가>의 가사를 옮겨놓은 것이라는 가설을 세우고, 이를 입증하기 위해 상당히 많은 자료를 동원하였다. 그리고 판소리의 가사와 같은 내용의 소설들을 '판소리계소설'이라고 명명하고, 이 판소리계소설은 "설화 → 판소리 → 소설"의 과정을 거쳐서 정착되었다는 주장을 폈다. 이와 같은 김동욱의 주장에 대해 이의를 제기한 연구자가 별로 없었기 때문에, "설화 → 판소리 → 소설"의 판소리계소설 도식은 학계에서 거의 아무런 검증도 이루어진 적이 없이 현재에 이르고 있다.

그러나 김동욱의 이 주장을 정밀하게 검토해보면, 이 문제를 다룬 그의 연구 어디에서도 "설화 → 판소리 → 소설"의 도식을 증명할 수 있는 근거를 제시하지 못했다는 것을 알 수 있다. 많은 자료를 인용하여 작성한 논문들이지만, 소설『춘향전』이 판소리 <춘향가>에서 왔다는 사실을 증명하지는 못했다. 그러므로 판소리 <춘향가>의 가사는 설화를 바탕으로 한 것이고, 이 판소리 가사를 옮겨놓은 것이 소설『춘향전』이라는(즉, 판소리계소설은 "설화 → 판소리 → 소설" 도식으로 설명할 수 있다는) 김동욱의 주장은 실증적으로 증명된 것이 아니었다. 그때까지 판소리와 소설의 관계에 대한 연구자들의 의견과 마찬가지로 김동욱의 판소리계소설 도식은 자신의 피상적 견해를 얘기한 것인데, 다른 연구자와 차이점이 있다면, 여기에 『춘향전』의 성립은 이렇게 되었으면 좋겠다는(또는 되지 않으면 안 된다는) 자신의 희망사항을 집어넣은 것이었다.

김동욱 외에 주목할 연구자는 서울대학교에서 김동욱과 함께 공부한 강한영이다. 강한영은 신재효의 자료를 집중적으로 연구하면서, 김동욱과 마찬가지로 소설 『춘향전』은 판소리 <춘향가>에서 온 것으로 보았다. 김동욱과 강한영의 연구는 많은 자료를 바탕으로 한 실증적 연구처럼 보이지만, 이들이 연구에 동원한 많은 자료들이 "설화 → 판소리 → 소설"의 도식을 증명할 수 있는 것은 아니었다. 이들의 연구는, 소설 『춘향전』은 판소리 가사를 적어놓은 것이 아니면 안 된다는 자신들이 갖고 있던 직관적 판단을 보완하는 정도였다. 1950년대에 나온 이와 같은 판소리 연구에 대한 반론이 거의 없었던 가장 큰 이유는, 당시에 반론을 제기할 만은 역량을 갖춘 연구자가 없었다는 점과 함께, "설화 → 판소리 → 소설"의 도식이 세계적인 보편성을 갖는 이론이라는 김동욱의 주장이 환영을 받았기 때문이다. 그러나 판소리계소설 도식은 아무 근거가 없고 이론상으로도 결함이 있으므로, 판소리와 소설의 관계에 대한 학계의 통설은 면밀히 검토할 필요가 있다.

1960~70년대 대학을 중심으로 한국사회가 전통문화에 대한 관심을 갖기 시작하면서 판소리는 전통문화의 하나로 각광받게 된다. 특히 1964년 판소리 다섯마당이 국가무형문화재로 지정되고, 2003년 유네스코 인류구전 및 무형유산 걸작으로 한국의 판소리가 선정되면서 '민족의 고전' 『춘향전』은 소설가가 창작한 소설이 아니라 판소리 창자가 부르는 <춘향가>의 가사를 옮겨놓은 것이라는 설이 거의 정설이 되다시피 했다.

그러나 이와 같은 『춘향전』에 대한 이해는 완전히 잘못된 것으로, 소설 『춘향전』은 판소리 가사를 옮겨놓은 것이 아니라 소설가가 창작한 작품이다. 다만 언제 누가 『춘향전』을 썼는지는 알 수 없다. 조선후기에 나온 수백 편의 한글소설은 모두 작자와 창작시기를 알 수 없는데, 『춘향전』도 그런 소설 가운데 하나이다.

필자는 이 글에서 소설 『춘향전』은 판소리 <춘향가>의 가사를 옮겨놓은 것이라는 판소리계소설 도식의 문제를 지적하고, 판소리 <춘향가>는 소설 『춘향전』의 내용을 노래로 부르는 것에서 출발한 것임을 논증할 것이다.[1] 그리고 『춘향전』 형성의 과정에서 소설이 노래의 가사를 옮겨놓은 것이라는 잘못을 저지르게 된 한 요인으로 연구자들의 상상력을 검토해보려 한다. 예술가의 창작 과정에서 상상력이 어떻게 발휘되는가 하는 문제에 대해서는 많은 연구가 있다. 그런데 상상력은 예술가의 창조행위에서만 중요한 것이 아니라 학술연구자의 연구에 있어서도 매우 중요한 요소이다. 예술가가 발휘하는 상상력은 지식이나 사실에 바탕을 둘 필요가 없을지도 모르겠지만, 학술연구자가 상상력을 발휘하기 위해서는 반드시 정확한 지식이 필요하다. 연구자의 상상력은 가설을 세우는 과정에서나, 또는 가설을 증명해나가는 과정에서 동원된다. 가설을 세우는 단계에서는 연구자의 자유로운 상상력이 아무 문제가 되지 않지만, 가설을 증명하는 단계에서 발휘된 상상력은 반드시 정확한 근거를 통해서 입증되어야 한다. 증명하는 단계에서도 정확한 근거를 토대로 하지 않고 상상력에만 의존하게 된다면, 그러한 연구는 대부분 잘못될 수밖에 없다. 특히 특정한 목적을 위해서 연구자가 상상력에 의지해서 연구를 한다면, 그 연구는 객관적인 결과를 얻

1 판소리는 노래이므로 판소리라는 장르는 음악의 한 분야이다. 판소리를 문학 연구자들이 다룬 이유는, 판소리 가사에 소설과 비슷한 내용이 많기 때문이다. 그러나 판소리 가사에 소설의 내용이 들어 있다고 해서 판소리가 문학 연구의 대상이 되는 것은 아니다. 그동안 문학연구자들이 판소리를 다루면서 저지른 근본적인 잘못은, 판소리 창자들이 자신이 부르는 노래의 가사를 어디서 어떻게 가져왔는가 하는 측면에서 접근하지 않고, 판소리라는 음악이 새로 생겨난 것처럼 생각했다는 점이다. 이런 식의 문학 연구자들의 판소리에 대한 접근은, 판소리의 기본적 속성인 음악적인 부분을 도외시하게 되는 결과를 낳았다. 노래에서 중요한 것은 창자의 역량과 선율이지 가사의 내용은 아니기 때문이다.

기 어렵다.

한국고전문학 연구는 국내에서도 고전문학 연구자들끼리만 관심을 갖고 있는 분야이기 때문에, 고전문학 연구자 사이에 논란이 있는 문제라 하더라도 다른 분야의 연구자가 검증하기 어려운 면이 있다. 더군다나 세계적인 연구주제가 아니므로 외국인 연구자가 관심을 갖지도 않는다. 그렇기 때문에 한국고전문학 분야의 연구성과는 객관적인 검증이 이루어지기 어려운 면이 있다. 그러나 한국고전문학 연구에 외부 연구자들이 관심을 갖게 되고, 이들의 객관적인 시선이 한국고전문학 연구 안으로 들어오게 되면 사정은 달라질지도 모른다.[2]

판소리는 2003년 <유네스코 인류구전 및 무형유산걸작>으로 등록되었다. 유네스코한국위원회의 인류무형문화유산 소개 사이트에서는 판소리를 다음과 같이 정의해놓았다.

> 판소리는 한 명의 소리꾼이 고수(북치는 사람)의 장단에 맞추어 소리(창), 아니리(말), 너름새(몸짓)을 섞어가며 구연(口演)하는 일종의 솔로 오페라다. '판소리'는 '판'과 '소리'의 합성어로 '소리'는 '음악'을 말하고 '판'은 '여러 사람이 모인 곳' 또는 '상황과 장면'을 뜻하는 것으로 '많은 청중들이 모인 놀이판에서 부르는 노래'라는 뜻이다.

그러나 '판소리'를 "판+소리"라고 말하는 것은 판소리에 대한 거의 아무런 설명도 되지 않는다. 이렇게 '판소리'를 "판+소리" 이상으로 정의할 수 없다는 사실은 판소리에 대해서 우리가 아는 것이 별로 없다는 것을 잘 보여준다. 유네

2 이러한 예로『홍길동전』을 들 수 있다. 2016년에 Penguin Classics 시리즈의 하나로 *The Story of Hong Gildong*이 간행되었다. 그런데 이 책에서는『홍길동전』의 작자를 허균이라고 하지 않았다.

스코의 판소리 정의는 2003년 현재 공연되고 있는 판소리의 모습을 보여주는 것이라고 말할 수 있다. 예를 들면 국립극장에서 매달 열리고 있는 판소리 완창(完唱) 공연 같은 것이다. 이 판소리 완창 공연을 전통적인 판소리의 모습이라고 생각하는 사람들이 많겠지만, 사실은 1968년 박동진이 처음 시작한 것이다.[3] 짧게는 3시간에서 길게는 8시간 정도 혼자서 노래를 부르는 판소리 완창은, 20세기 중반까지는 없던 형식이었다. 현재 우리가 쓰고 있는 '판소리'라는 용어는 과거부터 써온 용어가 아니라 현재의 판소리 공연을 지칭하는 용어일 뿐이다. 예를 들어 "19세기의 판소리"라고 했을 때 19세기에 현재와 같은 판소리 공연이 있었는지 없었는지 알 수 없으므로 정확한 표현이라고 말하기 어렵다.

판소리를 전문으로 하고 있는 연구자들도 '판소리'라는 용어가 언제 처음 쓰였으며, 그 때의 의미는 무엇이었는지 정확하게 말하지 못하고 있다. 필자는 1912년에서 1915년 사이의 <매일신보> 연예 기사에서 '판소리'라는 단어의 용례를 조사하여 이 용어가 어떤 의미로 쓰였는지 살펴본 바가 있다.[4] <매일신보> 연예 기사를 보면, '독창판소리'도 있고, '병창판소리'도 있으며, '판소리'도 있다. 그러므로 현재 유네스코에서 말하는 "한 명의 소리꾼"이 노래한다는 판소리의 정의는 20세기 초에도 꼭 들어맞는 말은 아니다.[5] 20세기 초에 '판소리'라는 용어가 이렇게 다양하게 쓰이고 있었는데, 이것이 20세기 초에 새로 나타난 것인지, 그렇지 않으면 19세기에도 이런 식으로 불리던 것인지도 알 수 없다.

판소리 연구에서 부딪치는 가장 큰 난관은 20세기 이전의 자료가 거의 없다는 점이다. 20세기 이전에 쓰인 '판소리'라는 단어의 용례는 아직 보고된 바가 없는데, 이것은 '판소리'라는 용어가 20세기에 들어와서 새로 만들어진 용어일

---

3 최동현, 「판소리 완창의 탄생과 변화」, 『판소리연구』 38집, 판소리학회, 2014.

4 이윤석, 「고수관이 부른 노래는 판소리인가」, 『열상고전연구』 35집, 열상고전연구회, 2012.

5 '병창판소리'는 악기를 타면서 부르는 판소리라는 의미도 있지만, 여기서는 '산옥옥엽의병창판소릐'(1914년 3월 3일자)처럼 산옥과 옥엽 두 사람이 부르는 판소리라는 의미이다.

가능성이 있음을 시사하는 것이다. 그러나 판소리 연구자들은 이런 문제에 별로 관심을 갖지 않고 있을 뿐 아니라, 심지어 '판소리'라는 용어의 외연을 아주 넓혀서, 20세기 이전의 다양한 형태의 1인창 민속악을 모두 '판소리'로 묶어서 쓰기도 한다. 20세기 초 이전의 판소리가 무엇이었는지 알 수 없으므로, 판소리 역사는 정리할 수 없다. 그러나 판소리에 대한 수많은 연구가 지금도 이루어지고 있는데, 이런 연구는 20세기 중반의 판소리 공연에서 이루어지는 판소리 형태가 19세기나 18세기에도 같은 형식과 내용으로 있었을 것이라는 전제 아래 진행되고 있는 것이다.

최초의 판소리 관련 저서는 1940년에 나온 정노식의 『조선창극사』로, 이 책은 당대 판소리 창자들이 전하는 내용을 중심으로 엮은 것이다. 판소리 연구 초기에는 이 책 이외에 참고할만한 것이 없었으므로, 연구자들이 이 책에 의존할 수밖에 없었다. 그러나 여러 가지 판소리 관련 자료가 알려진 1990년대부터 이 책을 판소리 연구의 자료로 쓰는 데는 문제가 있다는 것이 알려졌다. 그럼에도 불구하고 2000년대에 들어와서도 자신의 판소리 논의를 전개해나가는데 도움이 될 수 있다고 생각하면 『조선창극사』를 인용하는 연구자들이 많이 있다.[6]

판소리를 구전예술이라고 하나, 판소리는 구전으로 전승되는 민요 같은 것과는 다르다. 판소리는 고도로 훈련을 받은 성악가가 철저한 도제식 수업을 통해서 전승시켜 온 것이고, 그 가사는 스승에게서 제자에게 전해질 때 한 글자도 틀리지 않고 정확하게 전달되어 왔다. 현재 판소리를 배우는 사람은 인쇄된 가사를 보고 배운다. 이와 같이 전문 성악가가 부르는 장르인 판소리를 구전예술

6 『조선창극사』는 조금만 자세히 보아도 연구의 자료로 쓰기 어렵다는 것을 금방 알 수 있을 정도로 연구 자료로서는 문제가 있는 책이다. 그러나 많은 판소리 연구자들이 이 책의 내용을 무비판적으로 받아들여서, 이 책에 들어 있는 내용을 정확한 사실이라고 여기면서 인용하고 있다. 20세기 이전의 판소리가 무엇인지에 대해서 정확하게 알 수 없는 상황에서 판소리에 관련된 수많은 논문과 저서가 간행되고 있으며, 한두 연구자의 개인적인 의견이었던 것이 교과서에 실려서 판소리의 통설을 만들었다.

로 인식하고 접근하는 것은 판소리에 대한 이해를 그르친 여러 요인 가운데 하나이다. 판소리를 세계적인 보편성을 갖고 있는 구전문예물의 하나로 만들고 싶어 한 연구자들의 욕구는 결국 존재하지 않았던 것을 존재했던 것처럼 만들었다.

판소리 연구사를 훑어보면, 판소리 연구는 처음부터 연구자들의 상상력을 바탕으로 이루어졌음을 알 수 있다. 초기의 연구에서부터 지금까지 판소리에 커다란 영향을 주었을 뿐만 아니라, 판소리를 거의 새로 만든 인물처럼 알려진 신재효에 대해서도 정밀하게 검토할 필요가 있다. 특히 신재효가 정리한 것으로 알려진 '여섯 마당' 자료는 그가 창작한 것은 아니다. 그러므로 신재효가 창작한 것으로 잘못 인식되고 있는 '여섯 마당'에 대해서도 그 원천이 무엇인가 하는 점은 앞으로 밝혀야 할 중요한 과제이다.

판소리와 관련된 용어 가운데 '열두마당'이 있는데, 이것은 판소리에는 열두 개의 레퍼토리가 있었다는 말이다. 그런데 지금 불리고 있는 판소리는 <춘향가>, <흥보가>, <심청가>, <토별가>, <적벽가> 등 다섯 개다. 판소리 연구자와 창자 중에는 잃어버린 판소리 일곱 마당을 복원하려는 노력을 기울이고 있는 사람들이 있다. 원래 판소리에 열두 마당이 있었는데, 현재는 다섯 마당만 남아 있고 일곱 마당은 없어졌다면, 사라진 일곱 마당을 찾아서 복원하려는 이들의 노력은 의미가 있다. 그러나 애초에 판소리에는 열두 마당이라는 것이 없었다면, 이들의 노력은 새로운 전통을 창조하려는 노력이라고 말할 수밖에 없다.

'판소리 열두마당'이라는 용어가 언제부터 쓰였는지는 분명하지 않으나, 열두마당의 근거로 삼는 것은 송만재의 「관우희」와 윤달선의 「광한루악부」이다. 「관우희」는 1955년 이혜구에 의해 처음 소개되었고, 「광한루악부」는 1939년 학예사에서 펴낸 『원본춘향전』에 부록으로 실려 있다. 그런데 「광한루악부」와 「관우희」에는 판소리 작품의 이름이 나타나지는 않는다. 「광한루악부」에는 '雜歌十二腔'이라고 해서 "잡가에 열두 곡이 있다."고 했고, 「관우희」에는 작품명은 없고 노래의 내용을 시로 쓴 것이 있을 뿐이다. 판소리 열두 마당이라는 용어와 작품명을 처음 언급한 자료는 정노식의 『조선창극사』로, "광대의 판소리에는 十二판(或云마당)이 있는데"라고 하여 "판소리 열두마당"이라는 용어와 작품명이 나온다.

「관우희」는 1840년 무렵에 쓴 것으로 추정되는 50수의 한시이고, 『조선창극사』는 1940년에 간행된 저서이다. 판소리 열두마당의 정확한 제목을 제시한 자료는 『조선창극사』이므로, 판소리 열두마당은 1940년 당시 창극을 하는 사람들 사이에서 쓰인 용어이다. 「관우희」에는 여러 가지 연희의 내용이 들어 있다. 「관우희」를 처음 소개한 이혜구가 이 작품에 들어 있는 시 열두 수를 판소리 열두마당과 연관시킨 것은, 다분히 『조선창극사』에서 거론한 판소리 열두마당의 영향이라고 볼 수 있다. 국악의 장르 가운데는 12라는 숫자와 관련이 있는 것이 몇 가지 있는데, 12잡가, 12가사 등이다. 12잡가와 12가사라는 국악 용어가 언제부터 쓰였는지는 분명하지 않으나, 19세기말 이전에 이런 용어가 없었다는 것은 잘 알려진 사실이다. 판소리 열두마당도 12가사나 12잡가와 마찬가지로 20세기에 들어와서 생겨난 용어일 가능성이 크다.

판소리 연구자들은 현재 가사와 노래가 전하는 다섯 마당 이외의 나머지를 '실전 판소리'라고 부른다. '실전 판소리'는 기왕에 있었던 것이 없어졌다는 의미로 사용되는 용어인데, 이런 발상의 기저에는 19세기에 분명히 있었다는 '판소리 열두마당'의 신화가 있다. 이와 같이 잃어버린 전통을 찾아내려고 애쓰는 것은 근대의 한 특징이기도 하다. '실전 판소리'라는 용어는, 완벽했던 판소리가 시간이 지나면서 훼손되었다는 의미를 갖는 것으로, 원형을 복원하려는 의도로 만들어진 용어이다. 판소리학회 홈페이지에는 다음과 같은 내용이 있는데, 여기서는 판소리를 잃어버리게 된 요인으로 민중이 선택하지 않았다는 것을 들었다.

판소리는 본래 열두 바탕이었다가, 20세기로 넘어오는 시기에 일곱 바탕이 전승에서 탈락하고 다섯 바탕만이 남게 되었는데, 이렇게 된 데는 여러 가지 원인이 있을 수 있겠으나, 결과적으로는 민중이 선택을 하지 않았기 때문이다. 일제강점기까지 인기가 있어 음반으로도 다수 제작되었던 중고제 판소리도 민중들의 선택을 받지 못해서 사라졌다.[7]

이러한 발상은 판소리 연구의 실상이 무엇인지를 잘 보여준다. "이야기를 노래로 하는 전통예술인 판소리"[8]는 19세기 이전까지는 12개의 레퍼토리가 있었으나, 20세기에 들어오면서 그 가운데 일곱 개를 잃어버리고 다섯 개만 남았다는 것이다. 이것은 판소리 연구가 사실을 바탕으로 한 지식이 영역이 아니라 상상력을 통한 창조의 영역에서 이루어지고 있음을 보여준다.

II. 춘향전의 작자 및 원본 탐색

초기의 연구자들은『춘향전』의 작자와 원본이 무엇인가 찾는데 힘을 쏟았으나, 이러한 노력은 모두 성공하지 못했다. 김태준은,

나는 작자의 고정(考定)에는 완전히 실패하였다. 실은 어느 어느 일 개인을 집어들고 고증하려함이 어리석음을 느꼈다. 오늘날의 춘향전은 적어도 숙종 이후에 많은 사람의 손에 전사(傳寫)되고 보철(補綴)되었을 것이며 최근에 와서도 상기(上記)한 수종(數種)이 있음을 보지 않느냐? 어느 문호(文豪)의 소한(消閑)의 여

7 http://www.pansori.or.kr/modules/doc/index.php?doc=non_05&___M_ID=86 판소리학회 홈페이지.

8 판소리학회 엮음,『판소리의 세계』, 문학과지성사, 2000, 15쪽

업(餘業)으로써 기술하였을 춘향전이며 상류사회가 승인치 아니하는 염정소설(艶情小說)이었기 때문에 그 작품이 그만큼 걸출(傑出)이고도 아무 문헌에도 보여주지 아니한다.[9]

라고 하여 『춘향전』은 작자를 알 수 없을 뿐 아니라, 언제 어떤 과정을 통해서 만들어졌는지도 밝혀낼 수 없음을 말했다. 막연하게 숙종 이후에 나왔을 것이라는 추측을 했지만, 이렇게 얘기할 수 있는 근거를 제시한 것은 아니었다. 김태준에 앞서 김종무도 다음과 같이 말했다.

「춘향전」의 작가와 창작연대는 알려져 있지 않다. 창작연대의 문제는 작품 속의 여러 가지 사실로부터 추측해 보면, 이조시대임을 알 수 있지만 정확히 언제인가 하는 문제는 억단(臆斷)할 수 없다. 임의로 이조 2백년 경에 만들어진 것으로 간주하고자 한다.[10]

이처럼 『춘향전』 연구 초기부터 『춘향전』의 작자를 찾는 일은 불가능하다는 것을 알고 있었기 때문에, 이 작품의 창작연대도 추정 이외의 다른 방법이 없었다. 그러므로 『춘향전』이 나온 시기를, 1600년 경이라든가 숙종 이후라든가 하는 막연한 추측에 그칠 뿐이었다. 작품 분석을 위한 가장 기본적 정보인 작자와 창작시기를 알 수 없다는 사실 이외에도, 『춘향전』의 많은 이본 가운데 어떤 것을 작품 분석의 대본으로 사용해야 할 것인가도 또 다른 문제였다. 가능하면 원본을 찾아내서 작품 분석을 하고 싶었기 때문에, 연구자들은 『춘향전』 이본에 관해서도 관심을 갖게 되었다. 그러나 초기의 연구자들은 조선시대 한글소설이

---

9 김태준, 『조선소설사』, 청진서관, 1933. 146-147쪽.

10 김종무, 「아관춘향전」, 경성제국대학 예과 문예부, 『청량』 6집, 1928. 46쪽.

어떻게 나타나게 되었는지에 대해서 거의 아무런 지식이 없었으므로, 『춘향전』의 원본이 무엇인가를 추정하는 데는 일정한 한계가 있을 수밖에 없었다. 게다가 이들이 『춘향전』을 연구하던 1930년대에 연구자들이 볼 수 있던 『춘향전』 이본은 매우 적어서, 이들이 본 『춘향전』 이본만으로는 『춘향전』 이본 전체의 상을 그려낼 수 없었다.

1930년대에 연구자들이 볼 수 있었던 『춘향전』 이본은 약 20종 정도 되는데, 경판본 1종과 완판본 1종, 그리고 몇 종의 필사본과 1912년 이후의 활판본뿐이었다. 이 정도로는 『춘향전』 이본의 계통을 파악하기 어렵다. 현재까지 알려진 『춘향전』 이본은 100종이 넘는데, 이를 내용에 따라 분류하면 아래와 같이 크게 셋으로 나눌 수 있다.

서울의 『춘향전』: 세책 및 방각본(경판본) 여러 종.

전주의 『춘향전』: 방각본(완판본) 여러 종.

1912년 이후의 활판본 『춘향전』: 이해조의 『옥중화』, 최남선의 『고본춘향전』 등 다수.

서울의 『춘향전』 중 세책은 소설을 빌려주던 세책집에서 빌려주던 책을 말한다. 그리고 경판본은 세책의 내용을 축약한 목판인쇄본이다. 경판 『춘향전』은 1850년 무렵부터 나왔으므로, 이 경판본이 저본으로 삼은 세책 『춘향전』은 그 이전에 이미 유통되었다고 보아야 한다. 완판본은 전라도 전주에서 간행된 목판인쇄본으로 현재 4종이 알려져 있는데, 대체로 1900년 무렵에 제작된 것이다. 『옥중화』는 기존에 알려진 『춘향전』 내용을 토대로 이해조가 개작한 것으로, 고소설을 활판인쇄로 간행하는 단초가 된 작품이다. 그리고 『고본춘향전』은 최남선이 서울의 세책을 바탕으로 개작한 것이다.

앞에서 얘기한 대로 1930년대 연구자들이 볼 수 있었던 『춘향전』 이본은 대부분 20세기에 들어와서 나온 것이므로, 이런 정도의 이본만으로는 『춘향전』 이본의 계통을 정확하게 파악하기 어려웠다. 특히 1912년부터 간행된 활판본 『춘향전』 가운데 가장 많이 팔린 것은 이해조가 개작한 『옥중화』인데, 이 『옥중화』를 저본으로 개작한 작품도 상당히 많았다. 이런 사실은 1930년대 연구자들도 알고 있었으므로, 원본을 탐색할 때 활판본 『춘향전』은 고려 대상이 될 수 없었다. 활판본으로 간행된 고소설은 대부분 서울의 세책이나 방각본을 그대로 옮겨놓은 것이었으나, 『춘향전』만은 이해조의 『옥중화』나 최남선의 『고본춘향전』 같이 선행 작품을 개작한 것이 소설시장에서 주류를 이루었다.

1939년 임화와 조윤제는 각기 문고본 『춘향전』을 간행했는데, 두 사람은 각 책의 '일러두기'에서 『춘향전』의 원본에 대한 자신의 견해를 다음과 같이 말했다.

> 본 판본 표제명 「열녀춘향수절가라」라는 구(句)는 소설 서두에 붙은 제목을 그대로 부르는 것으로 항칭(恒稱) 전주토판(全州土板)이라 하는 것인데 유포본(사본, 판본, 활자본) 중 최고(最古)의 것이라 사유되는 것으로 전문가 간에서 약 80년 전후의 것이 아닌가 추정한다. 오인(吾人)의 열독에 의하여도 목판본이 현행 유포본 중의 웅(雄)인 「고본춘향전」(신문관)에 비하여 훨씬 전의 것임은 그 양본 중에 나오는 의식 기완(器玩), 기타 문장과 인용가사, 형용구 등 여러 점으로 보아 명백하다. 더욱이 「고본춘향전」 서장은 육당 최남선씨 자신의 가필임을 씨의 입으로 명언한바 있고 그 외의 부분에도 윤색이 상당한 개소에 미쳤으리라고 보아진다.[11]

> 나의 교주본의 저본으로는 특히 완판본의 열녀춘향수절가를 택하였다. 이것은 앞에서도 말한 바와 같이 원본으로는 경판본 춘향전에 있어 도리어 그 가치를

11 조선문고, 『원본춘향전』, 학예사, 1939.

볼 수가 있을지 모르나, 춘향전의 춘향전다운 점은 암만하여도 그 희곡적 방면에 있는듯하고, 또 우리들 생활에 가장 깊이 침윤하여 온 춘향전도 또한 그것이 아닐까 하는 단순한 나의 우감(愚感)에서 나온 것에 지나지 못하거니와[12]

임화는 완판84장본이 가장 오래된 『춘향전』이라는 생각을 갖고 있었고, 이 책이 1860년 전후해서 나온 것으로 추정했다. 조윤제는 경판16장본을 『춘향전』의 원본계열로 보았다. 두 사람 모두 목판인쇄로 간행된 책을 가장 오래되었거나 원본으로 보았다는 사실은 흥미 있는 일이다. 목판인쇄로 간행된 완판본과 경판본은 근대적인 활판인쇄로 간행된 『춘향전』에 비해 훨씬 오래 된 것 같은 인상을 주었으므로, 초기 연구자들은 자신들이 직접 본 완판84장본 『열녀춘향수절가』나 경판16장본 『춘향전』을 원본이라고 생각했다. 경판본과 완판본은 여러 가지가 있는데, 경판본 가운데는 19세기 중반에 나온 것도 있다. 그러나 초기 연구자들이 볼 수 있었던 목판본은 이런 오래 된 것이 아니라, 1900년 무렵에 나온 가장 늦은 판본이었다.

서양에서 발명한 활판인쇄술은 일본을 통해 19세기 말에 조선에 들어와서, 1910년대에 이르러 이전의 목판인쇄를 완전히 대체하게 된다. 1930년대 조선의 연구자들은 이미 활판인쇄물에 익숙한 사람들이었으므로, 목판인쇄물은 이미 과거의 유물로 여겨졌다. 1939년에 학예사와 박문서관에서 간행한 문고판 『춘향전』은 모두 완판84장본을 저본으로 한 것이었다. 학예사에서는 완판84장본이 원본에 가까운 것이라고 판단했기 때문에 이 완판84장본을 간행한 것인데 비해, 박문서관에서는 완판84장본보다는 경판16장본이 원본에 가까울 것이라고 생각하면서도 완판84장본의 교주본을 출판했다. 이처럼 원본이 아닐 가능성이 있다는 것을 알면서도, 박문서관은 완판84장본이 가장 재미있는 『춘향전』이

12 조윤제, 『춘향전』, 박문서관, 1939.

라고 판단했다는 것도 흥미 있는 일이다.

현재 중등학교에서 배우는 『춘향전』은 주로 완판84장본이다. 완판84장본이 『춘향전』의 대표적인 이본으로 자리 잡게 된 이유는, 초기 연구자들이 완판84장본을 가장 오래된 『춘향전』 내지는 가장 훌륭한 내용을 갖고 있는 이본으로 이해했기 때문이다. 완판84장본이 20세기 초에 간행된 것이라는 사실은 이제 연구자들 사이에서는 상식이지만, 1950년대까지는 완판84장본이 매우 오래된 『춘향전』 이본이라고 생각했다. 이렇게 생각한 이유는, 초기 연구자들이 서울의 세책과 경판 방각본 『춘향전』에 대해서 거의 모르고 있었기 때문이다.

1933년에 나온 김태준의 『조선소설사』는 근대적 학문 연구방법을 대학에서 배운 세대의 연구서이다. 그런데 이 시기는 고소설이 가장 많이 간행되고 가장 많이 읽힌 시기이다. 고소설의 하나인 『춘향전』도 이 시기에 가장 많이 읽히게 된다. 1930년대에 『춘향전』은 과거의 소설이 아니라, 바로 당대에 읽히고 있던 작품이었다. 그러므로 1930년대에 『춘향전』을 연구한 연구자들은 과거의 작품을 연구한 것이 아니라 바로 당대에 유행하는 인기 있는 작품을 연구한 것이다. 그러나 김태준은 『춘향전』 연구를 당대 문학의 연구라고 생각하지 않았다. 이것은 조윤제도 마찬가지였다. 김태준을 비롯한 당시의 연구자들은, 자신들이 살고 있던 바로 그 시대에 가장 많이 읽히고 있는 소설 『춘향전』을 연구하면서, 이를 당대 문학의 연구라고 생각하지 않고 고전문학 연구라고 생각했다. 초기 연구자들은 고소설의 전통을 만들어내기 위해, 현재 유행하는 작품을 과거의 것이라고 생각하는 기묘한 상상을 해냈다. 1920-30년대 식민지 조선의 소설 시장에서 고소설은 근대소설에 비해 그 판매량이 비교할 수 없을 정도로 많았다. 그러나 고소설을 현재의 문학으로 생각한 연구자는 아무도 없었다.

서울의 세책에 대해서 잘 알고 있던 최남선은 1913년 서울 향목동 세책집에서 빌려주고 있던 세책 『춘향전』을 개작해서 『고본춘향전』을 냈지만, 이 『고본춘향전』은 이해조의 『옥중화』만큼의 인기를 얻지 못했으므로 많이 팔리지 않았다. 최남선은 자신이 개작해서 출판한 『고본춘향전』의 원천이 세책이라는 사실을 어디에서도 말하지 않았다. 1930년대에 『춘향전』 연구자들이 『춘향전』 이본을 수집하기 시작했을 때, 전통적인 세책집에서 빌려주던 세책이나 19세기에 간행된 경판 방각본 『춘향전』은 이미 구해볼 수 없었다. 이들은 오래된 『춘향전』을 찾으려고 애썼는데, 그 과정에서 이들의 눈에 띈 것이 완판84장본이다. 목판본으로 간행된 완판84장본은 『옥중화』를 비롯한 수많은 활판본 『춘향전』에 비하면 고색이 창연한 옛날 책으로 보였다. 1939년 두 출판사에서 동시에 완판 84장본을 간행하게 되자, 완판 84장본은 전주라는 한 지역에서 읽히던 소설에서 전국적으로 알려진 학술 텍스트가 되었다.

1945년 해방 이후에 많은 대학이 한꺼번에 생겨나면서 거의 모든 대학에 설치된 국어국문학과에서 고전문학 강독의 교재로 『춘향전』을 썼는데, 이때 교재로 쓴 것은 모두 완판84장본이었다. 저명한 고전문학 연구자들이 여러 종의 완판 84장본 주석서를 간행했다.[13] 해방 이후 완판84장본이 『춘향전』 이본 중에서 가장 중요한 자리를 차지하게 된 데는 대학에서 '고전소설' 강독의 교재로 선택한 『춘향전』 이본이 완판84장본이었다는 사실이 가장 중요한 역할을 했다. 그리고 대학에서 배운 사람들이 중등학교 교사가 되어 학생을 가르칠 때 자신들이 배운 완판84장본을 또 가르쳤기 때문에 『춘향전』이라고 하면 바로 완판84장본을 가리키게 되었다.

1950년대 라디오가 전국적으로 보급되고 영화산업이 활발해지면서 고소설

13 김태준, 『원본춘향전』, 학예사, 1939.
조윤제, 『춘향전』, 박문서관, 1939.
김사엽, 『춘향전』, 대양출판사, 1952.
이가원, 『춘향전』, 정음사, 1957.
조윤제, 『교주 춘향전』, 을유문화사, 1957.

은 대중오락으로서의 자리를 이들에게 내주지만, 고소설『춘향전』은 대학에서 고전문학으로 자리를 잡는다. 그리고 그 중심에 완판84장본『열녀춘향수절가』가 있게 된다. 이미 고전이 된 소설『춘향전』은 1960년대 이후 판소리의 부흥과 함께 다시 주목을 받게 된다.

판소리 <춘향가>의 가사를 옮겨놓은 것이 소설『춘향전』이라고 얘기할 수 있었던 가장 중요한 근거는, 완판84장본『열녀춘향수절가』와 판소리 가사가 비슷하다는 점이었다. 상당수의 판소리 창자가 부르는 <춘향가>의 가사는 완판84장본과 비슷하기 때문에 판소리 가사를 옮겨놓은 것이 완판84장본이라고 했으나, 사실은 그 반대이다. 즉, 완판84장본『열녀춘향수절가』는 판소리 <춘향가>의 가사책이다. 판소리 창자들이 <춘향가>를 배울 때 그 가사는 주로 완판84장본과 같은 내용이었다. 결국 이 문제도『춘향전』 연구자들이 서울의 세책이나 경판본『춘향전』에 대해서 잘 알 수 없었기 때문에 일어난 것이다. 서울의 세책『춘향전』은 판소리와는 아무런 관련이 없는 개인 작자의 창작이다. 그리고 이 세책『춘향전』에서 서울과 전주의 방각본이 나왔으므로, 완판84장본도 결국 서울의 세책『춘향전』에서 파생된 것이다.

III. 소설과 판소리 관계

소설『춘향전』과 판소리 <춘향가> 가운데 어떤 것이 먼저인가 하는 문제를 해결할 수 있는 근거는 판소리 연구 초기에 이미 다 알려졌다. 현재 판소리 다섯 마당의 하나인 <적벽가>는 중국소설『삼국지연의』의 한 대목을 노래로 부르는 것으로, 가사는 물론 한문이 아니라 한글이다. 판소리 <적벽가>는 명백하게 한글번역소설의 내용을 노래로 부르는 것이다. 이렇게 판소리 <적벽가>는 번역소설『삼국지연의』의 한 대목을 노래로 만든 것이므로, 판소리 적벽가의 원천은 한글로 번역한 『삼국지연의』이다. 그러나 판소리 연구자들은, 판소리계소설은 판소리 가사를 옮겨놓은 것이라는 판소리계소설 도식에 적벽가를 맞추기 위해서 다음과 같이 설명한다.

> 판소리 사설 적벽가와 판소리계소설 <적벽가(화용도)>의 선후 관계는 어떻게 될까? 『삼국지연의』의 '적벽대전' 부분을 그린 소설이 먼저 나오고 이에서 판소리 <적벽가>가 파생되어 나왔으리라고 가정하는 경로를 일단 상정해볼 수는 있다. 그러나 현전하는 거의 모든 소설본들이 판소리 <적벽가>의 삽입가요를 수용하고 있는 등 판소리적 요소를 명백하게 갖추고 있으므로, <적벽가>가 설화가 아닌 소설에서 나왔다고 하더라도 판소리 사설에서 판소리계소설로 전환한 과정은 다른 판소리 작품들과 다를 바 없게 된다. 결국 판소리 <적벽가>는 소설 『삼국지연의』에서 나와서 판소리계소설 <적벽가(화용도)>로 전개해나갔다는 결론을 내릴 수 있겠다.[14]

이 설명은, 중국소설 『삼국지연의』는 판소리계소설 도식의 '설화'에 해당하는 것이므로 판소리 <적벽가>도 "설화 → 판소리 → 소설"의 도식에서 벗어나지 않는다는 것이다. 그러나 이런 식의 설명으로는 <적벽가>가 소설에서 나온 것이라는 명백한 사실을 감출 수는 없다. 왜냐하면 판소리 <적벽가>는 중국소설 『삼국지연의』의 한글번역본의 한 대목을 노래로 부른 것이기 때문이다. <적벽가>는 소설의 한 대목을 노래로 부르는 것이므로, 판소리의 가사는 기존 서사물의 한 부분을 빌려서 쓴 것이다. 『삼국지연의』는 중국의 백화소설이기 때문에 백화문을 그대로 노래로 부를 수는 없다. 판소리 <적벽가>의 창자가 노래를 부르기 위해서는 『삼국지연의』를 한글로 번역한 텍스트가 있어야 하는데, 이 텍스

---

14 『판소리의 세계』, 277쪽

트의 번역을 판소리 창자가 한 것은 아니다. 판소리 창자가 노래의 가사로 삼은 <적벽가> 내용은 기존에 유통되고 있는『삼국지연의』에서 가져온 것일 수밖에 없다.『삼국지연의』는 일찍부터 전체가 번역되어 읽혔고, 서울의 세책집에서도 빌려주었으며, 서울에서 방각본으로도 출판되었다. 판소리 <적벽가>의 가사가 원천으로 삼은 텍스트는 서울의 세책집에서 빌려주던 것이나, 방각본으로 간행된 것이라고 보아야 한다. 판소리 <적벽가>는 소설『삼국지연의』전체를 노래로 하는 것이 아니라, 조조가 적벽대전에서 패하는 대목을 중심으로 노래하는 것이다. 이처럼 판소리는 소설 전체가 아니라 한 부분을 부르는 것이므로, 20세기 이전의 판소리에는 현재와 같이 어떤 이야기 전체의 내용을 노래하는 완창(完唱)은 없었다. 소설과 판소리의 관계는 명백하게 소설의 한 부분을 판소리 창자가 판소리의 가사로 사용한 것이다. 이러한 예를 1934년에 나온 음반『옥루몽』을 통해서 보기로 한다.

1945년 이전의 음반을 수집하여 방대한 자료를 모아놓은 한국음반아카이브연구소의 홈페이지에서 '창작판소리'로 검색하면, '불운한 김옥균'이라든가 '단종애곡' 또는 '項羽와 虞姬' 같은 제목의 노래가 나온다. '불운한 김옥균'의 작사자는 이현경이고, '단종애곡'은 윤백남인데, '항우와 우희'는 따로 작사자가 나타나지 않는다. 이렇게 새로 작사한 것이 아닌 것 중에는 고소설 제목도 있는데, 이런 음반에는 '항우와 우희'처럼 작사자의 이름이 없다. '항우와 우희'라든가 고소설을 제목으로 삼은 노래에 작사자가 없는 이유는, 이런 노래들은 새로 작사한 것이 아니라 기존에 알려진 어떤 내용을 가사로 가져왔기 때문일 것이다. 실제로 이런 노래의 가사를 보면, 기존에 잘 알려진 작품의 흥미 있는 대목을 노래한 것임을 알 수 있다. 한국음반아카이브에서 고소설을 노래로 부른 것을 몇 가지 찾을 수 있는데, 잘 알려진 기존의 다섯 마당을 제외하면『구운몽』,『배비장전』,『숙영낭자전』,『옥루몽』,『장끼전』,『장화홍련전』등이 있다.

이들 몇몇 작품 가운데 눈에 띄는 것은『옥루몽』이다. 1934년 발매된「강남홍을 만나다」는 소설『옥루몽』의 주인공 양창곡이 강남홍을 만나는 대목을 정정렬이 노래한 것이다. SP판 앞뒤에 녹음한 것으로 녹음시간은 6분 44초인데, 노래의 가사는 다음과 같다.

옥루몽 강남홍을 만나다(上)

양창곡이과항할제 중로에서봉적을당한후에 초々한행색으로 압강정을다다르니 굉걸한정자가 반공에포묘한데 몽々한향연은 강상에어리엿고 질탕한음악은 루대를 흔드는듯 양공자 정자에올라 좌루를둘너보니 소항의문사들은 동서에늘어안고 백여명긔생들은 주취홍장으로풍정을희롱한다 그중에한긔생소연히안젓는데 옥갗흔랑호에 춘광이주최하야 랭담한긔색은 빙호츄월이 청긔를먹음은듯 양공자생각하되 경국지색을녯글에읽엇더니 이제와 저사람을보니 심상한녀자가아니로구나 항주의제일명긔 강남홍이분명하다 그때에강남홍은 추파를흘려들어좌중을살펴보니 방탕한거동과 현화한수작이무비록々한데 그중에한선배말석에안젓는데 초々한의복과 담々한모양이 비록빈사의종적이나 현々한긔상이일좌를 압두하야 창해신룡이 풍운을타고온듯 홍랑내념에내일즉청루에잇서 허다한인물를만히보앗스되 저러한긔남자는보던배처음이라 자조눈을들어동정을살필적에 양공자도 정신을쏘아 은근히살펴보니 랑인심사가되엿고나 소항의여러선배다각기지은글을차래로보아갈제 양공자의글을보니

(下)

종왕의필법이요 안류의서체로다 룡사가비등하고 안목이휘황하니 풍류재사분명하다 홍랑이홀연히그글로노래를자어내니 청텬고학이운간에서 부르는듯 청풍이삽々하고 만좌가 변색하야 멩자를떼어보라 홍랑내념에하늘이나를사랑하사 저러한영웅군자를지시하야 날과인연을맺게하심인가 멩자는일모후에 보자청한후에다시아미를쓸고 현판을들어노래할제 전당호명월하에 채련하는저아희야 십리청강배를떼어물결곱다 자랑마라 네노래청한곡조 잠자던룡이깨달으

면 풍파일까두려워라 나귀타고 급히몰아 저긔가는저사람은 해저물고 길은먼데 주뎜에서 취치마소 네뒤에비바람이몰아오면 옷저즐가겁암이라 항주셩돌아들제 대도청루 몃곳인고 문전의벽도화는 우물위에 픠여잇고 담안에 뵈는루각은 강남풍월이 분명하고나 여긔서아희불러 나오거던련옥인가 하오리요 장절간 지은노래 처々하든선배

정정렬은 판소리 창자이고, 「강남홍을 만나다」는 전형적인 판소리 창법으로 부른 노래이다. 이 판소리 가사의 원천이 무엇인가, 그리고 전체의 구성은 어떻게 이루어져 있는가 하는 점을 보기로 한다. 그리고 장편소설 『옥루몽』 가운데 어떤 대목을 노래로 불렀는지도 아울러 확인하기로 한다.

『옥루몽』은 남영로(南永魯, 1810~1857)가 지은 한문소설이라고 알려졌는데, 최근에 다른 견해가 제기되기도 했다. 이 작품은 상당히 긴 작품이어서 방각본으로 제작된 일은 없으나 세책으로 유통된 것이 남아 있고, 20세기에 들어와서 활판본으로 간행된 것이 여러 가지 있다. 『옥루몽』은 19세기 후반부터 널리 알려진 작품이지만, 정정렬의 「강남홍을 만나다」 이전에는 판소리로 불린 흔적이 없으므로, 이 작품과 판소리의 연관성에 대해서는 1934년의 음반 취입을 기점으로 논의해야 한다. 『옥루몽』은 한글본과 한문본이 있는데, 정정렬이 부른 「강남홍을 만나다」는 노래의 가사이므로 한글이다. 정정렬이 부른 판소리 「강남홍을 만나다」의 가사는 기존에 알려진 『옥루몽』 한글본 가운데 하나일 수밖에 없다. 현재 알려진 『옥루몽』 한글본 이본 몇 가지의 앞부분 내용은 거의 동일하므로, 후반부의 변이 양상에 따라 몇 가지 계열로 나누고 있다. 정정렬의 「강남홍을 만나다」는 『옥루몽』의 첫 부분으로 여러 이본 사이에 내용상 차이가 거의 없는 대목이다.

「강남홍을 만나다」는 남주인공 양창곡이 16세가 되어 황성(皇城) 구경을 하겠다고 집을 나와 길을 가다가 도적을 만나 재물을 모두 빼앗긴 후, 소주자사가

개최하는 압강정 시회(詩會)에 참석하는 대목에서 시작된다. 양창곡은 재물을 빼앗겨서 황성에 갈 방도가 없는데, 어떤 소년이 압강정 시회에 참석해서 장원을 하면 상을 받아서 노자로 쓸 수 있을 것이라고 알려준다. 그리고 강남홍이라는 유명한 기생이 있는데, 가서 구경해보라고 한다. 「강남홍을 만나다」의 첫 대목 "양창곡이 과항(過杭)할 제 중로에서 봉적(逢賊)을 당한 후에 초초한 행색으로 압강정을 다다르니"는 이런 상황을 요약한 것이다. 이처럼 상황을 요약한 서두를 제외하면 나머지 부분은 대체로 소설의 내용을 그대로 노래의 가사로 썼다. 강남홍이 양창곡을 처음 만나는 대목을 소설과 음반에서 보면 다음과 같다.[15]

> 이때 강남홍이 또한 일쌍추파(一雙秋波)를 흘려 석상(席上)의 모든 문사를 살펴보매, 방탕한 거동과 용속(庸俗)한 말씀이 모두 녹록지배(碌碌之輩)로되 그 중에 일개 수재 말석(末席)에 앉았으니, 초초(草草)한 의복과 서어(齟齬)한 행색이 비록 빈한한 선비나 표일(飄逸)한 기상과 동탕(動蕩)한 풍도(風度)가 일좌(一座)의 제일이니, 단산서봉(丹山瑞鳳)이 계군(鷄群)에 처(處)하고 창해신룡(滄海神龍)이 풍운(風雲)을 희롱하는 듯하거늘, 홍낭이 심중에 놀라 왈, "내 청루(青樓)에 처하여 열인(閱人)함이 허다하나 어찌 저 같은 기남자(奇男子)를 보았으리오?"하고 자주 눈을 들어 그 거동을 살피니, 공자가 또한 정신을 쏘아 은근히 보더라.(세책)

> 그때에 강남홍은 추파를 흘려들어 좌중을 살펴보니, 방탕한 거동과 훤화한 수작이 무비녹록(無非碌碌)한데, 그 중에 한 선비 말석에 앉았는데, 초초한 의복과 담담한 모양이 비록 빈사(貧士)의 종적이나, 헌헌한 기상이 일좌를 압두하여 창

15 원문은 현대어로 바꾸고 괄호 안에 한자를 넣었음.

> 해신룡이 풍운을 타고 온 듯, 홍랑 내념에, '내 일찍 청루에 있어 허다한 인물을 많이 보았으되 저러한 기남자는 보던 바가 처음이라.' 자주 눈을 들어 동정을 살필 적에 양공자도 정신을 쏘아 은근히 살펴보니 양인 심사가 되었구나.(음반)

소설과 판소리 가사를 비교해보면, 내용뿐만이 아니라 자구도 거의 비슷하다. 이처럼 「강남홍을 만나다」는 소설과 자구가 거의 같지만, 소설의 내용 전체를 그대로 노래하는 것이 아니라, 소설의 부분 부분을 따와서 노래하는 것이다. 「강남홍을 만나다」는 전체 분량이 762자인데, 같은 대목의 소설은 약 3,200자이다. 이렇게 음반의 분량이 소설의 사분의 일이라고 해서, 사분의 일로 축약한 것이라고 말할 수는 없고, 소설에서 필요한 부분 사분의 일 정도를 그대로 따온 것이다. 그렇기 때문에 소주자사가 시제(詩題)를 내어 소주의 많은 선비들이 글을 지었으나 그들의 작품에는 볼만한 것이 없었다든가, 양창곡이 쓴 시가 매우 훌륭했다는 내용 등은 음반에는 들어가지 않았다. 그러나 이 대목이 빠졌다고 하더라도, 이미 『옥루몽』의 내용을 잘 알고 있는 청자들에게는 별로 문제가 되지 않는다. 청자들에게는 노래의 가사가 아니라 얼마나 노래를 잘 부르는가 하는 것이 중요하기 때문이다. 판소리 청자들은 이미 서사의 줄거리를 잘 알고 있기 때문에 서사 전체를 노래로 하지 않더라도 이야기를 이해하는데 아무런 문제가 없다. 마찬가지로 판소리 창자도 잘 알고 있는 이야기 가운데 중요한 부분을 뽑아서 노래로 부르는 것이다. 판소리라는 음악에서 중요한 것은 창자의 노래 실력이지 노랫말은 아니다.

판소리는 기존의 텍스트에서 재미있는 대목을 뽑아서 노래로 부르는 것이다. 1930년대 유성기가 많이 보급되면서 새로운 판소리가 등장하는데, 그 내용을 보면 이 사실은 분명해진다. 소설을 판소리로 부른 것 몇 가지를 보면 다음과 같다.

장화홍련: 창극조(남도창극조, 신작창극조, 오비취 창) 전체 3매, 명소설의 최초 창극화! 영구히 남길 史的 工作

배비장전: 「망월상별(望月相別)」(김초향/김소희 창)

「탈의상증(脫衣相贈)」(김소희 창)

「정비장이 애랑과 이별」(김홍규 창)

장끼전: 창극조(김연수 창) 전체 4매 8면

구운몽: 「중타령」(전일도 창)

숙영낭자전: 「약구하러가는데」

「모자 영 이별하는데」 등(정정렬 창)

옥루몽: 「강남홍을만나다」(정정렬 창)

초한전: 「항우와 우희」(박월정 창)

『구운몽』, 『배비장전』, 『숙영낭자전』, 『옥루몽』, 『장끼전』, 『장화홍련전』 등은 매우 인기 있는 고소설이고, 이 소설의 내용은 많은 사람들이 알고 있는 것이다. 저명한 판소리 창자가 대중이 잘 알고 있는 소설의 가장 중요한 대목을 음반에 취입하면, 그 음반은 많이 팔릴 가능성이 그만큼 높아진다. 1930년대 판소리를 음반에 취입할 때 음반 기획자가 갖고 있던 생각은, 그 이전의 판소리 창자가 생각하던 것과 큰 차이가 없다. 판소리 창자는 자신의 노래를 팔아서 생계를 잇고, 명성을 얻는 것이다. '판소리'라는 양식이 18, 19세기에 어떤 형태로 있었는지는 정확하게 알 수 없다 하더라도, 그때의 창자도 20세기의 판소리 창자와 마찬가지로 자신의 목소리를 팔아서 살아가던 사람이었다. 기존에 잘 알려진 내용을 노래로 부르면 인기를 얻기 쉬울 것이라는 생각이, 유행하는 소설의 내용을 노래로 부르게 된 가장 큰 이유라고 보지 않으면 안 된다.

Ⅳ. 만화본 춘향가

『춘향전』 연구에서 중요한 위치를 차지하고 있는 <만화본 춘향가(晩華本 春香歌)>는, 이제까지 자료에 대한 면밀한 검토가 이루어진 적이 없다. 내용에 관해서는 이미 여러 차례 논의가 있었고, 근래에 『만화집』 전체의 번역이 나왔으나,[16] 이 책의 원고가 어떤 형태로 전승되었는지에 대해서는 정확하게 알려진 바가 없다. 고소설 연구에서 『만화집』이 중요한 이유는 이 책에 실려 있는 가사 「춘향가」 때문이다. 만약 『만화집』에 「춘향가」가 없다면 이 책을 『춘향전』 연구자들이 검토할 필요는 없을 것이다.

<만화본 춘향가>는 충청도 목천(木川, 현재 천안시 동남구 목천읍)에 살던 유진한(柳振漢, 1711-1791)이 1754년에 지은 것으로 알려진 작품이다. 7언시 400구로 2,800자의 장편 한시인데, 그 내용은 『춘향전』의 여러 이본 가운데 경판계열 『춘향전』과 친연성을 갖고 있다. 유진한의 호가 만화(晩華)이므로 이 장편시를 <만화본 춘향가>라고 학계에서 부르고 있다. 이 작품을 처음 학계에 소개한 김동욱은,

> 요즈음 춘향전 전승을 살피는데 중요한 새로운 문헌이 나왔다. 이는 영조 시대 충청도 목천현에 살고 있던 만화재(晩華齋) 유진한의 문집 「만화집」의 발견이 그것이다. 이는 만화의 6대손인 유제한 씨가 간직하고 있는 것이다. 여기서는 일사 방종현 선생을 거쳐 서울대학교 장서로 넘어온 것을 참조하였다.[17]

고 했다. 김동욱은 「춘향전 이본고」에서 <만화본 춘향가>를 소개하면서, 일사문

---

16 유진한 지음, 송하준 번역, 『국역 만화집』, 서울, 학자원, 2013.

17 김동욱, 「춘향전 이본고」, 『개교 30주년 기념논문집』, 중앙대학교, 1955.

고에 소장된 책만이 아니라 유진한의 후손이 소장하고 있는 자료도 참고했다. 이를 바탕으로 작품의 창작시기를 다음과 같이 확정했다.

> 이 춘향가의 성립은 만화의 자(子) 금(榘)의 소편(所編) 「가정견문록(家庭聞見錄)」 가운데에 先考癸酉南遊湖南 歷觀其山川文物 其翌年春還家 作春香歌一篇 而亦被時儒之譏 라고 있어, 이것이 영조 30년 갑술(1754)에 지어졌음을 알 수 있다.[18]

현재 우리가 알고 있는 『춘향전』 내용과 별로 차이가 없는 2,800자나 되는 장편 한시가 1754년에 나왔다는 사실은, 『춘향전』 이야기가 1754년 이전에 이미 완성되어 있었다는 것을 의미한다. 김동욱의 연구 이후에 <만화본 춘향가>는 1754년에 유진한이 창작한 것이라는 견해가 학계에 수용되었고, 여기에 대해서 문제를 제기한 연구자는 없었다. 그러나 <만화본 춘향가>가 1754년에 나왔다는 사실을 증명할 수 있는 자료는 유진한의 아들 유금(柳榘)이 썼다는 행록(行錄) 이외에는 없다. 서울대학교 일사문고에 소장된 『만화집』에는 이 행록이 없다.

『만화집』은 현재 두 가지가 알려져 있는데, 하나는 서울대학교 도서관 일사문고에 있는 필사본이고, 다른 하나는 1989년 청절서원에서 간행된 석인본이다. 일사본의 필사 시기는 정확하게 알 수 없는데, 아마도 20세기에 들어와서 필사된 것으로 보인다. 청절서원본은 유진한의 후손이 보관하고 있던 자료를 석인본으로 간행한 것으로, 일사본과는 내용상 차이가 있다. 아래에서 일사본과 청절서원본의 내용을 비교해보기로 한다.[19]

---

18 김동욱, 「만화본 춘향가연구」, 『문경』 8집, 중앙대학교, 1959.

19 김석배, 「<만화본 춘향가>의 교감과 번역상의 문제」, 『어문학』 107집, 한국어문학회, 2009. 참조.

	一簑本	清節書院本
1권	杜鵑花 (이하 같음) 晩花軒	晩華集序(李家源 撰) 晩華集 目錄 杜鵑花 (이하 같음) 晩花軒
2권	輓李奎錫天章 (이하 같음) 步陽關韻作別 銀寺同遊詩軸序 春香歌	輓李奎錫天章 (이하 같음) 步陽關韻作別 春香歌 劉翰林迎謝夫人告祀堂歌 銀寺同遊詩軸序 祭舍弟文
3권		輓詞, 祭文, 行錄, 墓碣, 年譜, 跋

두 본을 비교해보면, 일사본에 들어 있는 내용은 모두 청절서원본에 들어 있음을 알 수 있다. 청절서원본은 일사본에 비해 한 권이 더 늘어나서 전체 세 권으로 되어 있고, 3권에는 행록이나 연보 등이 들어 있다. 그런데 1989년에 간행된 청절서원본에서 주목할 것은, 일사본에는 없던 「유한림영사부인고사당가(劉翰林迎謝夫人告祀堂歌)」라는 장편시가 들어갔다는 점이다. 「유한림영사부인고사당가」는 고소설 『사씨남정기』를 한시로 지은 것으로 7언 280구로 전체 분량은 1,960자이다. 유진한은 두 편의 고소설을 장편 한시로 쓴 셈이다.

필자는 청철서원본에 『사씨남정기』를 한시로 지은 「유한림영사부인고사당가」가 실린 것을 보고, 왜 일사본에는 이 「유한림영사부인고사당가」가 들어 있지 않을까 하는 의문이 들었다. 그리고 그 이전부터 갖고 있던 <만화본 춘향가>에 대한 의문을 다시 떠올렸다. 그 의문은 두 가지였다. 하나는 <만화본 춘향가>의 원천이 무엇인가 하는 점이고, 다른 하나는 이 「춘향가」를 유진한이 지은 것으로 볼 수 있는가 하는 문제인데, 이 두 가지는 서로 얽혀 있다.

첫째, 현재 전하는 <만화본 춘향가>의 원천이 무엇인가 하는 문제이다. <만

화본 춘향가>를 처음 소개한 김동욱은 「춘향전 이본고」에서 이렇게 얘기했다.

> 다음 이 사실 속에서 아직 미심한 것은 만화(晩華)가 타령을 직접 듣고 기록한 것인지, 대본을 얻어가지고 와서 기록한 것인지 밝혀지지 않았으니, 이 춘향가 내에 들어 있는 奇談秖可詠於歌 異蹟堪將繡之梓 騷翁爲作打鈴辭 好事相傳後千祀<춘향가 397-400>의 문맥으로 보아, 「詠於歌」와 「打鈴辭」는 전자는 아직 정착되지 않은 타령 형태를 밝힌 것이고, 다음의 「騷翁爲作打令辭」의 「打鈴辭」는 본 한역가를 지칭함에 틀림없을 것이다. 이리하여 이것이 영조 30년 타령을 직접 듣고 기록했다고 하면 이는 춘향전 전승에 있어 가장 중요한 문헌으로 새로운 사실을 우리에게 제시해줄 것이다.

그런데 몇 년 후 「만화본 춘향가 연구」에서는,

> 만화본 춘향가는 우리 문학의 대표적인 작품군(作品群)인 춘향전을 다루는데 있어서 결정적인 문헌이 되는 것으로 오랫동안 춘향전이 품고 있었던 모호한 그 전승관계를 밝히는데 있어서 하나의 스텝 스톤적 역할을 할 수 있다. 즉 본가(本歌)는 그 당시 전라도에서 창한 판소리로서의 춘향전의 충실한 복사이기 때문이다.

라고 하여, <만화본 춘향가>는 작자 유진한이 전라도를 여행하는 동안 판소리 <춘향가>를 듣고 돌아와서 지은 것일 수 있다는 발언을 했다. 김동욱의 이 논문은 1959년에 발표되었는데, 이 논문 이후 연구자들은 이 한시를 판소리를 듣고 지은 것으로 단정하게 된다. 한 예를 들어보기로 한다.

오늘날 전하는 판소리 작품 중에 가장 오래된 것은 1754년에 만화 유진한이 호

> 남 지방을 유람하면서 산천 문물을 관람하고 돌아와 지었다는 「만화본 춘향가」이다. 「만화본」은 유진한이 판소리로 부르는 <춘향가>를 듣고 이를 한시로 지어 기록한 것으로서, 이 시기에 호남 지역에서는 <춘향가>가 이미 판소리로 널리 불려지고 있었다는 것을 알 수 있다.[20]

이렇게 <만화본 춘향가>는 전라도에서 불리는 판소리를 듣고 지은 작품으로 알려지게 되었다. 그러나 앞에서 얘기한 바와 같이, <만화본 춘향가>의 내용은 『춘향전』의 여러 이본 가운데 경판 『춘향전』과 가장 가깝다. 이제까지 알려진 바에 의하면, 현재 불리는 판소리 <춘향가>의 내용은 완판 『춘향전』과 가까운 내용이다. 만약 소설 『춘향전』이 판소리에서 온 것이라면 경판본보다는 완판본에 가까워야 한다. 그런데 <만화본 춘향가>의 내용이 완판본보다 경판본에 가깝다는 사실은 <만화본 춘향가>의 원천이 판소리가 아니라 경판계열 『춘향전』일 가능성이 있음을 시사하는 것이다.

전라도에 여행 갔다가 판소리 <춘향가>를 듣고 이를 기억해서 그 다음해에 2,800자의 장편 한시를 짓는 일이 과연 가능할까? 7언 400구의 장편 한시를 짓기 위해서는 그 내용을 완전히 외우고 있어야 하는데, 여행에서 들은 판소리의 내용을 다 외운다는 것은 너무나 비현실적이다. 유진한은 어떻게 이 장편 한시를 지을 수 있었을까? 텍스트를 원천으로 하지 않고서 2,800자나 되는 한시를 짓는다는 것은 사실상 불가능한 일이므로, <만화본 춘향가>의 원천은 판소리가 될 수 없다. 여기에는 다음과 같은 문제가 또 제기되는데, 1750년대의 판소리 <춘향가>가 『춘향전』 내용 전체를 부르는 것이었다는 증거를 제시하지 못한다면, <만화본 춘향가>의 원천이 판소리 <춘향가>라고 말할 수 없다는 점이다. 만약 <만화본 춘향가>가 판소리 <춘향가>의 존재를 증명해주는 근거가 된다

---

20 판소리학회 엮음, 『판소리의 세계』, 98쪽.

면, 이는 논리적으로 문제가 될 수밖에 없다. 20세기 중반에 생겨난 판소리 완창이 18세기 중반에도 있었다는 가정 아래, 빨라도 19세기 초반에 나왔을 것으로 보이는 경판『춘향전』과 같은 내용의 판소리 <춘향가>가 18세기 중반에 있었을 것이라는 또 하나의 가정을 해야 비로소 <만화본 춘향가>가 성립될 수 있는 것이다. 거의 가능성이 없는 몇 가지 가정 아래 가능한 상상이다. <만화본 춘향가> 논의에서 이와 같은 논리적 문제가 발생하게 되는 이유는, 이 작품의 창작시기가 1754년이 아닌 훨씬 후대일 가능성이 크기 때문이다.

둘째, <만화본 춘향가>의 작자가 유진한인가 하는 문제이다. 이 시의 창작시기가 1754년이 아닌 19세기 이후라면, 유진한은 작자가 될 수 없다. 필자는 이 시에 나타나는 몇 가지 물건이나 작품이 1754년에는 아직 나오지 않았다는 것을 보여줌으로써 이 작품의 창작연대가 1754년보다 훨씬 후대라는 것을 증명하려고 한다. 작품의 내적증거를 통해 작품의 창작연대를 추정하는 방법은 아주 일반적인 것이므로, 작품에 나타나는 몇 가지 증거를 제시하여 이 작품이 1754년에 창작된 것일 수 없음을 보이려고 한다. 이 글에서는 유리로 만든 물건과 몇몇 작품을 예로 들기로 한다.

1. 유리잔과 거울

<만화본 춘향가>에서 춘향과 이도령이 만나서 첫날밤을 지낼 때의 상황을 묘사한 내용에 "琉璃畵盞琥珀臺 勸勸薑椒香蜜餌"라는 구절이 있다. 이 대목은, "유리잔과 호박 장식 받침이며, 맛있는 과자를 자꾸 권한다"는 의미이다. 소설『춘향전』의 이 대목은 다음과 같다.

> 이때에 춘향의 어미 사람의 빼를 뽑으려고 우선 주효(酒肴) 진지 할 제, 팔모 접은 대모반(玳瑁盤)에 통영소반(統營小盤), 안성유기(安城鍮器), 왜화기(倭畵

器), 당화기(唐畵器), 산호(珊瑚), 호박(琥珀), 순금(純金), 천은(天銀) 각색 기명(器皿) 놓였는데, 술병도 곁들였다. 첨피기욱(瞻彼淇奧) 죽절병(竹節甁), 엽락금정(葉落金井) 오동병(梧桐甁), 야화(野花) 그린 왜화병(倭畵甁), 금전수복(金錢壽福) 당화병(唐畵甁), 조선보화(朝鮮寶貨) 천은병(天銀甁), 중원보화(中原寶貨) 유리병(琉璃甁), 벽해수궁(碧海水宮) 산호병(珊瑚甁), 문채(文彩) 좋은 대모병(玳瑁甁).(세책『춘향전』)

향기로운 연엽주(蓮葉酒)를 그 중에 골라내어 주전자에 가득 부어 청동화로 쇠적쇠에 덩그렇게 걸어놓고 불한불열(不寒不熱) 데워내어 유리배(琉璃杯) 앵무잔(鸚鵡盞)을 그 가운데 띄웠으니, 옥경(玉京) 연화(蓮花) 피는 꽃이 태을선인(太乙仙人) 연엽선(蓮葉船) 뜬 듯 둥덩실 띄어놓고, 권주가(勸酒歌) 한 곡조에 일배일배부일배(一杯一杯復一杯) 반취(半醉)하게 먹은 후에(완판 33장본『춘향전』)

이처럼 소설에는 유리병이나 유리잔이 다양하게 나타난다. <만화본 춘향가>에 나타나는 유리잔은 서울과 전주의『춘향전』에도 여러 장면에서 나온다. 이런 정도로 여러 군데 나온다면, 유리잔이나 유리로 만든 물건이 상당히 일반적으로 쓰이는 시기라야 이런 내용이 작품에 들어갈 수 있다.

유리는 불교에서 얘기하는 칠보의 하나로 보석의 일종이지만, <만화본 춘향가>에 나온 '유리화잔(琉璃畵盞)'은 표면에 그림을 그리거나 무늬가 있는 유리잔을 말하는 것이다. 조선에서는 유리를 자체적으로 제작하지 못했으므로, 조선시대에 유리는 외국에서 수입한 귀한 물건이었다. 춘향의 집에서 손님 접대용으로 내어놓은 술잔이 유리잔이라는 것은, 춘향과 이도령 이야기는 유리잔이 어느 정도 일반화된 후에 나왔다는 것을 보여준다. 유리로 만든 물건이 일반적으로 쓰이는 시기는 19세기 이후이다.

한 가지 더 예를 들어보면, 유리 거울을 뜻하는 '옥경(玉鏡)'이나 '화장대의 거울(粧臺鏡)'이 등장한다는 것이다. <만화본 춘향가>에서 이도령이 춘향에게 선물하는 구절은, "菱花玉鏡打撥金 竹節銀釵倭舘市 烏銅鐵柄統營刀 紫紬雲頭平壤履"라고 되어 있다. 이도령은 춘향에게 거울, 비녀, 장도, 신발 등을 선물하는데, 이 가운데 은장도와 신발 두 가지는 각각 통영과 평양에서 나는 것이지만, 거울과 비녀는 각각 중국과 일본에서 수입한 것이다. 여기서 말하는 '菱花玉鏡打撥金'은 "중국에서 들여온 마름꽃 무늬 장식의 유리거울"이라는 뜻인데,[21] 중국에서 들여오는 유리거울은 대부분 러시아에서 제작한 것이었다. 조선에서 청동거울이 유리거울로 바뀌기 시작한 시기는 이 러시아제 유리거울이 중국을 통해서 들어온 18세기 중반이라고 본다.[22] 그러므로 이 새로운 물건인 유리거울이 일반에 알려지고, 소설이나 노래에 등장하기 위해서는 좀 더 시간이 필요할 것이다. 그리고 옥중의 춘향의 꿈을 풀이해주는 장님이 "화장대의 거울이 깨어지니 어찌 소리가 없을쏘냐(粧臺鏡破豈無聲)"라고 말하는 대목이 있는데, 화장대의 유리거울이 상당히 보편화된 시기에라야 가능한 표현이라고 보겠다. 앞의 유리잔과 마찬가지로 유리거울이 보편화되는 시기는 18세기말 이후이다. 그러므로 1754년에 <만화본 춘향가>가 나왔다면, 유진한으로서는 알 수 없는 물건을 자신의 시에 썼다는 말이 된다.

---

21 <만화본 춘향가>의 여러 번역자들은 '打撥金'이 무엇인지 정확하게 얘기하지 않았다. 필자는 '打撥金'을 청나라와 무역을 할 때 건네주는 돈으로 본다.『만기요람』에 다음과 같은 구절이 있다. "영조 갑술(1754)에 비포절목(比包節目)을 정했다. 그 법은, 각인의 포(包)에 들어 있는 물건의 종류와 중국에 가서 파는 값(흔히 '타발(打發)'이라고 한다.)을 나란히 적는 것이다.(英宗甲戌 定比包節目. 其法 列錄各人包入物種及彼地售賣之價(俗稱打發))" <만화본 춘향가>의 '打撥金'은『만기요람』의 '打發'과 같은 의미로 보인다.

22 강명관,『조선에 온 서양 물건들』, 휴머니스트, 2015.

2. 『배비장전』과 「황계사」

<만화본 춘향가>에는 『배비장전』이나 『숙향전』 같은 소설, 또 「황계사」나 「여승가」 같은 가사 작품의 내용이 나온다. 이제까지 이런 작품이 등장하는 것에 대해서 <만화본 춘향가>가 그 작품의 창작시기를 알려주는 것으로 이해해 왔다. 『숙향전』은 1754년 이전에 이미 있었다는 것이 알려진 작품이므로 <만화본 춘향가>의 내용이 새롭게 그 유통시기에 관한 정보를 주는 것은 아니다. 그러나 『배비장전』은 19세기말까지 아무런 자료가 드러난 것이 없는데, <만화본 춘향가>에 그 내용이 나온다는 것을 근거로 1754년 이전의 작품으로 다루고 있다. 또 「황계사」나 「여승가」도 <만화본 춘향가>가 그 창작연대를 규정하는 근거로 쓰이고 있다. 여기서는 소설 『배비장전』과 12가사의 하나인 「황계사」에 관해서 간단히 살펴보기로 한다.

현재 소설 『배비장전』의 이본은 20세기에 나온 활판본 외에는 없다. 『배비장전』은 이제까지 알려진 세책이나 방각본 목록에는 없고, 필사본으로 전해지는 것도 없다. 이것은 『배비장전』이 19세기말까지는 소설로 만들어진 일이 없었음을 보여주는 것이다. 그러므로 <만화본 춘향가>에 나오는 배비장 관련 내용이 1754년 이전에 소설 『배비장전』이 있었음을 증명한다고 보기 어렵다. 만약 <만화본 춘향가>에 나오는 배비장 관련 이야기가 소설과 관련이 있다면, <만화본 춘향가>는 20세기에 만들어진 것이라고 보는 것이 합리적이다.

12가사 중의 하나인 「황계사」의 노랫말이나 곡조의 연원은 오래 된 것이라고 알려져 있으나, 이 작품이 가사의 하나로 일반에까지 널리 향유된 시기는 19세기라고 한다.[23] 그러므로 <만화본 춘향가>에 등장하는 "병풍에 그린 닭이 날개 치며 운다."는 내용이 「황계사」의 가사에서 온 것이라면, <만화본 춘향가>는

---

23 임재욱, 「<황계사>의 연원」, 『국문학연구』 21호, 서울대학교 국어국문학과, 2010.

19세기 이전에 나올 수 없다. 불가능한 상황을 비유하는 "바다가 마르고 높은 산이 평지가 되며, 병풍에 그린 닭이 날개 치며 운다."는 <만화본 춘향가>의 내용을 반드시 가사「황계사」와 연관 지어야 하는 것은 아니지만, 적어도 "병풍에 그린 닭이 날개 치며 운다."는 표현은「황계사」라는 유행하던 노래에서 나왔을 가능성이 크다고 볼 수 있다.

『배비장전』이나「황계사」의 창작 시기를 <만화본 춘향가>의 내용을 근거로 1754년 이전이라고 말하는 것은 합리적이라고 보기 어렵다. 오히려 이런 작품이 <만화본 춘향가>에 들어 있다는 점이, <만화본 춘향가>의 창작 시기를 1754년이라고 보기 어렵게 한다고 말하는 것이 합리적이다.

이상에서 간단히 제시한 몇 가지 내적 증거만으로도 <만화본 춘향가>가 1754년에 만들어진 것이라고 말하기 어렵다. 그러나 필자가 <만화본 춘향가>의 창작 시기를 19세기 중반 이후라고 보는 가장 중요한 근거는, <만화본 춘향가>가 19세기 중반에 서울에서 많이 읽힌 세책이나 경판본『춘향전』과 거의 같은 줄거리를 갖고 있기 때문이다. <만화본 춘향가>의 줄거리가 완판『춘향전』이나 현재 불리는 판소리 <춘향가>보다는 세책이나 경판본『춘향전』과 가깝다는 것은, <만화본 춘향가>는 현재 우리가 알고 있는 판소리 <춘향가>와는 관련이 없고, 서울의『춘향전』을 바탕으로 지은 시일 가능성이 크다는 것을 보여준다.

V. 판소리, 세계적인 보편성

『춘향전』 연구의 역사를 보면, 초기의 연구자들은『춘향전』을 셰익스피어의 작품에 비겨서 얘기하는 일이 많았음을 알 수 있다.『춘향전』에 관한 최초의 논문이라고 할 수 있는 김종무의 「아관춘향전」 마지막 부분도 춘향과 이도령을 셰익스피어 작품에 등장하는 인물과 비교했다.

> 지금까지의 내용을 요약해 보면, 몽룡은 뇌락(磊落)한 대장부이자 영웅적인 정열가(情熱家)이며, 시대를 초월한 위인이다. 햄릿과 같이 머뭇거리지도 않으며 레온테스처럼 질투하지도 않고, 로미오처럼 당황하지도 않으며 안토니오 같이 육욕(肉欲)에 탐닉하지도 않는다. 춘향은 정절과 사랑의 화신이며, 동시에 늠름한 기개와 뛰어난 임기응변을 겸비한 인물이다. 실비아나 이모젠은 물론 여성으로서의 숙덕(淑德)이 춘향에는 미치지 못하는 듯하다. 사옹(沙翁)이 그려낸 여성들 가운데 춘향에 필적할 만한 여성을 굳이 찾아본다면, 「미믹월드」의 의외의 영역에 있는, 루크리스 정도일 것이다. 그녀에서 처음으로 춘향과 같은 늠름한 기개를 엿볼 수 있다.

이처럼 기왕에 잘 알려지고 높은 평가를 받는 작품과 자신이 다루는 작품을 비교해보는 것은, 대상을 평가할 수 있는 기준이 아직 설정되지 못했을 때 흔히 취하는 방법이다. 김종무가 굳이 셰익스피어를 끌어와서 논의를 해나가는 것은, 작품분석의 미숙함을 드러내는 것이라고 하겠다. 김태준도 「춘향전의 문학사적 의의」에서 "누가 沙翁(Shakespeore)의 작품은 말마디 마다 격언으로 나열한 것이라 하더니, 이 작품도 한 곳도 허술한 틈이 없다."[24]라고 하여 별로 관련이 없는 것 같은 대목에서도 셰익스피어를 인용한다.

1949년에 서울대학교 학부 졸업논문으로 제출한 김삼불의 「신오위장 연구서설」에도 셰익스피어의 인용은 상당히 많이 볼 수 있다. 그는 신오위장(신재효)과 셰익스피어를 비교하면서 다음과 같이 말했다.

---

24 김태준, 『증보조선소설사』, 학예사, 1939, 211쪽.

> 오위장(五衛將)과 Shakespeare는 여러 각도에서 공통점이 많다. 그들이 다 사적으로 봉건제도 붕괴 과정의 인물이라는 것이 커다란 공유한 세계에 입각하였고, Shakespeare는 배우로 오위장은 광대의 지휘자로서의 공통점이며, 극시와 극가(타령, 사설)의 genre적 근위치(近位置), 즉 Blank Verse와 넉자화두의 율문 사용이라든가 (중략) 그러나 오위장을 Shakespeare에 부회(附會)하는 것은 결코 Shakespeare의 여광(餘光)으로 오위장을 빛내려는 것도 아니다. 오위장과 사옹(沙翁)이 서로 통한다면, 그 사회적 필연성의 유무가 문제일 것이고, (중략) 오위장의 예술을 과학하는데, 즉 그를 아는 길로서 Shakespeare의 연구사에서 전복(前覆)의 감(鑑)을 찾는 것이 또한 현명한 한 길이 되는 까닭이다.[25]

신재효와 셰익스피어를 비교한 내용은 상당히 긴데, 두 사람을 비교할 수 있는 근거가 분명하지 않은 것으로 보인다. 김삼불의 스승인 이병기도 신재효에 대해서 얘기하면서

> 실로 그의 본집(本集) 6 권은 서민 문학의 귀중한 보전(寶典)이라 하겠고, 그가 문학사상에 차지하고 있는 그 의의는 마치 저 영국문학사의 「쉑크스피어」에도 해당하리만큼 귀중한 존재였다 하겠다.[26]

이처럼 한국고전문학을 논의하면서 셰익스피어를 끌어오는 것은 다만 판소리 분야만은 아니었을 것이다. 초기의 연구자들은 대부분 자신이 알고 있는 외국의 예를 들면서 논의를 전개해나갔다. 김동욱도 「판소리 발생고」에서 "판소리에는 양반문학적 전아성(典雅性)과 광대재담적인 비속성(卑俗性)이 혼합되어

---

25 김삼불, 「신오위장연구서설」, 『판소리연구』 10권, 판소리학회, 1999, 468-470쪽.

26 이병기, 백철, 『국문학전사』, 신구문화사, 1957, 178쪽.

있다. 이는 Shakespeare의 희곡이 가지고 있는 전아성과 비속성에 통하는 바 우리 문학의 정화가 여기에 개화(開花)한 감이 있다."(198쪽)고 하여 셰익스피어를 인용하면서 논의를 끌고 나간 데가 여러 군데 있다. 김동욱은 판소리의 발생을 논의하면서 판소리 창자를 유럽의 유랑가인(流浪歌人)과 비슷하다고 보았고, 구체적으로 프랑스 문학사에서 그 예를 찾았다.

김동욱은 이전의 판소리 연구자와는 달리 판소리를 중세 세계의 어디에나 있던 한 유형으로 파악했다.

> 중세기 사회에서도 고대적 사회체제를 가지고 있는 나라들의 영웅서사시(Saga. Nibelungenlied. Chanson de geste. 軍記物語, Y-kar.), 종교적인 목적을 위하여 존재한 교화적인 로망, 교회적(敎誨的)인 우화(Fablieaux), 동화, 귀족적 양식의 서민적인 이식으로서의 창사(唱詞), 즉 중국의 변문(變文, 唐 五代), 도진(淘眞, 宋代), 제궁조(諸宮調, 金), 창사(唱詞, 보권(寶卷)·탄사(彈詞)·고사(鼓詞), 明淸) 등이 대개 외정(外廷)의 문학으로, 창의 문학으로, 청자의 문학으로 정립하여 하나의 중세기적 문예양식을 이루고 있으니 우리나라의 중세기적 문학도 이에서 벗어나지 못한다. 모든 시가가 악장(樂章) 가사(歌詞) 연곡(宴曲) 등으로 전래 존재하고 또 판소리를 생산하였다. 이 형태적인 유형성보다 더 나아가 그 배경적 유형도 같고 그 전승자의 지위도 비슷하다. 그는 대개 천민으로 가창(歌唱) 우희(優戱)를 전업(專業)으로 하여 각지를 유랑하는 불행을 등진 족속이었다. 또 그네들이 사용하던 악기도 비슷하다. 불란서의 vielle, 중국의 현(絃), 일본의 비파, 三味線, 우리나라의 북……등.[27]

판소리가 중세의 영웅서사시와 비슷한 것인가 아닌가 하는 문제는 일단 제

---

27 김동욱, 「판소리발생고」1, 『논문집』 2집, 서울대학교. 1955, 202-203쪽.

켜놓는다면, 김동욱의 논의는 이전에 주로 셰익스피어와 비교하던 차원과는 다른 시각을 보여주는 것이다. 아이슬란드의 사가, 독일의 니벨룽겐 노래, 프랑스의 무훈시(武勳詩), 일본의 군기(軍記)모노가타리, 아이누의 유카르 등의 영웅서사시와 여기에 서양의 몇 가지 서사물과 중국의 악기 반주로 부르는 노래 등을 판소리와 대비시키면서 각 나라의 악기까지 등장시켰다. 이와 같이 판소리 연구 시각의 외연을 넓히면서 판소리를 서사시의 한 유형으로 파악하고, 이 판소리 연구에 원용할 수 있는 외국의 사례로 프랑스의 무훈시를 다음과 같이 들었다.

> 판소리가 소설과 같은 일관된 서사성에 제약됨으로 말미암아 그 종합적 대전제는 이것이 중세 이전에 세계적으로 유행하고, 또 현재도 후진사회의 구비문학으로, 또는 정착되어 화석으로 남아있는 서사시의 일 유형이라는 것을 잊어서는 안 될 것이다. 또 근본적인 면에서 이것이 천민들인 광대의 문학이라는 것을 잊어서는 안 될 것이다. 그리하여 이것이 무대, 대본, 배우(광대)의 연극형태 인식의 기본도형에 선다면 무대와 청중을 일환(一環)으로 하고, 광대와 그 텍스트인 대본의 삼자의 종합적인 원류의 회동점(會同點)을 발견하여야 할 것이다. 여기에 대하여 고찰의 방법론을 제시해 준 것은 불란서 중세의 서사시 형태인 Chansons de geste 연구의 대저(大著) Bédier의 「Legéndes épiques」이다. Bédier의 4권 2천혈(頁)의 호한(浩翰)한 고증과 논증은 중세기 불란서 사회의 교회적 배경과, 순례자와, 창자(唱者)인 Jongleur와, 그 지방 역사적 전설과의 특수적 관련의 해부로써 이루어진 것이지만, 이 가운데 내포된 방법론적 시사는 우리나라 열두마당 연구에 이바지할 바 많으리라 생각된 나머지 이를 판소리의 생성과 발전에 타산지석(他山之石)으로 삼고자 하는 바이다.(171쪽)

김동욱의 연구를 통해 판소리는 세계적인 보편성을 갖는 서사문학이 되었고, 판소리를 고대의 서사시와 관련이 있는 것처럼 생각하는 연구자들도 나타나게 된다. 이러한 연구 경향은 1970년대에 A. B. Lord의 *The Singer Of Tales*가 한국에 소개되면서 더욱 심화되었다. 판소리 연구에서 'formula'나 'theme'과 같은 용어가 흔히 나타났다.

> 본고에서는 패리(M. Parry) 및 로드(A. B. Lord)가 제기한 훠뮬라(formula) 이론을 검토하고 그 적용을 시도하여 판소리 및 구비서사시의 전승원리에 대한 보편적 이론을 모색해보기로 하겠다.[28]

> Lord는 formula보다 더 큰 단위 즉 formula의 그룹을 theme이라고 말하고 있는데 그에 의하면 theme 역시 이미 형성되어 있는 단위로서 장면의 묘사와 인물의 행위 및 사건 전개 등에서 관습적으로 사용되는 formula들의 그룹이라 말하고 있다. 이는 우리의 판소리나 서사무가에 보이는 삽입가요에 해당된다고 할 수 있을 듯하다.[29]

이렇게 외국의 연구성과를 끌어와서 『춘향전』이나 판소리를 논의하는 이유는 크게 두 가지인데, 하나는 자신이 연구하는 대상을 어떻게 다루어야할지 모르기 때문이고, 다른 하나는 연구대상이 매우 중요하다는 것을 강조하기 위한 것이다.

『춘향전』에 대한 연구는 사실을 탐구하는 학문의 영역에서 다루어질 문제이다. 그러나 자료를 제대로 이해하지 못한 초기의 잘못된 연구가 계속되면서 다양한 오류를 만들어내었다. 특히 소설 『춘향전』이 전국적으로 읽히기 시작하는

---

28 서대석, 「판소리의 전승론적 연구-敍事巫歌와의 대비에서-」, 『현상과 인식』 11호, 1979. 124쪽.

29 이헌홍, 「판소리의 '포뮬라'에 대하여」, 『한국민속학』 15집, 1982. 145쪽.

1910년대에는 창극이 함께 인기를 끌면서, 소설과 창극이 뒤섞여서 함께『춘향전』으로 인식되었다. 1930년대『춘향전』을 다룬 연구자들은 소설과 노래 가운데 어느 것이 먼저 이루어진 것인가 정확하게 알 수 없었다. 그리고 19세기에 읽힌 방각본이나 세책 소설『춘향전』은 1910년대에 새로 나온 활판본 소설에 밀려 거의 자취를 감췄으므로, 연구자들은 19세기 자료를 손에 넣기 어려웠다. 초기 연구자들은 미숙한 연구 역량과 함께 자료의 부족으로『춘향전』에 대한 정확한 판단을 하기 어려웠다. 이러한 어려움을 연구자들은 순전히 상상을 통해서 메꿔나갔다. 소설『춘향전』은 판소리 <춘향가>의 가사를 옮겨놓은 것이라는 1950년대의 발상은 서사시에서 소설이 나왔다는 서양의 이론을 바탕으로 한 것이고, 이와 같은『춘향전』의 형성과정은 세계적인 보편성을 갖는다는 것이 당시 연구자들의 생각이었다. 1970년대 이후『춘향전』에 관련된 많은 자료가 나왔지만, 아직도『춘향전』과 판소리의 관계에 대해서는 1950년대의 발상을 그대로 유지하고 있는 것이 현실이다.

논평과 토론

춘향전 연구자들의 상상력

김장환 저는 토론자이기 때문이기도 했지만, 선생님의 논문을 읽으면서 굉장히 재미있었어요. 여태껏 배운 것과 많이 달랐고, 제가 중국문학을 하면서 판소리에 대해서 의문점을 가졌던 부분들이 있었는데, 상당 부분 선생님의 발표를 통해서 해답의 실마리를 얻은 것 같기도 하고요. 저로서는 굉장히 유익한 시간이었습니다. 그리고 선생님의 논문이 그렇게 어렵지 않았기 때문에 굉장히 재밌게 읽었습니다. 사실 남의 논문을 재미있게 읽는다는 건 쉽지가 않거든요. 그런 측면에서는 굉장히 고맙습니다.

우선 명확한 근거가 부족한 가설을 위한 학술 주장에 대해서 근원적인 회의에서 출발하고자 하는 선생님의 문제의식은 많은 시사점을 던져주고 있다고 하겠습니다. 우리가 판소리계 소설에 대해서 배울 때 들었던 일반적인 내용, 즉 설화에서 판소리로, 판소리에서 소설로 진행된다는 그 형성과정을 비판적으로 검증해서 판소리가사의 저본이 소설작품이라는 새로운 견해를 설득력 있게 주장하셨습니다.

중국 고전문학을 전공하고 있는 토론자 입장에서 볼 때, 우리의 판소리와 유사한 특징을 가지고 있는 것으로 중국의 희곡과 강창(講唱)을 들 수 있겠습니다. 좀 낯설 텐데, 강창은 당나라 때 불교를 쉽게 연창(演唱), 연행(演行)하기 위해서 도입했던 방법인데요, 판소리의 가장 큰 요소는 이야기하는 부분하고 노래하는 부분이라 할 수 있겠죠. 물론 노래하는 부분이 많이 강조가 되어 있긴 하지만 말입니다. 이렇게 대사로 진행되는 부분과 노래로 진행되는 부분이 있다는 점에서 강(講)과 창(唱)으로 이루어진 강창문학(講唱文學)과 닮아 있다는 것이죠. 강창은 나중에 민간문학으로 청대까지 전승이 됩니다. 이런 레퍼토리가 거의 대부분 문학작품, 특히 소설작품에서 발전되어 나오는 것이죠. 그런 것을 상기하면서 선생님의 주장에 동의합니다.

첫 번째로 판소리 발명 부분에서 정노식의『조선창극사』를 언급하셨는데요. 저도 학부 때 국문과 수업을 들으면서 이 책을 봤어요. 그때, 창극이라는 용어가 타당한가 하는 의문이 들었습니다. 선생님께서는 논문에서 그 당시 정노식 선생이 창극단들과 교류를 했고, 또 그들의 이야기를 바탕으로 해서 이 책을 지었다고 말씀하셨는데, 그래서 창극이라는 말을 사용을 했을까요? 제가 생각할 때는 판소리와 창극은 굉장히 다른 차원의 개념인 것 같아서 그에 관해 여쭙고 싶습니다.

그 다음에, 소설과 판소리의 관계에 대해 여쭙고 싶습니다. 첫 번째 제가 말씀드린 것과도 연결이 되는데요. 23쪽에서 선생님께서『삼국지연의』의 한 대목을 판소리로 부른『적벽가』에 대해서 말씀하셨는데, 중국문학에서 우리의 판소리와 가장 비슷한 형태는 아까 말씀드린 강창문학, 그중에서도 명대, 청대에 유행했던 고사(鼓詞)와 탄사(彈詞)가 있습니다. 고사는 북 고(鼓)자에다 가사의 사(詞)자이고요, 탄사는 뜯는다 할 때의 탄(彈), 탄사인데요. 특히 명청대에 유행한 고사는 탄사와 마찬가지로 송나라 때 이후로 전승이 되던 당대 변문계통의 강창문학에서 발전된 것입니다. 주로 북방에서 유행을 했고 반주악기는 북이 중심이 됩니다. 탄사는 삼현이 중심이 되는데 반해서, 고사는 반주악기로 북이 중심이 되고요. 판소리도 북이 중심이 되지요. 형식은 탄사와 마찬가지로 운문과 산문을 혼용하는데, 운문은 대부분 칠언이 중심이 됩니다. 청대 중엽 이후부터는 장편의 고사 가운데서 가장 재미있고 정채로운 부분만 골라서 강창하는데, 이것을 적창(摘唱)이라고 합니다. 따온다, 떼어낸다는 적(摘)이죠. 이 적창이 굉장히 유행을 했습니다. 내용은 전쟁과 국가흥망에 관한 것이 대부분이에요. 주요작품은 『삼국지연의』, 『수호전』, 『서유기』, 『봉신연의』 이런 장편소설하고, 『서상기』, 『백토기』 등의 희곡작품을 개편한 것이 대부분입니다. 그래서 이 적창에 맞게끔 아주 재미있는 한 대목을 떼어내서 강창을 하는 거죠. 『삼국지연의』가 강창이 되었던 레퍼토리를 보면, 도원결의 부분만 한다든지, 아니면 오늘 말씀하신 적벽대전 부분만 이야기를 한다든지, 그런 게 지금도 남아 있습니다. 이러한 사실에 근거한다면, 우리의 판소리 『적벽가』도 한글본 『삼국지연의』의 적벽대전 부분을 개편하여 부른 것으로 보는 것이 타당하다고 생각합니다. 이 부분은 중국문학을 하는 입장에서 볼 때 근거가 될 수 있을 것 같아서 말씀을 드립니다.

다음으로 만화본 『춘향가』에 관한 말씀입니다. 선생님께서 말씀하신 텍스트비평이 중요하죠. 31쪽에서 만화본 춘향전의 논리적 모순을 조목조목 지적을 하시면서 이 작품의 창작 시기가 1754년이 아니라 훨씬 후대이고, 또 작가도 유진한이 아닌 후대의 인물이기 때문이라고 말씀하시면서, 유리잔과 거울, 그밖에 다른 작품들에 관해서 말씀을 하셨는데, 중국 같은 경우에는 일반적으로 특정인의 개인 문집에 다른 사람의 작품이 찬입(竄入)되는 경우가 많지 않거든요. 찬입은 잘못 들어간다는 것인데, 그런 경우가 드물어요. 그리고 현재 전해지는 만화집에 일사본과 청절서원본에 모두 『춘향가』가 실려 있고요, 두 군데 다. 또 그의 아들 유금이 행록에서 분명히 『춘향가』를 언급하고 있거든요. 그러면 이 부분을 어떻게 설명을 해야 할까요? 가장 좋은 것은, 유진한이 아닌 후대의 인물이 누구인지, 찬입한 사람이 누구인지를 밝히면 논란이 일거에 해소가 되겠지만, 현재로서는 그게 어려워 보이고요. 이 부분에 대해서는 선생님께서 명확하게 언급을 안 하셨기 때문에 여쭙고 싶습니다.

그리고 발표하실 때 말씀하신 거울, 아내가 옆에서 같이 보고 첩을 데리고 왔다고 하는 그 고사는 사실 중국 위진남북조 필기집에 이미 나오거든요. 그때 거울은 물론 유리거울이 아니고, 청동거울이지요. 그게 우리나라에 전래되어서 유리거울로 바뀌었을 수도 있겠지만, 그 고사의 근원은 이미 천오백 년 전쯤인 위진남북조 시대 때, 필기집의 지인소설(志人小說), 지인소설 중에서도 우스갯소리만 모아놓은 책이 있어요. 소화집(笑話集), 소화류라고 하는데, 거기에 실려 있는 고사입니다.

그 다음에 오늘 발표에서는 말씀하지 않으셨지만, 논문 20쪽에서 "서양에서 발명한 활판인쇄술은 일본을 통해 19세기에 조선에 들어와서"라고 기술하셨는데, 이 기술에 혼동의 여지가 있습니다. 물론 선생님께서 말씀하신 것은 이것이 아닌 것 같습니다. 아시다시피 활판인쇄는 고려시대에 이미 나왔고, 조선시대에도 여러 종의 활자가 주조가 되었습니다. 선생님 말씀하신 활판인쇄술은 아마 근대적인 조판인쇄술을 의미하는 것이 아닌가, 이렇게 생각이 됩니다.

그리고 인용문 중에서 본래 그렇게 되어 있는지, 아니면 선생님께서 옮기실 때 잘못 되었는지 모르겠는데, 31쪽의 첫 번째 인용문, 두 번째 줄에, "晩華濟柳振漢"라고 되어 있는데, "晩華齋"가 아닌가 합니다.

이윤석 그러네요. 이건 뭔가 잘못된 것 같은데.

김장환 원래 김동욱 선생님이 적을 때 잘못 적으셨을까요?

이윤석 그랬을지도 모르지만, 제가 잘못 입력했겠죠.

답변하겠습니다. 정노식의 『조선창극사』에서 "창극"이라고 한 용어부터 살펴보겠습니다. 판소리는 원래 혼자 하는데, 1910년대, 20년대 들어와서 각각의 역할을 맡는 극형식으로 바뀌게 되어서 창극이 유행을 하게 됩니다. 그래서 아마 창극사라고 쓴 것 같아요. 그리고 또 다른 말로는, 이혜구 교수 얘기로는, 식민지 시기 일본어 문장에 판소리라는 단어를 한글로 써놓으면 조판하기가 귀찮으니까, 판소리를 한자로 '창극조(唱劇調)'라고 했다는 말도 있습니다.

그런데 그런 문제를 다 떠나서, 보다 근본적인 문제는, 판소리가 무슨 의미인지 모른다는 거예요. '판소리가 무엇이냐' 물으면 기껏 하는 말이 "판 더하기 소리입니다." 그럼 판은 무엇인가? "놀이판, 뭐 이런 거 아니겠습니까." 그런 정도라는 것이죠. 판소리란 말이 무엇을 뜻하는지, 이 말은 언제부터 쓰였는지에 관한 연구는, 전혀 되어있지 않다는 거죠. 판소리가 무슨 의미인가, 하고 물으면 아무도 모르는 거예요. 그래서 각각의 시대에 근거한 판소리 개념을 얘기하게 되는데, 예를 들어 지금 판소리라고 하면 2016년에 부르고 있는 걸 말하는 것입니다. 또는 자신이 아는 것을 판소리라고 말하는 겁니다. 규범이 거의 없다시피 되어 있는 거죠.

두 번째, 강창과 적창에 관해서는 아주 잘 들었습니다. 중국의 강창도 원 텍스트가 있고 그것을 가져와서 한다는 거죠. 그건 당연히 그럴 겁니다. 왜냐하면 가수가 가사까지 짓는 싱어송라이터는 근래에 생긴 거지 옛날에는 아마 없었던 것 같아요. 아마 가수가 가사를 어디서 가져왔을 것 같습니다.

세 번째 문제는 만화본 춘향가로, 중국에는 특정 개인 문집에 다른 사람의 작품이 들어가는 경우가 없다고 하셨는데…….

김장환 없는 것은 아니고 드물다는 거죠.

이윤석 네, 거의 없다는 거죠. 그런데 한국에서는 20세기에 나온 문집의 상당수는 위작이라고 봐도 괜찮을 정도입니다.

김장환 아 그래요?

이윤석 그럴 정도입니다. 저는 그렇게 봐요. 20세기에 들어와서, 100년, 200년, 300년, 500년 전의 자기 선조들의 문집을 편찬하는 일이 굉장히 많았거든요. 목판본으로 출판을 하지 않고 석인본으로 책을 내므로 비용이 싸지니까요. 지금 청절서원에서 나온『만화집』도 석인본입니다. 1989년인데도 석인본으로 냈어요. 출판비용이 싸고 교정을 안 봐도 되니까. 글자 쓴 대로 그대로 프린트를 하는 복사개념이니까요.

유진한의 아들이, 우리 아버지가 전라도 가서 몇 개월 여행하고 돌아와서 그 다음에『춘향전』을 지었다. 가사『춘향전』을 지었는데 사람들한테 웃음거리가 되었다. 그런 내용이 거기 실려 있어요. 저는 이런 내용도 후에 넣은 것이라고 봅니다.

김장환 그러니까 그걸 쓴 거는 아들이 맞는 것 같아요?

이윤석 아뇨. 아들이 썼을 리가 없죠.

김장환 그러면 행록조차도?

이윤석 그런 것도, 조작이 되어서 들어가는 내용이 너무 많다는 거죠. 왜냐하면 19세기에 문집이 나온다면 『춘향전』은 절대로 집어넣지 않습니다. 썼다 하더라도. 아무도 집어넣지 않습니다. 거기에 그걸 집어넣겠다는 생각을 한 것은 이미 20세기 중반하고도 훨씬 이후의 발상이에요. 이건 앞으로 논쟁을 하게 될 겁니다. 이제까지 들어내놓고 이야기를 안 했는데, 공식적으로 문제제기를 하면 논란이 되리라고 봅니다. 20세기에 석인본으로 나온 문집에 들어있는 내용은 절대로 그대로 믿으면 안 됩니다. 근거가 뭔지 알 수 없으니까요. 예를 들면 1920, 30년대에 나온 여류작가의 한시작품들이나 문집, 이런 것들은 다 의심해 보아야 합니다. 그런데 연구자들 스스로도 알면서도 그냥 넘어갑니다. 여러 가지 핑계를 대면서 거짓말하는 거예요. (웃음) 제가 이 글에 썼지만 한국문학은, 특히 한국 고전문학은 제대로 된 검증을 하지 않거든요. 검증을 누가 하느냐, 자기들끼리 하거든요. 객관적인 검증을 받지 않는 거예요.

제가 여기 예를 든 것 중에 하나가 있습니다. 지난 3월에 펭귄출판사에서 한국작품으로는 처음으로 『홍길동전』이 나왔습니다. 정부에서 지원한 것이 아니고, 어떤 개인이 번역을 한 것에 펭귄출판사에서 흥미를 보여 책이 나왔습니다. 그런데 그 책에는 뭐라고 되어 있느냐 하면, "홍길동전은 허균이 지은 게 아니다."라고 되어 있어요. 『홍길동전』을 번역한 사람이 보기에, 작품을 읽어보고 관련 논문을 살펴보니 『홍길동전』은 허균이 지을 수가 없는 책이라고 판단한 것이지요. 그래서 『홍길동전』은 허균이 지은 것이 아니라고 결론을 낸 거죠. 앞으로 서양에서 『홍길동전』에 관한 언급을 한다면 이 책을 참고하게 될 겁니다. 이런 식으로라도 객관적 검증이 되는 일이 한국고전문학에는 별로 없기 때문에, 고전문학 관련 논문이나 책을 읽을 때는 잘 판단해서 읽어야 할 겁니다.

그리고 활판인쇄술이란 말할 것도 없이 서양의 기계식 조판 인쇄술을 말합니다.

선우환 발표를 상당히 재미있게 들었는데요. 저도 어렸을 때 춘향전이 판소리 춘향가에서 나왔다고 배웠고 그렇게 알고 있었는데요. 그때 저도 이상하게 여겼던 것 중 하나가, "금준미주천인혈(金樽美酒千人血)"로 시작하는 이런 한시가 나오지 않습니까. 만약 춘향전이 구비문학에서 나온 거라고 한다면, 구비문학에 그런 한시가 들어있다는 것은 굉장히 이상한 것 같거든요. 그게 원래 소설로 쓰였다면 그런 한시가 들어가는 게 그럴 듯하지만, 구비문학에서 나왔다고 한다면 이런 부분은 이상하다고 생각이 되었습니다. 그렇다면 이런 것도 춘향전이 판소리 춘향가에서 나오지 않았다고 하는 것에 대한 한 가지 정황적 증거가 될 수가 있나요.

이윤석 증거가 될 수 있죠. 왜냐하면 그 시에 관해서는 여러 가지 추정을 통해서 최초의 시가 중국 사람이 지은 것이라는 연구가 있습니다. 판소리에서 소설이 나왔다고 주장하기 위해서는, 그런 한시도 다 구전설화 속에 들어 있던 것을 판소리 창자가 가져와서 노래 속에 넣어 불렀다고 해야 하는 거죠.

선우환 그런데 구전설화 속에 한시가 들어가 있는 건 굉장히 이상한데요.

이윤석 들어가기 어렵죠. 그렇습니다. 그건 매우 흥미 있는 관찰이십니다.

김장환 『적벽가』 같은 걸 보면요, 사설의 가사내용은 거의 다 한자입니다. 그리고 중간 중간에 우리말로 이어지고요. 그 『춘향가』는 백 번 양보해서 익히 많이 들었으니 기억하고 있다, 이게 가능할지 모르지만, 『적벽가』 같은 경우는 사실 많이 낯설거든요. 그런데 거의 다 한자, 그것도 넉 자로 된 한자입니다. 그런 경우에는 구전설화로 보기 힘들죠.

이윤석 『삼국지연의』는 이미 오래전에 한국에서 번역이 되었죠. 한국에서 중국소설을 번역한 것은 상당히 오래되었습니다. 저는 그러한 번역이 단 한 사람을 위한 번역에서 시작되었을 것이라 봐요. 궁중이나 또는 아주 지체가 높은 집에서, 한문을 모르는 사람, 그러니까 부녀자가 될 수밖에 없죠. 부녀자들에게 중국소설을 읽어보게 하려고 한글로 번역을 하는 작업에서부터 시작이 된 것이다. 그리고 그런 텍스트들이 시중으로 흘러나오게 되면, 세책집처럼 빌려주는 책, 또는 이를 축약한 목판방각본, 이런 것들이 나오게 된다고 봅니다.

조주관 간단한 질문인데요. 18세기 러시아에는 모스크바 국립대학교 창설자인 M. V. 로모노소프가 있어요. 그 사람이 유리의 사용법에 대해서 아름다운 에세이를 써놓은 것이 있습니다. 아까 말씀하실 때, 유리가 러시아에서 도입되었다고 하는데, 그게 정확히 언제쯤 되는가요? ?

이윤석 1689년 청나라와 러시아 사이에 네르친스크 조약이 맺어지고, 러시아 사절들이 북경에 오게 됩니다. 물론 러시아인들이 온 목적 가운데 하나는 무역인데, 그 장사하는 사람들의 물건 속에 유리가 포함되어 있는 거예요. 한국 기록을 보면, 대개 1750-60년 무렵에 아라사 사람들로부터 거울이 온다는 이야기를 발견할 수 있어요. 당시 러시아를 어르쇠, 악라사 등 여러 가지 말로 부르는데, 거울이 러시아에서 왔다는 얘기가 많이 나옵니다. 1700년대 후반으로 가게 되면 이 거울이 극도의 사치품으로 조선에서 논의되기 시작하죠. 물론 거울은 그 전에 일본을 통해서, 네덜란드 등지의 물건이 올 수도 있기는 있어요. 왜관을 통해서요. 그러나 그것보다는 공식적으로 들어오는 거울의 양이 꽤 많아지기 시작한 건 러시아 물건이 들어오고부터입니다.

조주관 감사합니다. 재미있네요.

이윤석 네르친스크 조약 이후, 북경에서 조선 사신들이 묵던 건물을 러시아 사람들에게 빼앗기게 돼요. 청나라 정부에서 러시아 사신이 오니까, 그동안 조선 사신들이 묵던 곳을 러시아 사신들이 묵게 하고, 조선 사신은 다른 곳으로 옮겨라. 이런 이야기 등등의 여러 가지 러시아에 관한 이야기, 키가 얼만하고, 코가 얼만하고, 무식하고 등등의 이런 얘기가 꽤 많이 나오죠.

양석원 저도 질문이 있습니다. 너무 생소한 이야기를 듣게 되었는데요. 서울 세책집에서 만든 소설을 옮긴 것을 판소리 춘향가라고 말씀을 하셨는데, 원본을 찾기 어렵다, 거의 불가능하다고 말씀하시는 거지요?

이윤석 한국 고소설의 원본이 무엇인가에 대해서는 제 논리가 있죠. 그런데 아직까지 한국에서는 이 문제에 별로 관심들이 없으니까.

양석원 아까 말씀하신 것 중에는, 중국 쪽에서 들어온 소설들이 규방에서 번역이 되고, 그리고 그런 것들이 밖으로 새어나가고, 그것이 세책집에서 춘향전으로 바뀐다고 한다면, 춘향가가 우리의 고전문학이 아니라는 말씀이신가요?

이윤석 아뇨, 그건 아니죠. 제가 이야기 한 건. 이렇게 되었다고 저는 보는 거예요. 한국에서 중국소설을 보고 한문으로 소설 쓴 사례는 많았습니다. 아까 오전에 이야기했던 『금오신화』는 『전등신화』를 보고 김시습이 거의 비슷하게 써낸 것이거든요. 그건 금방 하는데, 한글로 소설을 쓴다는 것은 새로운 글쓰기이기 때문에 그건 쉽지 않거든요. 처음에는 중국소설을 모방하는, 번역해서 읽는 단계가 백 년 이백 년 계속 되다가, 어떤 계기로 조선 사람이 한글소설을 만들어 내겠죠. 그때 만들어 낼 때는 거의 중국소설을 모방하는 것이고요. 그 단계까지는 완전히 상층에서 향유되던 것인데, 1750년 무렵이 되면 조선에서 서울에 세책집이 생겨요. 그렇다면 최초의 세책집에서는 어디서 텍스트를 가지고 왔나. 아마 중국소설의 번역, 이런 것일 텐데, 순 한글소설이니까요. 어느 정도 시간이 지나면 조선 사람으로 창작을 하는 사람이 생겨나게 되겠지요. 그런 단계가 아마 『춘향전』이 나오게 되는 단계라고 보죠. 그런데 한글소설의 연대기는 만들 수가 없어요. 어떤 작품도 언제 나온 것이지를 알 수 없으니까. 150년 정도의 시기 동안에 어느 시점에서 나온 것인지를 알 수 있는 자료가 없습니다. 아주 독특한 거예요. 조선이 굉장히 가난했음에도 불구하고 세책집이 생겼고, 세책집에서 소설을 빌려줬다는 거죠. 조선 안에서, 세책집은 서울 이외에는 없었습니다. 책을 빌려주고 돈을 벌 수 있는 경제적 조건이 될 만한 데는 서울밖에 없었어요. 19세기 말에 온 외국인 선교사나, 외국 공관원들이 조사해 놓은 것을 보면 서울 이외에는 세책집이 없다. 예를 들면 송도, 평양, 대구, 이런 데도 책을 빌려주는 데는 없다, 서울밖에 없다, 이렇게 얘기를 하니까요. 게다가 빌려주는 책이 전부 손으로 쓴 겁니다. 인쇄한 책이 아니라요. 영세하니까 그렇게 된 건데. 그런 정도까지는 제가 알고 있는 겁니다.

양석원 그럼 중국의 영향은 있었지만, 『춘향전』의 창작 자체는 그런 영향이 희석된 시대에 탄생했으므로 우리나라 고유의 것이라고 판단하시는 거죠.

이윤석 『춘향전』은 물론 조선 창작소설입니다. 조선의 창작소설에 들어가는 거죠.

양석원 중국문학에 그런 영향관계를 파악할 수 있는 것은 전혀 존재하지 않았다는 거죠?

이윤석 중국과는 관련이 없을 겁니다. 중국 연구하는 분에게 여쭈어 보면 좋을 텐데. 사실 이 세상의 모든 이야기는 중국에 다 있어요. 그렇다고 해서, 그런 내용의 이야기가 중국에 있다고 해서, 그 얘기를 반드시 알고서 썼다고 볼 수는 없거든요.

양석원 미국문학 같은 경우도 어떤 이야기의 원천이 독일민담이라고 해서, 그걸 독일문학이라고 하지는 않거든요. 발견과 표현 등이 완전히 탈바꿈이 되었기 때문에 미국문학이라고 하는 거죠. 또 한 가지, 선생님 발표 중 재미있는 것이 있습니다. 구전문화, 민담에서 글쓰기, 소설로 나아갔다는 믿음과 어긋나는 경우도 가끔 있습니다. 이전에 쓰여진 작품이 민담의 소재가 되는 경우도 굉장히 많고요.

이윤석 그렇죠.

양석원 그렇기 때문에 반드시 구전에서 글로, 말에서 글로 옮겨간다고 이렇게 일방적으로 말할 수는…….

이윤석 구전설화 조사하러 나가면 여러 사람들의 이야기를 듣게 되는데, 그런 이야기들 중에는 소설을 쫙 늘어놓는 이야기도 많아요. 채록을 해 보면, 소설의 내용을 자기가 나름대로 만들어서 이야기를 하는 사람도 있고요.

이경훈 이것으로 이윤석 선생님 발표를 끝마치겠습니다.

『태평광기』의 편찬과 기환(奇幻)의 세계

김장환(연세대, 중어중문학과)

I. 『태평광기』라는 '이야기' 책

인간은 누구나 자신이 듣고 보고 겪고 느끼고 생각하는 모든 것을 표현하고자 하는 욕구를 내재적으로 가지고 있다. '이야기'는 바로 이러한 개인적 또는 집단적 경험을 다양한 방식으로 전달하는 서사 담론의 모든 형태라고 할 수 있다.

『태평광기』는 글로 전달되는 이야기의 전형적인 특성을 지니고 있다. 중국의 전통시기에는 『태평광기』에 수록된 이러한 '이야기'를 '소설'이란 용어로 통칭했는데, 이때의 소설은 우리가 익히 알고 있는 근대적인 의미의 소설이 아니라 문자 그대로 '자질구레한 이야기'라는 뜻으로 이해되었다. 즉 유가 경전이나 제자서에 근거한 철학적인 글쓰기나, 역사적 사실을 기록한 사학적인 글쓰기나, 문인학사들의 전아한 문학적인 글쓰기가 아닌, 한가한 시간에 자신의 기호에 따라 보고 들은 이야기를 손 가는대로 자유롭게 기술한 사소한 글쓰기라는 폄하적인 의미가 담겨 있다. 그밖에 이러한 가치개념이 들어 있지 않은, '예로부터 전해오는 이야기'라는 뜻의 '고사'라는 용어도 사용되고 있다. 본고에서는 특별히 구분할 필요가 있는 경우를 제외하고 '이야기', '소설', '고사'를 같은 범주에서 문맥에 따라 적절히 사용하고자 한다.

『태평광기(太平廣記)』는 '태평흥국 시대에 편찬된 광대한 이야기'라는 뜻으로, 중국 북송(北宋)의 이방(李昉)이 호몽(扈蒙)·이목(李穆)·서현(徐鉉) 등 12명과 함께 태종(太宗)의 명을 받들어 태평흥국(太平興國) 3년(978)에 수찬하고 태평흥국 6년(981)에 판각한 중국 고대 소설 모음집이다.

『태평광기』는 한대(漢代)부터 북송 초에 이르는 소설·필기·야사 등의 전적에 수록되어 있는 이야기들을 광범위하게 채록하여, 내용에 따라 92대류(大類)로 나누고 155소류(小類)로 세분했으며, 총 6965조에 달하는 이야기를 500권에 수록했다. 각 부류에 실려 있는 이야기는 시대순으로 배열되어 있고, 대부분 인물명을 제목으로 삼았으며, 각 이야기의 끝에는 채록 출처를 밝혀 놓았다. 인용된 책은 거의 500종에 가까운데, 그 중에서 절반가량은 이미 망실된 것으로 『태평광기』에 의거해서 적지 않은 내용이 세상에 전해지게 되었다. 또한 현존하는 절반가량의 인용서도 『태평광기』에 인용된 해당 이야기에 근거하여 잘못된 부분을 고증하거나 교감할 수 있다. 따라서 고소설의 일문(佚文)을 보존하고 있는 측면과 고소설의 변화 발전을 연구하는 측면에서 볼 때 『태평광기』의 문헌가치는 지대하다고 하겠다.

『태평광기』에 수록된 이야기는 신선귀괴(神仙鬼怪)와 인과응보(因果應報)에 관한 것이 비교적 큰 비중을 차지하고 있다. 어떤 경우는 한 부류가 한 권으로 되어 있기도 하고 어떤 경우는 한 부류가 여러 권으로 되어 있기도 한데, 「신선(神仙)」류는 55권이며 「귀(鬼)」류는 40권, 「보응(報應)」류는 33권, 「신(神)」류는 25권, 「여선(女仙)」류는 15권, 「요괴(妖怪)」류는 9권으로 다른 부류의 권수보다 상대적으로 분량이 많다. 이것은 고대 민간풍속과 위진남북조 이래 지괴(志怪) 소설의 흥성을 반영하고 있다. 또한 「잡전기(雜傳記)」류 9권은 모두 당대(唐

代)의 전기(傳奇) 작품을 수록했는데, 이를 통해 당대 전기에 주로 어떤 종류의 내용이 기록되었는지를 구체적으로 이해할 수 있다. 부류별로 이야기를 배열하는 이러한 체제는 독자들의 입장에서는 관심 있는 부류의 이야기만을 선별해서 읽어볼 수 있다는 장점이 되며, 학자들의 입장에서는 이를 분석하고 연구하는 데에 많은 편리함을 제공받을 수 있다. 그래서 송대 이전 고소설의 변천과 발전 상황을 알고 싶으면 이 책에 근거해서 탐색해 나갈 수 있다. 따라서 청대 기윤(紀昀)이 이 책을 "소설가의 깊은 바다[小說家之淵海]"라고 칭송한 것은 결코 과찬이 아니다. 『태평광기』는 각종 대량의 고소설을 모아 놓았을 뿐만이 아니라 역사·지리·종교·민속·명물·전고·문장·고증 등등의 풍부한 내용을 포함하여 다방면의 연구와 참고 자료를 제공하고 있다.

본고는 크게 세 부분으로 이루어진다. 먼저 『태평광기』의 편찬에 관한 것인데, 『태평광기』의 편찬 배경과 판각된 후의 유전상황에 대해 살펴보고자 하며, 이어서 『태평광기』로부터 촉발된 '소설' 관념의 인식 변화에 대해 분석하고자 한다. 그 다음은 『태평광기』의 세계에 관한 것인데, 우선 『태평광기』의 전체 편목을 일별하고 편목 구성에 나타난 사회문화적 특징을 살펴보고자 하며, 이어서 『태평광기』에 수록된 전체 이야기를 '기환(奇幻)'이라는 키워드로 읽어내고자 한다. 마지막은 결론을 대신하여 동아시아 서사문학에서 『태평광기』가 갖고 있는 시대적 의미를 가늠함으로써 동아시아 이야기 보고로서 『태평광기』의 문헌적 가치를 조명해보고자 한다.

II.『태평광기』의 편찬

1. 편찬 배경에 관한 몇 가지 설

『태평광기』의 편찬시기에 관한 최초의 기록이 실려 있는『송회요(宋會要)』에 따르면,[1]『태평광기』는 태평흥국 2년(977) 3월에 이방 등이 칙명을 받아 편찬에 착수하여 3년(978) 8월에 완성했으며 6년(981)에 판각되었다. 이는 현재 남아 있는『태평광기』의 가장 오래된 각본인 명(明) 가정(嘉靖) 연간(1522~1566)의 담개본(談愷本)에 수록된「태평광기표(太平廣記表)」[2]의 기록과 일치한다. 아울러「태평광기표」에서는 소설가(小說家)도 "성인의 도를 얻은 것이고 만물의 정을 다 표현한 것이니, 총명을 깨우치고 고금을 비춰 보기에 충분하다[得聖人之道, 以盡萬物之情, 足以啓迪聰明, 鑒照今古]"는 인식을 분명히 밝혔다.

---

1 (宋) 王應麟,『玉海』卷54「太平興國太平御覽·太平廣記」: "『會要』: 先是帝閱類書, 門目紛雜, 遂詔修此書. 興國二年三月詔昉等, 取野史小說, 集爲五百卷. 三年八月書成, 號曰『太平廣記』. 六年詔令鏤版."

2「太平廣記表」: 신 이방 등이 아뢰옵니다. 신은 먼저 칙명을 받들어『태평광기』500권을 찬집했사옵니다. 삼가 생각건대 六籍(六經)이 이미 나뉘어졌고 九流(九家)가 함께 일어났는데, 이는 모두 성인의 도를 얻은 것이고 만물의 정을 다 표현한 것이니, 총명을 깨우치고 고금을 비춰 보기에 충분합니다. 삼가 생각건대 황제폐하께옵서는 옥체로 聖啓를 두루 펼치시고 盛德으로 文思에 힘쓰셔서, 뭇 학설을 폭넓게 종합하고 그 중에서 여러 좋은 것을 버리지 않게 하셨사옵니다. 그러나 그 책의 編秩이 너무 광대하여 두루 살펴보기가 어렵기 때문에, 정수만을 가려 뽑아 유형별로 다듬어 찬집하게 하셨사옵니다. 생각건대 이처럼 중대한 일은 마땅히 대학자가 맡아야 하는데, 신 등이 솔깃한 말로 폐하를 속였사오나 다행히도 폐하께서 감상해 주셔서, 외람되게도 책을 찬수하라는 임무를 받들었사옵니다. 신 등은 일찍이 일을 기술할 능력이 없기에 물러가 반성해 보니 난삽하고 조리가 없어서, 오직 부끄러움만 더할 뿐이옵니다. 이 책은 500권에 목록 10권을 더하여 모두 510권이옵니다. 삼가 東上閣의 문에 나아가 표문을 받들어 상주함으로써, 天聽을 모독하나이다. 신 이방 등은 진실로 황공하여 머리를 조아리고 조아리며 삼가 아뢰옵니다. 太平興國 3년(978) 8월 13일. …… 8월 25일 칙명을 받들어 史館에 보냄. 6년(981) 정월 聖旨를 받들어 판각 인쇄함. (臣李昉等言: 臣先奉勅撰集『太平廣記』五百卷者. 伏以六籍既分, 九流並起, 皆得聖人之道, 以盡萬物之情, 足以啓迪聰明, 鑒照今古. 伏惟皇帝陛下, 體周聖啓, 德邁文思, 博綜羣言, 不遺衆善. 以爲編秩既廣, 觀覽難周, 故使采摭菁英, 裁成類例. 惟玆重事, 宜屬通儒. 臣等謬以諛聞, 幸塵淸賞, 猥奉修文之寄. 曾無叙事之能, 退省疎蕪, 惟增靦冒. 其書五百卷, 并目錄十卷, 共五百十卷. 謹詣東上閤門奉表上進以聞, 冒瀆天聽. 臣昉等誠惶誠恐頓首頓首謹言. 太平興國三年八月十三日. …… 八月二十五日奉勅送史館. 六年正月奉聖旨雕印板.)

중국의 대표적인 대형 유서(類書) 가운데 하나인 『태평광기』가 북송 초에 편찬된 배경에 대해서 종래로 많은 설이 제기되었는데, 대체로 다음의 두 가지로 정리해볼 수 있다.

첫째는 태종이 전대(前代) 구신(舊臣)들의 불만을 잠재우기 위해 그들에게 후한 봉록을 주고 대형 편찬사업에 몰두하게 했다는 설이다. 이 설은 남송 왕명청(王明淸)의 『휘주후록(揮麈後錄)』에서 주희진(朱希眞: 朱敦儒)의 말을 인용하여 맨 처음 언급했는데 다음과 같다.

> 태평흥국 연간(976~983)에 [오대(五代)의] 여러 항복한 왕들이 죽자, 그 옛 신하들 가운데 간혹 원망의 말을 퍼뜨리는 자들이 있었다. 그래서 태종은 이들을 모두 기용하여 관각(館閣: 翰林院)에 배치하고, 『책부원귀(册府元龜)』·『문원영화(文苑英華)』·『태평광기』와 같은 권질이 방대한 여러 책을 수찬하게 하면서, 봉록을 넉넉하게 지급하여 그 마음을 몰두하게 했는데, 그들은 대부분 글자 사이에서 늙어죽었다고 한다.(주희진이 말했다)[3]

이 설은 이후 송대 장단의(張端義),[4] 원대 유훈(劉壎),[5] 명대 담개(談愷),[6] 청대 고종(高宗),[7] 근대 노신(魯迅)[8] 등의 지지를 받아 가장 널리 인정받고 있다.

---

3 (宋) 王明淸, 『揮麈後錄』 卷1: "太平興國中, 諸降王死, 其舊臣或宣怨言. 太宗盡收用之, 寘之館閣, 使修羣書, 如『册府元龜』·『文苑英華』·『太平廣記』之類, 廣其卷帙, 厚其廩祿贍給, 以役其心, 多卒老於文字之間云.(朱希眞云)"

4 (宋) 張端義, 『貴耳集』 卷中: "本朝太宗取諸國有名之士, 入弘文館修書, 如『太平御覽』·『太平廣記』, 皆徐鉉·陶穀之筆, 是亦祖唐之遺意."

5 (元) 劉壎, 『隱居通議』 卷13: "如宋初編『文苑英華』之類, 尤不足採. 或謂當時削平諸僭, 其降臣聚朝多懷舊者, 慮其或有異志, 故皆位之館閣, 厚其爵祿, 使編纂羣書, 如『太平御覽』·『廣記』·『英華』諸書, 遲以歲月, 困其心志, 於是諸國之臣俱老死文字間. 世以爲深得老英雄法, 推爲長策."

6 (明) 談愷, 「太平廣記序」: "宋太平興國間, 旣得諸國圖籍, 而降王諸臣, 皆海內名士. 或宣怨言, 盡收用之, 寘之館閣, 厚其廩餼, 使修羣書."

7 (淸) 高宗, 『御製詩四集』 卷11 「命校永樂大典因成八韻示意詩」小注: "宋太宗身有慙德, 因集文人爲『太平

하지만 이 설은 왕명청과 같은 시대의 남송 이심전(李心傳)[9]에 의해 반박이 가해진 이후로 섭숭기(聶崇岐),[10] 곽백공(郭伯恭),[11] 정의중(程毅中),[12] 장국풍(張國風)[13] 등 현대의 학자들이 모두 『휘주후록』에서 언급한 내용에 대해 의문을 제기했는데, 그 주요 논점은 다음의 두 가지로 요약할 수 있다. 우선 『책부원귀』는 태종 때 편찬된 것이 아니라 진종(眞宗) 때 편찬되었다는 점이고, 다음으로는 "여러 항복한 왕들이 죽자[諸降王死]"라는 언급에 대해 『태평광기』가 편찬될 당시 오월(吳越)의 전숙(錢俶)과 북한(北漢)의 유계원(劉繼元)은 아직 항복하지 않았고 후촉(後蜀)의 맹창(孟昶)과 남한(南漢)의 유창(劉鋹)과 남당(南唐)의 이욱만(李煜)만 항복했는데 이 세 '항복한 왕' 중에서 맹창은 이미 태조(太祖) 때 죽었고 유창과 이욱은 『태평광기』를 수찬할 때까지도 살아 있었다는 점이다. 따라서 『휘주후록』에서 언급한 것처럼 『태평광기』와 같은 대형 유서의 편찬에 그렇게 깊은 정치적 의도가 담겨 있었던 것은 아니라는 것이다.

그러나 『휘주후록』의 내용에 착오가 있는 것은 사실이지만 그렇다고 해서 『태평광기』의 편찬이 당시의 정치적 상황과 전혀 무관해 보이지는 않는다. 「태

御覽』·『太平廣記』·『文苑英華』三大書, 以弭草野之私議."

8 魯迅, 『中國小說史略』 第11篇 「宋之志怪及傳奇文」: "宋旣平一宇內, 收諸國圖籍, 而降王臣佐多海內名士, 或宣怨言, 遂盡招之館閣, 厚其廩餼, 使修書, 成『太平御覽』·『文苑英華』各一千卷. 又以野史·小說·諸家成書五百卷, 目錄十卷, 是爲『太平廣記』."

9 (宋) 李心傳, 『舊聞證誤』 卷1: "按『會要』, 太平興國二年, 命學士李明遠·扈日用偕諸儒修『太平御覽』一千卷·『廣記』五百卷. 明年『廣記』成, 八年『御覽』成. 九年又命三公及諸儒修『文苑英華』一千卷, 雍熙三年成. 與修者乃李文恭穆·楊文安徽之·楊樞副礪·賈參政黃中·李參政至·呂文穆蒙正·宋文安白·趙舍人鄰幾, 皆名臣也. 楊文安雖貫浦城, 然恥事僞廷, 擧後周進士第. 江南舊臣之與選者, 特湯光祿·張師黯·徐鼎臣·杜文周·吳正儀等數人. 其後湯·徐並直學士院, 張參知政事, 杜官至龍圖閣直學士, 吳知制誥, 皆一時文人. 此謂'多老於文字之間'者, 誤也. 當修『御覽』·『廣記』時, 李重光尚亡恙, 今謂因'降王死而出怨言', 又誤矣."

10 聶崇岐, 「太平御覽引得序」(1934), 『太平御覽引得』(東京: 中文出版社重印, 1982), 6~7쪽.

11 郭伯恭, 「導言」, 『宋四大書考』(上海: 商務印書館, 1940), 2~4쪽.

12 程毅中, 『太平廣記』(沈陽: 春風文藝出版社, 1999), 16~17쪽.

13 張國風, 『太平廣記板本考述』(北京: 中華書局, 2004), 5쪽.

평광기표」에 의거하면 『태평광기』의 편찬에 참여한 13명의 수찬관(修纂官) 중에서 송백(宋白) 한 사람만 제외하고, 이방(李昉)·호몽(扈蒙)·이목(李穆)·조린기(趙鄰幾)는 후주(後周) 출신의 '항복한 신하'이고, 탕열(湯悅)·서현(徐鉉)·장계(張洎)·왕극정(王克貞)·오숙(吳淑)·여문중(呂文仲)은 남당 출신의 '항복한 신하'이며, 동순(董淳)·진악(陳鄂)은 후촉 출신의 '항복한 신하'인데, 이들은 모두 당시의 저명한 문인학사들이었다.[14] 태종의 입장에서 보면 이들은 껄끄러운 존재임과 동시에 버리기 아까운 인재였으므로 이들을 효과적으로 통제할 정치 책략이 필요했는데, 그 중 하나가 바로 정부 주도의 대형 서적 편찬 사업에 이들을 끌어들여 후한 봉록으로 회유하면서 그 불만을 해소하고자 했던 것이다. 이와 유사한 예는 후대 명 영락제(永樂帝) 때 편찬된 『영락대전(永樂大典)』과 청 건륭제(乾隆帝) 때 편찬된 『사고전서(四庫全書)』에서도 확인할 수 있다.

둘째는 태종의 문덕으로 치세를 이룬다는 "문덕치치(文德致治)"의 정치노선과 태종 자신의 문학 애호에서 비롯되었다는 설이다. 이 설은 곽백공(郭伯恭)[15]이 부분적으로 주장한 이후 조유국(趙維國)[16]과 우경려(牛景麗)[17] 등이 확대 보충했다.

태조의 친동생인 태종은 태조의 적장자를 대신하여 제위에 올라 중국 전역을 통일한 뒤, 재정의 중앙집권화를 실현하고 향촌제도의 확립 및 과거제도를 확대 실시하여 이른바 '문치주의(文治主義)'를 완성함으로써 송나라의 기초를 확립한 황제로 알려져 있다. 하지만 그의 즉위를 둘러싼 의문점 때문에 재위 기간 내내 정통성에 대한 의문이 제기되기도 했다. 태종은 이러한 상황을 타개하

14 13명의 『太平廣記』 修纂官에 대한 보다 자세한 소개는 張國風의 위의 책, 11~13쪽과 牛景麗의 『太平廣記的傳播與影響』(天津: 南開大學出版社, 2008), 15~18쪽을 참고하기 바란다.

15 郭伯恭, 앞의 글.

16 趙維國, 「論『太平廣記』纂修的文化因素」, 『河南大學學報』(社科版) 第41卷 3期, 2001.5.

17 牛景麗, 앞의 책, 7~10쪽.

기 위해 즉위 초부터 문덕을 닦고 무력을 멈추는 '수문언무(修文偃武)' 정책을 표방하고 당나라 말과 오대의 분쟁 시기에 망실된 전적을 대대적으로 수집하여 이를 집대성한 대형 서적을 편찬함으로써, 문치를 숭상하고 학자를 존숭하는 '우문숭유(右文崇儒)'하는 제왕으로서의 면모를 부각시키려 했다. 태종은 다음과 같이 말했다.

> 왕자(王者)가 비록 무공(武功)으로 천하를 평정한다 하더라도 종국에는 반드시 문덕(文德)으로 치세(治世)를 이루어야 한다. 짐은 매번 퇴조하고 나서 책 보는 일을 그만둔 적이 없으니, 마음속으로 전대의 성패를 헤아려 이를 시행함으로써 그 손익을 모두 파악하고자 한다.[18]

> 대저 교화의 근본과 치란의 근원에 대해 만약 서적이 없다면 어디에서 법도를 취할 수 있겠는가?[19]

사실 이러한 시책은 태종만이 시행했던 것은 아니고 중국의 역대 개국 초기의 제왕들이 즐겨 사용하던 것이었다. 나아가 이러한 시책은 현대 중국에서도 여전히 유용한 가치를 지니고 있다. 이에 대해 중국의 저명한 철학자이자 종교학자인 임계유(任繼愈)는『도장제요(道藏提要)』의 서문에서 다음과 같이 말했다.

> 신중국이 건립된 이래 전국적으로 상하 모두 기본적 건설을 진행하고 있는데, 문화와 학술의 기본적 건설은 자료의 수집과 정리에서 벗어날 수 없으며, 또한

18 (宋) 李燾,『續資治通鑑長編』卷23: "王者雖以武功克定, 終須用文德致治. 朕每退朝, 不廢觀書, 意欲酌前世成敗而行之, 以盡損益也."

19 (宋) 李燾, 위의 책 卷25: "夫教化之本, 治亂之源, 苟無書籍, 何以取法?"

자료에 관한 작업이 반드시 선행되어야 한다. 중국은 역대로 개국을 하면 초기부터 무력에 의한 통일을 중지하고 문화를 통한 통합에 착수했으며, 반드시 먼저 자료의 수집과 정리 작업에 종사했다. 명나라 초에는 『영락대전』이 있었고, 청나라 초에는 『고금도서집성』과 『사고전서』를 편찬했으며, 프랑스의 자산계급이 부상한 시기에는 백과전서파(百科全書派)가 있었다. 자료가 충실하고 정비되어야만 새로 건설되는 국가의 문화적 수준을 고양시킬 수 있게 된다. 충분한 자료를 근거로 하지 않으면 학술과 문화에 대한 논의는 반드시 공론에 빠지게 될 것이다.[20]

아울러 태종은 남달리 독서를 좋아하고 문학을 애호하여 자신이 직접 많은 문학작품을 지었는데, 주요한 것으로는 『어집(御集)』 40권, 『주저집(朱邸集)』 10권, 『소요영(逍遙詠)』 10권, 『회문시(回文詩)』 4권, 『군신갱재집(君臣賡載集)』 30권 등이 있다.[21] 다음의 기록을 통해 태종의 이러한 면모를 잘 살펴볼 수 있다.

(태평흥국) 8년(983) 11월 경진일(庚辰日)에 사관(史館)에 조서를 내려 수찬한 『태평총류(太平總類)』 1000권을 "날마다 3권씩 바치면 짐이 직접 읽어보겠다"고 했다. 그래서 12월 1일부터 시작했는데, 재상 송기(宋琪) 등이 아뢰길: "날씨가 춥고 해가 짧은데 하루에 3권씩 열람하시면 성체(聖體)가 피곤해지실까 걱정되옵니다"라고 하자, 황상이 말하길: "짐은 천성이 책 읽기를 좋아하여 그 즐거

20 任繼愈, 『道藏提要』 「序」: "自從新中國建立後, 擧國上下都在進行基本建設, 文化學術的基本建設離不開資料的彙集與整理, 而且資料工作必須先行. 我國歷代開國之初, 偃武修文, 必先從事資料彙集整理工作. 明初有『永樂大典』, 清初編『古今圖書集成』·『四庫全書』, 法國資産階級上升時期有百科全書派. 只有資料充實齊備, 纔有可能蘊育新建國家的文化高潮. 沒有充足的資料爲依據, 談論學術文化, 勢必流於空談."

21 太宗의 저작은 (宋) 程俱의 『麟臺故事』 卷1과 (宋) 王應麟의 『玉海』 卷28에 그 목록이 기록되어 있다.

움을 자못 터득한지라 책을 펼치면 유익함이 있으니 어찌 헛된 일이겠는가!"라고 했다. 이로써 배우기를 좋아하는 자가 만 권의 책을 읽는다는 것이 허튼말이 아님을 알 수 있다.[22]

태종은 학문을 독실하게 좋아했는데, 일찍이 전대의 『수문전어람(修文殿御覽)』·『예문유취(藝文類聚)』를 살펴보고 나서 그것의 편목이 번잡하고 차례가 어긋나 있자, 곧 한림학사 이방과 호몽, 지제고(知制誥) 이목, 우습유(右拾遺) 송백 등에게 조서를 내려 그 분류와 차례를 상세히 살피고 편목을 분명하게 정하여 『태평총류』 1000권을 편찬하게 했다가, 얼마 후에 서명을 『태평어람록(太平御覽錄)』으로 바꾸었다. 또한 패관(稗官)의 언설 중에도 간혹 취할 만한 것이 있다고 생각하여 야사·전기·고사·소설을 취하여 500권으로 편찬하게 하고 『태평광기』라는 서명을 하사했다.[23]

이상에서 살펴보았듯이 『태평광기』의 편찬은 우선 송초의 정치적 상황과 밀접한 관련이 있음을 알 수 있다. 당시 "해내명사(海內名士)"로 인정받고 있던 오대의 '항복한 신하'를 적절히 통제할 필요를 느꼈던 태종은 대형 유서 편찬을 통해 이들을 합법적으로 포섭함과 동시에 망실된 도서를 대대적으로 수집 정리하여 "문덕치치"의 정책을 성공적으로 수행했으며, 여기에 태종 자신의 '호학(好學)'과 '호문(好文)' 정신이 더해져 중국역사상 주목할 만한 문화 사업을 완

22 (宋) 王應麟, 『玉海』 卷54: "八年十一月庚辰詔史館所修『太平總類』一千卷, 宜令'日進三卷, 朕當親覽焉'. 自十二月一日爲始, 宰相宋琪等言曰: '天寒景短, 日閱三卷, 恐聖躬疲倦.' 上曰: '朕性喜讀書, 頗得其趣, 開卷有益, 豈徒然也!' 因知好學者讀萬卷書, 非虛語耳."

23 (宋) 李攸, 『宋朝事實』 卷3 「聖學」: "太宗篤好儒學, 嘗覽前代『修文殿御覽』·『藝文類聚』, 門目繁雜, 失其倫次, 乃詔翰林學士李昉·扈蒙, 知制誥李穆, 右拾遺宋白等參詳類次, 分定門目, 編爲『太平總類』一千卷, 俄改爲『太平御覽錄』. 又謂稗官之說或有可採, 令取野史·傳記·故事·小說, 編爲五百卷, 賜名『太平廣記』."

수할 수 있었다. 『태평광기』는 바로 이러한 정치·사회·문화의 복합적인 배경 하에서 편찬되었던 것이다.

2. 판각 및 유전을 둘러싼 진실

『태평광기』의 판각에 대해서는 종래로 왕응린(王應麟)의 『옥해(玉海)』에서 "『태평광기』를 판각하여 천하에 반포하려 했으나 논자들이 학자들의 시급한 것이 아니라고 여기자 묵판(墨板)을 거두어 태청루(太淸樓)에 보관했다"[24]라고 한 기록에 근거하여, 『태평광기』의 인판(印版)이 판각된 후 곧바로 거두어들여져 세상에 유포되지 못한 것으로 알려졌다. 이 설은 노신의 『중국소설사략(中國小說史略)』[25]을 비롯한 거의 대부분의 중국 문학사와 소설사에서 따르고 있다. 하지만 실제로는 북송 때부터 이미 많은 문인 학자들이 『태평광기』를 읽었던 것으로 보인다.[26]

우선 북송 인종(仁宗) 천성(天聖) 5년(1027)에 조형(晁迥)이 지은 『법장쇄금록(法藏碎金錄)』에서 이미 『태평광기』의 고사를 인용하면서 그 권수(卷數)와 부류(部類) 및 출처를 밝혔는데,[27] 모두 금본(今本) 『태평광기』의 고사와 완전히 일치한다. 이는 『태평광기』의 열독에 관해서 현재 문헌상으로 확인할 수 있는

---

24 (宋) 王應麟, 『玉海』 卷54: "『廣記』鏤板頒天下, 言者以爲非學者所急, 收墨板藏太淸樓."

25 魯迅, 『中國小說史略』 第11篇 「宋之志怪及傳奇文」: "後以言者謂非後學所急, 乃收版貯太淸樓, 故宋人反多未見."

26 『太平廣記』의 版刻과 流傳 상황에 대해서는 張國風, 『太平廣記版本考述』(北京: 中華書局, 2004), 6~10쪽; 凌郁之, 「『太平廣記』的編刻·傳播及小說觀念」(『蘇州科技學院學報』(社科版) 제22권 제3기, 2005.8); 牛景麗, 『太平廣記的傳播與影響』(天津: 南開大學出版社, 2008), 42~69쪽; 曾禮軍, 「『太平廣記』的文獻學研究綜述」(『文獻』 제4기, 2010.10)의 연구 성과를 주로 참고했다.

27 (宋) 晁迥, 『法藏碎金錄』 卷5: "予覽『太平廣記』第一百七十六「器量」事類引『國史異纂』云, 盧尙書承慶總章初考內外官……" 卷5: "予覽『太平廣記』第一百八十引『摭言』云, 費冠卿元和二年及第……" 卷9: "『太平廣記』第四百五「奇物」門類, 說李德裕東都平泉莊……"

최초의 기록이라 할 수 있다. 이어서 『숭문총목(崇文總目)』[28]·『통지(通志)』[29]·『군재독서지(郡齋讀書志)』[30]와 같은 목록학 저작이나 왕벽지(王闢之)[31]·소식(蘇軾)[32]·조보지(晁補之)[33]·이신(李新)[34]·당신미(唐愼微)[35]·완열(阮閱)[36]·오견(吳幵)[37]과 같은 문인 학자들의 저작에서 『태평광기』에 대한 기록을 쉽게 찾아볼 수 있다. 북송 말년에는 채번(蔡蕃)이 『태평광기』에 수록된 고사와 시문 중에서 일부분을 취하여 『녹혁사류(鹿革事類)』와 『녹혁문류(鹿革文類)』 각 30권을 편찬한 바 있다.[38] 이로써 『태평광기』는 북송 때 단절되어 유전되지 못한 것이

28 (宋) 王堯臣,『崇文總目』卷6「類書類」.

29 (宋) 鄭樵,『通志』卷69「藝文略·類書類」; 卷71「校讎略」.

30 (宋) 晁公武,『郡齋讀書志』卷3「小說類」;『郡齋讀書後志』卷2「小說類」.

31 (宋) 王闢之,『澠水燕談錄』卷9「雜錄」: "元豊中, 高麗使朴寅亮至明州, 象山尉張中以詩送之, 寅亮答詩序有'花面艶吹, 愧鄰婦青脣之斂, 桑間陋曲, 續郢人白雪之音'之語. 有司劾, 中小官, 不當外交夷使. 奏上, 神宗顧左右: '青脣何事?' 皆不能對. 乃以問趙元老, 元老奏: '不經之語, 不敢以聞.' 神宗再諭之, 元老誦『太平廣記』云……"

32 (宋) 蘇軾,『東坡全集』卷84「與李大夫」: "舊見『太平廣記』云, 以虎頭骨縋之有龍湫中, 能致雨, 仍須以長綆繫之, 雨足乃取出, 不爾雨不止. 在徐與黃試之, 皆驗, 敢以告."『東坡題跋』卷3「書鬼仙詩」: "又記『太平廣記』中, 有人爲鬼物所引, 入墟墓間, 皆華屋洞戶, 忽爲劫墓者所驚, 出, 遂失所見. 且云: '芫花半落, 松風晚淸.' 吾愛此兩句, 故附之書末."『東坡志林』(十二卷本) 卷5: "偶讀『太平廣記』, 貞元五年, 李白子伯禽爲嘉興乍浦下場雜鹽官, 侮慢廟神以死, 以此知不肖子代不乏人也."

33 (宋) 晁補之,『鷄肋集』卷33「跋蘭亭序」: "始余幼時讀『太平廣記』, 見唐太宗遣蕭翼購蘭亭敍事, 蓋譎以出之……" 卷33「跋陳伯比所收顔魯公書後」: "嘗憶『太平廣記』, 載有戍軍數千人忿不相能, 欲自將攻其部……"

34 (宋) 李新,『跨鰲集』卷22「答喩晞文書」: "『譚子圖經』及『神仙集錄』皆載天池本末,『太平廣記』亦有傳, 池直長三尋許, 闊十丈深丈餘."

35 (宋) 唐愼微,『證類本草』卷3: "『太平廣記』: 壁鏡毒人必死, 用白礬治之." 그밖에 卷4·5·9·12·16(2조)·17·22(2조)에도 卷3과 같은 형식으로 기재되어 있다.

36 (宋) 阮閱,『詩話總龜』卷37「譏誚門」: "『太平廣記』言, 杜牧爲宣州幕, 有酒妓肥大……" 그밖에 卷48「鬼神門」과『詩話總龜後集』卷42「鬼神門」에도『東坡題跋』卷3「書鬼仙詩」에서 언급한 내용이 轉錄되어 있다.

37 (宋) 吳幵,『優古堂詩話』「服藥不如獨臥」: "『太平廣記』彭祖傳云……"「蒸壺似蒸鴨」: "按『太平廣記』載盧氏雜說, 鄭餘慶與人會食……"

38 (宋) 晁公武,『郡齋讀書後志』卷2「小說類」: "『鹿革事類』三十卷,『鹿革文類』三十卷: 節『太平廣記』事實成一編曰『事類』, 詩文成一編曰『文類』. 蔡蕃晉如所撰. 晉如博學, 通音律, 能屬文, 與十父相友善.

결코 아니라 단지 볼 수 있는 사람이 한정되어 있었다는 사실을 알 수 있다. 하지만 당시 문인 학자들이 보았던 『태평광기』가 각본(刻本)이었는지 초본(抄本)이었는지는 명확히 알기 어렵다.

남송 초에는 『태평광기』의 판각본이 분명히 간행되었음을 확인할 수 있다. 송본에 근거한 판본으로 현존하는 것은 명대 심여문(沈與文)의 야죽재(野竹齋) 초본, 청대 진전(陳鱣)이 송 각본에 근거하여 교감한 허자창(許自昌) 각본, 청대 손잠(孫潛)이 송 초본에 근거하여 교감한 담개(談愷) 각본 3종이 있는데, 이들 판본 중에 '구(構)'자와 '구(搆)'자가 '어명(御名)' 또는 다른 글자로 대체되어 있음이 발견된다. 이는 바로 남송 고종(高宗) 조구(趙構)의 이름을 피휘(避諱)한 것으로 해당 송본이 고종 때 간행되었음을 증명해주는 것이다.[39] 남송 초중기에는 『태평광기』에 관한 기록이 더욱 많아졌는데, 『직재서록해제(直齋書錄解題)』[40]·『수초당서목(遂初堂書目)』[41]과 같은 목록학 저작을 비롯하여 장방기(張邦基)[42]·장얼(張嵲)[43]·강특립(姜特立)[44]·오증(吳曾)[45]·소박(邵博)[46]·갈립방(葛

---

39 牛景麗는 高宗 때의 관련 자료를 고찰하여 『太平廣記』의 宋 刻本이 대략 고종 紹興 9년(1139)에서 14년(1144) 사이에 간행된 것으로 추정했으며(牛景麗, 앞의 책, 49쪽), 凌郁之는 고종 때 새로 간인한 각본이 太宗 초의 각본, 즉 太清樓 收藏版에 근거했을 것으로 추정했다(凌郁之, 앞의 논문, 75쪽).

40 (宋) 陳振孫, 『直齋書錄解題』 卷11 「小說家類」.

41 (宋) 尤袤, 『遂初堂書目』 「小說類」. 『遂初堂書目』에는 특이하게 "京本太平廣記"라고 저록되어 있는데, '京本'은 館閣에서 간인한 판본이 아니라 도성인 汴京의 書坊에서 翻刻한 판본을 지칭하는 것으로 보인다.

42 (宋) 張邦基, 『墨莊漫錄』 卷2: "建炎改元冬, 予閑居揚州里廬, 因閱『太平廣記』……"

43 (宋) 張嵲, 『紫微集』 卷9 「讀『太平廣記』三首」(七言絕句).

44 (宋) 姜特立, 『梅山續稿』 卷7에 수록된 陸游의 「寄題藺庵」 시 뒤의 附記에서 『太平廣記』를 언급했다.

45 (宋) 吳曾, 『能改齋漫錄』 卷1 「廋詞」: "『太平廣記』引『嘉話錄』載, 權德輿言無不聞, 又善廋詞……" 그밖에 卷1 「鱠殘魚」·「唐突」, 卷3 「女壻乘龍」·「蒸壺似蒸鴨」, 卷4 「唐參軍簿尉不免杖」, 卷5 「裭襶子」, 卷7 「金盤玉盃」, 卷8 「服藥不如獨臥」, 卷14 「點死姓名」·「源乾曜舒元輿葬」, 卷15 「石首魚」에서도 『太平廣記』를 언급했다.

46 (宋) 邵博, 『邵氏聞見後錄』 卷17: "眞宗嘗問楊大年: '見「比紅兒詩」否? 大年失對. …… 事出『摭言』, 亦略見『太平廣記』中, 大年不知, 何也?"

立方)[47]·주필대(周必大)[48]·홍괄(洪适)[49]·홍매(洪邁)[50]·육유(陸游)[51]·여조겸(呂祖謙)[52]·조여시(趙與時)[53]·유극장(劉克莊)[54]과 같은 문인 사대부들의 저작에 폭넓게 기재되어 있다. 남송 중후기에는 『태평광기』가 하층 문인과 백화소설에 비교적 광범위하게 영향을 미친 것으로 보이는데, 그 대표적인 예를 나엽(羅燁)의 『취옹담록(醉翁談錄)』[55]에서 찾아볼 수 있다. 『태평광기』는 당시 전문적인 이야기꾼이었던 설화인(說話人: 說書人)들이 어려서부터 반드시 익혀야 하는 필독서이자 교과서였던 것이다.

이상에서 살펴보았듯이 『태평광기』는 남송 중기 이전까지만 해도 기본적으로 문인 사대부들 사이에서 유전되면서 주로 그들의 시문집과 필기집에 영향을 미쳤지만, 남송 중후기에 이르러서는 『태평광기』의 판각본(官刻本과 坊刻本)과 초본이 대량으로 출현하여 설화인을 포함한 하층 문인과 일반 대중들까지도 『태평광기』를 접할 수 있게 되었다. 이는 바로 '이야깃감'으로서의 『태평광기』가 한정된 지식인들에 의해 점유된 '제한된 텍스트'에서 사회의 모든 계층이 다양한 방법으로 함께 즐길 수 있는 '개방된 텍스트'로 발전했음을 의미한다.

---

47 (宋) 葛立方, 『韻語陽秋』 卷1: "『太平廣記』載, 宋之問於靈隱寺夜吟詩未就, 聞有人云: '何不道樓觀滄海日, 門對浙江潮.' 莫知何人. 人有識之者曰: '此駱賓王也.'……"

48 (宋) 周必大, 『文忠集』 卷5 「同年楊謹仲教授生日」 第三首 自注: "『廣記』: 楊雍伯有孝行, 傳種玉之術, 游海上, 遇羣仙, 後數年上昇, 今所居宅號玉田坊."

49 (宋) 洪适, 『盤洲文集』 卷4 「還李舉之『太平廣記』」(七言絕句).

50 (宋) 洪邁, 『容齋隨筆五筆』 卷4 「晉代遺文」과 「夷堅癸志序」에서 『太平廣記』를 언급했다.

51 (宋) 陸游, 『老學庵筆記』 卷8: "予讀『太平廣記』三百四十卷有『盧頊傳』云……"

52 (宋) 呂祖謙, 『少儀外傳』 卷下 自注: "李昉『太平廣記』所引均作'盖巨源', 今改正."

53 (宋) 趙與時, 『賓退錄』 卷8: "『太平廣記』載, 宣州司戶死而復生云……" 그밖에 같은 권에서 2번 더 『太平廣記』를 언급했다.

54 (宋) 劉克莊, 『後村詩話』 卷1: "『太平廣記』載, 孝廉許生遇四丈夫與白衣叟會飲於甘棠館……"

55 (宋) 羅燁, 『醉翁談錄』 卷1 「舌耕叙引·小說開闢」: "夫小說者, 雖爲末學, 尤務多聞. 非庸常淺識之流, 有博覽該通之理. 幼習『太平廣記』, 長攻歷代史書. 烟粉奇傳, 素蘊胸次之間, 風月須知, 只在唇吻之上." 여기에서 '舌耕'은 '說話'를 뜻하고 '小說'은 화본소설의 說話四家 중 '小說家'를 지칭한다.

남송 이후로 『태평광기』는 이른바 고급독자와 대중독자가 함께 감상하는 '아속공상(雅俗共賞)'의 텍스트가 되어 후대 중국문학 전반에 걸쳐 지대한 영향을 미쳤다. 우선 송대 이후 전통적인 문언소설과 화본소설(話本小說)·의화본소설(擬話本小說)은 물론이고 원본(院本)·잡극(雜劇)·전기(傳奇)와 같은 원명청대의 희곡 작품에서 『태평광기』의 고사를 활용한 예를 쉽게 찾아볼 수 있다.[56] 또한 『태평광기』에는 현재 망실되어 전해지지 않는 문헌에 들어 있는 작품이 많이 수록되어 있으므로,[57] 이를 바탕으로 해당 작품을 집록해내거나 선본(選本)을 편집할 때 아주 중요하다는 문헌적 가치가 있다. 그밖에 『태평광기』는 문인들이 반드시 구비해야 할 참고서로서 그들이 시문에 주를 달거나,[58] 유서를 편찬하거나,[59] 고적(古籍)을 교감하거나,[60] 견문을 넓히고 고증의 자료로 삼을[61] 때 널리 애용했다. 이런 측면에서 『태평광기』에 대한 기윤(紀昀)의 평가는 매우 타당하고 하겠다.

> 고래의 숨은 이야기와 자질구레한 일, 보기 드문 책과 없어진 문장이 모두 여기에 있는데, 그 권질이 적은 것은 종종 전부 수록해 놓았으니, 대개 소설가의 깊은

---

56 후대 소설과 희곡에 미친 『태평광기』의 영향에 대해서는 牛景麗의 연구 성과가 가장 구체적이고 종합적이므로 이를 참고하기 바란다. 그녀는 『태평광기』의 영향을 명확히 받은 중요 작품(『夷堅志』·宋元話本·三言·二拍·『豆棚閑話』·『女仙外史』·『子不語』·『閱微草堂筆記』·『揚州夢』 등), 『태평광기』의 고사를 바탕으로 한 소설 작품(文言小說·白話短篇小說·白話中長篇小說), 『태평광기』의 고사를 부연한 역대 희곡(宋雜劇·金院本·元明清戲曲)으로 나누어 그 영향관계를 상세히 고찰했다. 牛景麗, 앞의 책, 138~194쪽.

57 『태평광기』에 인용된 書目에 대한 통계는 학자들마다 달라 적게는 341종에서 많게는 526종에 달하는데, 이 중에서 대략 절반가량이 現存하지 않는 것으로 파악된다. 曾禮軍, 앞의 논문, 119쪽.

58 그 대표적인 예로 清代 王琦의 『李太白集注』를 들 수 있는데, 전체적으로 약 40군데에서 『태평광기』의 내용을 인용하여 주석했다.

59 그 대표적인 예로 清代 康熙帝의 칙명으로 편찬된 『佩文韻府』를 들 수 있는데, 전체적으로 약 130조에서 『태평광기』의 내용을 채록했다.

60 그 대표적인 예로 清代 沈炳巽의 『水經注集釋訂訛』를 들 수 있다.

61 그 대표적인 예로 明代 謝肇淛의 『五雜俎』를 들 수 있다.

바다다. ……이 책은 비록 신괴(神怪)를 많이 얘기하고 있지만 채록한 고사가 매우 풍부하고 명물(名物)과 전고(典故)가 그 사이에 섞여 있기에, 문장가들이 늘 인용하는 바이고 고증가들 역시 자료로 삼는 바가 많다. 또한 당나라 이전의 책 가운데 세상에 전해지지 않는 것으로 잔결된 서적이 10분의 1이나 여전히 보존되어 있으므로 더욱 귀중하다.[62]

3. '소설' 관념의 인식 변화

주지하듯이 『태평광기』는 『태평어람』·『문원영화』와 거의 같은 시기에 편찬되었는데, 이 저작들은 모두 전대의 문헌을 대규모로 정리 집록해낸 것이지만 그 편찬 목적과 집록 대상은 판연히 다르다. 『태평광기』는 '소설(小說)'을 위주로 했고, 『태평어람』은 '백가(百家)의 학설'을 위주로 했으며, 『문원영화』는 '문장(文章)'을 위주로 했다.[63] 이 세 저작의 편찬에 참여한 학자들은 전대의 문헌 중에서 어떤 것이 '소설'이고 어떤 것이 '백가의 학설'이며 어떤 것이 '문장'인지 판단하여 구별했으며, 그러한 과정에서 자연히 '소설'이라는 문체 관념을 분명히 인식했던 것이다. 아울러 이러한 정부 주도의 대형 편찬사업이 진행되는 과정에서 '소설'은 '문장'과 동등하게 취급되어 결과적으로 자연스럽게 '소설'의 지위가 제고되는 효과도 얻게 되었다. 『태평광기』의 인용서목을 분석해보면, 대개

62 (清) 紀昀, 『四庫全書總目』 卷142 「子部·小說家類【太平廣記五百卷】: "古來軼聞瑣事, 僻笈遺文咸在焉. 卷帙輕者, 往往全部收入, 蓋小說家之淵海也. ……其書雖多談神怪, 而採摭繁富, 名物典故, 錯出其間. 詞章家恒所採用, 考證家亦多所取資. 又唐以前書, 世所不傳者, 斷簡殘編, 尚間存其什一, 尤足貴也."

63 (宋) 王應麟, 『玉海』 卷54 「景德册府元龜」: "「册府元龜御製序」曰: '太宗皇帝始則編小說而成『廣記』, 纂百氏而著『御覽』, 集章句而製『文苑』, 聚方書而撰『神醫』.'" 한편 (宋) 楊億 口述, 黃鑑 筆錄, 宋庠 整理, 『楊文公談苑』 「太宗讀太平御覽」과 (宋) 宋敏求, 『春明退朝錄』 卷下에서는 "太宗詔諸儒編故事一千卷, 曰『太平總類』. 文章一千卷, 曰『文苑英華』. 小說五百卷, 曰『太平廣記』. 醫方一千卷, 曰『神醫普救』."라고 했는데, 여기서 말하는 '故事'는 '이야기'라는 의미보다는 문자 그대로 '옛일', 또는 '예전의 사건이나 관례'라는 의미로 파악된다.

『사기(史記)』·『대당신어(大唐新語)』 등과 같은 정사·야사·잡전(雜傳)류, 『유명록(幽明錄)』·『선실지(宣室志)』 등과 같은 위진육조 지괴(志怪) 및 당대(唐代) 지괴·전기(傳奇)소설류, 『흡주도경(歙州圖經)』·『계림풍토기(桂林風土記)』와 같은 지지(地志)·도경·풍토기류, 『신선전(神仙傳)』·『고승전(高僧傳)』 등과 같은 신선·불도(佛道)류, 『세설신어(世說新語)』·『운계우의(雲溪友議)』 등과 같은 일사(佚事)·필기류, 『장자(莊子)』·『묵자(墨子)』 등과 같은 제자(諸子)·잡가(雜家)류, 『백거이집(白居易集)』·『피일휴집(皮日休集)』 등과 같은 문집류 등으로 나누어 볼 수 있다.[64] 이러한 집록 범위는 기본적으로 경(經)·사(史)·자(子)·집(集)의 모든 방면을 포괄하고 있는데, 『태평광기』의 편찬자들은 선진(先秦)부터 송초까지의 문헌을 집록하면서 '소설' 관념에 대한 공통된 인식을 분명히 하고 있었던 것으로 보인다. 그들이 인식하고 있던 '소설' 관념은 지괴와 전기(傳奇)를 중심으로 하고 사서·지리서·필기·불도서와 심지어 문집 중에서 '이야기'의 속성, 즉 '기이함'을 특징으로 하는 '서사'를 모두 포괄하는 것으로 파악된다. 이러한 인식은 환담(桓譚)의 『신론(新論)』[65] 이후 대부분 짤막한 이야기로서 고사나 우언·전설 등에 빗대어 어떤 이치를 설명하는 문체로 인식되었던 기존의 '소설' 관념에 비해 그 외연이 크게 확장된 것으로, 송대인들의 '소설' 관념에 대한 인식 변화 지점에 『태평광기』가 자리 잡고 있음을 알 수 있다.

또한 『태평광기』에는 나중에 '당전기(唐傳奇)'라고 불리는 「이와전(李娃傳)」·「앵앵전(鶯鶯傳)」·「사소아전(謝小娥傳)」 등의 작품이 「잡전기(雜傳記)」라는 부류에 수록되어 있는데,[66] 명칭은 '잡전기'지만 실제로는 '전기(傳奇)'라는

---

64 凌郁之, 앞의 논문, 76쪽.

65 (漢) 桓譚, 『新論』: "若其小說家, 合叢殘小語, 近取譬論, 以作短書, 治身理家, 有可觀之辭."

66 『太平廣記』 卷484부터 卷492까지 총 9권에 걸쳐 다음과 같은 14편의 唐 傳奇 작품이 수록되어 있다: 「李娃傳」, 「東城老父傳」, 「柳氏傳」, 「長恨傳」, 「無雙傳」, 「霍小玉傳」, 「鶯鶯傳」, 「周秦行記」, 「冥音錄」, 「東陽夜怪錄」, 「謝小娥傳」, 「楊娼傳」, 「非煙傳」, 「靈應傳」.

의미로 사용한 것이다. 이는 『태평광기』의 편찬자들이 이러한 작품들을 하나의 부류로 설정할 필요성을 의식하고 있었음을 말해준다. 사실 '잡전기' 또는 '잡전'이라는 명칭은 종래로 목록학상에서 줄곧 사부에 귀속되는 분류 개념으로 사용되었는데, 『태평광기』에 이르러 '잡전기'라는 개념은 더 이상 사부에 귀속되지 않고 '소설'에 귀속되었다. 이를 통해 송초 지식인들의 '소설' 관념이 크게 진보했음을 엿볼 수 있다.

『태평광기』에서 드러난 '소설' 관념은 이후 정사의 도서 분류 변화를 촉발시키는 계기가 되었다. 『태평광기』의 편찬 목적이 시문(詩文)이나 전고(典故)의 참고용이든, 소일의 화젯거리 제공용이든 간에 '이야기'만을 내용별로 모아놓았다는 것은 역으로 '이야기', 즉 '서사'에 대한 새로운 분류화나 개념화를 가능케 하면서 이전에는 주로 사부나 자부에 무분별하게 뒤섞여 있던 '서사'라는 관념을 분명히 인식하게 만들었다. 이러한 인식의 변화는 『태평광기』(北宋 太宗 太平興國 3년(978) 완성) 이전에 기록되었던 『수서(隋書)』「경적지(經籍志)」(唐 太宗 貞觀 10년(636) 완성)와 『구당서(舊唐書)』「경적지」(五代 後晉 出帝 開運 2년(945) 완성)의 목록, 그리고 『태평광기』 이후에 기록되었던 『신당서』「예문지(藝文志)」(北宋 仁宗 嘉祐 5년(1060) 완성)의 목록을 비교해보면 분명히 드러난다. 이를 도표로 정리해보면 다음과 같다.[67]

서명	『수서』「경적지」	『구당서』「경적지」	『신당서』「예문지」
연단자(燕丹子)	소설	소설	소설
소림(笑林)	소설	소설	소설
유림(類林)			소설
박물지(博物志)	잡가	소설	소설

67 程毅中, 『古小說簡目』(北京: 中華書局, 1981), 2~3쪽.

열이전(列異傳)	잡전	잡전	소설
곽자(郭子)(賈泉注)	소설	소설	소설
세설(世說)	소설	소설	소설
소설(小說)(劉義慶)		소설	소설
속세설(續世說)		소설	소설
소설(小說)(殷芸)	소설	소설	소설
석속어(釋俗語)	잡가	소설	소설
변림(辯林)(蕭賁)	소설	소설	소설
주효경(酒孝經)		소설	소설
좌우방(座右方)	소설	소설	소설
계안록(啓顔錄)		소설	소설
고이전(古異傳)	잡전	잡전	소설
술이기(述異記)(祖沖之)	잡전	잡전	소설
근이록(近異錄)	잡전	잡전	소설
수신기(搜神記)	잡전	잡전	소설
신록(神錄)	잡전	잡전	소설
연신기(研神記)	잡전	잡전	소설
지괴(志怪)(祖台之)	잡전	잡전	소설
공씨지괴(孔氏志怪)	잡전	잡전	소설
순씨영귀지(荀氏靈鬼志)	잡전	잡전	소설
사씨귀신열전(謝氏鬼神列傳)	잡전	잡전	소설
유명록(幽明錄)	잡전	잡전	소설
제해기(齊諧記)	잡전	잡전	소설
속제해기(續齊諧記)	잡전	잡전	소설
감응전(感應傳)	잡전 잡가	잡전	소설
계응험기(繫應驗記)(陸果)		잡전	소설
명상기(冥祥記)	잡전	잡전	소설
보속명상기(補續冥祥記)	잡전	잡전	소설
인과기(因果記)		잡전	소설

원혼지(冤魂志)(還冤記)	잡전	잡전	소설
집령기(集靈記)	잡전	잡전	소설
징응집(徵應集)		잡전	소설
정이기(旌異記)	잡전	잡전	소설

위의 도표를 보면 『수서』「경적지」와 『구당서』「경적지」의 사부 잡전류에 저록되어 있던 작품이 『신당서』「예문지」에서는 모두 자부 소설가류로 이동된 것을 알 수 있는데, 그 대부분이 『태평광기』에 수록되어 있다. 이를 통해 『태평광기』가 『신당서』「예문지」의 목록 변화에 직간접으로 영향을 미쳤음을 짐작할 수 있다.

이러한 변화의 요인에 대해 크게 두 가지 설이 제기되었는데, 하나는 唐代부터 형성되기 시작한 역사 관념의 독립과 역사 서술의 엄격화[68]로 인해 사부의 수용 기준에 부적합한 저작들이 대거 사부에서 밀려나 자부로 이동하게 되었다는 것이며,[69] 다른 하나는 『태평광기』로 인해 형성되기 시작한 '소설' 관념의 변화가 『신당서』「예문지」에 영향을 미쳤다는 것이다.[70] 필자는 엄격한 역사 관념

68 그 대표적인 예로 (唐) 劉知幾의 『史通』을 들 수 있다.

69 이 설은 Kenneth J. DeWoskin과 程毅中 등이 주장했다. DeWoskin은 "육조와 당대 초기를 통하여 역사가들이 사료를 평가하는 기준이 상당히 엄밀해졌으며 그들이 역사서에 수용할 만하다고 느끼는 내용의 범위도 상당히 축소되었다"고 하면서 『태평광기』와 관련하여 "전적으로 소설에 관련된 기록만을 모은 첫 번째 類書라고 할 수 있는 『태평광기』의 편찬은 같은 의미에서 송대 초기에 지괴가 역사로 취급되지 못하였음을 보여주는 마지막 징표이기도 한데 구양수가 『신당서』의 史部에서 지괴를 배제한 것과 비교할 만하다"고 했다(Kenneth J. DeWoskin, 「The Six Dynasties Chih-kuai and the Birth of Fiction」, 『Chinese Narrative』, New Jersey: Princeton University Press, 1977 / 김진곤 역, 「육조 지괴와 소설의 탄생」, 『中國小說硏究會報』 제28호, 1996, 44쪽). 程毅中은 "소설 개념 확대의 원인 가운데 하나는 소설에 대한 사학자의 경시다. 『수서』「경적지」 안의 일부 잡전류 저작이 송대에 이르러 구양수에 의해 소설로 폄하되었다"고 했다(程毅中, 『古小說簡目』, 北京: 中華書局, 1981, 5쪽).

70 이 설은 孫修暎과 凌郁之 등이 주장했다. 孫修暎은 "『구당서』가 편찬되었던 五代와 『신당서』가 편찬되었던 宋代 사이에 이러한 목록 변화를 유발시키는 어떠한 변화가 진행되었거나, 혹은 어떠한 계기가 있었다는 것을 알 수 있다. 여기서 우리의 눈길을 끄는 것은 바로 『수서』, 『구당서』와 『신당서』 사이에 편찬되었던 類書 『태평광기』의 존재이다"라고 하면서 『태평광기』의 영향성을 강조했다(孫修暎, 「類書 『太平廣

의 확립이라는 측면도 충분히 고려해야 하지만, 앞에서 논의한 '소설' 관념의 인식 변화에 바탕하여 『태평광기』의 영향성에 더 주목해야 한다고 생각한다. 사실 송초에 이르러 역사 서술의 규범이 더욱 엄격해짐에 따라 상대적으로 '소설' 관념의 외연이 확장되었는데, 이 확장된 '소설' 관념이 바로 『태평광기』에 반영되어 있으며, 이로 인해 『태평광기』보다 약 80여 년 뒤에 편찬된 『신당서』「예문지」 소설가류의 목록에 변화가 일어날 수 있었던 것이다.

III. 『태평광기』의 세계

1. 전체 편목의 구성

『태평광기』의 세계를 이해하기 위해서는 우선 전체 편목이 어떻게 구성되어 있는지를 살펴보는 것이 중요하다. 이를 알기 쉽게 도표로 정리해보면 다음과 같다.[71] 마지막의 "고사분류" 항목은 필자가 『태평광기』 고사의 내용에 따라 24부류로 재분류한 것이며, "분류사상"은 천지인 삼재(三才) 사상을 바탕으로 『태평광기』의 전체 구도를 개괄한 것이다. 이에 대해서는 뒤에서 다시 설명하도록 하겠다.

記』의 자리—'小說' 인식의 전환점」, 『中國語文學論集』 제12호, 1999, 262~265쪽). 凌郁之는 "『태평광기』에 반영된 '소설' 관념은 아마도 조금 뒤의 구양수 등에게 직접 영향을 미쳤을 것이며, 그들이 편찬한 『신당서』「예문지」의 '소설류' 저록 방면이 『수서』「경적지」와는 달리 『태평광기』의 방향에 접근했다"고 주장했다(凌郁之, 앞의 논문, 77쪽).

71 도표의 통계는 현재 가장 널리 통행되고 있는 汪紹楹 點校, 『太平廣記』(全10册)(北京: 中華書局, 1960)에 근거했다.

번호	권차	권수	고사수	대류명	소류명(附)	고사분류	분류사상
1	001~055	55	258	신선(神仙)		도교(道教)	천(天)
2	056~070	15	86	여선(女仙)			
3	071~075	5	38	도술(道術)			
4	076~080	5	61	방사(方士)			
5	081~086	6	64	이인(異人)			
6	087~098	12	71	이승(異僧)		불교(佛教)	
7	099~101	3	37	석증(釋證)			
8	102~134	33	514	보응(報應)	금강경(金剛經) 법화경(法華經) 관음경(觀音經) 숭경상(崇經像) 음덕(陰德) 이류(異類) 원보(寃報) 비첩(婢妾) 살생(殺生) 숙업축생(宿業畜生)		
9	135~145	11	218	징응(徵應)	제왕휴징(帝王休徵) 인신휴징(人臣休徵) 방국구징(邦國咎徵) 인신구징(人臣咎徵)	정명(定命)	인(人)
10	146~160	15	151	정수(定數)	혼인(婚姻)		
11	161~162	2	54	감응(感應)			
12	163	1	39	참응(讖應)			
13	164	1	28	명현(名賢)	풍간(諷諫)	현능(賢能)	
14	165	1	33	염검(廉儉)	인색(吝嗇)		
15	166~168	3	25	기의(氣義)			
16	169~170	2	54	지인(知人)			
17	171~172	2	31	정찰(精察)			
18	173~174	2	60	준변(俊辯)	유민(幼敏)		
19	175	1	16	유민(幼敏)			
20	176~177	2	21	기량(器量)			

21	178~184	7	137	공거(貢擧)	씨족(氏族)	관직(官職)	
22	185~186	2	44	전선(銓選)			
23	187	1	29	직관(職官)			
24	188	1	12	권행(權倖)			
25	189~190	2	22	장수(將帥)	잡휼지(雜譎智)	무용(武勇)	
26	191~192	2	38	효용(驍勇)			
27	193~196	4	25	호협(豪俠)			
28	197	1	14	박물(博物)		문재(文才)	
29	198~200	3	51	문장(文章)	무신유문(武臣有文)		
30	201	1	18	재명(才名)	호상(好尙)		
31	202	1	26	유행(儒行)	연재(憐才) 고일(高逸)		
32	203~205	3	76	악(樂)	금(琴) 슬(瑟) 가(歌) 적(笛) 필률(觱篥) 갈고(羯鼓) 동고(銅鼓) 비파(琵琶) 오현(五弦) 공후(箜篌)	기예(技藝)	
33	206~209	4	70	서(書)	잡편(雜編)		
34	210~214	5	69	화(畵)			
35	215	1	10	산술(算術)			
36	216~217	2	23	복서(卜筮)			
37	218~220	3	59	의(醫)	이질(異疾)		
38	221~224	4	53	상(相)			
39	225~227	3	41	기교(伎巧)	절예(絶藝)		
40	228	1	12	박희(博戱)	혁기(奕棊) 탄기(彈棊) 장구(藏鉤) 잡희(雜戱)	오락(娛樂)	

41	229~232	4	45	기완(器玩)			
42	233	1	22	주(酒)	주량(酒量) 기주(嗜酒)	음식(飮食)	
43	234	1	17	식(食)	능식(能食) 비식(菲食)		
44	235	1	22	교우(交友)		처세(處世)	
45	236~237	2	36	사치(奢侈)			
46	238	1	21	궤사(詭詐)			
47	239~241	3	35	첨녕(諂佞)			
48	242	1	18	유오(謬誤)	유망(遺忘)		
49	243	1	23	치생(治生)	탐(貪)		
50	244	1	16	편급(褊急)			
51	245~252	8	156	회해(詼諧)		해학(諧謔)	
52	253~257	5	103	조초(嘲誚)			
53	258~262	5	110	치비(嗤鄙)			
54	263~264	2	31	무뢰(無賴)		부덕(不德)	
55	265~266	2	34	경박(輕薄)			
56	267~269	3	43	혹포(酷暴)			
57	270~273	4	75	부인(婦人)	현부(賢婦) 재부(才婦) 미부인(美婦人) 투부(妬婦) 기녀(妓女)	부녀(婦女) 노복(奴僕)	
58	274	1	8	정감(情感)			
59	275	1	13	동복(童僕)	노비(奴婢)		
60	276~282	7	170	몽(夢)	몽휴징(夢休徵) 몽구징(夢咎徵) 귀신(鬼神) 몽유(夢遊)	몽(夢)	
61	283	1	19	무(巫)	엽주(厭呪)	무격(巫覡)	
62	284~287	4	44	환술(幻術)			
63	288~290	3	38	요망(妖妄)			

64	291~315	25	266	신(神)	음사(淫祀)	귀신(鬼神)	
65	316~355	40	467	귀(鬼)			
66	356~357	2	14	야차(夜叉)			
67	358	1	13	신혼(神魂)			
68	359~367	9	186	요괴(妖怪)	인요(人妖)		
69	368~373	6	54	정괴(精怪)	잡기용(雜器用) 우상(偶像) 흉기(凶器) 화(火) 토(土)		
70	374	1	28	영이(靈異)			
71	375~386	12	128	재생(再生)		생사(生死)	
72	387~388	2	21	오전생(悟前生)			
73	389~390	2	53	총묘(塚墓)			
74	391~392	2	21	명기(銘記)			
75	393~395	3	57	뇌(雷)		자연(自然)	지(地)
76	396	1	25	우(雨)	풍(風) 홍(虹)		
77	397	1	25	산(山)	계(溪)		
78	398	1	39	석(石)	파사(坡沙)		
79	399	1	38	수(水)	정(井)		
80	400~405	6	108	보(寶)	금(金) 수은(水銀) 옥(玉) 잡보(雜寶) 전(錢) 기물(奇物)		
81	406~417	12	379	초목(草木)	목(木) 문리목(文理木) 이목(異木) 유만(藟蔓) 초(草) 초화(草花) 목화(木花)	식물(植物)	물(物)

					과(果) 채(菜) 죽(竹) 오곡(五穀) 다천(茶荈) 지(芝) 균심(菌蕈) 태(苔) 향약(香藥) 복이(服餌) 목괴(木怪) 화훼괴(花卉怪) 약괴(藥怪) 균괴(菌怪)		
82	418~425	8	94	용(龍)	교(蛟)	동물(動物)	
83	426~433	8	80	호(虎)			
84	434~446	13	236	축수(畜獸)	우(牛) 우배(牛拜) 우상채(牛償債) 우상인(牛傷人) 우이(牛異) 마(馬) 낙타(駱駝) 나(騾) 여(驢) 견(犬) 양(羊) 시(豕) 묘(猫) 서(鼠) 서랑(鼠狼) 사자(獅子) 서(犀) 상(象) 잡수(雜獸) 낭(狼) 웅(熊) 이(狸) 위(蝟) 주(麈) 장(麞) 녹(鹿)		

					토(兎) 원(猿) 미후(獼猴) 성성(猩猩) 과연(猓然) 융(狨)		
85	447~455	9	83	호(狐)			
86	456~459	4	100	사(蛇)			
87	460~463	4	138	금조(禽鳥)	봉(鳳) 난(鸞) 학(鶴) 응(鷹) 요(鷂) 골(鶻) 공작(孔雀) 연(鳶) 자고(鷓鴣) 작(鵲) 합(鴿) 계(雞) 아(鵝) 압(鴨) 노(鷺) 안(鴈) 구욕(鸜鵒) 작(雀) 오(烏) 효(梟) 치(鴟)		
88	464~472	9	179	수족(水族)	수괴(水怪) 수족위인(水族爲人) 인화수족(人化水族) 귀(龜)		
89	473~479	7	122	곤충(昆蟲)			
90	480~483	4	80	만이(蠻夷)		이국(異國)	
91	484~492	9	14	잡전기(雜傳記)		전기(傳奇)	기타
92	493~500	8	130	잡록(雜錄)		잡록	
합계		500권	6965조	92개	155개		

위의 도표에서 보듯이 『태평광기』는 총 6965조에 달하는 다양한 이야기를 92개의 큰 편목(대류)과 155개의 작은 편목(소류)으로 나누어 500권에 수록해 놓았다. 대류를 기준으로 보면, 도교 이야기에 속하는 「신선」류가 55권으로 가장 많은데 여기에 「여선」류 15권을 포함하면 모두 70권이나 되며, 「귀」류가 40권으로 그 다음을 차지한다. 고사수를 기준으로 보면, 불교 이야기에 속하는 「보응」류가 514조로 가장 많고 「귀」류가 467조로 그 다음을 차지한다. 이는 『태평광기』의 전체 구성에서 「신선」·「여선」류, 「보응」류, 「귀」류가 차지하는 중요성을 말해주는 것이기도 하다. 물론 각 이야기마다 편폭이 다르므로 이러한 산술적인 통계가 절대적인 것은 아니지만, 그 대체적인 경향성을 파악하는 데는 큰 무리가 없을 것이라 생각한다.

『태평광기』의 전체 편목이 어떠한 기준에 의해 위의 도표처럼 배치되었는지를 알 수 있는 명확한 근거자료는 없지만, 다음의 몇 가지 단서를 통해 추정해볼 수 있다.

첫째, 송초 황실의 도교 숭상 기풍을 반영하고 있다는 점이다.

당나라 때의 도교 숭상 열풍이 오대(五代)를 거치면서 잠시 주춤하긴 했지만, 송초에는 이러한 기풍이 다시 성행했다. 송나라를 건국한 태조 조광윤(趙匡胤)은 후주(後周)에서 벼슬하고 있을 때부터 여러 도사들과 교류했으며, 황제로 등극한 이후에는 도교 사원인 궁관(宮觀)을 건축하고 도관(道官)을 선발하고 도사들의 기강을 바로잡는 등 일련의 도교 진흥 정책을 실시했다. 태조의 뒤를 이어 제위에 오른 태종은 자신의 등극이 천신(天神)의 계시에 의한 것임을 천명하고 천신을 '익성장군(翊聖將軍)'에 봉하여 황실을 보우하는 '가신(家神)'으로 여겼으며, 대규모의 도장(道藏) 전적을 정리 편찬하고 도교 사원에 경제적인 지원을 하고 덕망이 높은 고도(高道)를 극진히 예우하는 등 도교 진흥 정책을 확대 실시했다. 태종의 뒤를 이은 진종(眞宗)은 태종이 봉한 '익성장군'을 '익성보덕진군(翊聖保德眞君)'으로 높여 봉하고 도교의 시조인 노자(老子)를 '태상혼

원황제(太上混元黃帝)'로 추존했으며, 상청소응궁(上淸昭應宮)을 비롯한 수많은 궁관을 건축하여 도교 숭상 기풍이 더욱 성행했다. 그 결과 전체 도사의 수가 2만 명에 이를 정도로 급증하기도 했다.[72]

태종 때에 편찬된 『태평광기』는 이러한 송초의 도교 숭상 기풍을 그대로 반영하여 도교 이야기를 맨 앞부분에 배치한 것이다. 아울러 도교와 밀접한 관계를 유지하면서 도교와 함께 발전해온 불교의 이야기가 도교 이야기 다음에 배치된 것은 자연스러운 일이라 하겠다.

둘째, 전통적인 유서(類書)의 분류체계를 반영하고 있다는 점이다.

『태평광기』의 성격규명과 관련된 다양한 논의 가운데 하나는 『태평광기』를 유서로 간주하는 것이다. 유서는 각종 전적 중에서 필요한 자료를 가려 뽑아 찾아보기 쉽게 분야별로 편집 배열한 책으로서, 오늘날의 백과사전처럼 필요한 정보를 검색하는 데 사용되었다. 『태평광기』를 유서로 규정하는 것에 대해 학자들 사이에 의견이 엇갈리는데, 장척화(張滌華)는 『태평광기』를 유서의 범주에서 제외했지만[73], 유엽추(劉葉秋)를 비롯한 대부분의 학자들은 『태평광기』를 유서의 범주에 포함시키고 있다. 특히 유엽추는 유서를 두 가지의 큰 부류로 개괄하여, 각종 자료를 편집한 일반적인 유서를 유서의 '정종(正宗)'이라 하고, 단지 한 분야의 내용만을 전문적으로 편집한 유서를 유서의 '별체(別體)'라고 하면서[74] 유서의 범위를 상당히 폭넓게 규정지었다. 따라서 유엽추의 규정에 따르면, 고금의 이야기만을 편집하여 수록한 『태평광기』는 유서의 '별체'로서 당연히 유서의 범주에 들어가게 된다.

중국 최초의 유서는 삼국시대 위(魏) 문제(文帝)의 명으로 편찬된 『황람(皇

---

72 盛莉, 『太平廣記仙類小說類目及其編纂研究』(北京: 中國社會科學出版社, 2010), 7~19쪽 참고.

73 張滌華, 『類書流別』(北京: 商務印書館, 1985), 6쪽.

74 劉葉秋 지음, 金長煥 옮김, 『中國類書概說』(서울: 學古房, 2005), 11쪽.

覽)』이며, 그 후로 양(梁)나라 때 『화림편략(華林遍略)』이 편찬되었고, 북제(北齊) 때 『수문전어람(修文殿御覽)』이 편찬되었지만, 지금은 모두 망실되었다. 당나라 때는 『북당서초(北堂書鈔)』·『예문유취(藝文類聚)』·『초학기(初學記)』·『백씨육첩(白氏六帖)』 등의 유서가 편찬되었고, 송나라 때는 『태평광기』·『태평어람』·『책부원귀』 등의 대형유서가 편찬되었다. 이러한 유서의 편찬 목적은 대개 두 가지로 나눌 수 있다. 첫째는 황제에게 바쳐 국가의 치란성쇠(治亂盛衰)와 군신(君臣)간의 득실에 관한 사적을 열람함으로써 시정(施政)의 거울로 삼고자 한 것이고, 둘째는 시문을 지을 때 전고와 어구를 뽑아 참고하기 위한 것이다. 유서는 처음에는 첫 번째 목적을 위해 편찬되었으나, 문인들이 점차 변려(騈麗)와 대우(對偶)를 숭상하고 전고의 사용을 중시하게 됨에 따라 주로 두 번째 목적을 위해 편찬되었다. 『태평광기』 역시 그 표문에서 언급하고 있듯이 황제가 "뭇 학설을 폭넓게 종합하여 여러 좋은 것을 버리지 않게 하기 위해(博綜羣言, 不遺衆善)" 편찬된 것이며, "편질이 너무 광대하여 두루 살펴보기가 어렵기 때문에 정수만을 가려 뽑아 유형별로 다듬어 찬집한(編秩旣廣, 觀覽難周, 故使采摭菁英, 裁成類例)" 것이므로, 일반 유서의 편찬 목적에서 벗어나지 않는다.

일반적으로 유서에서 표방하고 있는 세계관은 그 분류체계에 잘 드러나 있다. 이른바 유서의 '정종'을 대표한다고 할 수 있는 『예문유취』와 『태평어람』의 분류체계를 보면 당시 유서에서 담아내고자 하던 세계관이 어떠했는지 엿볼 수 있다. 『예문유취』와 『태평어람』은 다양한 전적들을 광범위하게 인용하면서 세계의 삼라만상을 분류하고 체계화했는데, 이러한 분류체계 속에서 당시의 가장 보편적이고 일반적인 세계관을 찾아볼 수 있다. 먼저 『예문유취』는 총 100권에 47부(대류)와 727세목(소류)으로 구성되어 있는데, 그 대류를 살펴보면 다음과 같다.

천(天), 세시(歲時)

지(地), 주(州), 군(郡), 산(山), 수(水)

부명(符命), 제왕(帝王), 후비(后妃), 저궁(儲宮), 인(人), 예(禮), 악(樂), 직관(職官), 봉작(封爵), 치정(治政), 형법(刑法), 잡문(雜文), 무(武), 군기(軍器), 거처(居處), 산업(産業), 의관(衣冠), 의식(儀飾), 복식(服飾), 주거(舟車), 식물(食物), 잡기물(雜器物), 교예(巧藝), 방술(方術), 내전(內典), 영이(靈異), 화(火), 약향초(藥香草), 초(草), 보옥(寶玉), 백곡(百穀), 포백(布帛), 과(果), 목(木), 조(鳥), 수(獸), 인개(鱗介), 충치(蟲豸), 상서(祥瑞), 재이(災異)

다음으로 『태평어람』은 총 1,000권에 55부(대류)와 4,558세목(소류)로 구성되어 있는데, 그 대류를 살펴보면 다음과 같다.

천(天), 시서(時序)

지(地)

황왕(皇王), 편패(偏霸), 황친(皇親), 주군(州郡), 거처(居處), 봉건(封建), 직관(職官), 병(兵), 인사(人事), 일민(逸民), 종친(宗親), 예의(禮儀), 악(樂), 문(文), 학(學), 치도(治道), 형법(刑法), 석(釋), 도(道), 의식(儀式), 복장(服章), 복용(服用), 방술(方術), 질병(疾病), 공예(工藝), 기물(器物), 잡물(雜物), 주(舟), 거(車), 봉사(奉使), 사이(四夷), 진보(珍寶), 포백(布帛), 자산(資産), 백곡(百穀), 음식(飮食), 화(火), 휴징(休徵), 구징(咎徵), 귀신(神鬼), 요이(妖異), 수(獸), 우족(羽族), 인개(鱗介), 충치(蟲豸), 목(木), 죽(竹), 과(果), 채(菜), 향(香), 약(藥), 백훼(百卉)

『예문유취』와 『태평어람』은 거의 비슷한 분류체계를 보이고 있는데, 그것은 바로 천(天)-지(地)-인(人)-물(物)이라는 구도 속에서 세계를 범주화하여 각각의 조목으로 분류했음을 알 수 있다. 이는 우주와 인간 세계의 기본적인 구성

요소이면서 그 변화의 동인(動因)으로 작용하는 천지인 '삼재(三才)' 사상을 바탕으로 하고 있다. 「천」부와 「지」부 사이에 「세시」부나 「시서」부가 있는 것은 천상(天象)과 지리적 공간을 인간의 시간질서로 바꾸어 범주화시킨 것으로, 춘하추동과 각종의 절기를 통해 인간이 시간을 순서대로 구획하여 구성하고 있는 것이다. 이렇게 '천지'와 '세시(시서)'로 상징되는 시공간구조가 절대적인 근거로서 확립된 그 기반 위에 등장하는 '인'은 천지의 가장 빼어난 기를 타고난 특출한 존재로서 만물의 영장을 대표한다. 위로는 천지가 만물을 생성하는 정신을 깨닫고, 아래로는 그 만물의 존재 양상을 체득하며, 대자연의 운행 변화와 생성의 이치를 터득하여, 천지가 지닌 화육(化育)의 공을 돕는 위치로 자신을 고양시킴으로써 우주를 경영해 가는 문화의 주체로서의 인간에 대한 인식을 여기서 확인할 수 있다.[75] 그리고 이 「인」부의 앞에 「제왕부」나 「황왕부」를 둠으로써 인간사회의 질서를 확정짓게 되는 것이다. 그 다음에는 자연계에 존재하는 다양한 동식물에 관한 자료를 배치하고 있다. 따라서 『예문유취』와 『태평어람』의 분류체계는 당시 중국인들이 세계와 자신을 관계 짓는 방식이 투영된 것이며, 전체 자연의 질서와 인간의 질서를 개념화하고 체계화시키는 방식을 표현한 것이라 할 수 있다.

『태평광기』의 분류체계는 얼핏 보면 『예문유취』나 『태평어람』의 것과 다르게 보이지만, 실제로는 전통적인 유서의 천-지-인-물의 분류체계를 약간 변형하여 반영하고 있다. 우선 『태평광기』에서는 『예문유취』와 『태평어람』에서 '인'의 영역에 속해 있던 「내전」부(佛典에 관한 자료)·「영이」부(仙道에 관한 자료)와 「석(釋)」부·「도(道)」부에 해당하는 도교고사와 불교고사를 맨 앞에 배치하여 '천'의 영역으로 상정했다. 다음으로 인간의 재능·성정·신앙·생사 등등에 관한

75 김충열, 「자연과 인간의 관계 문제에 대한 중국철학의 대답과 그 현대적 의미」, 『논쟁으로 보는 중국철학』, 서울: 예문서원, 1994, 15쪽.

다양한 고사를 '인'의 영역에 배치하고, 이어서 기후와 산천지리 등에 관한 고사를 '지'의 영역에 배치했으며, 마지막으로 동식물과 이국(異國)에 관한 고사를 '물'의 영역에 배치했다. 따라서 『태평광기』의 분류체계는 천-인-지-물의 구도로 파악할 수 있으며[76], 이는 전통적인 유서의 분류체계에서 벗어나지 않는다.

셋째, 이민족에 대한 차별의식을 반영하고 있다는 점이다.

『태평광기』의 「만이」류는 중국을 둘러싼 동서남북의 여러 이국(異國)에 관한 고사를 모아놓은 것이다. 『태평어람』의 경우에는 『태평광기』의 「만이」류에 해당하는 「사이」부가 '인'의 영역에 배치되어 있는 반면에 『태평광기』에서는 '물'의 영역에 속하는 동식물고사의 끝에 배치되어 있다. 「만이」류에 수록되어 있는 각 고사는 내용상 앞의 89개의 대류에 얼마든지 분류가 가능하다. 그럼에도 불구하고 따로 「만이」류를 설정하여 동식물고사의 끝에 배치한 것은 주변 이민족에 대한 차별의식을 은연중에 드러낸 것이라고 이해할 수 있다.

넷째, 당 전기(傳奇) 작품의 특수성을 반영하고 있다는 점이다.

사실상 『태평광기』의 분류체계는 앞의 「만이」류에서 일단락된 것으로 보인다. 문제는 일단락된 뒤에 나타나는 「잡전기」류와 「잡록」류이다. 『태평광기』의 전체 분류체계 속에서는 이 두 부류가 어떠한 기준에 의해 설정되었는지 설명하기 어렵다. 하지만 「잡전기」류에 수록되어 있는 고사들을 자세히 살펴보면 몇 가지 실마리를 찾을 수 있다. 「잡전기」류에는 총 9권에 걸쳐 「이와전(李娃傳)」, 「동성노부전(東城老父傳)」, 「유씨전(柳氏傳)」, 「장한전(長恨傳)」, 「무쌍전(無雙傳)」, 「곽소옥전(霍小玉傳)」, 「앵앵전(鶯鶯傳)」, 「주진행기(周秦行記)」, 「명음록

76 盛莉도 천지인 삼재사상을 적용하여 『태평광기』의 전체 구조를 仙→道→釋→世人→神→鬼怪→生死(再生·悟前生·墓銘)→自然地理→動植物·鳥類昆蟲으로 파악하고, "仙→道→釋"에 해당하는 「神仙」류부터 「異僧」류까지를 天, "世人→神→鬼怪→生死"에 해당하는 「釋證」류부터 「銘記」류까지를 人, "自然地理→動植物·鳥類昆蟲"에 해당하는 「雷」류부터 「蠻夷」류까지를 地로 분류했다(盛莉, 앞의 책, 62~63쪽). 하지만 불교고사에 속하는 「異僧」·「釋證」·「報應」류 중에서 「이승」류만 天의 범주에 포함시키고 나머지 「석증」류와 「보응」류를 人의 범주에 넣은 것은 다소 논란의 여지가 있다.

(冥音錄)」,「동양야괴록(東陽夜怪錄)」,「사소아전(謝小娥傳)」,「양창전(楊娼傳)」,「비연전(非煙傳)」,「영응전(靈應傳)」이 실려 있는데, 이 14편의 이야기는 모두 당 전기 작품이다. 이들의 공통점은「이와전」을 제외하고 나머지는 모두 출전을 밝히지 않았으며, 대부분 제목 옆에 "○○○찬(譔)"이라고 주를 달아 작자를 밝히고 있다. 이러한 사실을 통해 이 작품들이 당시 단행본으로 유통되었을 가능성이 높다고 추정할 수 있다. 이 추정이 맞는다면『태평광기』의 편찬자들이 당시 널리 유행하던 단행본 전기 작품들만을 한데 모아 따로 하나의 부류를 설정했을 개연성이 충분히 있다고 여겨진다.

다섯째,「잡록」류를 왜 설정했는가에 대한 의문이다.

『태평광기』는 맨 마지막 8권에「잡록」류를 설정하여 130조에 달하는 고사를 수록했는데, 실제로 여기에 수록된 고사들은 내용상 앞의 다른 대류에 충분히 편입할 수 있다. 그럼에도 불구하고 굳이「잡록」류를 설정하여 부록처럼 첨부한 이유를 현재로서는 알 수 없다. 아마도 1년 6개월이라는 짧은 편찬 기간에 방대한 고사를 선별 분류 편집하는 것이 쉽지 않았을 테고 또한 500권이라는 권수를 채우기 위해 미처 분류하지 못한 고사를 마지막에 첨부하지 않았을까 하는 생각이다.

2. 기환(奇幻)의 세계

『태평광기』는 거의 같은 시기에 편찬된『태평어람』과 마찬가지로 일반적인 유서 편찬목적과 분류체계를 그대로 따르고 있는 듯이 보이지만, 실제로 그 분류체계를 작동시키고 있는 분류기준은 일반적인 유서에서 표방하고 있는 세계인식과는 다르다고 할 수 있다.『태평어람』이 당시의 지배적인 이데올로기를 바탕으로 세계상을 규정짓고 있다면,『태평광기』는『태평어람』에서 표방하고 있는 세계와는 다른 세계, 곧 정상적이고 공식적인 것으로 받아들여지는 세계와는 다른 기이하고(奇) 환상적인(幻) 세계를 다루고 있다. 이는『태평광기』가 이야기만을 전문적으로 수록한 데서 기인한다.『태평광기』가 표방하고 있는 이야기의 세계는 익숙하기보다는 낯설고, 정상적이기보다는 비정상적이고, 평범하기보다는 특이하고, 사실적이기보다는 허구적이고, 실체적이기보다는 허상적이고, 현실적이기보다는 비현실적이거나 초현실적이고, 일상적이기보다는 일탈적이고, 중심적이기보다는 주변적이고, 설명가능하기보다는 불가사의한 세계다. 이러한『태평광기』의 세계는 '기'와 '환'이라는 개념으로 개괄할 수 있는데, 이는 이야기가 이야기답게 존재하는 근거이기도 하다.

『태평광기』의 전체 이야기는 내용의 연관성에 따라 아래와 같이 24가지로 다시 범주화할 수 있다.[77]

1) 도교(道教) 이야기

이 범주가『태평광기』의 맨 앞에 배치된 것은 당대의 도교 숭상 전통이 송초까지 지속된 상황을 반영하고 있는데, 노자(老子)를 필두로 하는 신선들의 행적을 다룬「신선(神仙)」류, 서왕모(西王母)를 필두로 하는 여선들의 행적을 다룬「여선(女仙)」류, 도술을 부리는 도사들의 행적을 다룬「도술(道術)」류, 방술(方術)을 부리는 방사들의 행적을 다룬「방사(方士)」류, 신통하고 비범한 재주를 부리는 이인들의 행적을 다룬「이인(異人)」류가 여기에 포함된다.

---

77 참고로 牛景麗는『태평광기』의 전체 고사를 ①道家·道教思想, ②佛教思想, ③儒家思想, ④人類生活·藝術文化, ⑤巫文化, ⑥自然萬物, ⑦少數民族, ⑧雜傳雜錄의 8가지로 범주화했으며(牛景麗, 앞의 책, 25~26쪽), 三田明弘은 ①道教譚, ②佛教譚, ③運命譚, ④賢才譚, ⑤官職譚, ⑥文武譚, ⑦諸藝譚, ⑧遊興譚, ⑨處世譚, ⑩戲笑譚, ⑪不德譚, ⑫婦女·童子譚, ⑬巫覡譚, ⑭鬼神譚, ⑮生死譚, ⑯自然譚, ⑰動物譚, ⑱雜譚의 18가지로 범주화하고, 이를 다시 Ⅰ宗教類: 佛道儒三教に關わる說話(志怪小說群一)-①道教譚②佛教譚③運命譚, Ⅱ世俗類: 世間における人間の言行に關わる說話(志人小說群)-④賢才譚⑤官職譚⑥文武譚⑦諸藝譚⑧遊興譚⑨處世譚⑩戲笑譚⑪不德譚⑫婦女·童子譚, Ⅲ靈怪類: 怪異現象に關わる說話(志怪小說群二)-⑬巫覡譚⑭鬼神譚⑮生死譚⑯自然譚⑰動物譚, Ⅳ雜錄: 未分類說話(傳奇·志人小說群)-⑱雜譚의 4가지로 개괄했다.(三田明弘,「『太平廣記』の全體構造における笑話の意味」,『日本女子大學紀要』23, 2012.)

2) 불교(佛教) 이야기

이 범주에는 신통력을 지닌 스님들의 기이한 행적을 다룬 「이승(異僧)」류, 부처의 영험함에 대한 증험을 다룬 「석증(釋證)」류, 자신이 지은 선행과 악행에 따른 응보를 다룬 「보응(報應)」류가 포함된다. 특히 「보응」류는 금강경(金剛經)·법화경(法華經)·관음경(觀音經)과 같은 불경을 열심히 염송하여 고난과 역경에서 벗어나는 보응, 불경과 불상을 정성껏 받들어 모심으로써 받는 보응인 「숭경상(崇經像)」, 남몰래 쌓은 덕행으로 받는 보응인 「음덕(陰德)」, 물고기·새·짐승 등을 살려주었다가 받는 보응인 「이류(異類)」, 억울하게 죽은 원혼이 보복하는 응보인 「원보(寃報)」, 여종이나 첩을 무고하게 해쳤다가 당하는 응보인 「비첩(婢妾)」, 함부로 살생했다가 당하는 응보인 「살생(殺生)」, 생전에 지은 죄업 때문에 가축으로 환생하는 응보인 「숙업축생(宿業畜生)」으로 세분되어 있다.

3) 정명(定命) 이야기

이 범주는 정해진 운명에 관한 이야기를 모아놓았다. 온갖 징조에 대한 응험을 다룬 「징응(徵應)」류, 피할 수 없는 정해진 운수를 다룬 「정수(定數)」류, 인간과 하늘이 교감하는 이른바 천인감응을 다룬 「감응(感應)」류, 참서(讖書)나 참언(讖言)의 응험을 다룬 「참응(讖應)」류가 포함된다. 그 중에서 「징응류」류는 제왕에게 나타나는 좋은 징조인 「제왕휴징(帝王休徵)」, 신하에게 나타나는 좋은 징조인 「인신휴징(人臣休徵)」, 나라가 혼란에 빠지거나 망하게 될 때 나타나는 나쁜 징조인 「방국구징(邦國咎徵)」, 신하에게 나타나는 나쁜 징조인 「인신구징(人臣咎徵)」으로 세분되어 있고, 「정수」류는 마지막에 숙명으로 정해진 혼인의 운명에 관한 이야기인 「혼인(婚姻)」을 따로 나누어 놓았다.

4) 현능(賢能) 이야기

이 범주는 뛰어난 덕행과 재능을 지닌 사람들의 이야기를 모아놓았다. 덕행으로 이름난 현자들의 이야기인 「명현(名賢)」류, 청렴함과 검약함을 실천하여 모범이 된 사람들의 이야기인 「염검(廉儉)」류, 정의와 절의를 끝까지 지킨 사람들의 이야기인 「기의(氣義)」류, 훌륭한 인물을 잘 알아보는 안목을 지닌 사람들의 이야기인 「지인(知人)」류, 예리한 통찰력으로 어려운 사건을 해결한 사람들의 이야기인 「정찰(精察)」류, 뛰어난 언변으로 상대방을 설복시킨 사람들의 이야기인 「준변(俊辯)」류, 어려서부터 총민하여 이름난 사람들의 이야기인 「유민(幼敏)」류, 높은 덕량과 도량으로 이름난 사람들의 이야기인 「기량(器量)」류가 포함된다. 그 중에서 「명현」류에는 권력을 두려워하지 않고 과감히 충간한 사람들의 이야기인 「풍간(諷諫)」 항목이 부가되어 있고, 「염검」류에는 지나치게 인색한 사람들의 이야기인 「인색(吝嗇)」 항목이 부가되어 있다.

5) 관직(官職) 이야기

이 범주는 관리의 선발과 임명 및 관직수행에 관한 이야기를 모아놓았다. 인재선발의 공식제도였던 과거(科擧)와 관련된 일을 다룬 「공거(貢擧)」류, 관리의 전형과 선발을 둘러싼 일을 다룬 「전선(銓選)」류, 관직에 임명된 관리의 직무수행에 관한 일을 다룬 「직관(職官)」류, 황제의 총애를 받아 권세를 휘두른 신하들의 이야기인 「권행(權倖)」류가 포함된다. 그 중에서 「공거」류에는 대대로 영화를 누렸던 권문귀족들의 이야기인 「씨족(氏族)」 항목이 부가 되어 있다.

6) 무용(武勇) 이야기

이 범주는 비범하게 용감무쌍한 사람들의 이야기를 모아놓았다. 용맹과 지략을 갖춘 장수들의 이야기인 「장수(將帥)」류, 날쌘 용맹함으로 이름을 떨친 사람들의 이야기인 「효용(驍勇)」류, 남달리 씩씩하고 의협심이 강한 사람들의 이야기인 「호협(豪俠)」류가 포함된다. 그 중에서 「장수」류에는 상대방을 계략으로 속여 목적을 달성한 사람들의 이야기인 「잡휼지(雜譎智)」 항목이 부가되어 있다.

7) 문재(文才) 이야기

이 범주는 박학다식하고 글재주가 뛰어난 사람들의 이야기를 모아놓았다. 세상의 온갖 일과 사물에 해박한 사람들의 이야기인 「박물(博物)」류, 시문으로 이름을 날린 사람들의 이야기인 「문장(文章)」류, 문재로 명망을 얻은 사람들의 이야기인 「재명(才名)」류, 학자로서 훌륭한 품행을 갖춘 사람들의 이야기인 「유행(儒行)」류가 포함된다. 그 중에서 「문장」류에는 무신으로서 문재까지 갖춘 사람들의 이야기인 「무신유문(武臣有文)」 항목이 부가되어 있고, 「재명」류에는 남달리 좋아하는 것에 빠져 유명해진 사람들의 이야기인 「호상(好尙)」 항목이 부가되어 있으며, 「유행」류에는 상대방의 문재를 아껴 물심양면으로 도와준 사람들의 이야기인 「연재(憐才)」 항목과 고상하고 빼어난 기품을 지닌 사람들의 이야기인 「고일(高逸)」 항목이 부가되어 있다.

8) 기예(技藝) 이야기

이 범주는 뛰어난 기술과 예술에 관한 이야기를 모아놓았다. 악기연주와 노래에 뛰어난 예인들의 이야기인 「악(樂)」류, 글씨에 뛰어난 명필들의 이야기인 「서(書)」류, 그림에 뛰어난 화가들의 이야기인 「화(畫)」류, 추산술(推算術)에 뛰어난 사람들의 이야기인 「산술(算術)」류, 점을 쳐서 길흉을 미리 알거나 미래를 예측하는 데 뛰어난 사람들의 이야기인 「복서(卜筮)」류, 의술에 뛰어난 명의들의 이야기인 「의(醫)」류, 관상에 뛰어난 사람들의 이야기인 「상(相)」류, 정교한 건축과 기물제작에 뛰어난 장인들의 이야기인 「기교(伎巧)」류가 포함된다. 그 중에서 「악」류는 악기 종류에 따라 「금(琴)」·「슬(瑟)」·「가(歌)」·「적(笛)」·「필률(觱篥)」·「갈고(羯鼓)」·「동고(銅鼓)」·「비파(琵琶)」·「오현(五弦)」·「공후(箜篌)」로 세분되어 있다. 「서」류에는 명필의 글씨에 관한 잡다한 이야기를 모은 「잡편(雜編)」 항목이 부가되어 있고, 「의」류에는 기이한 질병에 관한 이야기인 「이질(異疾)」 항목이 부가되어 있으며, 「기교」류에는 경이로운 솜씨로 세상 사람들을 놀라게 하는 「절예(絕藝)」 항목이 부가되어 있다.

9) 오락(娛樂) 이야기

이 범주는 다양한 놀이와 취미에 관한 이야기를 모아놓았다. 장기나 바둑과 같은 놀이를 다룬 「박희(博戱)」류, 감상하며 즐기기 위해 모아 두는 기구나 골동품 등을 다룬 「기완(器玩)」류가 포함된다. 그 중에서 「박희」류는 바둑과 장기를 뜻하는 「혁기(奕棊)」, 바둑알을 손가락으로 튕겨서 상대편의 알을 맞추는 놀이인 「탄기(彈棊)」, 편을 나누어 상대편의 손안에 감춰진 물건을 알아맞히는 놀이인 「장구(藏鉤)」, 기타 다양한 놀이를 뜻하는 「잡희(雜戱)」로 세분되어 있다.

10) 음식(飮食) 이야기

이 범주에는 술에 관한 이야기를 모은 「주(酒)」류와 음식에 관한 이야기를 모은 「식(食)」류가 포함된다. 「주」류는 다시 엄청난 주량을 자랑하는 사람들의 이야기인 「주량(酒量)」과 지나치게 술에 탐닉하는 사람들의 이야기인 「기주(嗜酒)」로 나뉘어 있고, 「식」류는 특정한 음식만을 잘 먹거나 엄청난 식사량을 자랑하는 사람들의 이야기인 「능식(能食)」과 이와는 반대로 보잘것없는 식사를 부끄러워하지 않는 사람들의 이야기인 「비식(菲食)」으로 나뉘어 있다.

11) 처세(處世) 이야기

이 범주는 세상을 살아가는 사람들의 다양한 행태에 관한 이야기를 모아놓았다. 다양한 층차의 친구 사귐을 다룬 「교우(交友)」류, 기상천외한 사치행각을 다룬 「사치(奢侈)」류, 그럴싸한 속임수로 사람들을 현혹하는 사기행각을 다룬 「궤사(詭詐)」류, 간도 쓸개도 빼줄 정도로 권세가에게 빌붙는 아첨행각을 다룬 「첨녕(諂佞)」류, 어처구니없는 실수와 잘못을 다룬 「유오(謬誤)」류, 생업을 잘 꾸려나가 재산을 증식하는 데 뛰어난 사람들의 이야기인 「치생(治生)」류, 성격이 몹시 편협하고 성급하여 참을성이 없는 사람들의 이야기인 「편급(褊急)」류가 포함된다. 그 중에서 「유오」류에는 건망증이 너무 심한 사람들의 이야기인 「유망(遺忘)」 항목이 부가되어 있고, 「치생」류에는 지나치게 재물을 탐하다가 패가망신한 사람들의 이야기인 「탐(貪)」 항목이 부가되어 있다.

12) 해학(諧謔) 이야기

이 범주는 익살스럽고 유머러스한 이야기를 모아놓았다. 뼈있는 농담이나 우스갯소리를 다룬 「회해(詼諧)」류, 조롱하고 헐뜯는 일을 다룬 「조초(嘲誚)」류, 비웃고 깔보는 일을 다룬 「치비(嗤鄙)」류가 포함된다.

13) 부덕(不德) 이야기

이 범주는 부덕한 사람들의 이야기를 모아놓았다. 예의와 염치를 모르고 함부로 행동하는 사람들의 이야기인 「무뢰(無賴)」류, 언행이 경솔하고 천박한 사람들의 이야기인 「경박(輕薄)」류, 잔혹하고 포악한 사람들의 이야기인 「혹포(酷暴)」류가 포함된다.

14) 부녀(婦女)·노복(奴僕) 이야기

이 범주는 부녀자와 노비에 관한 이야기를 모아놓았다. 절의와 절개를 지킨 열녀들의 이야기인 「부인(婦人)」류, 우여곡절 끝에 좋아하는 여인과의 사랑을 이룬 이야기인 「정감(情感)」류, 역경에 처한 주인에게 끝까지 충성을 바친 노복들의 이야기인 「동복(童僕)」류가 포함된다. 그 중에서 「부인」류는 현숙하고 지혜로운 여인들의 이야기인 「현부(賢婦)」, 재기가 출중한 여인들의 이야기인 「재부(才婦)」, 제왕의 총애를 독차지한 절세미인들의 이야기인 「미부인(美婦人)」, 투기심이 심해 잔인한 일도 서슴지 않는 독한 여인들의 이야기인 「투부(妬婦)」로 나뉘어 있고, 마지막에 기녀들의 이야기인 「기녀(妓女)」 항목이 부가되어 있다. 또한 「동복」류에는 여종들의 이야기인 「노비(奴婢)」 항목이 부가되어 있다.

15) 몽(夢) 이야기

이 범주는 꿈에 관한 다양한 이야기를 모아놓았는데, 「몽(夢)」류는 다시 길몽에 관한 이야기인 「몽휴징(夢休徵)」, 흉몽에 관한 이야기인 「몽구징(夢咎徵)」, 꿈속에 이미 죽은 사람이 나타나 앞일을 예시해주는 이야기인 「귀신(鬼神)」, 꿈속에서 다른 세상으로 이동하여 겪은 일을 다룬 「몽유(夢遊)」로 나뉘어 있다.

16) 무격(巫覡) 이야기

이 범주는 무당과 도술사들에 관한 이야기를 모아놓았다. 궁중 무사(巫師)나 민간 무당의 주술적 행위를 다룬 「무(巫)」류, 마술과도 같은 기상천외한 술수로 사람들을 홀리는 도술사들의 이야기인 「환술(幻術)」류, 요사스럽고 망령된 언행으로 사람들을 속이는 일을 다룬 「요망(妖妄)」류가 포함된다. 그 중에서 「무」류에는 주문으로 재액을 물리치는 이야기인 「염주(厭呪)」 항목이 부가되어 있다.

17) 귀신(鬼神) 이야기

이 범주는 다양한 귀신과 요괴에 관한 이야기를 모아놓았다. 주로 산천신과 조상신에 관한 이야기를 모은 「신(神)」류, 온갖 종류의 도깨비 이야기를 모은 「귀(鬼)」류, 험상궂고 무시무시하게 생긴 불교 귀신 이야기를 모은 「야차(夜叉)」류, 영혼과의 사랑 이야기를 모은 「신혼(神魂)」류, 요상한 괴물 이야기를 모은 「요괴(妖怪)」류, 오래된 물건이나 짐승·초목 등이 사람으로 변한 이야기를 모은 「정괴(精怪)」류, 신령스럽고 괴이한 일을 다룬 「영이(靈異)」류가 포함된다. 그 중에서 「신」류에는 사신(邪神)에게 제사시내는 이야기인 「음사(淫祀)」 항목이 부가되어 있고, 「요괴」류에는 사람이 요괴로 둔갑한 이야기인 「인요(人妖)」 항목이 부가되어 있다. 또한 「정괴」류는 정괴의 본래 정체에 따라 일상생활에서 사용하는 여러 기물이 사람으로 변한 경우인 「잡기용(雜器用)」, 인형이 변한 경우인 「우상(偶像)」, 장례물품이 변한 경우인 「흉기(凶器)」, 불이 변한 경우인 「화(火)」, 흙무더기가 변한 경우인 「토(土)」로 나뉘어 있다.

18) 생사(生死) 이야기

이 범주는 삶과 죽음에 관한 이야기를 모아놓았다. 이미 죽은 사람이 여러 경로를 통해 다시 살아나는 이야기인 「재생(再生)」류, 무의식중에 자신의 전생을 깨달아 전생의 일을 정확히 알아맞히는 이야기인 「오전생(悟前生)」류, 망자의 무덤에서 나타난 갖가지 기이한 일을 다룬 「총묘(塚墓)」류, 망자의 무덤 속에 부장된 명문(銘文)의 영험함을 다룬 「명기(銘記)」류로 나뉘어 있다.

19) 자연(自然) 이야기

이 범주는 산천지리와 거기에서 나는 보물에 관한 기이한 이야기를 모아놓았는데, 「뇌(雷)」류, 「우(雨)」류, 「산(山)」류, 「석(石)」류, 「수(水)」류, 「보(寶)」류가 포함된다. 그 중에서 「우」류에는 「풍(風)」과 「홍(虹)」 항목이 부가되어 있고, 「산」류에는 「계(溪)」 항목이 부가되어 있고, 「석」류에는 신비한 언덕과 모래를 다룬 「파사(坡沙)」 항목이 부가되어 있고, 「수」류에는 「정(井)」 항목이 부가되어 있다. 또한 「보」류는 「금(金)」·「수은(水銀)」·「옥(玉)」·「잡보(雜寶)」로 나뉘어 있고, 마지막에 「전(錢)」과 「기물(奇物)」 항목이 부가되어 있다.

20) 식물(植物) 이야기

이 범주는 온갖 풀과 나무에 관한 기이한 이야기를 모아놓은 「초목(草木)」류가 해당한다. 이는 다시 「목(木)」, 「문리목(文理木: 나뭇결이 특정한 글씨나 형상을 이룬 나무)」, 「이목(異木)」, 「유만(藟蔓: 등나무)」, 「초(草)」, 「초화(草花)」, 「목화(木花)」, 「과(果)」, 「채(菜)」, 「죽(竹)」, 「오곡(五穀)」, 「다천(茶荈: 차)」, 「지(芝)」, 「균심(菌蕈: 버섯)」, 「태(苔: 이끼)」, 「향약(香藥)」, 「복이(服餌: 복령과 같은 도교의 양생 영약을 복용하는 것)」, 「목괴(木怪)」, 「화훼괴(花卉怪)」, 「약괴(藥怪)」, 「균괴(菌怪)」로 세분되어 있다.

21) 동물(動物) 이야기

이 범주는 다양한 동물, 가축, 새, 물고기, 곤충에 관한 기이한 이야기를 모아 놓았다. 「용(龍)」류, 「호(虎)」류, 가축과 짐승을 다룬 「축수(畜獸)」류, 「호(狐)」류, 「사(蛇)」류, 가금(家禽)과 새를 다룬 「금조(禽鳥)」류, 물고기를 다룬 「수족(水族)」류, 「곤충(昆蟲)」류가 포함된다. 그 중에서 「용」류에는 마지막에 「교(蛟)」 항목이 부가되어 있다. 「축수」류는 「우(牛)」, 죽음을 앞둔 소가 살려달라고 절하는 이야기인 「우배(牛拜)」, 전생에 죄를 지었다가 소로 태어나 그 죗값을 갚는 이야기인 「우상채(牛償債)」, 소가 주인을 해치는 이야기인 「우상인(牛傷人)」, 소의 기이한 행동을 다룬 「우이(牛異)」, 「마(馬)」, 「낙타(駱駝)」, 「나(騾: 노새)」, 「여(驢: 나귀)」, 「견(犬)」, 「양(羊)」, 「시(豕)」, 「묘(猫)」, 「서(鼠)」, 「서랑(鼠狼: 족제비)」, 「사자(獅子)」, 「서(犀)」, 「상(象)」, 「잡수(雜獸)」, 「낭(狼)」, 「웅(熊)」, 「이(狸: 삵)」, 「위(蝟: 고슴도치)」, 「주(麈: 큰사슴)」, 「장(麞: 노루)」, 「녹(鹿)」, 「토(兎)」, 「원(猿)」, 「미후(獼猴: 원숭이 일종)」, 「성성(猩猩: 성성이)」, 「과연(猓獴: 긴꼬리원숭이)」, 「융(狨: 털북숭이원숭이)」로 세분되어 있다. 「금조」류는 「봉(鳳)」, 「난(鸞)」, 「학(鶴)」, 「응(鷹: 매)」, 「요(鷂: 새매)」, 「골(鶻: 송골매)」, 「공작(孔雀)」, 「연(鷰)」, 「자고(鷓鴣)」, 「작(鵲)」, 「합(鴿: 비둘기)」, 「계(雞)」, 「아(鵝)」, 「압(鴨)」, 「노(鷺)」, 「안(鴈)」, 「구욕(鸜鵒: 구관조)」, 「작(雀)」, 「오(烏)」, 「효(梟: 올빼미)」, 「치(鴟: 솔개)」로 세분되어 있다. 마지막으로 「수족」류는 괴이한 물고기 이야기인 「수괴(水怪)」, 물고기가 사람으로 변한 이야기인 「수족위인(水族爲人)」, 사람이 물고기로 변한 이야기인 「인화수족(人化水族)」, 신령한 거북 이야기인 「귀(龜)」로 나뉘어 있다.

22) 이국(異國) 이야기

이 범주는 중국을 둘러싼 동서남북의 수많은 이국의 이야기를 모아놓은「만이(蠻夷)」류가 해당한다. 이러한 이국은『산해경(山海經)』과 같은 책에 등장하는 신화전설상의 허구적인 나라도 있고, 실제로 존재했던 나라도 있다. 특히 우리나라와 관련하여「신라(新羅)」항목에 6편의 이야기가 실려 있어서 주목된다.

23) 전기(傳奇)

이 범주는 당나라의 전기(傳奇)소설 14편을 모아놓은「잡전기(雜傳記)」가 해당한다. 당시 단행본으로 유행했을 것으로 추정되는 이 작품들은『태평광기』의 고사 중에서 소설적인 완성도가 가장 높으며, 후대 문학에 미친 영향도 매우 크다.

24) 잡록(雜錄)

『태평광기』의 마지막 8권에 수록되어 있는「잡록」류는 편명 그대로 내용 분류 없이 잡다한 이야기를 모아놓았다. 아마도 500권이라는 권수를 채우기 위해 편집해 넣은 것으로 추정된다.

이상에서『태평광기』의 전체 이야기를 24가지의 범주로 개괄하여 각 범주에 대해 간략히 설명했다. 처음부터 마지막까지 기이하고 환상적인 이야기로 가득 찬 무진장한 보물창고라고 하기에 충분하다.『태평광기』는 작심하고 별러서 처음부터 끝까지 독파하는 책이 아니다. 불로장생하는 신선 이야기에서부터 기이한 동식물 이야기에 이르기까지 92개의 큰 부류(대류)와 155개의 작은 부류(소류)에 체계적으로 분류된 6,965편의 이야기 중에서 자신이 관심 있는 부분만 골라 읽으면 된다. 예를 들어 여우 이야기에 관심 있는 독자는 「호(狐)」류에 실려 있는 80여 편의 이야기를 읽으면 된다. 선진(先秦) 시대부터 송대 초까지의 다양한 여우 이야기를 읽다 보면 약 2천 년 동안 변화 발전해온 여우 이야기의 전개과정과 구성 및 묘사기법 등을 자연스럽게 이해할 수 있다. 즉 '중국 여우 이야기의 작은 역사'인 셈이다. 특히 사회문화론적 시각에서 문학작품에 나타난 동물 이미지 연구가 활발히 전개되고 있는 요즈음 그 주요 테마 가운데 하나인 여우 이미지의 형성과정을 파악하는 데 더 없이 좋은 자료가 된다.

또한 『태평광기』에 수록되어 있는 모든 이야기는 후대 작품의 창작 소재와 제재로 활용될 수 있다. 예를 들어 「신혼(神魂)」류에 실려 있는 「왕주(王宙)」(일명 「이혼기(離魂記)」) 이야기는 현실에서 이루지 못한 왕주와 천낭(倩娘)의 사랑을 천낭의 혼을 통하여 이룬다는 아름다운 사랑이야기로, 당대 전기소설을 대표하는 작품 가운데 하나다. 이 작품은 훗날 많은 속작과 개작들을 만들어냈는데, 원·명·청·근대를 거치면서 문언소설, 백화소설, 희곡 등으로 새롭게 지어졌으며, 현대에는 「천녀유혼(倩女遊魂)」이라는 영화로 등장했다. 이처럼 『태평광기』에는 현재까지 우리의 감수성을 자극하는 작품들이 많이 실려 있다. 『태평광기』는 더 이상 옛날에 기록된 박제된 이야기가 아니라 시대를 달리하며 살아 숨 쉬는 이야기의 원천이라 하겠다.

Ⅳ. 『태평광기』의 시대적 의미

송초(宋初)의 정치·사회·문화의 복합적 산물로서 편찬된 『태평광기』는 이러한 문학외적인 시대환경에 영향을 받은 것이 분명하지만, 문학내적인 요인도 반드시 고려되어야 한다. 송초에 이르러 선진(先秦)시대부터 오대(五代)까지 축적된 수많은 역사고사와 민간전설, 지괴소설과 지인(志人)소설, 전기소설과 필기잡록, 도교와 불교 설화 등을 아우를 수 있는 범주 설정과 이를 체계적으로 집록할 총집의 필요성이 요구되었는데, 이를 효과적으로 반영한 것이 바로『태평광기』다.『태평광기』에서 설정한 범주(부류)는 이제까지의 '소설' 관념의 외연을 확장시킴과 동시에 '소설' 인식 변화의 계기로 작용하여, 정사(正史)인『신당서(新唐書)』「예문지(藝文志)」의 소설분류에 직접적인 영향을 미쳤다. 이는 중국 고대소설의 제1차 집대성이자 중국소설사상 '소설' 관념에 대한 획기적인 진보를 의미한다.

『태평광기』는 북송 태평흥국 6년(981)에 판각되자마자 학자에게 시급한 것이 아니라는 논자들의 반대에 부딪혀 인판(印版)이 거두어들여졌지만, 사실은 북송 당시에 이미 많은 문인학자들이 열독했으며 남송에 이르러서는 문인사대부는 물론이고 설서인(說書人: 說話人)들의 교과서가 될 정도로 대중성을 확보하여 이른바 '아속공상(雅俗共賞)'의 텍스트가 되었다. 이는 바로『태평광기』가 한정된 지식인들에 의해 점유된 '제한된 텍스트'에서 사회의 모든 계층이 다양한 방법으로 함께 즐길 수 있는 '개방된 텍스트'로 발전했음을 의미한다.

『태평광기』는 판각된지 약 100년 후부터 다른 나라로 전파된 것으로 보인다. 한국에는 고려(高麗) 문종(文宗) 34년(1080) 이전에 전래된 것으로 파악되며, 이후 고려시대와 조선시대의 문인들이 시문을 창작할 때 전고로 활용할 만큼 널리 읽히게 되었다.[78] 일본에는 약 200년 후 가마쿠라(鎌倉) 시대(1192~1333) 초기인 1200년경에 전래된 것으로 보이며, 중세에 이르러서는 초학자의 교과서와 사서(辭書) 등에 기록되었고 이어서 여러 주석서와 초물(抄物) 및 일기문학에 광범위하게 수용되었다.[79]『태평광기』가 베트남에 전래된 정

---

78 『태평광기』의 한국 전래와 수용에 관한 자세한 사항은 金長煥, 「『太平廣記』의 時代的 意味—그 轉移와 收容의 研究史的 成果를 中心으로—」(『中國語文學論集』 제75호, 2012), 493~511쪽을 참고하기 바람.

79 『태평광기』의 일본 전래와 수용에 관한 자세한 사항은 金長煥의 위의 논문, 511~520쪽을 참고하기 바람.

확한 시기는 근거자료가 부족하여 알 수 없지만, 1520년에서 1530년경에 지어진 것으로 보이는 완서(阮嶼)의 『전기만록(傳奇漫錄)』 20편 중에 『태평광기』의 고사가 자주 등장하고 전고로 활용된 것으로 보아 1500년경 이전에 베트남에 전래된 것으로 추정한다. 한편 월남(越南)의 사절(使節) 여백사(汝伯仕)가 1833년에 광동(廣東)에서 구매한 관서(官書) 목록을 기록한 『균청행서목(筠清行書目)』 1672종에는 『태평광기』(第1030筆)가 분명히 기록되어 있음을 확인할 수 있다.[80] 최근에는 베트남 국가도서관에 소장되어 있는 『태평광기』라는 서명의 필사본이 학계에 보고되었는데,[81] 이 책은 월남판 『태평광기』로 한문으로 쓴 필기소설이다. 이규(李奎)의 연구에 따르면, 월남 『태평광기』는 월남 소치(紹治) 연간(1814~1847) 이후에 지어졌으며, 일부 작품의 경우 제재상 중국 『태평광기』의 영향을 받은 것으로 확인되었다.[82] 이는 『태평광기』의 고사성과 유서적(類書的) 특성이 중국은 물론이고 동아시아 한자문화권의 지식인들에게까지 확산 인식되었음을 의미하는데, 그 핵심은 '기이'하고 '환상'적인 '이야기'의 매력에 있다.

일반적으로 동아시아 전기(傳奇)소설은 중국의 『전등신화(剪燈新話)』의 영향 아래서 한국의 『금오신화(金鰲新話)』, 일본의 『가비자(伽婢子)』, 베트남의 『전기만록(傳奇漫錄)』을 논하는 것이 학계의 중론이지만, 이제는 이들 전기소설의 원류로서 『태평광기』를 반드시 검토해야 한다. 『태평광기』 편찬자들은 '전기'의 문학적 특성을 일찍이 인식하여 「잡전기(雜傳記)」라는 부류를 따로 설정했으며, 후대 각국의 전기소설은 『태평광기』 소재 전기작품의 구성과 예술기교

---

80 陳益源, 「清代越南使節在中國的購書經驗」(『域外漢籍研究集刊』 第6輯, 北京: 中華書局, 2010), 535~537쪽과 부록으로 첨부된 『筠清行書目』 참고.

81 이 책은 孫遜·陳慶浩 編, 『越南漢文小說集成』(第11册)(上海: 上海古籍出版社, 2010)에 수록되어 있다.

82 李奎, 「越南『太平廣記』研究」, 『暨南學報(哲學社會科學版)』 第34卷 第9期, 2012.9.

의 영향을 크게 받았다.『전등신화』21편 중 16편[83],『금오신화』5편 중 3편,『가비자』68편 중 31편이『태평광기』소재 전기작품을 전거로 했음이 밝혀졌다. 이는『태평광기』가 동아시아 전기소설의 원류로서 새롭게 조명되어야 함을 의미한다.

『태평광기』에 대한 번역은 한국이 가장 적극적이고 주목할 만한 성과를 이루었다. 일찍이 조선시대 17세기에 간추린 한글 언해본이 나왔고, 2005년에는 500권 전체에 대한 완역이 마무리되어『태평광기』번역사에서 최초의 성과로 기록되었다. 일본에서는 아직까지「귀부(鬼部)」·「부인부(婦人部)」·「몽부(夢部)」등 특정 부류에 대한 역주작업만 진행되고 있다. 이는 원전에 대한 학술적 접근을 용이하게 함과 동시에 새로운 독자층의 흥미와 관심이 현대까지 지속되고 있음을 의미한다.

천 년을 넘게 함께 한 동아시아 '이야기'의 보고로서『태평광기』는 앞으로도 천의 얼굴을 한 이야기꾼으로서 늘 우리 곁에 존재할 것이다.

참고문헌

(宋) 李昉 等撰, 汪紹楹 點校,『太平廣記』(全10册), 北京: 中華書局, 1960.
(宋) 李昉 等撰, 金長煥 外 譯注,『太平廣記』(全21册), 서울: 學古房出版社, 2000~2005.
(宋) 李昉 等撰,『太平御覽』(全7册), 台北: 商務印書館影印四部叢刊本, 1986.
(宋) 王應麟 撰,『玉海』, 南京: 江蘇古籍出版社影印, 1988.
(宋) 王明清 撰,『揮麈後錄』, 上海: 古籍出版社影印, 1991.

83 近藤春雄,「剪燈新話と唐代小說」,『唐代小說の研究』, 東京: 笠間書院, 1978. 한편 程國賦는 近藤春雄이 16편이라고 주장한 것은 지나치게 확대 해석되었다고 지적하면서 인물형상과 내용구성 등에서 분명하게 唐人小說의 영향을 받은 것은 8편 정도라고 주장했다. 程國賦,「『剪燈新話』與唐人小說」(『明淸小說研究』, 1999年 第1期), 198~200쪽 참고.

(宋) 王闢之 撰, 呂友仁 點校,『澠水燕談錄』, 北京: 中華書局, 1981.
(宋) 羅燁 撰, 周曉薇 校點,『新編醉翁談錄』, 沈陽: 遼寧教育出版社, 1998.
(淸)『文淵閣四庫全書電子版』, 北京: 迪志文化出版有限公司, 1999.
(淸) 紀昀 等撰,『四庫全書總目提要』(全6冊), 台北: 商務印書館排印, 1985.

(中) 程毅中,『太平廣記』, 沈陽: 春風文藝出版社, 1999.
(中) 張國風,『太平廣記版本考述』, 北京: 中華書局, 2004.
(中) 牛景麗,『太平廣記的傳播與影響』, 天津: 南開大學出版社, 2008.
(中) 盛　莉,『太平廣記仙類小說類目及其編纂研究』, 北京: 中國社會科學出版社, 2010.
(中) 魯　迅,『中國小說史略』(『魯迅全集』 第9卷), 北京: 人民文學出版社, 1981.
(中) 郭伯恭,『宋四大書考』, 上海: 商務印書館, 1940.
(中) 程毅中,『古小說簡目』, 北京: 中華書局, 1981.
(中) 張滌華,『類書流別』, 北京: 商務印書館, 1985.
(中) 劉葉秋 著, 金長煥 옮김,『中國類書槪說』, 서울: 學古房, 2005.
(中) 任繼愈 主編,『道藏提要』, 北京: 中國社會科學出版社, 1991.
(中) 聶崇岐,「太平御覽引得序」(1934),『太平御覽引得』, 東京: 中文出版社重印, 1982.
(中) 程國賦,「『剪燈新話』與唐人小說」,『明淸小說硏究』 1999年 第1期.
(中) 趙維國,「論『太平廣記』纂修的文化因素」,『河南大學學報』(社科版) 第41卷 3期, 2001.5.
(中) 凌郁之,「『太平廣記』的編刻·傳播及小說觀念」,『蘇州科技學院學報』(社科版) 第22卷 第3期, 2005.8.
(中) 曾禮軍,「『太平廣記』的文獻學研究綜述」,『文獻』 2010年 第4期.
(中) 孫遜·陳慶浩 編,『越南漢文小說集成』(第11冊), 上海: 上海古籍出版社, 2010.
(中) 陳益源,「淸代越南使節在中國的購書經驗」,『域外漢籍硏究集刊』 第6輯, 北京: 中華書局, 2010.
(中) 李奎,「越南『太平廣記』硏究」,『暨南學報(哲學社會科學版)』 第34卷 第9期, 2012.9.

(韓) 朴熙秉 옮김,『베트남의 기이한 옛이야기(傳奇漫錄)』, 서울: 돌베개, 2000.
(韓) 김충열,『논쟁으로 보는 중국철학』, 서울: 예문서원, 1994.
(韓) 孫修暎,「類書『太平廣記』의 자리―‘小說’ 인식의 전환점」,『中國語文學論集』12, 1999.
(韓) 金長煥,「『太平廣記』의 時代的 意味―그 轉移와 收容의 硏究史的 成果를 中心으로―」,『中國語文學論集』75, 2012.

(日) 近藤春雄,『唐代小說の硏究』, 東京: 笠間書院, 1978.
(日) 塩卓悟,「宋太宗の文化事業―『太平廣記』を中心に―」,『比較文化史硏究』5, 2003.
(日) 三田明弘,「『太平廣記』の全體構造における笑話の意味」,『日本女子大學紀要』(人間社會學部)23, 2012.

(美) Kenneth J. DeWoskin,「The Six Dynasties Chih-kuai and the Birth of Fiction」,『Chinese Narrative』, New Jersey: Princeton University Press, 1977. (김진곤 역,「육조 지괴와 소설의 탄생」,『中國小說硏究會報』28, 1996.)

논평과 토론

『태평광기』의 편찬과 기환의 세계

이윤석 김장환 선생님은 『태평광기』 500권을 번역한 세계에서 유일한 분이고, 김장환 선생님의 『태평광기』 이해는 독창성을 갖고 있으므로 그걸 다른 사람이 뭐라고 이렇다 저렇다 이야기하는 것은 큰 재미는 없을지 모르겠습니다. 이번 발표문을 읽으면서, 물론 이전에도 몇 가지 논문이나 저서도 보았습니다만, 『태평광기』에 대한 이해를 분명하게 한 것 같습니다. 고맙습니다.

한 가지 말씀을 드리고 싶은 것은, 선생님의 발표 내용을 이 프로젝트의 주제와 어떻게 맞추는 것이 좋을지 모르겠네요. '상상력'이라는 주제와 맞춘다면, 이 『태평광기』의 편찬과 기원에 관한 문제를 어떻게 상상력과 연관을 지을 것인지 하는 것입니다. 그 문제에 대한 것은 나중에 들어보기로 하고, 전체적으로 『태평광기』에 관한 학계의 최신의, 최고의 논의를 다 가져온 것이기 때문에 특별히 말씀을 드릴 것은 없습니다. 그런데 이런 것은 하나 여쭤보고 싶네요. '기(奇)'와 '환(幻)'으로 선생님께서는 지금 보시는데, 이 '기'와 '환'이 현재 우리 생각의 '기'와 '환'인가, 그렇지 않으면 『태평광기』를 편찬하던 시대의 '기'와 '환'인가 하는 것입니다. 만약 '기'·'환'에 대한 생각이 그때와 지금이 다르다면, 지금의 우리의 기준으로 '기'와 '환'이라고 보는 것들이 천 년 전에는 매우 사실적인 것이었을 수도 있는데, 그런 문제에 대해서 학계에서는 어떻게 보고 계신지, 그런 얘기를 해주실 수 있을까요?

김장환 상상력과의 연관성 부분은 저도 작성을 하면서, 어떻게 연결하는 게 좋을까 고민했습니다. 그래서 편찬 부분하고 기환의 세계관 부분을 일부러 집어넣어서, 상상력을 맞춰보려고 했습니다. 선생님이 보시기에 아마 미흡하여 연관성이 부족한 것으로 보였던 것 같습니다.

이윤석 그런 건 아니고요. 여쭤보는 거죠.

김장환 그 다음으로 '기'와 '환' 개념의 시대적인 의미, 오늘날의 의미와 지난날의 의미를 고려했구요. 제가 그래서 『예문유취』하고 『태평어람』의 비교를 했거든요. 『예문유취』와 『태평어람』 같은 경우에는 물론 거기에도 『태평광기』와 비슷한 부류의 이야기가 있습니다만, 아주 적어요. 그런 부분들은, 귀신이야기랄지, 이런 부분이 들어가 있기는 하지만, 대부분 한 부류로 국한이 되어있는 반면에 『태평광기』같은 경우에는 전문적으로 다 소설 이야기만을 실어 놨거든요. '기'라는 것은, 저는 이렇게 생각해요. 즉 『태평광기』를 보면, 세상에 있을법한 이야기인데, 특이한 거, 기이한 거죠. 『태평광기』에 실려 있는 이야기는 평범한 이야기는 사실 하나도 없어요. 인간 얘기를 하더라도, 예를 들어 술을 먹는다고 해도 보통 먹어가지고는 여기 등장을 못하고요, 먹었다고 하면 1000일정도 먹고 안 깨어나는 이정도예요. 그러니까 아주 비정상적인, 특이하고, 기이한, 주로 인간과 동식물에 관한 그런 부분들이 '기'에 속한다고 할 수 있을 것 같고요. 그때 당시 사람들도 분명히 그런 것을 인식을 했을 거 같아요. '환'은 주로 신선(神仙)하고 석증(釋證) 부분의 불교 고사들의 이런 부분들이 '환'인데요. 이거는 세상에서 일어날 수 없는 일이죠. 비현실적인 이야기. 이런 부분들이 오늘날의 입장에서 보면 분명하게 드러나는데, 그 당시 사람들에게는 복잡하긴 해요. 예를 들어서 하나의 귀신이야기 같은 경우를 보시면, 그다지 구분을 안 하거든요. 위진 남북조 시기 때를 보더라도, 이승과 저승의 세계를 그냥 문 하나 넘어가면 있는, 그래서 항상 왔다 갔다 할 수 있는 것으로 여겼어요. 특히 신 부분에는 조상신하고 산천신에 대한 이야기가 주로 실려 있는데, 거기에 보면 거의 망자가 집안에 같이 살다시피 하는 그런 이야기들이 있거든요. 그 당시 사람들이 이러한 이야기를 '환'이라고 보진 않았을 테고 '기'라고 봤다면, 오늘날에 우리가 봤을 때의 '기'하고는 의미가 다르지 않았을까 생각해요. 아마 친숙한 개념으로 봤을 거 같아요.

이윤석 그래서 질문한 것이에요. 도교와 불교의 시대라고 해서, 여기 지금 첫 번째나 두 번째에는 대부분 도교와 불교에 관한 이야기를 집어넣었는데, 이게 현재의 개념과 같은 '기'와 '환', 즉 이건 거짓말이다 그렇게 이야기 한다면, 여기 들어갈 수 없으리라고 봅니다. 그러니까 이것은 사실로 믿었던 이야기들인데, 당대의 사람들은, 그 사실로 믿었던 이야기를 후대의 사람들인 지금 우리가 '기'와 '환'으로 보는 거겠죠. 그렇기 때문에, 당대 사람들도 편찬하는 기준을 '기'와 '환'으로 뽑았다고 말하는 것 보다는, 다른 더 적절한 표현이 있어야 할 것 같다는 생각이 들어요. 우리 기준으로 문턱 하나 넘어간다, 이런 게 이상하다고 하겠지만, 그때 사람들로서 그게 당연한 사실로 믿고 그것을 진실이라고 이해했다면, 이렇게 이야기 하는 것이 괜찮을까 하는 생각이 들고요.

그 다음에 하나 더 얘기해도 되나 모르겠네요. 마지막에 『금오신화』 5편 중 3편이 『태평광기』 소재 이야기다 그렇게 말씀하셨는데, 『태평광기』 연구자로서는 마땅히 하셔야 할 얘기라고 생각을 합니다. 그런데 『금오신화』는 『전등신화』가 없으면 나올 수 없는 작품입니다. 『전등신화』가 없다면 『금오신화』는 나올 수 없지요. 김시습이 『태평광기』를 보고 『금오신화』를 쓴 것은 아니기 때문에, 『금오신화』의 소재가 멀리 소급하면 『태평광기』에 3개쯤 들어있다는 정도는 『태평광기』 연구자로서 할 수 있는 얘기지만, 『금오신화』의 근원을 얘기할 때는 그렇게 말해도 괜찮다고 하긴 어려울 것 같아요. 아무튼 『태평광기』가 대단하다는 것의 예로 『전등신화』, 『금오신화』, 일본의 『가비자』 등을 말씀하신 것 같은데. 제 생각은 그렇습니다.

김장환 『전등신화』가 『태평광기』의 영향을 받은 것이라든지, 아니면 『가비자』가 『태평광기』의 전기 작품을 전거로 했다는 사실은 일본학자나 중국학자들이 철저하게 고증을 해놨어요. 그런데 우리나라 『금오신화』에 대해서는 국내학자들의 연구가 없더라고요. 『금오신화』에 관련된 이 세 편은요 『전등신화』에 물론 들어 있지요. 그런데 『전등신화』에 들어있는 세 작품이 중국학자들의 고증에 의하면 다 『태평광기』의 작품을 전거로 했음을 인정하고 있거든요. 그래서 저는 이걸 갖다가 세 편을 『태평광기』 소재이다 이렇게 보았습니다.

이윤석 지금 우리는 『금오신화』가 조선시대에 굉장히 유명한 것으로 알지만, 사실은 『금오신화』는 김시습이 짓고 난 이후 한 백년 정도쯤 후부터는 조선에서는 없어진 책입니다. 완전히 없어져서 거의 아무도 모르는 책이었는데, 임진왜란 때 일본 사람들이 일본에 가져간 것을 몇 번 출판을 해서 일본에서는 꽤 재미있는 책으로 알려졌죠. 그것을 1927년 최남선이 다시 조선에 가지고 와서 다시 소개하면서 비로소 『금오신화』라는 책이 한국에 알려졌기 때문에, 사실

1927년에 새로 수입한 책이나 마찬가지인데, 그때에 그 최남선이 해제를 쓰면서, 『금오신화』가 『전등신화』보다 낫다 뭐 이렇게 말한 게 아직까지도 계속되고 있는 것이지요.

백영서 저의 관심에서 본다면, '기'·'환'이라는 부분에 흥미를 느낍니다. 먼저 생각해 볼 것은 그게 지금 용어이냐 그 당시 용어이냐 얘기가 나오는데, 그 당시 그 용어가 어떻게 쓰였는지는 모르겠지만, 그 텍스트인 유서(類書) 형식에 주목하는 게 중요합니다. 유서는 말하자면 백과사전인데 그것은 두 가지 기능을 갖고 있잖아요, 하나는 통치에 도움이 되는(資治) 정보를 주는 것이고, 또 하나는 글 짓는 데 도움이 되는 소스들, 자료들을 제공해 주는 것입니다. 지금 얘기되는 『태평광기』는 두 번째에 속하잖아요. 그런데 왜 사람들이 이거를 재밌게 봤을까. 시를 쓰는데, 문장을 쓰는데 왜 이 책의 그런 부분을 참고할까. 지금 우리가 보면 그렇게 이상한 얘기들인데. '기'·'환'이라고도 볼 수 있는 부분들이 많은데. 왜 이 사람들의 상상력을 자극하는 거고, 왜 재밌게 느끼고, 이걸 이렇게 책으로 만들었을까 하는 데에 대해 좀 더 설명해주시면 좋을 거 같아요. 그 당시 사람들이 이것을 그렇게 엄청난 작업을 들여서 했단 말이에요. 그 관심이 뭘까. 왜 사람들은 글을 쓸 때 이런 소재를 택하는가. 이런 소재에서 흥미를 느끼는가에 대해서 설명해주시면 재밌지 않을까라는 것입니다. 그리고 그와 직접 연관이 될지 안 될지 모르겠는데, 소설 개념의 변화라는 것도 관련이 좀 있지 않을까 싶어요. 제가 이 문장을 따라 읽으면서 머리에 확 안 들어오는데, 이 시절에 소설 개념이 어떻게 변했는가 하는 점이 강하게 안 들어오는데, 이 글 읽으며 떠오르는 사건이랄까 하는 게 있어요. 뭐냐면, 소설 개념에 관한 건데요, 『소설 동학사』라는 게 있어요. 오지영의 『동학사』는 근대 들어와서 쓴 거죠. 그런데 그 판본 하나를 하버드 대학 옌칭도서관에서 발견했는데, 그게 우리가 알고 있는 판본과 달리 그 제목 앞에 '소설'자가 들어가 있다는 거에요. 아디사시피 오지영의 『동학사』가 우리 근대 동학사 연구의 기본적인 자료를, 일차사료를 제공한 것이 잖아요. 특히 여러 가지 혁신적인 사회 개혁적 요소가 많았던 건데, 어떤 분이 그걸 비판한 거죠. 소위 민중 사관에 의해서 동학을 재구성하면서 그 근거가 오지영의 『동학사』이었다. 그런데 오지영의 원 텍스트를 하버드 옌칭 도서관에서 찾아봤더니 앞에 '소설'자가 쓰여 있다는 거에요. 그러니까 이건 소설이다, 픽션이다, 이런 식의 얘기를 하는 거지요. 그때 사람들이 거기서 말하는 소설은 근대적인 서양에서 말하는 노블, 픽션이 아니라고 해서 논란이 된 적이 있어요. 하여튼 소설 개념의 변화라는 것도 더 잘 드러내주면 재밌지 않을까. 이상으로 두 가지 코멘트를 마칩니다.

김장환 소설의 개념 문제를 이야기하려면 사실 굉장히 복잡해요. 중국소설 전공자들에게는 이런 얘기를 할 필요가 없어요. 사실은, 그게 이미 다 알고 있는 내용이기 때문이지요. 근대적 의미의 소설하고 전통적 의미의 소설하고는 중국소설 연구하는 사람들은 기본적으로 나눠서 인식을 하거든요. 그런데 그 얘기가 혼동이 온다면, 이게 중문학 전공자만 보는 책이 아닐 테니까, 그런 부분을 보충을 해줘야 될 거 같아요. 발표문의 '소설 관념의 인식 변화' 부분을 보시면 도움이 될 것 같아요.

그 다음에 왜 많이 읽혔을까 하는 문제인데요. 『태평광기』가 나오고 나서 바로 동시대 문인들뿐만 아니라, 남송 때 가게 되면, 가장 큰 요인이 뭐였냐면, 근원적인 거는 인간의 이야기에 대한 욕구겠죠. 남보다 더 새롭고 참신하고 재밌는 이야기를 하고 싶어 하는 그런 본능적인 욕구가 있었을 테고요. 가장 큰 요인은 그 당시 백화소설이 흥기하게 되면서 당시 전문적 이야기꾼들이 소재를 찾는데 굉장히 적합한 거였죠. 칠천 가지나 이야기가 있으니까, 그걸 가지고 자기가 얼마든지, 당시 스토리 텔러들은 즉흥성이 강했거든요, 막 얘기하다가, 청중이 재밌어하면 그 부분을 늘려서 얘기를 하고요, 많이 준비했는데 청중이 시큰둥하면 싹 다 빼버리고 간략히 얘기하고. 그러니까 그러한 전문적 이야기꾼들의 소재로서 굉장히 많은 작용을 했을 것 같아요.

또 한 가지 측면은 당시 이 경우에는 중국뿐만 아니라 일본과 우리나라도 마찬가지인데요, 당시 문인 지식인들이 시문을 창작할 때 보면, 일본 같은 경우는 특히 그런 부분을 다 뽑아냈는데, 초물(抄物)을 중심으로 한 주석서라는 게 그런 한적에 대한 주석서거든요, 거기에『태평광기』의 고사들을 적시하고 있어요. 그러니까 이거는 일종의 현학적인 측면도 있었던 거 같아요. 남들이 모르는 이야기를, 전거(典據)의 특성이 원래 그렇거든요. 그러니까 '결초보은(結草報恩)' 같은 것은 남들이 다 아는 전거이기 때문에 참신하지가 않지만,『태평광기』에 실려 있는 이런 이야기는 읽어보지 않으면 전거로 활용할 수 없는 자료들이 많거든요. 그래서 그런 측면이 작용을 하지 않았을까 합니다.

조주관 좋은 발표 잘 들었습니다. 발표하실 때, 고급독자와 대중독자를 나누시더라고요. 러시아의 경우 19세기까지만 해도 문맹률이 상당히 높았어요. 사실 그 당시 러시아인의 20% 정도만 문자를 알았고, 80% 정도가 문맹이었습니다. 중국 소설사에서 고급독자는 어떤 사람들이고, 대중독자는 어떤 사람들인가 궁금합니다.

김장환 그게 당연히 수업할 때 학생들도 질문을 많이 하는 부분입니다. 물론 문인 지식인 계층은 더 이상 설명 안 해도 될 것 같고요, 대중 독자들, 하층문인들 이 부분이 조금 문제가 되겠죠. 그런데 그 사람들이 직접 『태평광기』를 읽었을 리는 없고요. 그 매개가 바로 아까 이야기했던 전문적인 이야기꾼들입니다. 중국 소설사에서 획기적인 변화가 일어나는 게, 백화소설 그러니까 구어로 소설을 집필, 기록을 하는 것이거든요. 그 전까지는 다 문언으로 되어있어요. 글말로 되어있죠. 그러니까 글을 해독할 수 없는 사람은 읽을 수가 없고, 읽어줘도 이해가 안 되죠. 그런데 구어로 얘기를 했을 경우에는, 당시 쓰던 말 그대로이기 때문에, 글을 몰라도 옆에서 읽어주면 이해가 돼요. 또한 당시 전문적인 이야기꾼들은 농한기 때, 바쁘지 않을 때 특정한 장소에서 사람들을 모아놓고 돈을 받고 이야기를 들려줬거든요. 그럴 때는 구어로 얘기를 해주었기 때문에 글자를 몰라도 이해가 되죠. 당시 전문적인 스토리 텔러들의 가장 중요한 이야기 소스의, 레퍼토리의 원천이 뭐였냐면 『태평광기』였다는 얘기죠. 그러니까 『태평광기』 이야기가 자연스럽게 글자를 모르는 일반 대중들한테도 감상이 될 수 있었다는 얘기죠. 그래서 그냥 들려주면 이해가 되고, 아니면 옆에서 누가 읽어주면 이해가 되는 거죠. 그런 측면에서 아속이 함께 감상했다는 '아속공상(雅俗共賞)'이라는 표현을 썼습니다.

이경훈 이것으로 김장환 선생님의 발표와 그에 대한 토론을 끝내겠습니다.

역사의 재현, 재현의 역사

- 아우에르바흐의 『미메시스』

양석원(연세대, 영어영문학과)

I. 서론: 무엇의 재현인가?

아우에르바흐(Erich Auerbach)의 기념비적인 저서 『미메시스』(*Mimesis: The Representation of Reality in Western Literature*)는 출판된 지 70년이 지난 현재에도 서구문학의 역사를 통시적 관점에서 분석한 가장 탁월한 역저로 평가받는다. 아우에르바흐의 영향은 그가 연구한 개별 작가와 시대 및 문헌학 분야를 넘어서 문학사와 문학비평 전반에 미치고 있고, 그의 지적 유산은 포스트모더니즘, 탈구조주의, 탈식민주의 등 다양한 비평적 관점에서 최근까지도 재해석되고 재평가될 만큼 광범위하고 지속적이다.[1] 아우에르바흐가 높이 평가

---

1 대표적으로 1996년에 스탠포드대학 출판부에서 『문학사와 문헌학의 도전: 에리히 아우에르바흐의 유산』(*Literary History and the Challenge of Philology: The Legacy of Erich Auerbach*)이 출판되었고, 2014년에는 아우에르바흐의 중요한 글들을 새로 영역·편집한 『시간, 역사, 문학: 에리히 아우에르바흐의 에세이선집』(*Time, History, and Literature: Selected Essays of Erich Auerbach*)이 프린스턴 대학출판부에

받는 이유 중 하나는 역사주의 관점에서 문학텍스트를 정교히 분석하면서 텍스트와 역사의 관계를 새롭게 조명했다는 데 있다.

이 책의 부제가 보여주듯이 현실의 재현에 대한 아우에르바흐의 연구는 일견 단순하고 문제적으로 보인다. 캐롤(David Carroll)은 해체론적 관점에서 아우에르바흐가 재현에 앞선 객관적 "현실"을 가정하는 오류를 범한다고 지적한 바 있다.

> 『미메시스』는 실재가 그것의 재현 밖에 그리고 그에 앞서 존재하고—실재는 그것의 재현의 원천이다—실재 **바로** 뒤에 오는 실재의 재현은 실재에 의존한다고 주장한다. …… 현실을 (이데올로기 밖의) 객관적 방법으로 묘사하려는 아우에르바흐의 시도는 오히려 실재의 "텍스트성"(그것의 필연적으로 편파적이고 이데올로기적인 성격)을 지시한다는 점에서 실패한다. 이는 현실에 대한 모든 견해들이 현실을 구성한 것들이고 현실은 이미 항상 그 자체로 왜곡되어 있으며 자연적 개념이라기보다 이데올로기적 개념임을 말하는 것이다. (Carroll 12)

캐롤에 따르면 아우에르바흐가 가정하는 객관적이고 중립적인—따라서 탈정치적인—현실 개념은 한편으로는 지성보다 감각을 중요시하는 경험주의 철학의 산물이며, 다른 한편으로는 글보다 말을 특권화하는 말중심주의와 현전의 형이상학의 이데올로기에 종속된다. 아우에르바흐 자신도 "현실개념이 문제적이라는 것을 알고 있지만, 현실의 문제에 대한 체계적이고 이론적인 탐구를 시도하지 않는다"(Carroll 6).[2]

서 출판되었다.

2 드피에트로(Depietro)도 탈구조주의적 관점에서 "모든 담론은 구어 담론이든 문어담론이든 인위에 의존한다"고 주장하며, 아우에르바흐가 "역사와 전설 사이에 잘못된 구분"을 설정한다고 비판한다(383, 382). 바티(Timothy Bathi)는 이와 반대로 『미메시스』가 "역사적 현실은 역사와 문학사라 불리는 장르를 포함한

그러나 아우에르바흐가 현실에 대한 체계적인 이론화를 시도하지 않는다고 해서 그가 서구문학이 무엇을 어떻게 재현하는가에 대한 개념을 갖고 있지 않거나 『미메시스』에 통일성이나 질서가 없다고 볼 수 없다.[3] 본론에서 상세히 논하겠지만 『미메시스』는 아우에르바흐가 객관적인 현실의 재현에 대한 자료를 과학적 방법으로 기록한 것이라기보다, 민중의 일상적 삶의 현실에 대한 신념과 비전에 기초해 역사주의적 방법론을 갖고 쓴 서구문학의 역사라고 보는 것이 더 정확하다. 이런 점에서 사이드(Edward Said)가 아우에르바흐에게 지속적인 관심과 경의를 표한 것은 중요하다. 1953년에 프린스턴 대학 출판부에서 『미메시스』 영문판이 출판된 지 50년이 지난 2003년에 사이드는 이 책의 제목에 등장하는 "현실" "재현" "서구" 등의 용어들이 최근비평담론에서 혹독한 논쟁의 대상이 될 수 있을 만큼 순진한 면을 지니고 있지만, 모든 작가나 비평가들이 "그들 자신의 시대와 그들 자신의 작품의 제한된 관점"에서 작업할 수밖에 없다는 역사주의적 관점에서 아우에르바흐를 높이 평가한다(Said, "Erich" 34). 후에 사이드가 평가하는 아우에르바흐의 면모를 좀 더 살펴보겠지만, 사이드의 이런 평가는 그가 아우에르바흐의 역사주의적 비전을 이해하고 공유했다는 것을 보여준다. 왜냐하면 아우에르바흐도 문학을 그것이 생산된 역사의 관점에서 이해하고 평가하기 때문이다.[4]

문학에서 실현될 때 취소되거나 소멸된다"는 사실 즉 "역사 자체가 **미메시스**, 죽은 과거의 재현"이라는 점을 드러낸다고 주장한다(144-45).

3 안케스믈트(Frank R. Ankersmlt)는 오히려 아우에르바흐의 리얼리즘 개념이 일정한 규범성(normativity)에 의해 제한된다고 본다. 그에 따르면 아우에르바흐의 리얼리즘은 "1) 스타일[문체]의 혼합, 2) 예형(figura) 개념, 3) 헤겔주의, 4) 리얼리즘의 숭고성의 강조, 5) 현실은 경험에서 가장 잘 현시된다는 개념"의 다섯 가지 규범적 관념으로 정의될 수 있다(73).

4 앞으로 상세히 논하겠지만 아우에르바흐는 모든 것이 역사의 산물이므로 그 역사의 지평에서 이해되어야 한다고 본다. 괴테에 대한 다음과 같은 발언은 사이드의 역사주의적 발언과 상통한다. "괴테가 실제의 그와 달라질 수 있었다고 소망하는 것은 완전히 어리석은 것이다. 그의 본능, 경향성, 그가 스스로를 위해 창조한 사회적 위치, 그가 스스로의 행위에 부과한 한계, 이 모든 것들은 그의 일부이며, 이것들 중 어느 것도 전체를 훼손하지 않고 망각될 수 없다"(*Mimesis* 452).

아우에르바흐가 추상적 진리가 아니라 '일상생활'과 '현실'을 연구주제로 삼은 것 자체가 그가 속한 역사적 시대의 영향이다. 굼프레히트(Hans Ulrich Gumbrecht)에 따르면 세기 말에 "일정한 기능과 기대가 진리 개념으로부터 그것을 대체하는 현실 개념들로 전이"되었고, 하이데거(Martin Heidegger)와 후설(Edmund Husserl)을 비롯한 사상가들이 일상적 삶을 강조하기 시작했다(26). 그리고 진리에서 현실로의 인식론적 이행이 야기한 "상실과 쇠퇴, 비극과 공허의 정서"에 대한 보상으로서 "미학적 성취로서의 **형식의 구체성**이 지성과 예술이 집중되는 장소가 되었으며," "개인적 성격의 재현에 대한 [아우에르바흐의] 매료는 인간존재에 대한 역사적으로 특수한 관점, 즉 형식의 차원에 실존적 가치를 부여했던 관점에서 출현했다"(Gumbrecht 27). 이와 더불어 그가『미메시스』에서 심층적으로 파헤치는 일상생활의 비극적 차원은 나치즘을 피해 터키로 이주한 유태인 망명자로서의 아우에르바흐가 몸소 체험한 "운명으로서의 개인성이 불가피하게 비극적인 일상생활의 영역에서 출현한다"는 사실과 결코 무관하지 않을 것이다(Gumbrecht 32). 그에게 문학사를 쓰는 일은 그 자체로 역사적 현실과 대면하는 일이었다.

그 자체로 구체적인 역사적 산물인『미메시스』는 문학과 역사의 이런 긴밀한 관계를 기록한 역사서다. 아우에르바흐는 문학연구에 대해 "내 목적은 항상 역사를 쓰는 것"이라고 말했다(*Literary* 20). 그는 또한『미메시스』의 에필로그에서 "리얼리즘의 체계적이고 완전한 역사는 불가능할 뿐만 아니라 내 목적에 봉사하지도 않았을 것이다"라고 진술했다(*Mimesis* 556). 일견 모순되는 것처럼 보이는 이 두 발언은 아우에르바흐의 역사개념에 대한 정확한 이해를 요구한다. 울프(Virginia Woolf), 프루스트(Marcel Proust), 조이스(James Joyce) 등 동시대 작가들을 다루는『미메시스』의 마지막 장에서 그는 새로운 도전에 직면한다. 왜냐하면 그 전까지 그는 과거의 문학을 평가했지만, 이제 그는 현재의 문학을 진단하고 미래의 문학을 예견해야하기 때문이다. 그가 현재와 미래를 대면하는 유일한 방식은 과거의 역사를 참조하는 것뿐이다. 그는 과거와 현재의 불가피한 연관성에 대해 "우리가 인간의 삶과 역사를 보는 방식은 기본적으로 우리가 과거의 것에 관심을 갖느냐 현재의 것에 관심을 갖느냐의 문제와 같다. 우리가 역사를 보는 방식의 변화는 필연적으로 현재의 조건들을 보는 우리의 방식으로 곧 전환될 것이다"라고 말한다(*Mimesis* 443). 그러므로 그가 현대 작가들을 평가하는 방식은 호메로스(Homer)부터 에밀 졸라(Émile Zola)까지의 과거 작가들을 보는 방식에 달려있다. 현재는 과거의 역사에 의존한다. 그렇다면 아우에르바흐의 역사관에서 현재와 과거는 어떻게 연결될 수 있을까?

II. 아우에르바흐의 역사주의

아우에르바흐에 따르면 인간은 근본적으로 역사적 존재다. "우리가 무엇이든 간에 우리는 역사 안에서 생성되었고, 우리는 오로지 역사 안에서만 현재의 우리로 남으며 현재의 우리에서 발전할 수 있다"("Philology" 6). 역사적 존재로서의 인간개념은 비코(Giambattista Vico)의 역사관의 세례를 받은 것이다. 비코에 따르면 "인간은 자신의 역사 이외에 어떤 본성도 지니지 않는다"(Auerbach, *Literary* 9). 아우에르바흐가 인용하는 비코의 명제의 첫 부분은 "사물들(인간제도들)의 본성은 그것들이 일정한 시간과 일정한 환경에서 출현했다는 것을 의미한다"는 것이다(*Literary* 9). 그러므로 "시간과 환경이 그렇고 그럴 때 '사물들'도 그렇고 그렇게 생성되며 그와 다르지 않다"(*Literary* 9). 역사적 시기들은 "절대적으로 말해서 바람직한 것의 패턴개념의 관점이 아니라, 모든 경우에 있어서 그 시기들에 고유한 전제의 관점에서 평가되어야한다"(*Mimesis* 443). 역사적 시기의 전제는 정치, 문학, 종교, 법 및 경제 등의 다양한 영역에서 발현되며, 이런 다양한 측면들을 연구하는 것이 문헌학(philology)이다. 그것은 "다양한 민족들이 각각의 문화적 단계에서 진리로 인식한 것 따라서 그들의 행위와 제도의 기초를 형성한 것," 다시 말해서 비코가 "역사적 변화에 종속된 . . . 세르툼(*certum*, 확실한 혹은 확립된 것)"이라 부른 것을 연구하는 학문이다(*Literary* 16).

문헌학자의 우선적 과제는 각 시기에 대한 역사적 지식을 얻고, 각 역사적 단계의 구체적인 역사적 현상들을 파악하는 것이다. 아우에르바흐가 말하듯 모든 것이 고유의 시간과 환경의 산물이라는 비코의 명제는 "역사 상대주의"의 표현이다(*Literary* 9). 그러나 이 현상들이 과거의 역사적 시기에 속한 것이라면 어떻게 그 현상들을 이해할 수 있을까? 그 현상들을 이해하기 위해서는 그 역사적 시기와 무엇인가 공통된 것을 공유해야하지 않을까? 따라서 비코의 인식론은 상이한 역사적 시대들 사이의 연관성이 존재해야한다고 전제한다. 역사적 지식에 대한 비코의 이론은 "우리는 우리 자신들이 만든 것만을 알 수 있다는 원칙에 근거한다"는 것이다(*Literary* 7). 상이한 시대들의 공통점은 다름 아닌 인간정신이다. 모든 역사적 제도와 문화는 시대의 차이에도 불구하고 인간에 의해 창조되었다는 점에서 동일하다. 그것들이 인간의 생산물인 한 그것들은 인간에 의해 이해될 수 있다.

> 역사 상대주의 혹은 관점주의가 우리가 예술작품을 평가하고 판단할 수 없게 만들고 자의적인 절충주의로 이끌며 우리가 판단을 위해서는 고정되고 절대적인 범주들을 필요로 한다고 믿는 것은 오류다. 역사주의는 절충주의가 아니다. 역사적 형식들의 특수한 성격과 그것들의 상호연관성을 이해하는 것은 어렵고도 무한한 과제다. 그것은 학식과 지성이외에도 열정적인 헌신, 많은 인내, 그리고 관대함이라 불릴 수 있는 어떤 것, 즉 자신 안에서 모든 다양한 인간경험을 재창조하고 그것들을 자신의 "수정들" 속에서 재발견할 수 있는 정신 상태를 요구하는 과제다. …… 역사가는 자신이 속한 인류의 세계를 떠나지 않으므로 이 이해

가 그 인간적 대상을 포착할 수 있고 다른 사람들도 그의 이해를 이해할 것이라 고 희망할 수 있다. (Auerbach, "Vico's" 7)

요컨대 인간은 인간정신의 다양한 산물을, 자신의 정신에서 그것들을 재발견하는 능력에 의해서, 이해할 수 있다. 바로 여기에 비코이론의 역설이 있다. 한편으로 비코는 변하지 않는 인간본성은 없으며 인간본성 자체가 역사적 발전의 산물이라고 보지만, 다른 한편으로 그는 인간정신이 근본적으로 변하지 않는 어떤 지속적인 잠재적 요인을 갖고 있다고 보는 것이다.

비코의 명제의 두 번째 부분에서 이런 역설이 두드러진다. 아우에르바흐가 말하듯이 이 부분은 "역사적 본성은 법에 종속된다는 진술"이다(*Literary* 9). 여기에서 '본성'(nature)이라는 용어는 "역사적 발전 혹은 그 안에서의 단계"를 의미하고, "국가들이 공유하는 본성은 단순히 그 국가들의 역사의 법칙적 진행"이며, 비코에게 "역사의 법칙적 혹은 자연(본성)적 진행은 신의 섭리의 작업"이므로, 각 역사적 단계는 "영원한 섭리의 시간적 발현"이다(*Literary* 9-10). 신의 섭리의 차원은 철학의 영역이다. 왜냐하면 철학은 세르툼이 아닌 "불변하는 절대적 진리, 베룸(*verum*)과 관계하는 것"이기 때문이다(*Literary* 16). 아우에르바흐는 "그것이 내가 비코에게서 배운 문헌학 개념"이라고 고백하며, 문헌학과 철학, 역사적 단계와 신의 계획의 관계를 다음과 같이 설명한다(*Literary* 16).

플라톤적 베룸의 이러 저런 측면은 역사의 각 단계에서 실현되며, 어떤 역사적 시기도 그것을 전부 체현하지 않는다. 그것은 신의 섭리의 계획 혹은 역사의 총체적 과정에서만 온전히 포함되며, 역사 전체에 대한 지식을 통해서만 알 수 있다. 따라서 철학이 추구하는 진리는 세르타(*certa*)를 개별적으로 그리고 체계적 문맥에서 연구하는 문헌학으로부터 분리될 수 없다. 모든 인간 역사, 국가들의 공통속성은 비코의 주제이며, 우리는 비코 자신의 용어에 비추어서 이 주제를

문헌학 혹은 철학이라 부를 수 있다. (*Literary* 16)

아우에르바흐가 비코에게서 배운 것은 "구체적이면서 동시에 보편적인 것," 가변적이면서 지속적이고, 역사적이면서 초월적인 것을 파악하는 것이므로 그의 역사개념은 일견 모순적이다. 그것은 한 주어진 역사적 시기의 다양한 측면들의 통일성을 연구하지만, 동시에 모든 역사적 시기들을 통합하는 가능성에 대한 믿음에 기초한다. 그것은 공시적이면서 통시적이다.

그러나 아우에르바흐의 역사주의는 비코의 역사주의와 전적으로 같지 않다. 그는 비코의 목적과 그의 실제 연구결과 사이의 균열을 발견한다. "비코는 전반적인 발전에서 변화를 부인하지 않지만 그 변화들은 그의 관심사가 아니며," 비코는 일차적으로 "보편적 법칙에 관심을 가졌다"(*Literary* 10). "비코는 법칙들을 발견했다고 생각했지만" 그의 법칙들은 "발전들의 합을 포괄하기에는 너무 단순했고," 이와 달리 아우에르의 일차적 관심은 어떤 "분류의 법칙이나 범주"로도 설명될 수 없는 구체적인 역사적 발전들이었다(*Literary* 20). "역사적인 것은 각 개인 속의 수많은 모순적 동기들과 집단의 망설임과 모호한 모색으로 구성된다"(*Mimesis* 20). 역사는 복잡하고 모호하기 때문에, 사학자들은 추상적 개념들의 유혹에 빠진다. 추상적 개념들은 "미리 마련된 적합하지 않은 개념들이며, 이런 개념들에 호소하는 것은 기만적이다. 왜냐하면 그것은 . . . 그 개념들의 매력적인 소리와 유행성에 기초하기 때문이다"(Auerbach, "Philology" 16). 아우에르바흐가 가장 경계한 것은 이런 추상적인 개념들—'바로크,' '낭만적,' '운명관념,' '미토스,' '시간개념' 등—로 구체적인 역사적 현상들을 분류하고 범주화하는 것이었다(*Literary* 19). 그 역시 이런 용어들을 사용하지만 그것은 "오로지 문맥이 그것들의 의미를 명료하게 할 때"로 한정된다("Philology" 16). 그는 절대적이고 탈역사적 개념들 대신 "탄력적이고 잠정적이며 가변적 역사와 더불어 변할 수 있는" 개념들을 "질료 자체"로부터 배울 수 있다고 생각한다(“Vico’s” 7-8). 『미메시스』는 서구문학에서 구체적이고 역사적이며 항상 변하는 리얼리즘의 성격을 파악하려는 시도다. 실제 삶의 재현은 상이한 역사적 조건에 따라 변하므로 단일한 리얼리즘의 범주는 없다. 아우에르바흐는 『미메시스』에서 구체적인 역사적 조건에서 변하는 삶의 재현의 다양한 측면들을 추상적 개념들과 고정된 분류에 의존하지 않고 보여주기 위해서 효과적인 방법론을 모색해야했다.

III. 아우에르바흐의 방법론

아우에르바흐의 방법론은 비코의 문헌학 이론에 기초한다. 비코의 이론은 주어진 역사적 시기에 모든 역사적—인간이 창조한—학문들의 통일을 전제한다. 한 시기의 학문들이 통일되어 있으므로, “주어진 발전단계의 인간 창조성의 한 측면에 대한 통찰은 동단계의 다른 측면들에 대한 열쇠를 제공한다” (*Literary* 8). 그러므로 아우에르바흐는 구체적인 현상의 분석을 문학연구 방법론의 “출발점(*Ansatzpunkt*)”으로 삼아 더 넓은 분야의 연구로 이동한다. 이는 “더 넓은 배경을 두고 안으로부터의 역사(history-from-within)를 쓸 수 있게 하는” 유일한 방법이다(“Philology” 14). 이런 출발점의 장점은 “한편으로는 구체성과 정확성이며, 다른 한편으로는 원심적 방사의 잠재력”이다(“Philology” 15). 다시 말해서 그것은 “더 광범위한 문맥의 지식을 열고 역사의 총체적 풍경에 빛을 던져줄” 잠재력을 지닌 “비옥한 영역 혹은 핵심 문제들”을 발견해서 그것들을 출발점으로 삼는 것이다(*Literary* 18). 인간정신이 창조한 것을 인간이 이해할 수 있다는 비코적 신념을 물려받은 아우에르바흐는 자신이 분석하는 텍스트에서 그 시대의 총체적 역사성을 해석해낸다. 사이드가 지적하듯이 이런 방법은 “후대의 전적으로 낯선 정신이 역사적 텍스트에 일방적인 질문을 가하는 것"이 아니라 "시대와 문화를 가로질러 서로를 이해하려고 노력하는 친근하고 존중하는 정신들로서 서로 소통할 수 있는 두 정신의 공감적 대화"다(Said, "Erich" 16).

『미메시스』에서 아우에르바흐는 문학적 역사적 텍스트의 일부—주로 짧은 문구—를 출발점으로 삼으며, 이 부분들에 대한 해석이 "특수한 문학텍스트들의 문맥을 제공한 역사적 사회들에 대한 총체적이고 포괄적인 사회학적 기술"로 발전한다(Green, *Literary* 14). 역사적 시기에 대한 광범위한 사회학적 기술로 발전하는 과정은 그 시기의 생산물들의 통일성 즉 "문체"(style)를 느끼게 해준다(*Literary* 9). 예컨대 아우에르바흐는 4세기 로마 역사가 마르켈리누스(Ammianus Marcellinus)의 역사서의 한 구절을 분석하면서, 타키투스(Tacitus)에게서 발견되는 객관적으로 합리적인 관계나 인간 감정과 합리성이 철저히 배제되고, 고양된 문체가 "당대의 왜곡되고 유혈적이며 유령 같은 현실"을 묘사하는 과정에서 "과도하게 애처롭고, 섬뜩하며, 회화적이고 감각적이 되는 것"을 발견한다(*Mimesis* 57). 그리고 그는 마르켈리누스의 "음울하고 수사학적인 리얼리즘"의 원인을 "고대 문명이 스스로 점점 더 깊이 빠져들었다고 발견한 가망 없을 정도의 방어적인 상황"에서 찾는다(*Mimesis* 60). 그 결과 그는 당시에 "더 이상 새로운 희망과 삶을 그 안에서 생산할 수 없으므로 그것[문명]이 기껏해야 쇠퇴를 막고 현상태를 유지할 수 있을 뿐인 조치에 스스로를 한정시켰다"는 사실에 도달한다(*Mimesis* 60).

또 다른 예를 들자면 아우에르바흐는 보카치오(Giovanni Boccaccio)의 『데카메론』(*Decameron*)의 한 구절에서 "복잡한 상황을 요약하는" 수사학적이고 잘 조직된 문체를 발견하지만, "사용된 문체적 기법의 학구적이고 고전적인 기원에도 불구하고 그것이 전혀 문학적이 아니며, 그 어조는 문어가 아닌 구어의 일부"라고 판단한다(*Mimesis* 208). "조야하고 순전히 대중적인" 이전 시기의 문학적 문체와 비교할 때 『데카메론』은 "특수한 문체의 차원을 갖고 있으며, 이

차원에서 당대의 삶에서 실제로 발생한 것들의 관계가 의례적 여흥이 될 수 있고, 서사는 더 이상 도덕적 모범의 역할을 하지 않고 민중들의 웃으려는 욕망에 부응하지 않는다"(*Mimesis* 216). 보카치오가 사용하는 "중간적인 우아한 문체"의 사용은 그것의 사회적 필수조건으로서의 계급 즉 "일상생활의 겸허한 환경보다 위에 있지만 그 일상생활의 생생한 재현을 즐기는 그리고 즐기는 목적이 사회적으로 계층화된 유형이 아니라 개별적으로 인간적이고 구체적인 사회계급"의 존재를 드러낸다(*Mimesis* 218). 요컨대 보카치오의 세련된 대중적 문체는 14세기 초중반에 이탈리아에서 발생한 "도시 귀족"(urban aristocracy) 혹은 "귀족적 시민"(patrician burghers)의 부상을 보여준다(*Mimesis* 218-19). 『미메시스』의 각 장은 이렇게 한 문구의 분석이 해당 시기에 대한 공시적 총체에 대한 분석으로 발전하는 예를 보여준다. 그러나 이런 분석은 앞선 시대와 비교되고 후대를 예견하며, 이런 비교와 예기가 "『미메시스』의 느슨하지만 항상 지각할 수 있는 통일성"을 구성하기 때문에 『미메시스』는 공시적 통일성 뿐 아니라 통시적 통일성도 갖는다(*Literary* 24).

『미메시스』에 등장하는 다양한 '리얼리즘'—"고대 리얼리즘"(realism of antiquity), "수사적 리얼리즘"(rhetorical realism), "회화적 리얼리즘"(pictorial realism), "궁정풍 리얼리즘"(courtly realism), "예형적 리얼리즘"(figural realism), "인간적 비극적 리얼리즘"(human tragic realism), "피조물적 리얼리즘"(creatural realism), "감각적 세부적 리얼리즘"(sensory detailed realism), "근대 비극적 리얼리즘"(modern tragic realism) 등—을 상기한다면, 아우에르바흐가 기술하는 리얼리즘의 역사가 얼마나 풍부하고 극적인지 짐작할 수 있다. 그러나 이런 다양성과 풍부성은 혼란스럽지 않고 특수한 방식으로 통합된다. 『미메시스』는 상이한 리얼리즘의 혼합체가 아니다. 오히려 『미메시스』에서 리얼리즘은 특수한 역사적 현실에 따라 끝없는 변신을 거듭한다. 앞서 논한 비코의 문헌학 이론에서 보았듯이 변신과 발현은 발현되거나 변화할 공통요소를 전제한다.

> 우리가 이렇게 노력하며 이해하려는 영역은 우리 자신들이 속한 인간들의 세계다. 이것은 우리의 문제가 해결될 수 있다는 믿음을 가질 충분한 이유를 제공한다. …… 그러나 이 문제 자체는 우리로 하여금 공통적인 인간적 요소, 우리의 관심을 피할 수 있었겠지만 우리 안에 잠재해 있는 인간잠재력에 관계하게 만든다. …… 모든 시대의 가장 완전한 작품들에 공통되며 그 결과 우리에게 판단의 범주를 제공하는 보편적으로 인간적이거나 시적인 요소는 특수하고 역사적인 형태들에서만 이해할 수 있고, 그것의 절대적 본질을 표현하는 이해 가능한 방법은 없다. …… 그것은 가장 중요한 작품들이 어떤 공통요소를 갖고 있는 지에 대해 숙고할 충분한 근거이기도 하다. 그러나 내 생각에 그런 숙고의 결과는 결코 추상적이거나 탈역사적 용어로 표현될 수 없고 오로지 변증법적이고 극적인 과정으로만 표현될 수 있다. (*Literary* 13)

서구문학에 나타난 삶의 재현의 역사는 오로지 변증법적이고 극적인 과정으로만 기술될 수 있다. 이 극적인 과정이 드러내는 것은 "보편적으로 인간적이거나 시적인 요인"이며, 이 요인은 위대한 예술작품에서 발현되었고 인간정신에 잠재성으로 남아 있다. 여기에서 주목할 것은 이 과정이 "변증법적"이라는 것이다. 변증법적 과정은 항상 발전의 개념을 포함한다. 『미메시스』의 통일성은 공통요인에서 유래하지만 이 통일성의 원칙은 공통된 요인이 상이한 역사적 시기에 단순히 발현하는 것이 아니라 변증법적으로 발전하는 것이다. 이 과정에서 무엇인가가 획득되고 상실되며 다시 획득되지만, 발전에 필수불가결한 어떤 것을 보존한다.

『미메시스』의 처음 세 장은 이 변증법적 과정을 예증한다. 각 장은 호메로스, 로마 궁정인이자 풍자작가인 페트로니우스(Gaius Petronius Arbiter) 및 타키투스, 그리고 마르켈리누스를 다룬다. 아우에르바흐가 호메로스로부터 시작하는 이유는 서구문학이 구약이 아닌 호메로스로부터 시작했기 때문이지만, 더 중요한 이유는 호메로스의 서사시가 서구문학의 모방예술의 발달에 크게 기여했고 그 결과 보존되어야할 어떤 것을 가졌기 때문이다. 호메로스가 유럽문학의 리얼리즘 전통에 무엇을 기여했는가에 대한 대답은 아우에르바흐가 그의 저서『단테: 세속적 세계의 시인』(*Dante: Poet of the Secular World*)의 모토로 삼은 "인간의 성격은 그의 운명이다"라는 헤라클레이토스(Heraclitus)의 격언이다(viii).

> 그리스에서 시작한 이래 유럽문학은 인간 신체(외양과 육체적 힘)와 정신(이성과 의지)의 불가분한 통일이며, 인간의 개인적 운명은 행위와 그 행위에 적절한 고통을 자석처럼 끌어당기는 통일에서 나온다는 통찰을 소유했다. 호메로스가 운명의 구조를 인식할 수 있게 만든 것은 이런 통찰이다. …… 인간의 특수한 운명이 그의 통일성의 일부라는 인식, 위에서 인용한 헤라클레이토스의 격언에 체현된 통찰로 인해 호메로스는 실제의 삶을 모방할 수 있었다. …… 호메로스의 발명적 재능은 모든 성격이 그의 특수한 운명의 뿌리에 있으며 그가 불가피하게 자신에게 적절한 운명을 초래할 것이라는 확신을 지니고 있었다. …… 그래서 고대 비평가들이 미메시스라 부른 호메로스적 모방은 외양으로부터 모사하는 시도가 아니다. 그것은 관찰에서 나오지 않으며 신화처럼 모두 동일한 인물들의 개념에서 유래하고 그 인물들의 통일성은 관찰이 시작되기 전부터 존재한다. (*Dante* 1-2)

호메로스의 리얼리즘은 "그가 서술하는 사건들의 개연성이나 신뢰성"이라기보다 "그의 서술방식"과 관계된다(*Dante* 1). 호메로스는 외양이 아니라 실제 삶을 모사했고, 실제 삶을 모사하는 능력은 인간이 인격의 통일성 즉 독특한 성격을 갖고 있고 인간의 운명은 "행위와 그 행위에 적절한 고통"에 다름 아니라는 통찰에서 나온다. 인간에게는 불가분하게 혼합된 두 종류의 통일이 있다. 하나는 인간의 성격—"관찰이 시작되기 전부터 존재하는" 그의 인격(성), 그의 개인성—의 통일이고, 다른 하나는 그의 성격과 운명의 통일이다. 첫 번째 통일성에서 한 성격이 유기적 총체라는 감정이 발생하고, 두 번째 통일성에서 다수성에도 불구하고 일관성을 잃지 않는 행위들의 다양성이 유래한다.

아우에르바흐는 이 통일성을 서구문학의 위대한 유산으로 여기는 듯하다. 그리고 이 점이 아우에르바흐가 『미메시스』에서 많은 고전문학작품을 배제한 이유를 설명해준다. 왜냐하면 그는 "소피스트의 계몽부터 성격이 통일성을 상실한" 이후 아리스토텔레스적 합리주의가 고대 문학세계를 지배했다고 보기 때문이다(*Dante* 4). 아리스토텔레스는 실제로 발생하는 현실에서 "무질서와 분열"을 발견하고 "비극이 사실적 사건들의 교정을 제시해야한다"고 여기면서, "시의 보편성을 역사의 특수성에 대립시키고 이질적 사건들의 공격을 받을 수 있는 주인공이 아니라 성격으로부터 독립적일 수 있는 합리화된 우화에 비극의 통일성을 분명히 정초시킨다"(*Dante* 8-9). 아리스토텔레스부터 기독교가 승리하기까지 서구사상을 지배한 신플라톤주의에서 비존재인 질료는 완전한 존재인 이데아와 대립된다. 한걸음 더 나아가 "질료는 단순한 저항을 의미하기를 멈추고 그 다양성과 가분성(divisibility) 때문에 매우 비아리스토텔레스적인 악의 의미를 취하게 되며," 구체적인 물리적 세계는 "악하고 불순한 것이 된다. 따라서 모방예술은 경험적 현실과의 모든 접촉을 상실하고 내적 형식의 모방이 된다"(*Dante* 16). 이 "운명에 대한 합리주의적 부정"은 실제로 발생하는 사건들을 배제하거나 그것들에 인위적인 질서를 부과하는 결과를 낳았다(*Dante* 9). 그러나 예외가 존재했고 아우에르바흐는 바로 이 예외에 관심을 갖는다.

놀랍게도 이 예외의 첫 번째 예는 모방적 예술을 이데아의 기만적 모사라는 이유로 비난한 플라톤이다. 플라톤이 형식과 질료의 이원론을 주장했음에도 불구하고 그의 “가르침은 모방예술의 품위를 전적으로 파괴하지 않았다”(*Dante* 5). 그는 “다양한 방식으로 현상적 미를 참된 미로 향하는 단계로 칭찬했고, 그를 통해서 예술가들과 예술애호가들은 처음으로 사물들의 외양 속에서 이데아의 존재를 생각했고 그것을 염원하기 시작했다”(*Dante* 5). 더군다나 플라톤 자신은 “동시대의 다른 어떤 그리스인들보다 더 심오하게 모방예술을 이해했고 더 완전하게 실천했다”(*Dante* 5). 그러므로 플라톤에 대한 아우에르바흐의 관심은 아이러니하게도 “특수한 것에 대한 플라톤의 사랑”이다(*Dante* 5).

다음 예는 베르길리우스(Vrigil)과 타키투스인데, 이들에게서 “창조적 상상력은 당대의 철학적 문체에 내재한 비운명성(fatelessness)을 극복했고, 거기에서 선험적 통일성으로서의 현실태(actuality)의 이미지가 출현했다”(*Dante* 9). 베르길리우스는 “경건한 아이네아스(Aeneas)의 성격과 운명”을 창조함으로써 “고대문학에 새로운 것”을 가져왔다(*Dante* 10). 왜냐하면 “인간이 지상 세계에서 일정한 성스런 사명을 추구해야한다는 생각은 호메로스의 서사시에 알려져 있지 않았었기” 때문이다(*Dante* 10). 여기에서 강조되는 것은 “지상 세계”(earthly world)다. 왜냐하면 “여러 단계의 고난을 통한 상승은 오르페우스적 피타고라스적 신비에서 친숙한 모티프였지만, 그것은 결코 지상에서의 구체적인 경력과 관계된 적이 없기 때문이다”(*Dante* 10). 베르길리우스는 “그의 문화권에서 최초로 후기 그리스 철학의 비운명성을 초월하여 운명 속에서 성격의 선험적 통일성을 보았다”(*Dante* 10). 이런 이유로 인해 아우에르바흐는 베르길리우스의 “세계관이 그가 목격한 대로의 역사적 발전의 진리를 따른다”고 평가한다(*Dante* 9). 리얼리즘의 역사에서 베르길리우스의 공헌은 지상에서의 구체적인 인간의 운명과 성격의 통일을 묘사했다는 데에 있다.

또 다른 예를 살펴보기 전에 주목할 것은 아우에르바흐가 호메로스를 논할 때에는 개인적 인격의 통일도, 성격과 운명의 통일도 논하지 않는다는 점이다. 오히려 그는 “현상들을 모든 부분에서 가시적이고 감지할 수 있으며 시공간적 관계에 전적으로 고정된 완전히 외화된 형태로 재현하려는 호메로스의 문체의 기본 충동"을 분석한다(*Mimesis* 6). 호메로스의 문체는 "현상들의 연속적이고 리듬 있는 행렬이 지나가도록" 인과관계가 명료한 종속구문(hypotaxis)을 사용해서 현상들을 "연속적이고 항상 유연한 관계 속에서" 정렬한다(*Mimesis* 6). 이것은 후대 유럽문학에 큰 영향을 미친 호메로스의 유산이다. 아우에르바흐는 자국어문학에서 역동적인 종속구문이 발달한 것에 주목한다. 예를 들어 『롤랑의 노래』(*Chanson de Roland*)에서 "담론의 주기성과 흐름은 이 문체의 특성이 아니다. …… 호메로스의 주인공들이 그렇게 좋아하는 방대하고 연관된 논증은 전적으로 그들의 시야 밖에 있으며, 같은 이유로 어떤 자유롭게 유동적이고 역동적이며 충동적인 표현의 움직임도 없다"(*Mimesis* 106-107). 그러나 『롤랑의 노래』보다 70년 후의 쓰인 궁정풍 로맨스인 크리티앵 드 트루와(Chritien de Troyes)의 『이뱅』(*Yvain*)은 "서사적 연속성"을 보여준다(*Mimesis* 128). 그것은 "부분들이 어떤 간극도 없이 연결되고 . . . 리듬이 결코 눈에 거슬리게 단절되는 법이 없는 . . . 자연적인 서사문체"를 지닌다(*Mimesis* 127-28). 그래서 "구조에서 그렇게 정교하고 겉으로 노력이 드러나지 않으면서 서사 전체와 그렇게 부드럽게 어우러지는 것은 궁정풍 로맨스 이전에 자국어 문학에서 발생한 적이 없다"(*Mimesis* 128). 이 "종속구문적으로 풍부하고 더 주기적인 구문" 특히 "연속적 구성"의 발달은 단테에서 절정에 이른다(*Mimesis* 128). "가장 생동력 있는 움직임의 연속성이 구절 전체를 통해 진동한다. 단테는 그 이전의 어떤 유럽의 자국어도 견줄 수 없는 풍부한 문체적 기법을 마음대로 사용할 수 있었다"(*Mimesis* 182). 그러므로 "단테에게—그가 최초로 채택한—고양된 문체의 모델을 준 것이 고대의 시인들"이라는 데에는 의문의 여지가 없다(*Mimesis* 184).

IV. 리얼리즘의 역사

그러나 이것은 아우에르바흐가 『미메시스』에서 추적하는 변증법적 발전의 주요 과정이 아니다. 물론 그는 오디세우스가 귀가했을 때 그를 알아보지 못하던 유모 에우리클레아(Euryclea)가 그의 다리를 씻다가 상처를 발견하고 그의 신분을 알아채는 에피소드가 예증하듯이, "호메로스가 일생생활의 영역이 숭고하고 비극적인 것으로 들어오게 하는 것을 두려워하지 않으며 . . . 여전히 후기에 거의 보편적으로 받아들여지고 일생생활의 사실적 묘사를 숭고한 것과 양립할 수 없게 만든 문체의 분리규칙으로부터 멀리 떨어져 있다"는 점을 높이 평가한다(*Mimesis* 22). 그러나 구약성서와 비교할 때 "호메로스의 시들은 인간존재의 묘사에서 아직 단순하며 그것들이 일반적으로 묘사하는 실제 삶과의 관계에서도 마찬가지로 단순하다"(*Mimesis* 13). 호메로스의 시들은 "인간존재의 기본적 사실을 조용히 수용함을 드러내지만 이 사실들에 대해 숙고할 충동도 없고, 그 사실들에 반란하거나 순종의 환희 속에서 그것들을 포용할 강박성은 더더욱 갖고 있지 않다"(*Mimesis* 14). 요컨대 호메로스에게 인간존재는 비극적이지도 문제적이지도 않다. 더군다나 호메로스의 시에는 "위대하고 숭고한 사건들이 훨씬 더 배타적이고 분명하게 지배계급의 구성원들 사이에서만 발생하므로" 숭고한 것과 일상적 현실과의 분리는 자명하다(*Mimesis* 22).

페트로니우스는 이런 관점에서 호메로스보다 발전한다. 왜냐하면 "호메로스가 불변하는, 기본적으로 안정된 사회질서의 환영을 환기한다면," 페트로니우스에게 "세계는 끊임없이 움직이고, 아무것도 확실한 것이 없으며, 부와 사회적 지위는 매우 불안정하기" 때문이다(*Mimesis* 28). 페트로니우스는 근대 리얼리즘 작가들처럼 "임의적이고 일상적인 동시대의 환경을 사회학적 배경과 함께 모사하여 그의 인물들이 어떤 형태의 문체화에 의존하지 않고 자신들의 말을 하도록" 시도한다는 점에서 "고대 리얼리즘 발전의 극단점에 도달"한다

(*Mimesis* 30). 그러나 페트로니우스는 숭고한 것과 일상적인 것을 엄밀히 구분하는 문체의 분리 규칙을 벗어나지 못하기 때문에 그의 일상생활의 리얼리즘은 희극적인 것에 한정된다. 타키투스와 투키디데스(Thucydides) 같은 고대 역사가들 역시 고대 역사의식의 한계를 보여준다. 그들의 역사관은 귀족적 보수주의에 한정되었을 뿐 아니라, 근본적으로 윤리적 지향의 역사였기에 모든 현상을 악덕과 미덕이라는 불변의 범주체계로 분류하고, 사회적 지적 운동의 역사적 성장에 대한 개념을 갖지 못했기에 결코 생동하는 현상을 포착할 수 없었다. "고대의 리얼리스트들은 그들이 제시하는 사실들과 조건들의 기저에 있는 사회적 힘들을 분명히 제시하지 않는다. …… 그 결과 사회비판은 결코 사회내의 동력의 정의(定義)로 이어지지 않는다(*Mimesis* 31-32).

고대 리얼리즘에 대한 아우에르바흐의 평가는 그의 리얼리즘 연구가 일상생활의 사회적 동력에 천착한 사회비판적 비전에 기초하고 있음을 보여준다. 그가 그리스 로마 문학보다 구약의 아브라함 이야기, 신약에서 베드로가 예수를 부인하는 이야기, 그리고 아우구스티누스의 『고백』(*Confessions*)으로 이어지는 유태교적 기독교적 전통에 초점을 맞추는 것은 여기에서 사회의 민중적이고 심층적인 동력에 대한 리얼리즘의 비전을 찾을 수 있기 때문이다. 구약에서 아브라함이 신의 목소리를 듣고 사흘 밤낮을 걸어서 아들 이삭을 희생제물로 바치는 이야기는 호메로스의 서사시와 달리 서사의 심층과 인물들의 내면적 다층성 그리고 현실의 불안정을 보여준다. 호메로스의 서사시가 모든 것을 전경에 드러내고 표현하는 반면, 구약의 서사는 신뿐 아니라 인간의 내면도 배경 깊숙이 은폐되어 알 수 없는 것으로 제시한다. 호메로스의 인물들이 변하지 않는 반면 구약의 인물들의 삶에는 세월의 흔적이 역력하다. 호메로스의 서사시가 분석을 허락할 뿐 해석을 허용하지 않을 만큼 명료하다면, 구약의 서사는 해석을 요하는 심층을 포함한다. 그러나 그 해석은 신의 진리에 절대적으로 종속된 것이다. 호메로스의 서사시에 심리적 깊이와 역사적 발전이 없다면, 구약은 "보편 역사"를 보여주며 구약의 이야기들이 재현하는 보편 역사는 "끊임없이 갈등에 의해 재정의되는—단일한 숨은 신과의 관계"에 의해서만, 즉 "그 개별적 이야기들에게 일반적 의미와 목적을 부여하는 보편적인 종교역사적 관점"에 의해서만 가능하다(*Mimesis* 17).

그러나 종교와 역사보다 아우에르바흐에게 더 중요한 것은 구약성서가 지배계급에 한정된 호메로스의 서사시와 달리 근본적으로 유목민들의 이야기로서 "이스라엘-유다민족의 심층에서 출현하는 운동들"을 보여준다는 점이다(*Mimesis* 21-22). 숭고한 것과 일상적인 것이 분리되는 호메로스의 서사시와 달리, "구약성서 이야기들에서 숭고하고 비극적이며 문제적인 것은 정확히 가정적이고 평범한 것에서 형성된다. …… 신의 숭고한 영향은 여기에서 너무 깊숙이 일상에 도달한 나머지 숭고하고 일상적인 두 영역은 실제로 분리되지 않을 뿐 아니라 기본적으로 분리불가능하다"(*Mimesis* 22-23). 신약성서는 이런 성향을 더 분명히 보여준다. 마르코복음에서 베드로가 닭이 울기 전 그리스도를 세 번 부인하는 이야기는 "장소와 등장인물 모두에 관해서 완전히 사실주의적이며 . . . 문제와 비극으로 가득 차 있다"(*Mimesis* 41). 이 이야기가 심각한 공감을 불러일으키는 것은 "고대 시인이나 역사가가 묘사하려 시도하지 않은 것을 묘사하기 때문이다. 그것은 보통 사람들의 심부에서, 동시대 삶의 일상적 사건들 속에서 발생하는 그래서 고대 문학에서 결코 갖지 못했던 중요성을 갖게 되는 정신적 운동의 탄생이다"(*Mimesis* 42-43).

독자들은 이 이야기에서 "한편으로는 완전히 사실적이고 평범하며 장소, 시간, 환경을 확인할 수 있는, 그리고 다른 한편으로는 근본적으로 흔들리고 우리 눈앞에서 변모하고 쇄신하는 세계"를 목격한다(*Mimesis* 43). 요컨대 신약성서의 이야기들은 "세계혁명적 사건들의 중요성"과 "역사적으로 능동적인 역동성"을 지닌다(*Mimesis* 43). 그리스 로마의 고대문학이 역사적 힘들을 묘사하지 못한 것은 그 힘들이 드러나는 민중적 삶의 임의적이고 일상적인 깊이를 파고들어 심각히 다룰 수 없었기 때문이다. 새로운 시대를 선포하는 신약성서는 죄의 시대와 은총과 사랑의 시대를 구분하며 '정의'와 같은 추상개념을 변모시키고, "죄, 죽음, 정의 등의 단어들이 단순히 행동, 사건, 자질 뿐 아니라 역사내적인 변모를 표현하는 [인간의] 내적 재생과 변화"를 기록한다(*Mimesis* 45). 물론 이 변모는 "역사 밖의 어딘가로, 시간의 끝으로 . . . 다시 말해서 위로 향해 진보하는" 것이지만, "신약성서의 글들이 현상적 관찰에 도입했던 운동이 어떤 종류의 것이었든 간에 본질적 요점은 고전적 고대의 관찰자들에게 정태적이었던 표면 밑 심층이 움직이기 시작했다는 점이다"(*Mimesis* 45). 아우에르바흐가 신약성서에서 발견하는 것은 민중들에게서 태동한 살아 움직이고 발전하는 세계의 역사이며, 이것이 『미메시스』가 기록하는 리얼리즘 역사의 핵심이다.

"일상생활의 인간적이고 사회적인 문제의 관점 심지어 비극적인 복잡성의 관점에서 심각하게 다루어지는 일상생활의 재현"에 대한 아우에르바흐의 탐구는 이렇게 고대로부터 시작하여 중세를 거쳐 근대로 진행된다(*Mimesis* 342). 아우에르바흐는 연대기 순서로 자료를 정리하지만 그가 보여주는 변증법적 과정은 단순히 연대기적인 발전이 아니다. 일부 위대한 작가들은 후대의 작가들보다 훨씬 진전된 리얼리즘을 보여주며, 단테는 이를 예증하는 최고의 작가다. 이 과정은 상실과 회복을 포함한다. 예컨대 단테가 일시적으로 성취한 "비극적 리얼리즘"은 보카치오에게서 상실된다. 왜냐하면 보카치오의 리얼리즘은 "문제적 혹은 비극적인 것에 관계되자마자 유약하고 피상적이" 되기 때문이다(*Mimesis* 231). 그래서 참된 비극적 리얼리즘은 오랜 시간이 지나 근대에서나 다시 가능해진다.

이 변증법의 역사에서 두 가지 거대한 변화가 발생한다. 첫 번째는 고대에 기독교가 서구세계에 유입되는 것이고, 두 번째는 중세에 기독교 질서가 붕괴되는 것이다. 첫 번째 변화는 단테의 예형적 리얼리즘에서 절정에 이르고, 두 번째 변화는 근대 비극적 리얼리즘에서 절정에 도달한다. 아우에르바흐에 따르면 기독교가 서구 리얼리즘에 공헌한 바는 기독교 도그마가 아닌 그리스도의 이야기에서 유래한다. “그리스도의 이야기는 유럽 민족들의 의식에 들어오면서 인간운명의 개념과 인간운명을 기술하는 방식을 근본적으로 바꿨다”(Auerbach, *Dante* 13). 이 공헌은 네 가지 밀접히 연관된 범주로 요약된다. 우선 “왕 중의 왕이 저열한 범죄자로 취급되어” 극단적으로 모욕을 당하는—“조롱받고, 침 뱉음을 당하고, 채찍질 당하고 십자가에 못 박히는”—이야기는 서구의식이 “지상적 사건의 문제적 성격과 필사적인 불의”를 깨닫게 만든다(*Mimesis* 72, *Dante* 13). 이 이야기는 “고대 윤리의 근본이었던 행복주의(eudaemonism)의 종말”을 초래한다(*Dante* 14). 안정되고 질서 잡힌 불변의 현실은 이제 문제적이고 심지어 비극적인 것으로 보이기 시작한다. “지상적 삶의 드라마는 고통스럽고 과도하며 전적으로 비고전적인 강도를 취한다”(*Dante* 14). 인간의 삶은 끊임없는 내적 긴장과 갈등 및 투쟁의 고통스런 과정이 되며, 앞서 논했듯이 아우에르바흐는 아브라함의 이야기와 베드로의 부인 그리고 아우구스티누스의 『고백』에 등장하는 그의 제자 알피우스(Alpius)의 이야기—친구들의 강요로 검투사들의 대결을 구경하려는 유혹에 빠지는 이야기—에서 이 과정을 목격한다.

두 번째로 그리스도의 이야기와 이 이야기들에서 “인간의 개인성은 겸허해지지만 그것은 보존되고 또 보존되어야한다”(*Dante* 14). 예를 들어 구약성서의 이야기들은 “한 인격의 역사” 즉 호메로스의 영웅들에게서 발견될 수 없는 개인의 발달을 제시한다(*Mimesis* 18). 호메로스는 성격의 통일을 보여주지만 그의 영웅들에게는 “어떤 발전도 없고 그들의 삶의 역사는 한 번에 명료히 제시된다”(*Mimesis* 17). 그러나 구약성서의 인물들은 삶의 과정에서 완전한 개인성으로 분화되며 . . . 호메로스의 영웅들에게 전적으로 낯선 뚜렷한 개인성의 각인을 보여준다”(*Mimesis* 18). 신약성서에서도 “각 개인은 완전히 합법화되는데 그것은 어떤 사회적 근거에서 그런 것이 아니다. 그들의 지상적 위상과 무관하게 그의 인격성은 극도로 발달한다”(*Dante* 15). 세 번째로 기독교의 내세관에도 불구하고 이제 문제적이 된 역사의 실제적인 지상의 사건들은 유의미한 것으로 평가된다. 왜냐하면 "육화된 진리는 아무런 조건 없이 지상적 운명에 종속되었기" 때문이다(*Dante* 14). 마지막으로 그리스도의 이야기는 고대의 문체의 분리를 파괴한다. 왜냐하면 "기독교 교리의 참된 핵심—육화와 수난—은 전적으로 문체의 분리원칙과 양립하지 않기 때문이다"(*Mimesis* 72). 그리스도의 이야기가 가장 숭고한 것을 겸허한 일상생활 속에 삽입된 것으로 제시하기 때문에, 평범한 삶은 심각하게 취급될 주제가 된다. 이는 "일상생활을 경멸하지 않고 감각적으로 사실적인 것 심지어 추악하고 품위 없고 물리적으로 저급한 것을 흡수할 준비가 되어 있는 새로운 고양된 문체를 낳는다. …… 새로운 세르모 후밀리스(*sermo humilis*, humble speech), 희극에만 적절히 적용될 수 있을 뿐 아니라 이제 본래의 영역을 훨씬 넘어서 가장 심오하고 가장 높고 숭고하고 영원한 것에도 침범할 낮은 문체가 탄생한다"(*Mimesis* 72).

이 네 가지 요소 모두는 아우구스티누스 성인(St. Augustine)에게서 발견된다. 그는 1) "위에서 사물들을 보고 조직화하는 고전적인 특히 로마적인 문체의 냉정하고 합리적인 절차"와 반대로 "성서적인 병렬구문(parataxis)의 형식"을 통해서 "극적인 인간 투쟁"을 보여주었고,(*Mimesis* 70-71) 2) "의식에 대한 분석적 탐구를 통해서 인격(성)의 통일성을 보존했으며," 3) 그의 목적론적 세계사에서 지상적 사건의 현실을 구원했고,"(*Dante* 17) 4) "기독교적 문체의 혼합"을 사용했다(*Mimesis* 72). 그는 실제 사건들을 부정하는 신플라톤주의적 유심론에 대한 예외의 세 번째 예다. 아우구스티누스는 기독교의 메시지를 이교도 사상에 적응시키고, "현실의 해석—무엇보다도 성서의 해석, 그러나 더 큰 역사적 맥락들 특히 로마 역사에 대한 해석(그것들을 유태교적 기독교적 역사와 조화시키려는 목적으로)—을 추구했다"(*Mimesis* 73).

이런 과정에서 발달된 해석이 "예형적 해석"(figural interpretaton)이다(*Mimesis* 73). 「예형」(豫形, Figura)이라는 글에서 그는 고대세계에서 예형의 역사를 추적하며 교부들이 성서해석을 위해 그것을 어떻게 변형시켰고, 그것이 성서주해의 역사에서 어떻게 알레고리적 성서해석에 대립하여 존속했는지를 탐구한다. 예형은 시대마다 여러 의미를 지니지만 초대 교부들은 이 용어를 기독교 역사에서 미래의 사건을 예시하는 깊은 의미를 지닌 형상 혹은 전형(*typos*)의 의미로 사용한다.[5] 그래서 "유태인들의 법 혹은 역사는 그리스도의 출현에 대한 예언적 형상이고, [그리스도의] 육화는 이 예형의 실현임과 동시에 세상의 종말과 최후의 심판에 대한 새로운 약속이며, 마지막으로 미래에 발생하는 이 사건들은 궁극적 완성"의 예형이 된다(Auerbach, "Figura" 41).

> 예형적 해석은 두 사건 혹은 인물 사이의 연결을 만드는데, 첫 번째 사건은 자체만을 의미하는 것이 아니라 두 번째 사건도 의미하며 두 번째 사건은 첫 번째 사건을 포괄하거나 실현한다. 예형의 양극은 시간적으로 분리되어 있지만, 둘 다, 실제 사건이든 인물이든, 시간 속에, 역사적 삶의 흐름 속에 존재한다. 두 인물이나 사건에 대한 이해는 정신적 행위이지만, 정신적 행위는 과거든 현재든 혹은 미래든 구체적인 사건들을 다루는 것이지 개념이나 추상을 다루는 것이 아니다. ("Figura" 53)

여기에서 "일상현실 속의 모든 발생은 동시에 세계사적 맥락의 일부가 되며, 이 세계사 안에서 각 부분은 서로 다른 모든 것들과 관계된다"(*Mimesis* 156). "세계사적 맥락"은 전적으로 기독교적인 것이다. "모든 지상적 사건과 지상적 현상은 항상—모든 전진적 움직임과 독립적으로—신의 계획에 직접 연결되어서, 다양한 수직적 연결이 모든 지상적 현상과 신의 섭리에 의해 잉태된

---

5 'figural'은 그 자체의 의미를 넘어서 다른 것을 지시한다는 의미에서 바티(Timothy Bathi)가 지적하는 바와 같이 관례적으로 '축자적'(literal)과 대립되는 개념으로 사용되는 '비유적'(figurative)에 해당한다(130). 그러나 이 용어가 지니는 성서해석적 함의를 살려 '예형적'으로 번역한다.

구원계획 사이에 즉각적 관계를 만든다"(*Mimesis* 194).

예형적 해석 및 숭고와 일상의 혼합문체는—12세기 크리스마스 극『아담의 미스터리』(*Mystère d'Adam*)와 같은 중세 기독교 신비극(mystic drama)과 13세기 아시시의 프란체스코 성인(St. Francis of Assisi)의 성인전 및 야코포네 다 토디(Jacopone da Todi)같은 프란체스코 수도회의 수사 시인의 이탈리아 민중적 종교시를 거쳐—단테의『신곡』(*Commedia*)에서 절정에 이른다. 단테가 이 작품을 희극(comedy)이라 명명한 것도 숭고함과 사소함이 결합되는 새로운 고양된 문체에 대한 의지를 보여준다. 단테의 업적은 이전의 자국어 문학이 이룰 수 없었던, 일상적이고 심지어는 그로테스크하고 속된 것마저도 결코 익살스럽거나(farcical) 대중적인 차원이 아닌 숭고하고 고양된 문체로 승화시킨 것이다. 또한 이 걸작에서 지상적 현상은 안정되거나 불변하지 않고, 영원한 세계에서 완성될 필요가 있는 "진화, 잠재성, 임의성"을 가지므로 역사적 현실은 문제적 성격을 지닌다(*Mimesis* 190). 내세에서 "인물과 인간존재의 기능은 신의 질서관념 속에서 특수화된 위치를 차지하기" 때문에 개인적 인물은 파괴되지 않고 "그 모든 힘에 있어서 명백히 드러난다"(*Mimesis* 197, 192). 그러나 지상적 사건과 인물은 미래와 내세의 "단순한 기호"가 아니다(*Mimesis* 196). 왜냐하면 예형적 리얼리즘은 "예형들의 기본적 역사적 현실의 유지"를 포함하기 때문이다(*Mimesis* 196). 요컨대 지상적인 것은 신적인 것을 예표하지만 그 자체의 의미를 상실하지 않는다.

지상적인 것과 신적인 것의 역설적 관계는 문체에 내재하는 긴장이 극에 도달하는 것과 무관하지 않다.『신곡』에서 고대 문체의 분리원칙과 기독교의 문체의 혼합이라는 "두 적대적 전통"이 충돌하여 문체 자체가 파괴되는 지점에 도달한다(*Mimesis* 185). "『신곡』에서 도입되는 주제들은 숭고함과 사소함의 혼합을 재현"할 뿐 아니라, "문체의 혼합이 모든 문체의 위반에 그렇게 접근한 적이 없다"(*Mimesis* 184-85). 단테의 예형적 리얼리즘은 스스로를 파괴할 정도의 지점에 도달한다.

> 인간에 대한 즉각적이고 감탄적인 공감 때문에 신의 질서에 뿌리를 둔 모든 역사적 개인적 인간의 불멸의 원칙은 이 질서에 반대해서 그 질서를 자신의 목적에 종속되게 만들고 희미하게 만든다. 인간의 이미지는 신의 이미지를 퇴색시킨다. 단테의 작품은 인간의 기독교적-예형적 존재를 현실로 만들고 그것을 실현시키는 과정 속에서 파괴했다. (*Mimesis* 202)

단테의 작품은 예형적 리얼리즘의 클라이막스이자 쇠퇴다. 영원한 세계에서 보존되는 지상적 삶은 너무 사실적이어서 지상적인 역사적 현실을 포괄하는 신적인 질서를 퇴색시킨다. 바로 이 지점에서 기독교적 세계질서와의 단절이 시작된다. 이제 예형은 신적인 질서를 지시하기 보다 그 자체로 의미를 지닌다. 단테의 작품에서 "인간들은 스스로를 보고 알게 된다. 이 완성에서 예형은 독립적이 된다"(*Mimesis* 202). 단테가 묘사하는 지옥와 연옥에서 "인간적 현실은 더 강하게 자신을 주장하며," 우리는 내세에서 "인간의 내적 삶과 전개의 역사"를 목격하게 된다(*Mimesis* 202).

서구 리얼리즘의 역사에서 두 번째 큰 변화는 기독교와의 이런 단절이다. 지상적 사건들을 의미 있게 만든 것, 즉 역사적 사건과 신의 계획사이의 수직적 관계는 점차 근거를 상실한다. 예형적 구조는 와해되지만 지상적 현상에 대한 통제를 잃지는 않는다. 보카치오가 "현재의 모든 현상세계를 살피고 그것의 모든 다양성을 파악해서 유연하고 표현적인 언어로 재생하는" 능력은 단테에게 빚진 것이다(*Mimesis* 220). 그러나 보카치오는 단테가 지상세계를 묘사할 때 갖고 있었던 "예형적-기독교적 개념"을 더 이상 갖고 있지 않으며, 그의 인물들은 "지상에서 오로지 지상에서만 산다"(*Mimesis* 224). 그 결과 "보카치오가 당대의 삶의 모든 다양한 현실을 묘사하려할 때, 그는 총체의 통일성을 포기한다"

(*Mimesis* 228). 왜냐하면 "세속적 세계의 예형적 통일성"은 그 통일성의 기초인 신적인 질서를 상실한 결과 와해되기 때문이다(*Mimesis* 228). 보카치오의 의의는 처음으로 당대의 실제 삶의 이야기들이 단지 익살스러운 것만이 아닌 상류계층들도 즐길 수 있는 격식 있는 여흥이 될 수 있는 특별한 문체를 사용했다는 것이다. 이 문체는 목가적인(idyllic) 것과 사실적인 것을 혼합한 중간적(intermediate)인 문체인데 육감적 사랑을 재현하는 데 사용되었다. 여기에서 중요한 것은 이 문제가 정형화된 유형이 아니라 개별화된 살아있는 인간존재를 묘사하는 데 사용되었다는 것이다. 이는 이런 구체적이고 인간적인 개인의 재현을 즐길 수 있는 귀족적 시민계급이 14세기 전반에 등장했음을 반증한다. 보카치오의 "『데카메론』(*Decameron*)은 사랑의 권리에 뿌리를 둔 뚜렷하고 철저히 실용적이며 세속적인 윤리적 약호, 본질적으로 반기독교적인 윤리를 발전시킨다"(*Mimesis* 227).

중세 후기에 예형적 리얼리즘의 세속화는 피조물적 리얼리즘으로 바뀌고, 여기에서 피조물성(creaturality)은 "신적인 질서와의 관계"를 상실하고 "영원한 구원이 아니라 지상적 부패와 지상적 죽음"에 더 관계된다(*Mimesis* 258-59). 라블레(François Rabelais)에서 피조물적 리얼리즘은 "중세 피조물적 리얼리즘과 정면으로 반대되는—물리적 신체와 그 기능의 생기적-역동적 승리라는—새로운 의미"를 얻는다(*Mimesis* 276). 몽테뉴(Michel de Montaigne)는 이런 단절을 가속화하며 현실의 임의적인 일상생활의 사실주의적 묘사에 집중한다. "그의 사실주의적 인간개념의 뿌리는 기독교적-피조물적 전통에서 발견될 수 있지만," 그는 결국 기독교적 전통과 결별한다(*Mimesis* 306). 그는 기독교의 피조물 개념과의 고리를 갖는 최후의 인물이다. "그의 피조물적 리얼리즘은 그것이 태동한 기독교적 구도와 결별했다. 지상의 삶은 더 이상 내세의 삶에 대한 예형이 아니다. 그는 더 이상 스스로 내세를 위해 현세를 조롱하고 무시하는 것을 허용할 수 없었다. 지상의 삶이 그의 유일한 삶이었다"(*Mimesis* 310).

그가 사용하는 문체의 혼합은 기독교적인 것이지만 그의 "태도는 더 이상 기독교적이고 중세적이 아니다"(*Mimesis* 310). 몽테뉴가 사는 세계는 기독교적 질서에서 벗어난 불안정한 세계다. 그는 "직접적이고 무한하며 이해할 수 없는" 세계, 신의 구원의 보장이 없는 세계에서 "자신의 방향을 설정할 필요"를 지닌 보통 인간의 이미지를 창조하고, "그에게서 최초로 인간의 삶—임의적인 인간의 삶 전체—은 근대적 의미에서 문제적인 것이 되므로" 몽테뉴는 리얼리즘의 역사에서 특별한 위치를 차지한다(*Mimesis* 310-11). 그러나 몽테뉴는 이런 임의적이고 불안정한 근대세계에 대해 아이러니하고 비열정적이며 침착한 태도를 취하므로 그가 그리는 인간의 이미지는 결코 비극적이지 않다.

근대 비극적 리얼리즘에 대한 아우에르바흐의 탐구는 셰익스피어(William Shakespeare), 세르반테스(Miguel de Cervantes), 17세기 프랑스 고전주의, 18세기 독일 "중산층 비극"을 포함하지만, 이들은 진정한 근대 비극적 리얼리즘을 성취하지 못한다. 왜냐하면 그들은 관찰하고 서술하는 사실주의적 사건들을 포괄하고, 행동과 사건에 문자적인 것 이상의 심층적 의미를 부여해서 이 지상적 사건들을 축어적 의미에서 구원하며, 역사적 현실을 단순히 우연적이거나 임의적인 것이 아니라 더 고차원적 현실에 대한 함의를 지닌 것으로 변모시킬 수 있는 어떤 질서를 발견할 수 없었기 때문이다. 셰익스피어는 "지상적 현실과 심지어 그것의 가장 사소한 형태들을 포함하지만 그의 목적은 단순히 지상적인 일관성 속에서 현실을 재현하는 것을 넘어선다. 그는 현실을 포용하지만 현실을 초월한다"(*Mimesis* 327). 그 결과 "셰익스피어의 세계정신은 결코 민중정신이 아니며," 그는 "민중적 영혼의 심층"을 파악하지 못한다(*Mimesis* 328). 세르반테스는 "현실과의 접촉"을 놓치며, 그 결과 "돈키호테의 모험은 당대 사회의 기본 문제들 어느 것도 드러내지 못한다(*Mimesis* 344-45). 몰리에르(Molière)는 "그의 인물들이 행동하는 환경의 정치경제적 측면에 대한 어떤 사실주의적 구체화나 날카로운 비판도 지속적으로 회피했고," 프랑스 고전주의 비극은 "사적이고 심리적인 영역과 도덕적으로 취급되는 소수의 인물들"만을 다룬 나머지 "배후에 혹은 기저에 놓인 것"을 드러내지 못했다(*Mimesis* 370, 379). 볼테르(Voltaire)는 "비극적 피조물적 통찰도 역사적 참여도 회피했고," 쉴러(Friedrich Schiller)의 희곡에서 "우리는 내적 문제와 역사적 복잡성, 지배계급의 기능과 그 도덕적 타락의 원인에 대해 아무 것도 실제로 듣거나 감지하지 못하므로," 그것은 "리얼리즘이 아니라 멜로드라마"다(*Mimesis* 411, 442). 오직 중세의 예형적 리얼리즘과 근대의 비극적 리얼리즘만이 "진정하고 총체적인 현실"을 제시할 수 있었다(*Mimesis* 440). 예형적 리얼리즘이 이런 총체적 현실을 담을 수 있게 해준 것은 기독교적 질서다. 기독교적 세계관을 상실한 서구 리얼리즘 문학은 세계를 총체적으로 제시할 수 없었다. 왜냐하면 총체성은 단순히 부분들의 합 이상의 어떤 것을 함축하기 때문이다.

V. 아우에르바흐의 역사적 비전

세계의 전반적인 현상들을 관찰해서 그것들을 의미 있는 것으로 변모시킬 수 있게 하는 새로운 관점은 무엇이었을까? 무엇이 예형적 해석의 수직적 관계를 대신할 수 있었을까? 신적인 질서가 없는 시대에 무엇이 개인과 세계 사이에 유의미한 관계를 제공할 수 있었을까? 아우에르바흐는 이런 질문들에 대한 단서를 18세기 독일의 역사주의 즉 "근대 리얼리즘의 미학적 근본이 된 18세기 후반 독일의 지적 발달" 즉 "역사주의"에서 찾는다(*Mimesis* 443). 독일 역사주의가 발견한 것 중 하나는 "사건의 의미"를 "평범한 세계와 이 세계의 남녀들의 심층에서 찾아야하는데, 그 이유는 거기에서만 독특한 것, 내적 힘들에 의해 활기를 지니게 되는 것, 구체적이고 심오한 의미에서 보편적으로 타당한 것을 파악할 수 있기 때문"이다(*Mimesis* 444).

근대적 리얼리즘은 당대의 역사적 운동 속에서 보통 인간에 대한 진지한 통찰력을 요구한다. "한편으로는 일상 현실에 대한 진지한 취급, 그리고 보다 넓고 사회적으로 열등한 인간집단이 문제적이고 실존적인 재현을 위한 주제의 위치로 부상하는 것, 그리고 다른 한편으로는 임의적인 인간들과 사건들이 동시대 역사의 일반 과정으로 삽입되는 것과 유동적인 역사적 배경이 근대 리얼리즘의 토대다"(*Mimesis* 491). 아우에르바흐는 스탕달(Stendhal), 발자크(Honoré de Balzac), 플로베르(Gustave Fluabert) 그리고 졸라의 리얼리즘이 개인적 사회적 상황에 따라 조금씩 다르지만 이들에게서 근대 리얼리즘을 발견한다. 스탕달은 앙샹레짐(ancient regime)의 대자본가(grande bourgeoisie)들의 이데올로기를 갖고 대중들을 혐오했고 변화에 대한 의식을 갖고 있었지만 역사주의의 영향인 역사적 힘에 대한 인식을 결여했다. 반면 발자크는 인간의 운명이 사회역사적 배경 속에서 정의되는 것을 보여주고 인간과 환경의 필연적 연관을 스탕달보다 더 극명하게 보여준다. 플로베르의 리얼리즘 역시 스탕달과 발자크의 근대 리얼리즘적 요소를 공유하지만, 인물들과 동일시하지 않고 사물들 자체가 말하게 하는 객관적 진지함을 성취한다. 이후에 등장하는 보들레르(Charles Baudelaire), 공쿠르형제(the Goncourts), 후기 플로베르가 보여주는 "미학적 리얼리즘"(aesthetic realism)은 하층민에게서 단지 역겹고 추한 모습만을 발견할 뿐, 이들에게서 근대사회 속에서 움직이는 역사적 힘으로서의 민중을 포착하지 못한다. 이들과 달리 졸라는 미학적 리얼리즘에서 벗어나 당대의 사회문제의 핵심인 자본가와 노동자의 투쟁을 그려내며 혼합문체를 진지하게 취급한다. 근대리얼리즘 작가들의 작품에서 사건들을 유의미하게 만드는 것은 신과의 수직적 관계가 아니라 그들의 구체적이고 역사적인 상황이다. 그 사건들은 역사적 발전에 적절히 위치했을 때 비로소 유의미해진다. 그것들은 민중들의 구체적인 일상생활에서 역사의 내적 동력을 발견하는 역사적 관점에 의해서 의미있는 것으로 변모된다.

그러나 20세기 리얼리즘 작가들은 보통 사람들의 유의미한 개인적 삶을 포괄하고 창조하는 역사적 힘과 직접 관계하지 않는 것으로 보인다. 그 대신 그들은 "좀 더 참되고 심층적이고 좀 더 실제적인 현실을 가늠하려고" 시도하기 위해 "의식의 과정을 방출하는 우연한 경우"를 선택한다(*Mimesis* 540, 538). 발자크 시대와 달리 사회적 현실의 완전한 현시는 불가능하며, 그런 외적 사회적 현실이 유의미한 삶의 그림을 제공하지도 않는다. 외적 현실은 "변화의 엄청난 템포"와 그것이 낳은 결과에 의해 와해된다(*Mimesis* 549). 이들은 "진실로 총체적이고 외적인 연속체 안에서 완전하면서도 본질적인 것을 두드러지게 만드는 것이 가망 없는 작업이라는 것"을 깨닫는다(*Mimesis* 548).

그들은 "삶이 자체 내에 갖고 있지 못한 질서를 삶에" 부과하는 대신, "삶의 과정 중 아무 때에서 뽑아낸 임의적 파편 속에 삶의 운명의 총체가 포함되고 묘사될 수 있다는 신념"을 가지고 개인들의 의식의 "임의적 순간"을 포착하려한다(*Mimesis* 548, 547). 일상생활의 "임의적 순간"을 총체적으로 재현하려는 이런 시도는 삶에 대한 개인적 시각 이상을 제시한다.

> 그 과정에서 새롭고 기초적인 어떤 것이 나타났는데, 그것은 우리가 아무런 편견 없이 굴복하는 매 순간 속에 있는 현실의 풍요와 삶의 깊이다. 그 순간에 발생하는 것—외적 과정이든 내적 과정이든—은 분명히 아주 개인적인 방식으로 그 안에서 사는 개인들과 관계하지만, 그것은 또한 (바로 그런 이유 때문에) 인간 일반이 공유하는 기초적인 것들과도 관계한다. 그것은 정확히 말해서 인간이 투쟁하고 실망하는 대상인 논쟁적이고 불안정한 질서와 비교적 독립적인 임의적 순간이다. …… 이 편견 없고 탐험적인 재현의 유형에서 우리는 인간의 삶의 방식들과 사유의 형식 사이의 차이가—표면적 갈등 밑에서—어느 정도까지 이미 축소되었는지 보지 않을 수 없다. …… 갈등들 밑에서 그리고 갈등들을 통해서 경제적이고 문화적인 평준화 과정이 발생한다. (*Mimesis* 552)

20세기 리얼리즘은 실제 삶의 재현에서 좀 더 진보한다. 우선 그것이 제시하는 "임의적 순간"은 삶의 총체성, "현실의 풍요와 삶의 깊이"를 포함한다. 이 작가들이 당면하는 세계는 너무 혼란스러워서 그들의 작품은 "몽롱함과 규정하기 힘든 의미의 모호함"을 갖는다(*Mimesis* 551). 그러나 그 세계는 또한 삶을 의미와 희망으로 가득 차게 만들기에 충분한 인간경험의 풍요와 잠재력을 지닌다. 이런 전례 없는 삶의 풍요는 "임의적 순간"에서 드러난다. 둘째로, 묘사된 "임의적 순간"은 인간 삶의 보다 "기초적이며" 평범한 요소를 드러낸다. 그것은 혼돈스럽고 무한히 팽창하는 세계로부터 질서를 창조하는 보편적인 인간 해석의 잠재력, 즉 "삶 자체로부터 발생하는 삶의 질서와 삶에 대한 해석"을 포함한다(*Mimesis* 549). 아우에르바흐는 "그것의 주관적인 발생의 특성에도 불구하고 이런 관점주의를 우리가 사는 우주—프루스트가 말했듯이 모두에게 참되고 각자에게 다른 우주—의 구체적인 종합에 도달할 가장 효과적인 방법으로" 수용하는 것이 필요하다고 느낀다(*Introduction* 251-52). 그렇게 해서 지상적 사건들이 신의 신성한 계획과 수직적 관계를 갖지 못한 현대의 일상생활은 개인적인 인간정신의 창조적이고 해석적인 능력 속에서 "종말론적 성격"(eschatological character)을 유지할 수 있다(Amend 21). 현대 리얼리즘 작가들은 "본능과 통찰력"으로 이런 창조적 인간정신을 꿰뚫어 보는 방법을 개발했다(*Mimesis* 551).

서론에서 언급했듯이 『미메시스』의 마지막 장에서 아우에르바흐는 현재라는 역사의 새로운 국면과 대면한다. 동시대 리얼리즘 작가들을 역사적 거리를 가지고 볼 수 없는 그는 오히려 그들과 동일시한다. 그러므로 이 작가들의 분석은 어떤 의미에서 아우에르바흐 자신의 비전을 찾는 것이다. 이런 점에서 짧은 문구에서 출발하여 그 문구가 속한 작가와 시대의 총체적 재현에 도달하는 아우에르바흐의 방법론은 "분리된 파편이 더 큰 총체를 상징적으로 의미하는 것으로 간주되는, 확실히 모더니즘적인 테그닉"을 사용하는 것이다(Green,

"Erich" 219). "임의적 순간"이 보통 인간의 해석에 대한 보편적 잠재력을 드러낸다는 사실은 인류가 세계사의 "경제적 문화적 평준화"를 만들어왔고 또 만들고 있다는 것을 암시한다. 일상생활의 "'임의적' 부분은 시대 전체의 일반적 운동" 즉 인류의 "통일과 단순화"를 향한 운동을 전달한다(Amend 20; *Mimesis* 553).

아우에르바흐의 비전은 인류의 통일에 부단히 접근하는 보편적 세계사의 비전이다. 이것이 아우에르바흐와 18세기 낭만적 역사주의자들의 차이점이다. 18세기 낭만적 역사주의자들은 "역사 자체로의 자연적이고 유기체적인 진화 개념을 도입"했지만, 그들의 시각은 "그들 자신의 조국에 대한 극단적인 민족주의적 태도"에 제한되어 있었다(Auerbach, "Vico" 112). 그러나 아우에르바흐는 민족이 아니라 파편화되고 혼란한 세계의 한 가운데에서 삶의 임의적 순간으로부터 창조적으로 의미와 해석을 찾아내는 개인에 초점을 맞춘다. 아우에르바흐가 "인간의 성격은 그의 운명"이라는 헤라클레이토스의 발언을 그의 저서의 모토로 삼은 것은 우연이 아니다. 코스타-리마(Costa-Rima)가 지적하듯이 아우에르바흐는 비코가 가정하는 "신의 섭리의 계획을 개인으로 대치하면서" 비코의 역사주의를 상속한다(489). 그러나 아우에르바흐에게 개인은 "미메시스가 개인적 표현의 억압을 함축한다고 믿고" 미메시스를 거부한 낭만주의자들의 개인이 아니라 "**세계속의** 인간 존재"로서의 개인이기에, 그는 개인을 드러내는 것이 곧 "인류의 잠재력을 드러낼 것"이라 믿는다(Costa-Rima 490). 그래서 그의 궁극적 시선은 개인을 통해서 인류로 향한다.

아우에르바흐가 「문헌학과 세계문학」(Philology and *WeltLiteratur*)에서 "우리의 문헌학적 고향은 지구다. 그것은 더 이상 민족이 아니다"라고 천명하며 "세계문학의 종합적 문헌학"을 쓰고 싶어했다는 것은 결코 놀라운 일이 아니다(17, 9). 과거의 역사주의자들과 아우에르바흐와의 또 다른 차이는 그들이 한 역사적 시기를 "부단한 발전의 상태"로 보면서도 "현재에 보이는 구체적인 미래의 싹보다 역사의 탈시간적 정신과 존재하는 것의 완성된 진화에 더 관심을 가졌다"는 점이다(*Mimesis* 444-45). 역사에 대한 아우에르바흐의 관심은 과거와 현재의 역사적 종합에 그치지 않고, 현재 속에서 미래의 싹을, 즉 문화적, 사회적, 그리고 경제적인 차이들의 통일의 가능성을 보는 것에 있다. 아우에르바흐의 역사개념은 비코처럼 세계사를 보편법의 시간적 발현으로 보지 않는다는 점에서 비코의 역사개념에서 진일보한다. 모든 법은 절대성을 함축한다. 아우에르바흐는 역사를 법의 관점에서 이해하려는 모든 시도가 실패했다고 생각했기 때문에 인간존재의 역사가 법으로 환원될 수 있다고 믿지 않았다. 그는 비코가 보편적인 법을 발견했다고 생각했지만, "그의 주기론(theory of cycles), 동일한 발전의 영원한 반복이라는 개념은 세계문명의 진보적 평준화에 의해 극도로 개연성 없는 것이 되었다"고 지적한다(*Literary* 20-21). 변증법적 유물론에 관해서도 "근대사 전체를 법의 관점에서 이해하려는 가장 직관적이고 영향력 있는 시도는 변증법적 유물론이다. 그것은 역사의 특수한 순간의 상황에서 발전했고 한 세기가 지난 지금 그것의 가치의 한계는 명확해졌다"고 비판한다(*Literary* 20).

아우에르바흐는 현대작가들의 상황과 자신의 상황을 동일시하면서 자신의 방법론이 "법칙들이 아니라 동향과 경향들을 다룬다"고 말한다(*Mimesis* 556). 아우에르바흐의 역사주의는 항상 그런 "동향과 경향들"이 스스로를 드러내게 만드는 것을 추구한다. 그렇게 얻은 역사적 지식은 어떤 의미에서도 절대적인 것이 아니다. 홀드하임(Wolfgang Holdheim)이 지적하듯이, 아우에르바흐의 출발점의 방법은 "지식의 본질적 임시성을 지시한다. …… 지식은 환영적이지도 절대적이지도 않으며 불확실성의 위험에 노출된, 근접한 것이다" ("Hermeneutic" 628). 인간은 역사적 시간성의 제약을 받기 때문에 "신적인 영원한 존재(*nunc stans*)의 비전에 대한 열망은 환원적이고 무용한 작업이다" (Holdheim, "Auerbach's" 149). 그러나 아우에르바흐의 문학사는 바티가 말하듯 "자신이 글자로서의 재현보다 . . . 더 실제적이라고 생각하는 실제 역사의 어리석음과 무를 재현하는 글자들" 혹은 "역사적 의미의 허무주의의 알레고리"가 아니다(Bathi 144). 오히려 아우에르바흐는 역사적 지식이 임의적이지만 인간정신의 보편적 잠재성에 기초하기 때문에 여전히 진리라고 믿으며, 동시대 리얼리즘 작가들처럼 임시성을 서구 리얼리즘 더 나아가 보편적 세계사의 문헌학을 위한 건전한 토대로 인식한다.

『미메시스』에서 아우에르바흐는 "자신에게 가해지는 혼란스런 인상들과 주장들 속에서 살았던" 문헌학자로서 자료들을 선택하고 해석하여 서구 리얼리즘의 극적인 변증법적 발전에 대한 종합적 그림을 제시한다("Philology" 9). 이런 의미에서 아우에르바흐가 말하듯이 "역사가의 행위는 근대과학보다 예술에 비견될 수 있으며," 그가 성취하려는 "역사적 종합은 예술작품으로 나타나야한다"(*Literary* 8; "Philology" 11). 이런 선택과 해석은 "개인적 직관"과 상상력을 요구하지만, 그것은 인간정신의 보편적 잠재성에 기초한다("Philology" 11). 『미메시스』는 그가 선택하고 해석한 인간역사에 대한 비전을 드러낸다. 그것은 역사적 사실들의 단순한 합이 아니라, 그가 '내적인 역사'라고 부른 "세계문명의 진보적 평준화"에 대한 신념에 기초해 해석된 역사다(*Literary* 20).

> 지난 천년의 내적 역사는 인류가 자기표현을 성취하는 역사다. 그것은 역사주의적 학문인 문헌학이 다루는 것이다. 이 역사는 인간이 인간조건에 대한 의식을 향한 그리고 이 주어진 잠재력의 실현을 향한 위대하고 모험적인 진보의 기록이다. 이 진보는 . . . 여전히 굴곡진 과정에도 불구하고 어떤 계획에 따라 진행된 것처럼 보인다. 우리 존재가 성취할 수 있는 모든 풍부한 긴장들이 이 과정 안에 포함된다. 그 범위와 깊이가 전적으로 관객에게 활력을 불어넣고 동시에 관객이 드라마를 목격함으로써 얻은 풍요로움에 의해 자신의 주어진 잠재력에서 평화를 찾을 수 있게 만드는 내적인 꿈이 전개된다. ("Philology" 5)

아우에르바흐는 인류사에서 목격한 풍요에서 힘과 희망을 얻는다. 그의 탐구는 인류사에 역사적 현실을 통해서만 간파할 수 있고 미래의 발전을 지시하는 계획이 있다는 것을 느끼게 만든다. 혹은 그 자신이 해석을 통해 보편사를 향한 계획을 창조한다고 말할 수 있다. 법칙을 부정함에도 불구하고 그는 세계사가 인간 잠재력의 실현을 향해서 움직이고 마침내 인류의 자기실현이 역사적 지평에서 이루어질 수 있다고 믿는다. 민중들의 역사적 동력을 믿는 아우에르바흐의 비전은 "근본적으로 철저히 민주적은 아니더라도 매우 반위계질서적이다"(Uhlig 46). 문체적인 관점에서도 아우에르바흐가 정의하는 "리얼리즘은 민주주의의 문학적 문체이며 문체들의 위계질서에서 자유로운 운동은 민주적 평등을 존중하는 사회의 자유에 대한 문학적 유사체"라고 볼 수 있다(Ankersmlt 63). 아우에르바흐는 문학 텍스트의 임의적 부분들을 통해서 역사적 현실에 뛰어 들어가 보편적 세계사에 대한 민주적 휴머니즘의 비전을 얻는다.

VI. 결론: 세계문학의 전망

웰렉(René Wellek)은 오래 전에『미메시스』에 대한 서평에서 아우에르바흐의 리얼리즘을 "실존적" 리얼리즘이라 명명하며 "사회·정치적 현실로의 몰입을 의미하는 역사주의는 실존주의와 모순된다"고 지적한 바 있다(303, 306). 웰렉이 아우에르바흐에게 최고의 경의를 표함에도 불구하고 이런 비판은『미메시스』에 대한 역사적 평가의 한 단면을 보여준다.[6] 그가 "키에르케고르(Kierkegaard)의 자유롭고 외로운 개인은 역사의 익명적이고 집단적인 힘들의

6 아우에르바흐가 사망했을 때 웰렉은 사망기사에서『미메시스』를 "역사적 변화에 의해 대체되거나 폐기될 수 없는 진리와 통찰력과 예술의 작품"이라 칭송했다("Erich" 95).

작용에 맞선다"고 말하는 데에서 알수 있듯이, 웰렉에게 개인의 실존과 역사는 대립된다(Wellek 306). 웰렉이 보기에 아우에르바흐는 실존과 역사라는 양립할 수 없는 개념을 결합시킴으로써 "궁극적으로 심오한 회의주의와 가치의 부정"에 빠진다(Wellek 306).

그러나 앞서 보았듯이 아우에르바흐는 회의주의에 빠지는 것이 아니라 신적 질서에 대한 믿음이 사라진 현대의 개인이 스스로 비전을 창출할 수 있는 직관적 능력을 갖고 있다고 믿는다. 그가 『미메시스』의 결론에서 기록하는 현대 리얼리즘은 혼돈의 세계에서 방향성을 찾는 개인과 인류에 대한 신뢰를 드러낸다. 포터(James Porter)가 지적하듯이 "상실, 동경, 절망 그리고 공포는 그렇게 조명된 현실의 어두운 면들이고, 명철함과 삶의 확고한 가치에 대한 확신은 밝은 면이다. 아우에르바흐의 균형 있는 기질은 과장되지 않은 낙관주의의 기질이다. 역사의 진보는 불확실하지만 시간의 변화는 임의적인 것이 아니라 논리를 갖고 있다. …… 역사는 신의 섭리에 의해서가 아니라 자신의 동력을 통해서 **자신을 구원한다**"(xxx). 웰렉의 비판과 달리 아우에르바흐는 역사의 저항할 수 없는 힘에 맞서 홀로 선 실존적 주체의 외로운 투쟁이 아니라 신이 부재한 세계에서 역사의 방향성을 인식하고 인류의 진보에 동참하는 신념을 보여준다.

아우에르바흐가 나치정권에 의해 터키의 이스탄불대학에서 망명생활을 하던 중『미메시스』를 집필했다는 사실은 빈번히 논의되었다. 특히 사이드는 망명자로서의 아우에르바흐가 제시한 세계문학론에서 억압받는 소수인이 세계시민으로서 발휘하는 영감을 발견한다. 최근 연구가 보여주듯이 실제로 이스탄불은 아우에르바흐에게 유럽문화에 대립되는 동양문화의 장소는 아니었다. 오히려 당시 터키는 서구적 개혁을 추진하는 가운데 터키 고유의 문화가 아닌 서구식 민족주의를 표방했으며, 아우에르바흐는 이스탄불에서 "낯선 망명지라기보다 그가 독일을 떠나면서 피하고자 했던 것을 더 많이 접했다. 유럽과의 비판적 거리를 명한 것은 동양적인 주최국문화의 완전한 생경함이 아니라 유럽적인 이념들이 비유럽 문화에 미치는 악영향이었다"(Tastekin 312). 그럼에도 불구하고 사이드가 아우에르바흐에게서 발견하는 세계문학에 대한 비전과 소수인의 관계는 의미심장하다. 왜냐하면 사이드의 해석을 통해서 아우에르바흐의 역사적 비전이 더 구체적으로 발전될 수 있기 때문이다.

사이드는 괴테의 세계문학론과 비교문학이 유럽중심적이라고 비판하며 아우에르바흐 역시 유럽중심주의에서 자유롭지 못하다고 지적한다. 아우에르바흐가「문헌학과 세계문학」에서 비유럽적인 언어와 문학이 출현했다고 말할 때 "그는 인정하기 꺼려하는 것으로 보이는 전망에 대해 즐거움보다 고뇌와 두려움을 더 표시한다"(Said, *Culture* 45). 유럽의 세계문학론은 식민주의와 제국주의 이데올로기와 결탁했다. "비교주의적 '세계문학' 계획에 일조한 관념론적 역사주의와 동시대의 구체적으로 제국적인 세계지도"는 서로 수렴하며, 이런 역사적 맥락에서 유럽의 세계문학 학자들은 비유럽 세계를 관찰자의 입장에서 조망하는 특권을 누렸다(Said, *Culture* 48).

그러나 사이드는 아우에르바흐의 세계문학의 비전을 제국주의와 식민주의 혹은 오리엔탈리즘으로 환원하지 않는다. 그는『오리엔탈리즘』(*Orientalism*)과『문화와 제국주의』(*Culture and Imperialism*)의 결론에서 아우에르바흐가「문헌학과 세계문학」에서 인용한 중세 수도자 성 빅토르의 후고(Hugo of St. Victor)의 구절을 반복해서 인용하며 아우에르바흐의 세계시민 정신을 환기한다(*Orientalism* 259; *Culture* 335).

> 그러므로 수련된 정신이 조금씩 배워서 먼저 가시적이고 일시적인 사물들 속에서 방향을 전환하여 후에 그런 것들을 완전히 떨쳐버릴 수 있게 하는 것은 큰 미덕의 원천이다. 자신의 고국을 정다운 것으로 발견하는 자는 아직 여린 초보자이고, 모든 땅이 고향땅인 자는 이미 강한 자다. 그러나 전 세계가 낯선 장소인자는 완벽한 자다. 여린 영혼은 세계에서 한 장소에 사랑을 고정시켰고, 강한 자는

> 자신의 사랑을 모든 장소로 확대했으며, 완벽한 자는 자신의 사랑을 소멸시켰다. (Said, *Culture* 335)

성 빅토르의 후고는 속세적인 것들을 조금씩 멀리하는 수련을 통해 마침내 완전히 세속과 단절하는 과정을 세상이라는 고향을 완전히 등지고 모든 장소에서 이방인이 되는 자에 비유한다. 아우에르바흐는 「문헌학과 세계문학」에서 인용원문의 "세상에 대한 사랑으로부터 해방되려는 자"에 대한 묘사가 "세상에 대한 적절한 사랑을 얻으려는 자"에게도 유효하다고 설명하며, "자신의 문화와 언어"라는 민족주의적 유산을 초월할 때 비로소 세계문학의 지평이 열린다고 전망한다("Philology" 17). 사이드는 터키에서 망명생활을 하고 있던 아우에르바흐가 "남자든 여자든 제국적 혹은 민족적 혹은 지방적 한계를 초월하려는 자에 대한 모델로 이 구절을 인용"하며, 역사가는 "오로지 이런 태도를 통해서" 타자의 문학을 배제하지 않는 진정으로 포용적인 세계문학의 비전을 얻을 수 있다고 암시한다(Said, *Culture* 335).

세계문학의 출현은 민족문학과 문화의 거부를 의미하지 않는다. 성 빅토르의 후고가 묘사하는 완벽한 자는 고향에 대한 "애착의 거부가 아니라 애착의 통과를 통해서 독립과 분리를 성취한다. 망명은 고향의 존재, 고향에 대한 사랑 및 고향과의 실제적인 유대에 기초한다. 망명의 보편적 진리는 그 사랑 혹은 고향을 상실했다는 것이 아니라 각자에게 예상치 못하고 달갑지 않은 상실이 내재한다는 것이다"(Said, *Culture* 336). 요컨대 민족주의를 통과하여 세계시민으로 다시 태어날 때 세계문학에 대한 비전이 열린다. 사이드가 아우에르바흐의 유럽중심주의를 비판하면서도 그를 높이 평가하는 것은 아우에르바흐에게서 이런 비전을 발견하기 때문이다.

망명지에서 거리를 두고 고향을 바라볼 수 있을 때 비로소 고향을 떠나 더 큰 세계에 대한 비전을 얻을 수 있다. 사이드는 아우에르바흐가 동양적인 터키의 망명지에서 자신의 고향인 유럽을 이런 시각으로 바라보았다고 해석한다.[7] 사이드는 「세속적 비평」(Secular Criticism) 이런 거리의 확보를 혈연(filiation)에서 결연(affiliation)으로 이동하는 과정에서 획득하는 비판의식으로 설명한다.[8] 19세기 말과 20세기 초에 걸쳐 가족과 민족의 혈연공동체가 붕괴되면서 많은 작가들은 이를 대체할 수평적인 새로운 결연공동체를 모색한다. 혈연이 결연으로 대체되는 과정은 세 단계로 진행된다. 첫 단계에서 혈연공동체가 붕괴되고, 둘째 단계에서 이를 대체할 결연공동체가 결성되며, 마지막 단계에서는 혈연공동체의 위계질서와 권위가 결연공동체에 이식된다. 이 마지막 단계에서 "새로운 결연적 질서에 의해 승인된 이념들과 가치들 그리고 체계적이고 총체화하는 세계관이 권위의 담지자가 되어 그 결과 문화제도와 유사한 것이 확립된다"(Said, *World* 19-20).

사이드는 이런 새로운 결연공동체가 문학을 가르치는 서구대학에서 결성되었으며 이 결연공동체가 유럽문학의 전통 위에 인문학적 지식의 건축물을 만들고 비유럽 문학에 대한 배타적인 헤게모니를 행사한다고 비판한다. 아우에르바흐는 이런 유럽의 인문학 전통을 대표하는 마지막 인물이기에 그의 견해는 "더 이상 유지할 수 없다"(Said, *World* 21). 왜냐하면 "새로운 문화들, 새로운 사회들, 사회적·정치적·미학적 질서에 대한 부상하는 비전들이 더 이상 거부될 수 없는 주장을 펼치며 인문학자들의 관심을 요구하기" 때문이다(Said, *World* 21). 그럼에도 불구하고 유럽중심적 결연공동체는 인문학 연구에서 이들을 배제한다.

그러나 사이드는 아우에르바흐의 유럽중심주의를 비판하면서도 그의 비판

---

7 무프티(Aamir Mufti)는 사이드의 세속적 비평의 키워드로 '소수인'(minority)을 꼽으면서 사이드가 망명자로서의 아우에르바흐에게서 "유태인의 모습, 소수인의 일원"을 발견한다고 지적한다(103).

8 'filiation'과 'affiliation'은 각각 '종친'과 '제휴'라고도 번역된다.

의식을 높이 평가한다. 사이드는 아우에르바흐를 그가 속한 유럽사회와 역사의 일부로 이해하고 평가하지만, 동시에 그가 그런 역사적 구속에 대해 비판적으로 사유할 수 있었다고 주장한다. 사이드에게 아우에르바흐는 개인이 문화와 사회적 상황에 속하면서도 그 상황에 대한 비판적 인식을 통해서 "문화 속에서의 역사적이고 사회적인 행위자"가 될 수 있다는 것을 예증한다(Said, *World* 15). 아우에르바흐는 유럽과 혈연 및 결연의 이중관계를 맺는다. "그의 망명의 특수한 상황은 유럽에 대한 구체적인 비판적 재발견을 가능하게 했다. 우리는 아우에르바흐에게서 그가 태어난 문화와의 혈연, 그리고 망명으로 인해 비판의식과 학문적 작업을 통해 그 문화와 맺은 결연의 예를 본다"(Said, *World* 16). 아우에르바흐가 유럽과의 혈연관계를 통해 유럽중심주의를 물려받았다면, 그는 망명지에서 유럽과 맺는 새로운 결연을 통해 유럽을 비판적으로 해석할 수 있는 비판의식을 얻는다. 그러므로 사이드는 아우에르바흐를 "세속적 비판의식"을 소유한 자로 묘사하며 그를 세속적 비평의 모델로 제시한다(Said, *World* 24). "『미메시스』에서 아우에르바흐가 망명을 통해서 상실한 유럽을 단순히 칭찬하지 않고, 사회속의 남녀가 끊임없이 만들고 다시 만든 복합적인 사회·역사적 기획으로 새롭게 바라본 것처럼, 대부분의 정치사회적 세계는 비판적이고 세속적인 검토의 대상이 된다"(Said, *World* 24).

사이드의 해석을 통해서 아우에르바흐의 유럽중심주의와 비판의식은 분리된다. 그러나 본론에서 세밀히 살펴본 아우에르바흐의 비전은 이미 유럽중심주의를 넘어설 잠재력을 지니고 있다고 평가할 수 있다. 그가 구약성서에서부터 신약성서의 그리스도 이야기를 거쳐서 현대의 개인의식에 이르기까지 일관성 있게 추적하는 것은 역사의 표면 밑에서 역동적으로 살아가며 역사를 만드는 민중들의 일상생활이다. 이것이 아우에르바흐가 새롭게 바라보았다고 사이드가 평가하는 민중들의 "복합적인 사회·역사적 기획"이 아닐까? 다시 상기하면 아우에르바흐가 『미메시스』에서 찾는 것은 "일상생활의 인간적이고 사회적인 문제의 관점 심지어 비극적인 복잡성의 관점에서 심각하게 다루어지는 일상생활의 재현"이다(*Mimesis* 342). 사이드는 아우에르바흐가 『미메시스』에서 보여주었던 세속적 비판의식을 가지고 유럽중심주의 이데올로기로 인해 "문학과 연관되어 있으나 문학과 함께 고려되는 것으로부터 배제된 글"을 다룰 수 있다고 말한다(Said, *World* 24). 사이드는 아우에르바흐의 비판의식을 통해 아우에르바흐의 세계문학에 대한 비전을 발전시킨다. 사이드의 해석을 통해 아우에르바흐가 『미메시스』에서 추적한 민중들의 일상생활의 재현은 유럽의 경계를 넘어서 세계로 확장될 수 있다. 그러나 역으로 민중들의 일상생활의 재현에 대한 아우에르바흐의 관심과 민족의 경계를 넘어설 것에 대한 그의 요청이 사이드의 세계문학에 대한 비전을 잉태했다고 볼 수 있다. 이런 점에서 아우에르바흐의 지적 유산의 가치를 되새기는 작업은 계속되어야한다.

인용문헌

Amend, Edward W. "Mimesis as History: Erich Auerbach's Theory of Literary Representation." *Annals of Scholarship: Metastudies of the Humanities and Social Sciences* 3. 1 (1984): 15-27.

Ankersmlt, Frank. R. "Why Realism? Auerbach on the Representation of Reality." *Poetics Today* 20.1 (1999): 53-75.

Auerbach, Erich. *Dante: Poet of the Secular World*. Trans. Ralph Manheim. Chicago: U of Chicago P, 1961.

______. "Figura." Trans. Ralph Manheim. *Scenes from the Drama of European Literature*. Minneapolis: U of Minnesota P, 1984. 11-76.

______. *Introduction to Romance Languages and Literature*. Trans. Guy Daniels. New York: Capricorn, 1961.

______. *Literary Language and its Public in Late Latin Antiquity in the Middle Ages*. Trans. Ralph Mahheim. London: Routledge, 1965.

______. *Mimesis: The Representation of Reality in Western Literature*. Trans. Willard R. Trask. Princeton: Princeton UP, 1974.

______. "Philology and *Weltliteratur*." Trans. Maire and Edward Said. *Centennial Review* 13 (1969): 1-17.

______. "Vico and Aesthetic Historism." *The Journal of Aesthetic and Art Criticism* 8 (1949): 110-18.

______. "Vico's Contribution to Literary Criticism." *Time, History, and Literature: Selected Essays of Erich Auerbach*. Ed. James Porter. 3-10.

Bathi, Timothy. "Auerbach's Mimesis: Figural Structure and Historical Narrative." *After Strange Texts: The Role of Theory in the Study of Literature*. Ed. David L. Miller. University: U of Alabama P, 124-45.

Carroll, David. "Mimesis Reconsidered: Literature, History, Ideology." *Diacritics* 5.2 (1975): 5-12.

Costa-Lima, Luiz. "Erich Auerbach: History and Metahistory." *New Literary History* 19.3 (1988): 467-99.

DePietro, Thomas M. "Literary Criticism as History: The Example of Auerbarch's Mimesis." *CLIO* 8.3 (1979): 377-87.

Green, Geoffrey. "Erich Auerbach and the 'Inner Dream' of Transcendence." *Literary History and the Challenge of Philology*. 214-26.

______. *Literary Criticism & the Structures of History: Erich Auerbach & Leo Spitzer*. Lincoln: U of Nebraska P, 1982.

Gumbrecht, Hans Ulrich. "'Pathos of the Earthly Progress': Erich Auerbarch's Everydays." *Literary History and the Challenge of Philology*. Ed. Seth Lerer. 13-35.

Holdheim, W. Wolfgang. "Auerbach's *Mimesis*: Aesthetics as Historical Understanding."

CLIO 10.2 (1981): 143-54.

______. "The Hermeneutic Significance of Auerbach's *Ansatz*." *New Literary Hisotry* 16.3 (1985): 627-31.

Lerer, Seth. (ed.) *Literary History and the Challenge of Philology: The Legacy of Erich Auerbach*. Stanford: Stanford UP, 1996.

Mufti, Aamir R. "Auerbach in Istanbul: Edward Said, Secular Criticism, and the Question of Minority." *Critical Inquiry* 25.1 (1998): 95-125.

Porter, James I. Introduction. *Time, History, and Literature: Selected Essays of Erich Auerbach*. Ed. James Porter. ix-xlv.

______. (ed.) *Time, History, and Literature: Selected Essays of Erich Auerbach*. Trans. Jane O. Newman. Princeton: Princeton UP, 2014.

Said, Edward. *Culture and Imperialism*. New York: Vintage, 1994.

______. "Erich Auerbach, Critic of the Earthly World." *boundary 2*. 31.2 (2004): 11-34.

______. *Orientalism*. New York: Vintage, 1979.

______. *The World, the Text, and the Critic*. Cambridge, MA: Harvard UP, 1983.

Tateskin, Emel. "Said on Auerbach: Hospitality, or How the Western Canon transformed into *Weltliteratur*." *Arcadia* 49.2 (2014): 301-22.

Uhlig, Claus. "Auerbach's 'HIdden'(?) Theory of History." *Literary History and the Challenge of Philology*. Ed. Seth Lerer. 36-49.

Wellek, René. "Auerbach's Special Realism." *Kenyon Review* 16.2 (1954): 299-307.

______. "Erich Auerbach (1892-1957)." *Comparative Literature* 10.1 (1958): 93-95.

논평과 토론

역사의 재현, 재현의 역사

– 아우에르바흐의 『미메시스』

조주관 사실 아우에르바흐의 저서 『미메시스』를 다 읽지 못했습니다. 읽었어야 고준담론의 토론을 할 수 있는데 미안합니다. '미메시스'라고하면, 문학이란 무엇인가, 예술이란 무엇인가에 대한 답으로 예술창작에 대한 기본 원리인 '모방 내지 현실의 재현' 정도로만 알고 있습니다. 아는 것이란 플라톤이나 아리스토텔레스가 내린 정의 정도입니다. 아리스토텔레스는 예술을 '자연의 모방'으로 말하고 있습니다. 그런데 아우에르바흐는 『미메시스』의 부제목을 '현실의 묘사'로 붙였습니다. 여기서 아리스토텔레스가 말하는 '자연'하고, 아우에르바흐가 말하는 '현실'이라는 개념이 상당한 차이가 있는 겁니까?

양석원 제가 플라톤, 아리스토텔레스 전문가는 아니라서, 아주 자세하게 비교해서 말씀드릴 수는 없지만, 아까 제가 발표문에서 언급한 것을 토대로 말씀을 드리면, 결국 플라톤은 이데아를 모방하는 것이기 때문에, 굉장히 이상적인 것이겠죠. 아리스토텔레스가 자연의 모방이라고 했을 때, 그것은 우리가 살고 있는 현실이라기보다는 그 어떤 질서를 의미하는 것으로 볼 수가 있을 것 같습니다. 그에 반해서 아우에르바흐가 보는 리얼리티라는 것은, 어떤 이상적인 질서라든지 그런 것보다는 훨씬 더 당대 사람들이 살았던 현실, 굉장히 구체적이고, 물리적이고 물질적인 그런 현실의 재현에 관심을 많이 가졌던 것 같아요, 제가 보기에는. 제가 이 책에 대해서 관심을 가졌던 것은 사실 『미메시스』라는 제목, 이것이 무엇을 의미하느냐에 대한 관심이었지만, 2천년이 넘는 역사를 다 리얼리즘이라는 용어로 묶어서 설명한다는 것은 굉장히 처음부터 놀라운 일이었고, 궁금한 일이었습니다. 그런데 이것을 제가 읽고 글을 쓰고 하면서 본 것은, 아까 선생님이 말씀하신 것처럼, 아우에르바흐의 관심 자체가 단순히 무엇에 대한 모방이 아니라 근본적으로는 일상적인 삶의 재현에 천착하였다, 그런 비전이 있었기 때문에 2천년이 넘는 역사를 통시적 관점에서 기술할 수 있었다는 것입니다. 그래서 아리스토텔레스가 이상적인 것의 모방을 목표로 삼았다면, 아우에르바흐는 일상적인 삶, 상당히 가변적이고 하층민적이고 민중적 현실을 어떻게 재현하고 모방하는가에 더 구체적인 관심을 가졌다는 데 차이가 있다고 말씀드릴 수 있겠습니다.

조주관 『미메시스』하면 자연히 리얼리즘하고 연관이 될 수밖에 없습니다. 리얼리즘을 정의할 때, 일반적으로 간략하게 '현실의 객관적 반영'이라고 합니다. 여기서 '현실' 즉 '리얼리티(Reality)'를 어떻게 보느냐에 따라 리얼리즘의 정의는 다양하게 설명될 수 있습니다. 러시아에서 바체슬라프 이바노프(Vyacheslav Ivanov)라는 사람은 리얼리티(현실)를 라틴어로 '레알리아(Realia)'와 '레알리오라(Realiora)'로 구분합니다. '레알리아'는 "보이는 가시적 세계이지만, 참 진실의 세계가 아닌 세계"이며, '레알리오라'는 "보이진 않지만, 가시적이지는 않지만 참 진실의 세계"입니다. 레알리오라는 플라톤의 이데아와 유사하다고 할 수 있습니다. 또 러시아 언어학자이며 문학평론가인 로만 야콥슨은 <예술적 리얼리즘이란 무엇인가>라는 논문에서 리얼리즘이라는 개념의 모호성과 허구성을 잘 지적했습니다. 현실을 작가의 입장에서 독자의 입장에서 어떻게 생각하느냐에 따라, 리얼리즘은 작가나 독자의 주관적 관점에 따라 정의가 달라질 수 있습니다. 리얼리즘의 형식적 특성에 따라 세부묘사나 작품의 장르적·형식적 특성을 강조하기도 합니다. 러시아문학사에선 리얼리즘하면, 일반적으로 시대성과 역사성을 반영하여 리얼리즘에 대한 담론을 펼칩니다. 러시아에서는 19세기는 비판적 리얼리즘의 시대이고, 20세기 사회주의 리얼리즘의 시대로 정의합니다. 리얼리즘에 대한 정의에 시대성과 역사성이 안 들어갈 수 없는데, 언어학자나 미학이론가들은 시대성과 역사성의 배제하고 정의합니다. 그리하여 '레알리아'와 '레알리오라'로 나눌 수도 있고, 주체의 관점에 따라 다르게 설명되기도 합니다. 많은 사람들이 리얼리즘을 좀 더 자기 식으로 해석하기 위해 리얼리즘 앞에 수식어를 다양하게 붙이기도 합니다. 비판적 리얼리즘, 사회주의 리얼리즘, 낭만적 리얼리즘, 주관적, 객관적, 환상적 리얼리즘, 등등. 아우에르바흐 같은 경우에는 아우에르바흐 같은 경우에는 리얼리즘 앞에 다양한 수식어를 붙여가면서, "수사적 리얼리즘, 회화적 리얼리즘, 궁정풍 리얼리즘, 비유적 리얼리즘, 인간적 비극적 리얼리즘, 피조물적 리얼리즘" 등으로 구분하면서, 역사성을 그 시대의 특성, 즉 도미넌트(지배소)로 이야기 하고 있습니다. 리얼리즘을 이야기할 때, 역사성이나 시대성을 배제한다면 어떻게 될까요?

양석원 그 문제에 대해서 제가 자문을 드리기는 사실 어렵고, 제가 발표한 주제—아우에르바흐의 관심사—와는 조금 다르지만, 아우에르바르가 여러 가지 수식을 붙이면서 리얼리즘을 정의한 것은, 리얼리즘이 그 시대를 재현, 반영하는 것이라고 보기 때문에, 리얼리즘의 변주를 통해서, 특히 문체를 가지고 분석한다는 점이 새롭지요. 문체를 매우 자세하게 분석한다는 것은 단순히 내용을 모방하는 것이 아니라, 그것을 모방하는 방법 자체가 어떻게 다른가를 얘기하는 것이기 때문에. 그리고 그 시대의 계급이라든지 변화 특히 정치·경제적 변화를 분명히 연관시키고 있다는 점에서 선생님께서 말씀하신 것처럼 역사적인 것을 떠나는 리얼리즘은 있을 수 없고, 선생님께서 말씀하신 그런 정의가 있다면 아마도 로만 야콥슨처럼, 다른 범주에서 논의가 가능할 것 같아요. 역사나 시대에 대한 얘기보다는 언어학적 관점에서 모방한다는 것이 어떤 것인가 하는, 그런 다른 범주에서 이야기 할 수 있지 않을까 생각이 됩니다.

또 한 가지, 처음에 리얼리티를 라틴어로 두 가지로 구분해서 말씀하셨는데, 사실은 아우에르바흐도 민중적인 운동이라든지, 역사적인 동력 같은 것을 이야기할 때, 사실 추상성을 완전히 피할 수는 없었죠. 그런 운동, 정신적인 운동(spiritual movement) 같은 게 있었다고 해서, 그것을 2천년부터 추정하려 한다면 주관성을 완전히 피할 수 없는 것 같아요. 자기 자신도 그런 정신이라든지 정신적인 운동이 출현해서 발전했다고 이야기하려면, 결국 추상적인 개념을 완전히 배제할 수 없는 것이고, 또 아까 말씀하신 것처럼 리얼리즘을 어떤 객관적 사실의 묘사에 한정시킨다면, 아우에르바흐가 보는 것은 자신의 뚜렷한 역사관에 의해 정의된 리얼리즘이라고 평가할 수 있지 않을까 저는 생각합니다만. 그래도 결국 아우에르바흐가 객관적인 것을 놓치고 완전히 주관적인 관점에서만 봤다고 말하긴 어려운 것 같아요. 상당히 상세하게 당대 사회에 관한 사실적 기술도 같이 제시하기 때문이지요. 답변이 되었을지 모르겠습니다.

조주관 잘 아시다시피 19세기 러시아에는 두 문호 도스토옙스키와 톨스토이가 있습니다. 톨스토이 같은 경우는 비판적 리얼리즘에 잘 맞습니다. 그런데 도스토옙스키 같은 경우, 비판적 리얼리즘이란 개념이 잘 어울리는 것은 아닙니다. 도스토옙스키는 자신의 리얼리즘을 "고차원의 리얼리즘"이라 주장했습니다. 그래서 그 "고차원의 리얼리즘"에 대한 다양한 담론이 나왔습니다. 도스토옙스키가 생각하는 현실은 가시적 현실뿐만 아니라, 작가가 생각하고 있는 환상, 망상, 공상, 몽상, 꿈, 심리 등 모든 비가시적 현실의 종합체입니다. 비평가에 따라 그것을 '심리적 리얼리즘,' '영혼(넋)의 리얼리즘,' '환상적 리얼리즘', 또는 '낭만적 리얼리즘'으로 말하기도 합니다. 도스토옙스키는 리얼리즘을 자기 주관에 따라 정의하고 있습니다. 이런 것을 볼 때에, '아! 야콥슨의 리얼리즘 이론이 나름대로 적용 가능한 훌륭한 이론 아닌가!'라고 한번 생각해본 적이 있습니다. 하여간 우리는 일반적으로 시대성과 역사성을 배제한 리얼리즘에 대해 잘 이야기를 안 한단 말입니다.

양석원 흥미로운 포인트라고 생각합니다.

조주관 그래서 『미메시스』 같은 경우에 특히 19세기와 그 이전에 대해 어떻게 평가하고 있을까 궁금합니다. 그 부분에 대해 알기 위해선 꼭 읽어봐야 될 것 같습니다.

양석원 사실 러시아 작가들에 대한 이야기도 잠깐 나오는데, 러시아에서는 부르주아 계급이 상대적으로 약했기 때문에, 오히려 기독교적인 영향이 훨씬 컸고, 기독교적인 영향도 있지만, 가부장제적인 면도 컸다. 그러면서 매우 긍정적으로 평가하는 것 같아요. 리얼리즘 역사에서 중요한 공헌을 한 것으로 말입니다. 그런데 많이 언급되고 있지는 않습니다.

이경훈 여러 가지 공부가 되었습니다. 김장환 선생님이 『태평광기』 소설류의 여러 가지를 '기'·'환'의 개념으로 설명해 주셨습니다. 그런데 『미메시스』를 쓴 아우에르바흐라면, 김장환 선생님께서 말씀하신 '기'·'환'이라는 소설의 원칙이나 개념을 어떻게 설명할 수 있을지 궁금합니다.

양석원 재밌는 질문이십니다. 사실 저도 아까 김장환 선생님의 발표를 들을 때, 제가 그 분야에 대해서는 모르지만, 재밌게 들었던 것은, 『태평광기』가 왕이 편찬하라고 해서 한 건데, 그 내용을 보면 방대하고, 민중들의 이야기, 공식 역사에서 거론되지 않는 것들이 많이 들어가 있다는 점이 굉장히 흥미로웠습니다. 공식적인 문헌에 민중들의 이야기들이 어떤 형식으로 들어올 수 있었는가, 충돌은 없었는가 하는 궁금증을 가졌어요. 민중들의 기이한 이야기에 여러 가지 은폐된 형식으로, 지배 계층에 대한 비판도 많이 있을 수 있기 때문이지요. 아까 잠시 언급을 하셨던 것 같기는 해요. 그것을 편집하는 과정에 그런 것들을 통제하는 면이 없지 않았다고 말씀하셨는데. 사실은 제가 관심을 갖고 있는 것은, 그런 것들이 통제가 되어도 결국 어떤 형태로든 드러나는 면이 있을 수 있다는 점입니다. 제가 읽어봐야지 그런 것들을 감을 잡을 텐데, 그런 것들이 궁금했어요. 왕조에 의해서 편찬된 것들이 과연 민중적인 것들을 담아낼 수 있을 것인가. 어느 정도 통제가 되었다면, 통제가 되는 과정에서 완전히 필터링이 되지 않고 남아 있는 것이 있지 않을까 저는 그런 궁금증이 있었습니다.

그런데 『미메시스』에는 동양적인 것에 대한 이야기가 전혀 없단 말이에요. 탈식민주의적 관점에서 보면 이런 점이 오리엔탈리즘적인 것으로 비판을 받을 수도 있습니다. 아우에르바흐가 생각하는 세계문학은 유럽에 제한되어 있기 때문이지요. 아까 소설 개념에 대해서도 말씀하셨지만, 동양적으로 서술하는 방식과 서양적인 리얼리즘의 기술 방식에 어떤 접점이 있고 어떤 차이가 있을까, 제가 잘 알지 못하지만 상당히 궁금한 부분이었습니다. 제가 『금오신화』도 잘 모르고, 『홍길동전』의 내용도 구체적으로는 모르기 때문에, 그런 것들이 아무래도 문화권의 차이라고 볼 수는 있을 것 같아요. 앤더슨(Benedict Anderson) 같은 사람은 중국 문화권이 있었고, 그와 다른 로마 중심의 문화권이 있었다는 식으로 대별을 하니까, 근본적으로 세계를 인식하는 세계관이나 방식 자체가 달랐다고 볼 수는 있습니다. 하지만 민중들의 생각들, 도전이랄 수도 있고, 풍자일 수도 있는 것들이 근대 리얼리즘의 요소로 들어갈 수 있다는 점에서는 공통점도 있지 않을까 추측해 봅니다. 민중적인 것들이 어떻게 반영되었는가 하는 점은 김장환 선생님이 더 잘 대답해 주실 수 있을 것 같습니다.

조주관 러시아 작가 불가코프의 『거장과 마르가리타』라는 소설이 있습니다. 그 소설을 일반적으로 '그로테스크 리얼리즘 소설' 또는 '환상소설'이라고 합니다. 내용은 소비에트 시대의 현실을 비판하는 것입니다. 여기에 종교 이야기, 각종 귀신이야기, 영웅서사시, 마녀와 마법사 이야기, 등 아까 선생님들이 발표하신 내용과 비슷한 온갖 이야기들이 다 나옵니다. '그로테스크 리얼리즘'이란 개념은 외국어 개념이라 쉽게 이해가 되지 않습니다. 그런데 제가 오늘 김장환 선생님 발표를 할 때, '아, 불가코프 소설의 이야기들이 바로 기환이다. 이 용어를 사용하면 좋겠구나.' 한 가지 아이디어를 얻었습니다. 불가코프 소설의 장르 역시 일종의 '기환소설'이라 부르면 좋지 않을까 생각했습니다.

양석원 '기환'이라는 말이 보편적으로 쓰이나요?

백영서 잘 안 쓰이죠?

김장환 제가 그것을 통괄을 하려고 찾아보았는데, 딱 두 가지로 집약이 되었습니다. 아까도 말씀드렸지만, '기'는 현실 속에 분명히 존재하는데 굉장히 특이해요. 일상적이지 않고, 뭔가 정도에서 벗어나 있고, 중심에서 벗어나있고, 새롭고 참신한 것을 다 포함하는 거죠. '환'은 비현실적인, 일상에 존재하지 않는 거죠. 신선·여선(女仙) 이야기, 부처와 관련된 이야기, 귀신에 관한 이야기, 이런 것들이 '환'에 속하는데, 전체를 분류하면서 크게 개괄을 해서 이걸 어떻게 표현할까 생각하다가 기와 환으로 표현할 수 있지 않을까 해서 개괄해 보았습니다. 물론 기나 환이라는 것은 그 전부터 중국문학에서 사용하는 개념들입니다. 이것을『태평광기』에 적용하려고 해본 거죠.

이경훈 두 분의 발표와 토론을 잘 들었습니다.

도스토옙스키와 뭉크의 대화적 상상력

조주관(연세대, 노어노문학과)

I. 문학과 미술의 상호텍스트성

오늘날 예술의 경계는 점점 무너지고 해체된 상황에 이르렀다. 이러한 상황에서 문학과 미술의 상호연관성에 대한 관심은 공존의 적극적인 모색이라 할 수 있다. 문학과 미술의 대화는 비교문학론이나 상호텍스트성을 토대로 한 연구라 할 수 있다. 1960년대 헨리 레마크(Henry H. H. Remark)는 비교문학의 영역에 비교예술을 포함시키는 것은 물론 인간의 인식이 관여하는 다른 영역에 대한 문학의 비교(유추나 대조)를 포함시켜 비교문학의 영역을 확대하고자 했다. 그는 비교문학을 "지식과 신념의 다른 영역, 예컨대 예술(회화·조각·건축·음악), 철학, 역사, 사회과학(정치학·경제학·사회학), 과학, 종교 등 사이의 관계 연구"[1]라고 하였다. 문학과 미술의 상호조명은 인간의 인식을 확장하고 또한 예

1 헨리 레마크, 이혜순 역, "비교문학, 그 정의와 기능", 이혜순 편, 비교문학 (서울: 중앙출판, 1980) 178쪽.

술 감상의 수평적 질서를 구축하여 보편적인 사상과 감정을 확인하는 방법이다.

문학과 미술에서 새로운 텍스트는 없다는 상호텍스트성에 대한 논의는 문학과 미술의 수평적 결합에 대한 이론적 근거를 제공한다. 상호텍스트성은 일반적으로 한 텍스트가 다른 예술 텍스트와 맺고 있는 상호관련성을 말한다. 그리하여 '인용', '모방', '번역', '패러디', '표절', '인유', '고쳐 쓰기', '기억의 시학', 그리고 '패스티쉬' 등의 익숙한 개념들은 넓은 의미에서 상호텍스트성의 범주로 이야기할 수 있다. 상호텍스트성은 원래 미하일 바흐친의 대화주의 이론에 뿌리를 두고 있다. 줄리아 크리스테바가 바흐친을 프랑스에 소개하는 과정에서 대화주의를 텍스트의 문제와 연관시켜 새롭게 재해석하면서 상호텍스트성의 개념이 제기되었다. 바흐친에 의하면 모든 텍스트는 그 자체로 완결된 닫힌 세계가 아니라, 무수한 텍스트의 흡수이고 변형이다. 그리하여 하나의 언술은 본질적으로 다른 언술들과의 연관성 없이는 존재하지 않는다. 개개의 언술이 다른 언술들과 갖는 관계를 지칭하기 위하여 바흐친은 대화성이라는 용어를 사용한다. 의미의 다가성(多價性)을 갖는 이 용어는 가장 기본적인 수준에서 두 개의 언술 사이의 모든 관계가 상호텍스트적이라는 것을 설명해주는 말이다. 바흐친의 이러한 영향을 받은 크리스테바에 따르면, "모든 텍스트(발화)는 마치 모자이크와 같아서 여러 인용문들로 구성되어 있다. 모든 텍스트는 어디까지나 다른 텍스트들을 흡수하고 변형시킨 것에 지나지 않는다"[2]는 것이다. 결국, 상호텍스트성이란 한 마디로 어느 한 텍스트가 다른 텍스트들과 맺고 있는 상호관련성을 가리킨다. 그런데 이러한 상호텍스트성은 사실상 매우 넓은 스펙트럼을 차지하는 포괄적인 개념이다. 좁은 의미에서 상호텍스트성은 문학작품들 사이에서 이루어지는 모방과 변주의 문제를 다루고 있으나, 넓은 의미로는 예술

---

2 Julia Kristeva, Desire in Language: Semiotic Approach to Literature and Art, ed. Leon S. Roudiez, trans. Thomas Gora, Alice Jardine, and Leon S. Roudiez (New York: Columbia University Press, 1980), p. 66.

장르를 초월하여 이루어지는 대화의 문제를 다루기 때문이다. 그러나 모든 학자들이 상호텍스트성의 개념에 일치된 의견을 보이는 것은 아니다. 츠베땅 토도로프는 한 텍스트가 다른 텍스트를 환기하는 것으로 상호텍스트성을 설명한다. 볼프강 이저와 레나테 라흐만은 상호텍스트성을 텍스트에 나타나는 "문화적 기억"의 행위로 간주하고 있다.[3]

이 모든 해석들을 종합해 볼 때, 상호텍스트성의 개념은 공개적이거나 은밀한 인용, 인유, 기억, 그리고 패러디를 통해서 이전의 텍스트가 지닌 특성을 이후의 텍스트가 흡수하는 것을 의미한다. 혹은 하나의 예술 텍스트가 공통의 예술적 규약들과 관례들에 단순히 참여함으로써 다른 텍스트들의 메아리가 되거나, 그 텍스트들과 불가피하게 연결되는 여러 가지 방법들을 포괄적으로 가리킨다. 상호텍스트성에 대한 최근의 연구는 "기억의 시학"이라는 이름으로 문학비평가들의 관심을 끌고 있다는 것이 특징이다. 특히 문화와 관련된 기억의 문제가 상호텍스트성의 중요 화두로 제기되고 있다.[4]

이처럼 문학과 예술 혹은 삶의 전반적인 영역들에서 실현되고 있는 상호텍스트성의 개념을 문학과 미술의 상호 관계를 파악하는데 적용하는 것은 아주 의미 있고 흥미로운 작업이 될 수 있다. 여기서 필자의 관심은 문학텍스트에서 발생하는 상호텍스트성의 문제가 아니라, 상이한 예술 매체인 문학과 미술 사이에서 이루어지는 상호텍스트적 대화에 집중되어 있다. 문학과 미술의 만남과 대화에 대한 이야기는 예전부터 많은 연구자들에게 끊임없이 관심거리가 되어왔지만, 특히 러시아 소설가 도스토옙스키와 노르웨이 화가 에드바르 뭉크의

---

3 Renate Lachmann, Memory and Literature: Intertexuality in Russian Modernism (Minneapolis: University of Minnesota Press, 1997)을 참조.

4 Renate Lachmann, Memory and Literature: Intertexuality in Russian Modernism (Minneapolis: University of Minnesota Press, 1997)에 기억과 문화의 상호관련성에 대한 재미있는 담론의 장이 펼쳐져 있다.

상호관련성은 아직까지 본격적인 연구가 이루어지지 않았다.

지금까지 도스토옙스키와 미술에 대한 기존의 연구 논문은 주로 『악령』, 『미성년』, 그리고 『우스운 인간의 꿈』에 소개된 유토피아를 묘사한 클로드 로랭의 그림 「아시스와 갈라테아」과 『백치』에 나오는 홀바인의 그림 「관속의 그리스도」를 반복적으로 소개하는 것에서 벗어나지 못하였다. 뭉크에게 절대적인 영향을 끼친 도스토옙스키에 대한 연구는 전혀 없는 실정이다. 뭉크의 회화에 대한 미술평론가들의 연구 역시 주로 그의 그림을 화가 개인의 불행한 삶과 연관시킨 천편일률적인 해석의 반복에서 벗어나지 못하였다. 평론가들 가운데 소수는 "뭉크의 그림 세계가 문학과 근접해 있거나 밀접한 관계가 있다"[5]는 점을 지적하였으나, 그들의 관계성을 구체적으로 밝히지는 못했다. E. 파노프스키의 용어를 빌리면 도상의 일차적 주제와 이차적 주제의 이해와 파악에서 벗어나지 못한 것이다. 뭉크는 상상력을 발휘하여 그림 텍스트를 통해 도스토옙스키와 대화하였다. 그들의 상호텍스트적인 대화를 이해하기 위해서는 도상해석학적 단계의 분석이 필요하다. 여기서 도상해석학적 단계란 뭉크의 그림이 갖는 상징적 가치나 내재적 의미를 필자 개인의 종합적 직관을 통해 파악하고 이해하는 일이다.[6] 그리하여 본 논문은 도스토옙스키의 소설 텍스트에 나타난 작중인물들의 이미지가 에드바르 뭉크의 도상(그림) 텍스트에 어떻게 전이되어 나타났는가를 연구 분석하고자 한다. 이 연구는 뭉크의 미술에 대한 새로운 해석의 지평을 확대시켜 줄 것이다.

---

5 스테펜 크베넬란. 권세훈 옮김, 뭉크, (서울: 미메시스, 2014) 110쪽.

6 에르빈 파노프스키, 이한순 옮김, 도상해석학 연구, (서울: 시공아트, 2009). 에르빈 파노프스키는 도상해석을 전(前)도상학적 단계, 도상학적 단계, 도상해석학적 단계로 나누어 설명하고 있다. 전(前)도상학적 단계는 도상에서 감각적으로 발견되는 사실적이고 표현적인 요소를 찾는 단계이고, 도상학적 단계는 예술 텍스트를 이해하기 위해 문화 코드(성서, 신화, 역사 등)를 이해하는 단계이고, 도상해석학적 단계는 상징적 가치나 내재적 의미를 개인의 종합적 직관을 통해 파악하고 이해하는 단계를 말한다.

II. 북유럽 예술가들의 삶과 예술관에 나타난 평행이론

1. 삶의 평행이론

평행이론이란 서로 다른 시대를 사는 두 사람의 운명이 같은 패턴으로 전개될 수 있다는 이론이다. 러시아 작가 표도르 미하일로프스키 도스토옙스키(1821-1881)와 노르웨이의 천재 화가 에드바르 뭉크(Edvard Munch, 1863~1944)는 활동하던 시기와 공간이 서로 차이가 나는데도 불구하고 그들의 삶과 관심사는 마치 도플갱어(Doppelganger)처럼 유사하다. 그들의 비슷한 삶과 관심은 그들을 이어주는 끈이 되었고, 정신적으로 영향 관계에 있을 수밖에 없었다. 먼저 두 대가의 비극적인 생애에 대한 비교를 통해 유사성을 살펴볼 수 있다.

첫째로 도스토옙스키와 뭉크의 가정환경이 유사하다. 도스토옙스키는 1821년 모스크바의 마린스키 자선병원(빈민들을 위한 병원)에 근무하던 가난한 군의관의 둘째 아들(칠남매 중)로 태어났고, 뭉크는 1863년 노르웨이 크리스티아니아(오늘날 오슬로)의 빈민촌에서 활동하던 궁핍한 군의관의 둘째 아들(오남매 중)로 태어났다. 그들은 모두 가난한 집안에서 태어나 어려운 삶을 살았다. 아버지 크리스티안 뭉크는 독서광으로 외형상 자신과 매우 유사한 삶을 살았던 러시아 작가 도스토옙스키의 책을 가족들에게 자주 소리 내어 읽어주었다.[7]

7 수 프리도, 윤세진 옮김, 에드바르 뭉크, (서울: 을유문화사, 2008) 108~109쪽. "바로 그 해, 도스토옙스키가 사망했다. 크리스티안은 성인이 된 이후로 사회 환경과 관심사에서 자신과 매우 유사한 외적 삶을 기록한 그 위대한 러시아인의 책을 읽었다. 비참함과 질병, 가난이라는 조건, 그리고 국가의 압제라는 상황에 놓였다는 점에서 거의 유사했던 그들은 인간과 인간, 그리고 인간과 신의 관계에 천착했다. 아마도 비극은 양심의 비극이었을 것이다. 죄의식과 구원, 그리고 개인과 세대의 고통을 감지하는 불가항력적 의식 속에 자리 잡은 양심에 대한 이런 진지한 접근은 크리스티안에게 도덕적인 지도를, 즉 자신이 선택한 엄혹한 길, 그뤼네르뢰켄을 관통하는 그 길을 지나가는 식으로 도스토옙스키의 작품을 읽었기 때문에, 그가 그 작품들을 가족에게 소리 내어 읽어 주었을 때 그것은 자기 자신과 가족들에게 자신이 선택한 길이 옳았음을

둘째로 두 예술가는 각종 질병에 시달리는 환자였다. 도스토옙스키는 평생의 고질병인 후두염과 간질병을 앓고 있었고, 뭉크도 결핵뿐만 아니라 만성 천식 기관지염과 심각한 류머티즘 열병을 앓았다. 뭉크는 신경쇠약에 시달리면서 정신병원에서 입원한 적이 있었다. 크리스티안 뭉크의 가정은 엄격하게 청교도주의를 따랐고, 뭉크는 우울증과 강박적인 종교관에 시달렸다. 도스토옙스키는 평소 정신분열증에 남다른 관심을 보였고, 정신분열에 대한 소설『분신』을 직접 창작하기도 했다. 두 예술가 모두 현대인들의 외로움과 질병을 예술작품에 잘 담아냈다.

셋째로 두 예술가는 아버지와의 갈등이 컸다. 도스토옙스키는 평소 엄격하고 신경질적이고 인색하고 의심이 많은 아버지와의 관계가 좋지 않았다. 그의 아버지는 시골 영지에서 농노들에게 피살되었다. 뭉크 역시 특이한 성격의 아버지와 애증 섞인 갈등 관계에 있었다. 까다로운 성격의 아버지는 신경과민 증상을 보였고, 가끔은 광신도처럼 종교에 미쳐 있었다. 도스토옙스키와 뭉크의 부친은 둘 다 비정상적이면서도 과격한 성격의 소유자였다. 도스토옙스키는 아버지의 강권으로 형과 함께 페테르부르크에 있는 공병학교 입학했다가 자퇴하였다. 훗날 그는 공병학교에 입학한 것이 잘못된 결정이었다고 회고했다. "나와 미샤 형을 공병학교에 입학시키기 위해 페테르부르크로 데려갔다. 그때 내 나이가 16살이었다. 그 일은 우리의 일을 망쳐버렸다. 내 생각에 이건 실수였다." 아버지 크리스티안 뭉크 역시 아들 에드바르 뭉크가 장차 기사(技師)가 되기를 원하였다. 부친의 뜻에 따라 공업고등학교에 입학하였으나, 얼마 후 그만두고

표명하고 해명하는 수단이었다. 도스토옙스키는 '기존 사물들의 질서 안에서는 도덕적으로 **가장 선한** 자들이 사회적 관점에서 보면 가장 약한 자들이며, 그들은 모욕당하고 상처받은 가난한 민중이 될 운명에 처해 있다는 만고불변의 새로운 진리'를 신성화함으로써 이 가족의 삶을 보증해 주었다. 크리스티안은 도스토옙스키의 텍스트를 가족과 함께 공유함으로써 자기 정당화에 이를 수 있었다. '당신의 가난이 우리 어머니와 자매들을 죽였습니다'라는 가상의 비난에 대해, 그는 이렇게 답할 수 있었다. '그 반대로, 나의 미덕이 그들을, 그리고 나를 성인이 되게 했다고."

화가가 되고자 학교를 그만두었다. 도스토옙스키와 뭉크는 한 때 공업학교에 다녔으나 도중에 그만두고, 각자 소설가와 화가의 길을 택하였다.

넷째로 두 예술가는 죽음에 대한 정신적 외상(Trauma)을 갖고 살았다. 그들은 어릴 적에 가족을 잃고 아픈 기억으로 고통 받는 괴로운 사람들을 그렸다. 둘 다 평생 불안에 떨며 불행하게 살았기 때문에 인간의 외로움을 누구보다도 잘 이해하였다. 도스토옙스키는 문학으로 자신의 상처를 치유하면서 힘든 시기를 견뎌냈고, 뭉크는 그림으로 상처를 치유하면서 살았다. 도스토옙스키는 16살 되던 해에 어머니 마리야가 갑자기 폐결핵으로 세상을 떠났고, 뭉크가 5살 되던 해에 그의 어머니는 동생 잉게르를 낳고 나서 얼마 후 역시 폐결핵으로 사망하였다. 죽음은 도스토옙스키에게 친구처럼 늘 따라 다녔다. 그는 일생 내내 어머니의 죽음(16살 때), 자신의 사형선고(27살 때), 아버지의 죽음(19살 때), 아내의 죽음(40살 때), 형의 죽음, 친구의 죽음, 그리고 아들의 죽음(막내아들)을 직접 목격해야만 했다.[8] 뭉크 역시 14살이 되던 해에 누이 소피마저 병으로 세상을 떠났고, 다른 동생 안드레아스까지 사망하였다. 여동생 로라도 후에 우울증 진단을 받고, 정신병원에서 생을 마감해야했다. 이처럼 도스토옙스키나 뭉크 모두 죽음의 트라우마 속에서 살 수 밖에 없었다. 뭉크는 죽음에 대한 두려움을 다음과 같이 표현했다.

"질병과 광기, 죽음은 내 요람을 지켰던 천사였고, 그때부터 평생 나를 따라다녔다. 나는 일찍이 인생의 고통과 위험, 내세, 지옥에서 아이들을 기다리는 영원한

---

8 도스토옙스키가 18살이 되던 해에 시골 영지에서 생활하던 아버지가 농노들에게 살해되었다. 방탕하고 성격이 포악한 아버지는 농노들을 가혹하게 다루었고, 이에 분노한 농노들이 그의 목을 졸라 살해하였다. 1849년(28살)에는 페트라셰프스키 사건에 연루되어 사형선고를 받았으나 감형되어 8년 동안 시베리아 감옥에서 유형생활을 하였다. 1864년에는 첫 번째 아내 마리야 드미트리예브나가 폐병으로 숨을 거두었고, 평소 존경하던 형 미하일도 죽었고, 최고의 친구 아폴론 그리고리예프도 죽었다. 후에 어린 아들 알렉세이 역시 간질발작으로 숨을 거두었다.

형벌에 대해 배웠다........ 아버지는 불안감에 사로잡히지 않을 때에는 어린아이 처럼 우리와 같이 장난치며 놀았다....... 우리를 혼낼 때에는 거의 제정신이 아닌 것처럼 폭력을 휘둘렀다....... 어릴 적 나는 늘 내가 부당한 대접을 받고 엄마도 없으며 몸은 아프고 뇌리에서 떠나지 않는 지옥 벌의 위협을 받는 느낌이었다."[9]

다섯째로 도스토옙스키와 뭉크는 여성으로부터 상처를 입은 작가들이다. 도스토옙스키는 형기를 마치고 수도 페테르부르크로 돌아왔으나 주변 상황이 좋지 않았다. 그의 첫사랑은 시베리아 유형지에서 만난 유부녀 마리아 이사예바였다. 그녀가 미망인이 되자마자 결혼하였다. 결혼 후 아내는 폐결핵으로 입원 생활을 해야 했다. 이때 그는 현실의 어려움으로부터 도피하고자 18살 연하인 젊은 신세대 여성 아폴리나리야 수슬로바와 유럽 여행을 떠났다.[10] 빼어난 미모를 가진 여인 수슬로바는 차가운 지성의 소유자이며 이기주의자였다. 그녀는 도스토옙스키와 연애를 하다가도 곧 냉정하게 그를 차버렸다. 하지만 도스토옙스키는 평생 그녀를 잊지 못하였다. 그녀와의 연애는 도스토옙스키의 창작에 커다란 영향을 끼쳤다. 그의 작품에 등장하는 팜 파탈(femme fatale)의 여주인공들의 모델이 수슬로바였다. 세 번째 여자 안나 스니트키나는 속기사로 작품『도박자』를 쓰다가 만났다. 도스토옙스키는 안나 덕분에 여러 대작들을 집필할 수 있었다.

뭉크는 결혼을 하지 않고 평생 독신으로 지냈다. 뭉크는 여성과의 관계에 있

---

9 요세프 파울 호딘, 절망에서 피어난 매혹의 화가 에드바르 뭉크, (서울: 시공아트, 2010) 12쪽.

10 수슬로바는 유명한 작가의 매력에 이끌렸고, 당시 병든 아내의 뒷바라지로 지쳐 있던 도스토옙스키는 지적이며 강렬한 느낌의 그녀에게 매혹되었다. 수슬로바는 전형적인 1860년대의 여성으로 사회문제에 관심이 많은 자존심이 강하고 정열적인 여성해방론자였다. 그녀는 여성해방론자로서 자유연애를 몸소 실천하는 인물이었다. 그녀는 도스토옙스키와 연애하면서도 다른 남자들을 자유롭게 사귀었다. 파리에 먼저 와 있던 수슬로바는 살바도르라는 스페인 국적의 의대생과 동거하다가 버림을 받은 상황에 처하게 되었다. 파리에서 행복한 밀회를 기대했던 도스토옙스키는 어이없게도 비탄에 빠진 수슬로바를 위로하는 조언자 노릇을 해야 했다.

어서 항상 실패했고 일평생 가정을 가져보지 못했다. 뭉크의 전기 작가들에 의하면 주변에 여러 여인들이 있었다. 그의 삶과 작품 활동에서 주요한 여성들로는 보헤미안 성향이 강했던 첫사랑의 유부녀 밀리, 친구를 연적으로 만든 미모의 다그니 유을, 권총 오발 사건을 유발케한 노처녀 툴라 라르센 등이 있다.[11] 여자들을 완전히 소유할 수 없었던 뭉크는 시기와 의심, 그리고 질투로 번민하였다. 연인들에게서 받은 충격과 상처는 그의 내면세계를 형성하는데 일조하였다. 사랑과 배신, 그로 인한 자책과 번민은 상대에 대한 증오와 스스로에 대한 자책을 낳았다. 거듭된 회의와 자기연민을 감당할 수 없었던 뭉크는 점차 절망의 심연으로 추락하였다. 뭉크의 작품에는 '꿈꾸는 소녀, 팜 파탈, 체념한 여인'이라는 세 가지 유형의 여성들이 등장한다. 뭉크의 작품에 등장하는 세 가지 유형의 여성들은 모두 사랑과 성애를 표현하고 있지만, 거기엔 따스함이나 행복감이 없다. 오히려 뭉크의 여성들은 죽음의 의미를 전달하고 있으며, 항상 남성들에게는 파괴자로 존재한다. 뭉크는 사랑의 배신으로 여성들을 두려워하였고, 부정적인 이미지로 재현되었다. 여성과의 관계에 있어서 순탄치 않았던 도스토

---

11 시대 순으로 살펴보면, 첫 여성은 보헤미안 성향이 강했던 헤이베르그의 부인 밀리(Millie Thaulow)였다. 자유분방한 성격의 밀리는 뭉크보다 세 살 연상의 유부녀로 21살 때 처음으로 여성을 알게 해준 첫사랑의 인물이다. 그녀는 해군 군의관의 부인이었고, 뭉크의 먼 친척이기도 했다. 뭉크는 자신의 목숨까지도 그녀에게 바치고 싶을 정도로 그녀의 강한 매력에 복종하였다. 사랑에 문외한이었던 뭉크는 그녀의 관능적 자극에 속수무책이었다. 첫사랑이었지만 뭉크는 늘 죄책감으로 괴로워했고, 5년 동안의 부적절한 관계는 그녀가 그를 떠남으로써 끝났다. 두 번째 여성은 다그니 유을(Dagny Juel)이었다. 그녀는 뭉크의 유년시절의 친구이며, 크리스티아니아 보헤미안의 동료였다. 성인이 된 후 뭉크는 세련되고 지적으로 성장한 그녀의 모습에 매료당했다. 뭉크가 그녀를 <검은 돼지새끼(Zum Schwarzen Ferkel)>라는 작은 술집에 초대하면서 뒤틀리기 시작했다. 그녀의 미모와 지성은 뭉크만이 독점하기가 불가능하게 된 것이다. 설상가상으로 뭉크의 가장 친한 친구였던 폴란드 출신의 상징주의 작가 프지비셰프스키가 연적이 된 것이다. 두 사람이 다그니를 놓고 심각한 사랑의 삼각관계에 빠지게 된 것이다. 뭉크는 타오르는 질투심에 몸서리를 쳤다. 그녀가 프지비셰프스키와 적극적으로 사랑을 나누자 뭉크는 거의 혼수상태에 빠졌다. 세 번째 여성은 오슬로의 유명한 포도주 도매상의 딸이자 노처녀인 툴라 라르센(Tulla Larsen, 1869-1942)이다. 뭉크는 그녀를 1897년에 만나서 1902년 권총오발 사건으로 헤어질 때까지 그녀의 적극적인 접근과 열정으로 항상 피해 다닐 정도였다. 오스고르더스트란드에서 툴라 라르센과의 불행한 연애사건으로 뭉크 자신이 권총을 잘못 쏴서 왼손 가운데 손가락의 반을 잃게 되어 이후 항상 장갑을 끼고 다녔다. 그러나 육체적 상처보다 정신적 상처가 컸던 것으로 보인다.

엡스키와 뭉크의 삶이 예술 작품 속의 여성상에 영향을 미쳤다고 할 수 있다.

2. 영혼의 시학에 대한 평행이론: 영혼의 리얼리즘에서 영혼의 미술로

19세기 문학과 미술은 리얼리즘의 시대라 할 수 있다. 리얼리즘은 현실의 객관적 반영을 보여주는 예술 사조이다. 그러나 리얼리즘은 19세기 말에 접어들어 세기말적 풍조와 함께 퇴각하면서 20세기의 새로운 예술 경향이 나타나기 시작하였다. 리얼리즘에서 추구되던 극단적인 세부묘사에 대한 반발이 일어났고, 그 대신 추상적이며 주관적인 표현 방식이 출현하게 된다. 도스토엡스키는 기존의 리얼리즘에 반발하여 "**더 높은 고차원의 리얼리즘**"을 주장하였다. 20세기 상징주의자들은 도스토엡스키에게서 그 기원을 모색하였다. 뭉크가 활동하던 19세기 말과 20세기 초반의 미술 상황은 과도기적인 현상이 팽배했던 시기로 알려졌다. 그리하여 평론가들은 뭉크 미술의 특징을 상징주의, 주관주의, 표현주의[12], 환상주의와 연결시켜 설명해왔다. 문학과 미술이라는 예술 장르의 차이로 정확하게 도스토엡스키와 뭉크의 예술적 특성을 공통된 용어로 정립하기는 어렵지만, 그들이 추구하는 예술관은 비슷하다고 할 수 있다. 그들의 예술 작품은 감정이나 정념의 자유로운 표현 내용을 담고 있다. 그들 모두 자신들의 개인적 상황에서 비롯한 어떤 특수한 내재적 감정의 세계가 하나의 농도 짙은 정념의 깊이로 승화되면서 어떤 상징적 이미지가 예술 작품을 지배한다고 할 수 있다.

도스토엡스키는 인간 영혼의 심연을 천착한 작가로 유명하다. 그는 고차원의 리얼리즘, 즉 영혼(넋)의 리얼리즘을 추구하였다. 고차원의 리얼리즘은 환상적 리얼리즘과도 맥을 같이 하고 있다. 다양한 각도에서 인간내면을 천착하는

12 표현주의란 '선과 색을 과장하고 왜곡한 표현, 훨씬 큰 정서적 충격을 줄 단순화를 위해 인상주의에 담긴 자연주의를 의도적으로 포기한 것'이라고 정의된다. 그리고 표현주의는 정신적 긴장감이 높은 시대에 나타나는 보편적 양식이다.

도스토옙스키의 작품들은 이렇듯 죽음에의 공포, 사랑했던 연인들로부터의 충격, 도시적 삶으로부터의 불안 등을 안고 있었던 뭉크에게 영감을 불어넣어주었던 것이다. 비평가들은 뭉크에 대한 지그문트 프로이트의 영향에 대해 자주 언급한다. 사실 프로이트는 도스토옙스키의 작품을 자기 심리학에 대한 영감의 원천이라고 직접 언급하였다. 그는 도스토옙스키에 대한 논문도 발표하였다. 뭉크와 프로이트는 비록 서로의 존재를 모르고 있었지만, 두 사람은 같은 시대를 살았으며 많은 부분에서 비슷한 생각을 갖고 있었다. 그들은 모두 당시에 태동하고 있던 심리학과 정신분석학에 대해 깊은 관심을 갖고 있었다. 그리고 도스토옙스키는 회화에 남다른 관심을 갖고 미술관을 찾아다녔을 뿐만 아니라 뛰어난 미술 평론가였다. 그는 이탈리아의 화가 라파엘로(1483-1520)의 그림을 좋아하였다. 특히 라파엘로의 성화 「시스티나의 마돈나」를 "인류 역사상 가장 위대한 예술품"이라고 칭송하면서 작품의 소재로 사용하였다.[13] 도스토옙스키는 인간의 심리를 통찰하는 작가답게 크람스코이의 그림 「관조자」에 묘사된 인물의 내면을 세밀하게 분석하였다. 관조자의 내면세계는 스메르자코프의 내면을 통해 표현되고 있다.[14]

에드바르 뭉크(1868~1944)에게 도스토옙스키(1821~1881)는 얼마나 중요한 작가였을까?[15] 뭉크가 청년기였던 19세기 말은 절망, 허무주의, 무정부주의,

---

13 도스토옙스키와 라파엘로와의 상호텍스트성에 대해서는 조주관의 저서 『죄와 벌의 현대적 해석』 제15장 "이콘과의 대화"을 참조하기 바람.

14 도스토옙스키의 미술평론은 오종우의 저서 『신은 우리 곁에 있는가』(예술행동, 2011)의 63-67쪽을 참조하기 바람.

15 뭉크에게 도스토옙스키는 아버지에게 물려받은 유산과 같은 의미였다. 일찍 어머니를 여읜 남매들을 위해서 아버지는 밤이면 도스토옙스키를 읽어주었다고 한다. 아버지는 신을 믿었고, 아이들에게도 신을 믿어야한다고 가르쳤다. 하지만 어린 뭉크는 침대에 누워 죽음을 목전에 두고서야 아버지에게 맹세했다. 병을 낫게 해준다면 신께 삶을 바치겠다고. 하지만 그럴 때에도 뭉크는 신의 존재를 완전히 믿지는 못했다. 병을 낫게 해준다면 믿겠다는 조건부 신앙인이었던 뭉크. 그에게 도스토옙스키의 책은 보수적인 아버지의 연장선상에 있는 존재에 다름 아니었다. 신앙을 완성하지 못한 뭉크는 니체를 통해 아버지를 극복할 다른 길을 찾기도 했다. 늘 니체의 책을 가까이 했고, 자신의 서재로부터 멀리 있을 때에는 니체의

악마주의, 자살, 마약, 광기, 자기파괴를 경험해야했던 우울한 시대였다. 그러한 허무와 불안 속에서 살아가던 시대에 뭉크를 구원해준 메시아는 도스토옙스키였다. 그는 인간 영혼의 문제를 표현하고자 했다. 뭉크 전문가 수 프리도는 자신의 저서 『에드바르 뭉크』에서 다음과 같이 언급하고 있다.

> "전 생애를 통틀어 도스토옙스키는 에드바르 뭉크에게 가장 중요한 작가였다. 이생에서의 마지막 순간에 그가 한 행동은, 죽음을 앞두고 마음을 가다듬기 전에 읽고 있던 도스토옙스키의 소설(『악령』)을 옆에 놓는 것이었다."[16]

뭉크는 러시아적인 것과 노르웨이적인 것의 친화성을 발견하고, 극한 상황에서 도스토옙스키의 인물들이 보여준 행동과 내면세계를 표현하고자 했다. 도스토옙스키가 인간의 영혼을 천착한 작가라면, 뭉크는 영혼의 보편성을 드러내는 "**영혼의 미술**(Soul Art)"[17]을 추구한 화가이다. 두 예술가의 예술작품은 하나같이 "**영혼의 시**"로 불렸다.

에드바르 뭉크는 도스토옙스키의 소설 텍스트를 어떻게 해석하여 자신의 그림 속에 이용하였을까? 앞에서 언급한 것처럼 도스토옙스키의 열혈 독자였

책을 다시 구입하여 가지고 다녔다고 한다. 니체와 성경 사이에서 방황하던 그는 도스토옙스키의 소설 『악령』을 거듭 읽으면서 스타브로긴의 허무와 키릴로프, 샤토프의 인간성에 깊이 매료되었다. 스타브로긴에 의해 무신론에 빠진 키릴로프, 그리스도의 도래를 믿는다면서 동시에 신의 존재를 심각하게 회의하는 샤토프 사이에서 헤매는 동시에 허무주의자인 스타브로긴에게서 자신의 모습을 발견하기도 했다. 표트르를 경멸하면서도 그에게 이끌려 다니는 5인조는 거울처럼 그의 처지를 비춰주었다. 뭉크는 예술가로서 어디에도 완전히 속하지는 못했으나 모든 곳에 조금씩 속해 있었다. 그가 이르는 곳마다 어딘가에서 그를 노려보다 덮쳐오는 악령의 힘을 그는 느꼈다. 그들을 피해 그림 속으로 숨어보지만 그 도피는 역설적으로 수많은 표트르의 표적이 되는 그림들을 양산했다. 모든 곳에 있지만, 어디에도 없었던, 혹은 그 무엇으로도 존재하지 않고자 했던 뭉크. 이것이 그의 그림과 그가 평생에 걸쳐 읽었던 도스토옙스키를 통해 내가 바라본 뭉크의 초상이다.

16 수 프리도, 윤세진 옮김, 에드바르 뭉크, (서울: 을유문화사, 2008) 109쪽.

17 위의 책, 163쪽.

던 뭉크 부자는 그에게서 심오한 의미를 발견하였다. 그러나 두 사람은 도스토옙스키의 소설 텍스트를 각자의 프리즘을 통해 서로 다르게 해석하였다. 아버지 크리스티안은 도스토옙스키의 텍스트를 신앙을 긍정하는 기독교 텍스트로 보았지만, 아들 에드바르는 그것을 심리극으로, 또 내러티브의 전개에 따라 외면적, 내면적 삶을 동시에 성공적으로 전달한 현대 작가의 소설로 보았다. 그리고 이야말로 정확히, 에드바르가 그림을 통해 도달하고자 한 바였다. 뭉크는 "레오나르도 다 빈치가 인체 해부도를 연구하고 시체를 해부한 것처럼, 나도 영혼을 해부하고자 했다."[18]고 말했다. 뭉크는 한 친구에게 "미술에서는 아직까지 (도스토옙스키처럼) 세계의 외적 현실을 정신적이고 형이상학적인 것의 기호나 상징에 불과한 것으로 보고, 형이상학적이고 잠재의식적인 것을 추구하면서 영혼의 신비한 영역을 통찰한 사람은 없었다"[19]고 말했다. 하지만 마음대로 쓸 수 있는 무수한 단어가 있다고 하더라도 내면에서 동시에 일어나는 내러티브를 책에서 묘사하는 일과, 빈 캔버스의 평평한 사각형 위에 그것을 그리는 일은 전혀 다른 것이다. 그럼에도 불구하고 도스토옙스키와 뭉크 모두 예술관에서도 영혼의 시학이라는 평행이론을 보여주었다.

Ⅲ. 상호텍스트성을 찾아서

1. 영혼의 절규와 절망

뭉크의 「절규」(1893)는 1890년대에 작업했던 「생명의 프리즈」 연작 중의 하

---

18 위의 책, 15쪽.

19 위의 책, 109쪽.

나로 구상된 작품이다. 뭉크의 작품들 가운데 가장 유명한 「절규」는 화가 자신의 내면적인 고통을 보여주는 작품으로 평가된다. 인간의 극한적인 심리 상태를 잘 표현해주는 작품이다. 이처럼 인간의 패닉(돌연한 공포) 감정을 그림으로 나타낸 화가는 뭉크 이전엔 아무도 없었다. 뭉크 이후 아일랜드 화가 프란시스

[그림 1] 「절규」(1893)

베이컨(1909~1992) 역시 가장 그리고 싶었던 것이 인간의 절규였다고 한다. “나는 공포보다 오히려 절규를 그리고 싶었다.”

뭉크의 「절규」는 소리 지르며 절규하는 사람의 모습은 S자 모양으로 비틀어져 있다.[20] 입과 눈을 크게 열고 경악하는 모습은 현대인의 불안한 모습을 절묘하게 보여주고 있다. 불타고 있는 하늘, 녹아내릴 듯한 공기, 회오리치는 하늘, 긴 다리 한 쪽 끝에서 절규하며 서있는 한 인간의 모습에서 우리는 어떤 섬뜩함을 느낀다. 이 작품의 배경은 다리이지만 한 인간의 절규하는 모습에서 우리는 내면세계를 활보하는 자아의 모습을 보기도 한다. 이처럼 내면세계에 대한 탐구, 잠재의식에 대한 관심, 자아에 대한 발견은 뭉크가 평생에 걸쳐 관심을 보인 테마이다. 다리 반대편에서는 그를 쫓고 있는 자일지 모르는 낯선 사내 두 명이 보인다. 비틀거리면서 비명을 지르는 이 사람은 누구일까? 왜 그는 이토록 얼굴이 일그러지도록 절규해야하는 것일까?

[그림 2] 「페루의 미라」(15세기)

미국의 미술사가 로버트 로젠블럼은 파리의 인류박물관에 소장되어 있는 페루 미라가 해골의 모델이 되었을 거라고 주장했다. 결박당한 채 두 손으로 머리를 감

20 뭉크의 그림 「절규」(1893)는 모두 4점인데 오슬로 국립미술관에 1점, 뭉크 미술관에 2점이 전시돼 있다. 개인이 소장하던 1점은 2012년 5월 뉴욕 경매에서 역대 최고가인 1355억 원에 팔렸다. 그리고 이 작품에서 소리를 지르는 사람이 남자인지, 여자인지에 대해서는 평론가들 마다 다르게 이야기 하고 있다.

싼 모습은 확실히 「절규」의 인물과 놀라울 만큼 비슷하다. 또 뭉크가 가장 좋아했던 도스토옙스키의 작품에서 영향을 받았을 수도 있다.[21] 사실 뭉크는 노르웨이-덴마크어 번역(1892)으로 출판된 『죄와 벌』을 읽었다. 그는 "이 책은 내가 지금까지 읽은 최고의 내용들을 담고 있다. 몇몇 페이지들은 그 자체로 미술 작품이다."[22]라면서 열광했다.

이 절규하는 사람에게서 우리는 『죄와 벌』의 라스콜리니코프와 리자베타의 모습을 찾아 볼 수 있다. 자신의 이론과 사상에 따라 전당포 노파와 리자베타를 살해한 라스콜리니코프는 열병에 시달리면서 네바 강 다리 위를 배회한다. 이중살인으로 고뇌하는 라스콜리니코프는 불안에 떨며 정신적으로 절규하는 인물이다. 사람들이 북적대는 센나야 광장을 배회해도, 좁은 다리 위를 걸어도 늘 불안을 떨쳐버릴 수 없었다. 그가 빠져있던 초인사상은 인류 보편의 윤리관을 벗어난 오만에서 나온 이론과 사상으로 타인과의 대화를 단절시키고 스스로 소외의 길을 가게 만든다. 소냐 역시 전당포 노파의 살해 주범이 자신이라는 라스콜리니코프의 고백을 듣고 불안과 절망에 빠져 절규하는 모습을 보인다. 이 절규하는 사람은 라스콜리니코프나 소냐가 아니라, 다른 사람일수도 있다. 그림 「절규」에서 불안과 공포에 절규하는 인간의 모습은 어떤 상황에 처한 인간의 모습일까? 사실, 그림 속 주인공을 보면, 라스콜리니코프의 모습 보다는 먼저 살해된 전당포 노파를 바라보는 동생 리자베타의 모습이 연상된다.

"갑자기 노파가 죽어 있는 방에서 누군가의 발자국 소리가 들렸다. 그는 일손을

---

21 울리히 비쇼프, 반이정 옮김, 에드바르 뭉크 (1863-1944), (서울: 마로니에북스, 2005) 53쪽.

22 수 프리도, 윤세진 옮김, 에드바르 뭉크, (서울: 을유문화사, 2008) 118쪽. 저자는 에드바르 뭉크의 다른 대작 「검은 옷을 입은 잉게르」(1884)를 도스토옙스키에 뿌리를 둔 것으로 평하였다. 캔버스에 유화 물감으로 그려진 견진성사 드레스를 입은 16살의 잉게르는 에드바르 뭉크의 여동생이다.

멈추고 죽은 듯이 숨을 죽였다........ 그런데 갑자기 가벼운 비명소리가 또렷하게 들려 왔다. 혹은 누군가 간헐적으로 낮은 신음소리를 내다가 소리를 멈춘 것 같기도 했다....... 방 한 가운데에는 리자베타가 손에 커다란 보따리를 들고 서서, 넋을 잃은 채 살해당한 언니를 바라보고 있었다. 온통 백짓장처럼 질린 모습이 소리를 지를 힘마저 없어 보였다. 뛰쳐나온 그를 보자 그녀는 사시나무 떨 듯 온몸을 오들오들 떨기 시작했다. 그녀의 얼굴에는 경련이 일었다. 그녀는 손을 들고 입을 열려 했지만, 여전히 소리도 지르지 못한 채, 천천히 그를 피해 구석으로 뒷걸음질치기 시작했다. 그녀는 뚫어질 듯 그를 쳐다보았으나 여전히 비명을 지르지는 못했다. 숨이 막혀 지를 수 없는 것 같았다. 그는 도끼를 들고 그녀에게 달려들었다. 그녀의 입술은 애원하듯이 일그러졌다. 그것은 어린아이들이 무엇엔가 놀랐을 때 자신을 놀라게 한 그 대상을 뚫어지게 쳐다보며, 소리를 지르려고 할 때의 모습과 비슷했다."[23] (밑줄은 필자 강조)

그림 「절규」에서 불완전한 선의 흔들림은 패닉 상태에 있는 리자베타의 떨림이 연상되고, 그림에서의 표정은 놀란 아이의 표정과도 유사하다. 뭉크의 그림 「죽은 어머니와 아이」(1897-99)에서 소녀는 죽은 자의 침대 앞에서 양손으로 귀를 막고 고통스러운 침묵에서 죽음의 절규를 차단하려고 하고 있다. 뭉크의 그림에서 심리적 불안과 공포에 시달리는 표정은 주로 어린아이의 표정으로 묘사된다는 것이 특징이다.

뭉크가 가장 좋아했던 도스토옙스키의 소설 『카라마조프가의 형제들』에서도 고통과 절규는 죄 없는 아이들의 모습과 관련되어 있다. 이야기 수집가인 이반은 신이 창조한 세계의 모순을 지적하기 위해 고통 받는 아이들에 대한 이야기를 알료샤에게 한다. 인간들이 음탕한 쾌감을 느끼며 아이들을 예술적으로

23 도스또예프스끼, 홍대화 역, 죄와 벌, (서울: 열린책들, 2000) 154쪽.

[그림 3]「죽은 어머니와 아이」(1897–99)

괴롭히는 사건들이다. 터키인들은 칼로 산모의 배를 갈라 태아를 꺼내는가 하면, 심지어 엄마가 보는 앞에서 젖먹이를 위로 집어던진 뒤 총검으로 받는 짓거리를 한다. 갓난애를 웃기려고 얼러 보다가 권총을 잡기위해 고사리 손을 내밀며 깔깔거리는 아이의 얼굴 정면에 방아쇠를 당겨서 작은 머리를 박살내어 죽이기도 한다. 이반은 터키인들의 악행을 더 열거한다. 그들은 불을 지르고 찔러 죽이고 여자들과 아이들을 폭행하고, 포로들의 귀를 울타리에 못 박아 놓고서 아침까지 그렇게 내버려 두었다가 목매달아 죽인다. 짐승은 절대로 인간처럼 그렇게 기교를 부리거나 예술적으로 잔혹하게 학대하며 죽이지 않는다는 것이다. 그리고 어머니가 지켜보는 앞에서 사냥개를 풀어 그 아들을 물어 죽게 한 사건을 소개한다. 아이의 어머니가 보는 앞에서 사냥개 무리를 풀어 수캐들이 아이를 갈기갈기 찢어발기고 물어 죽게 만들었다. 이 일로 그 장군은 보호관찰 형을 받았을 뿐이다. 알료샤는 이반의 이야기를 듣고 장군을 '총살을 시켜도' 시원치 않은 인간이라 말한다. 이 슬픈 지상의 유클리드적인 머리로 알 수 있는 것은 그저 고통은 있으되 죄인은 없다는 것이다.

이반이 이야기하는 인간들의 잔인한 폭력성을 보여주는 사건들은 여기서 그치지 않는다. 러시아는 역사적으로 채찍질의 고통을 즐긴 민족이라는 것이다. 교육도 잘 받은 지식인 신사와 부인이 친딸을, 그것도 일곱 살 난 어린 딸을 회초리로 때린 일이 있었다. 이 사건의 이야기에서 이반은 채찍질을 성적 쾌락과 연관시키고 있다. 매를 내리 칠 때마다 성적 쾌락을, 말 그대로 성적 쾌락을 느낄 정도로 흥분해서 매질이 거듭 될수록 그 횟수는 더욱더 많아지고 가속도도 더 붙게 된다. 아이들을 온갖 방법으로 괴롭히고 고문하는 어른들의 잔인한 행태는 너무나 많고 다양하다. 교양 있는 부모들이 아이의 온 몸을 멍투성이로 만들고, 혹한의 날씨에 아이를 밤새도록 뒷간에 가두어 두는 일도 있다. 어린 아이의 온 얼굴에 아이의 대변을 처바르고 아이에게 그 대변을 먹으라고 강요하는 어머니도 있다. 이반은 지어낸 이야기가 아니라 러시아에서 일어나는 실제 사건들을 열거한다. 인간의 마음속에 숨겨진 야수성의 끝을 알 수 없다. 어둡고 추운 곳에서 어린 생명은 작은 주먹으로 가슴을 치면서 아무도 원망하지 않으며 하느님에게 자신을 보호해달라고 애원하며 눈물을 흘린다. 이런 아이들이 흘리는 온순한 눈물과 절규를 우리는 어떻게 이해할 수 있을까? 어른들의 고통이 아니라 아무 것도 모르는 순수한 아이들의 고통과 절규를 어떻게 이해해고 설명할 수 있을까? 이러한 인간의 잔인성을 모른 척하고 세상은 신이 창조한 것이기에 모두 정당하다고 할 수 있을까? 어머니가 아이들에게 행해지는 온갖 행위를 사랑으로 용서해주는 그런 날이 온다 해도 인간의 행위가 용서될까? 이반은 알료샤에게 죄 없는 어린아이들에게 행해지는 잔혹한 인간들의 행위를 볼 때 도저히 신을 인정할 수 없다는 것이다. 뭉크의 그림들에는 도스토옙스키가 소개한 아이들의 불안과 공포, 절규가 침윤되어 있는 것이다.

뭉크에게 "도스토옙스키 소설의 주제는, 자신의 아버지와 종교가 지배하는 가족의 구조만큼이나 흥미로웠다. 가정생활 안에서 벌어지는 매우 현실적인 갈등을 소설화한 도스토옙스키의 작품에는 존속살해와 죄악, 신앙과 신앙의 상실이 포함되어 있었다. 동생 소피의 죽음 이후로 에드바르 뭉크는 입을 꾹 다문 채 아무도 모르게 신앙심을 상실해 가고 있었다. 뭉크는 자신이 제기할 수 없었던 의문을 도스토옙스키가 논하고 있음을 알았다. 아버지 크리스티안이 신앙심 깊은 알료샤의 이야기를 읽고 있을 때, 에드바르는 무신론자 이반의 이야기에 귀를 기울였으며, 이반이 신앙심을 상실하는 과정을 통해 대리만족을 느꼈다."[24]

뭉크의 그림 「절규」에는 독특한 색채가 있다. 이것은 뭉크 미술의 특성이기도 하다. 그의 그림에는 **색채의 절규**가 표현되어 있다. 「절규」를 그리며 뭉크는 다음과 같이 말했다. "나는 자연을 뚫고 들려오는 절규를 느꼈다. 구름을 피처럼 붉게 그렸다. 그 색채가 비명을 지른다." 일반적으로 작가들은 종종 색채를 개인적 상징으로 사용하면서 무엇인가를 암시하고자 한다. 색의 상징은 작가의 의도적인 기호 가운데 하나이다. 뭉크에게 "색채는 빛의 고통"이라 할 수 있다. 특히 「절규」의 배경 색깔인 노랑과 빨강은 빛의 고통으로 빚어진 색깔인 것이다.

「절규」에서 붉은 색과 황색의 파도 같은 구름은 북유럽 특유의 날씨를 암시하는 것으로, 북구 화가들의 작품에서 자주 발견된다. '렌즈모양'의 구름으로 알려진 이 구름은 비가 심하게 내린 후 다시 해가 비칠 무렵에 나타난다. 뭉크 작품의 하늘 배경은 노랑과 붉은 색이 줄무늬를 이루며 흐른다. 전체적으로는 적황색의 흐름으로 보인다. 「절규」에서 남자의 얼굴은 어두운 황색이다. 뭉크의 색채 역시 도스토옙스키의 색채를 연상시킨다. 『죄와 벌』에서 가장 많이 언급되는 색깔은 황색이다.

> "전당포 노파의 방이 노란 벽지로 되어 있고, 노란색 나무로 된 가구, 노란색 액자 속에 든 그림, 꿈속에서 노파의 방에 있던 노란색 소파, 꿈에서 노파가 노란

---

24 수 프리도, 윤세진 옮김, 에드바르 뭉크: 세기말 영혼의 초상, (서울: 을유문화사, 2008) 109-110쪽.

색 재킷을 입고 있다. 라스콜리니코프의 방이 노란 벽지로 되어 있고, 경찰서에서 건네주는 물이 노란 물이 든 노란색의 잔이다. 아프고 난 후 주인공의 얼굴색이 창백한 노란색으로 변한다. 마르멜라도프 역시 노란 얼굴을 하고 있다. 소냐 방의 벽지도 노란색이고, 포르피리 사무실의 가구도 어두운 노란색이다."[25]

『죄와 벌』에서 라스콜리니코프가 전당포 노파와 리자베타를 살해한 후 방의 색깔은 붉은 핏빛으로 얼룩지며 적황색의 분위기가 감도는 것을 연상시킨다. 황색은 라스콜리니코프의 내적 세계를 특성화시킨다. 소설에서 두 단어가 중요하게 병립되어 나타난다. "황색"을 나타내는 러시아어 "zheltyi"는 "담즙의, 신경질적인" 의미의 단어 "zhelchnyi"와 함께 반복된다. 두 단어의 병치는 내적 외적 상호작용을 포함하고 있다.

[그림 4] 「절규」(1895)
채색 리토그래프

"그리고 입가에는 괴롭고 신경질적인 미소가 뱀처럼 꿈틀거리고 있었다. 그는 헐어빠진 납작한 베개에 얼굴을 파묻고 생각에 잠겼다. 오랫동안 생각에 잠겼다. 심장은 몹시 고동치고 생각은 흩어졌다. 드디어 다락이나 궤짝처럼 이 노란 공방 안이 갑갑하여 숨이 막힐 것

25 조주관, 죄와 벌의 현대적 해석, (서울: 연세대학교 출판부, 2009) 191쪽.

같았다."[26]

미셸 파스투르는『색의 비밀』이라는 저술에서 황색의 상징성과 사회적 의미를 분석하였다. 황색은 "병색과 광기의 색"이며 "거짓과 배신의 색"으로 분석된다. 러시아 화가 칸딘스키는 황색에 대한 회의적인 태도를 보이고, 심지어 격렬한 노랑을 광기를 나타내는 색으로까지 평가한다. 즉 노랑은 분노, 맹목적인 광란, 그리고 노발대발의 색이라는 것이다. 그러한 평가는 심리학자에 의해 다시 증명되었다. 즉 E. P. 모세는 노랑을 "정신병의 색"이라고 주장하였다. "이런 노랑은 병든 영혼의 자연적이고 본래적인 색이다. 어떤 사람에게서 노랑이 갈수록 자주 나타나는 것을 감지하게 되면, 우리는 그것이 깊은 곳의 심리적 장애와 관련된다고 확신할 수 있다."[27] 가난한 대학생 라스콜리니코프의 수치심은 분노로 바뀌고, 무자비한 살인행위로 이어진다. 그의 수치심은 정의롭지 못한 자본주의에 대한 분노로 승화시킨다. 서구 기독교 전통에 따르면 '분노하는 자'는 항상 어리석은 자의 대명사로 간주된다. 왜냐하면 자신의 화를 참지 못하면 자신과 이웃과 공동체에 큰 해악을 끼치는 어리석은 행위로 발전하기 때문이다. 따라서 지혜로운 사람은 이성적 판단에 의지해서 행동하기 때문에 지나친 의욕을 품고 분노를 표출하지 않는 자라는 생각이 서구 윤리학의 표준이 되었다. 이런 표준에 정면으로 도전장을 낸 인물이 바로 라스콜리니코프이다. 그에게 분노하는 자는 더 이상 어리석은 자가 아니라 지혜로운 자기 전형이 될 수 있다는 것을 강변한다. 분노는 자연스런 감정이며 사회의 부당함에 대한 영혼의 분노가 없으면, 그 사회는 부정의에 의해서 망하게 될 것이다. 그러나 모든 분노가 다 정당화 될 수 없다. 따라서 분노의 정당화 조건을 찾는 것이 중요하다.

---

26 위의 책, 191쪽

27 위의 책, 188쪽

비평가 프란츠 세르베스는 「절규」에 등장하는 인물에 감정이입하면서 그 우주에 대해 다음과 같이 묘사하고 있다.

"......광인의 집이다. 핏빛 하늘과 저주의 노란색을 배경으로 미친 듯한 색조가 비명을 지르고 있다. 소용들이 치는 줄무늬 속에 드러나는 하늘은 마치 흔들리는 거적때기처럼 보인다. 땅도 떨고 있고, 가로등이 움직이고, 사람들은 그저 의미 없는 그림자로 변해가고 있다. 나의 끝없는 두려움 속에는 나 혼자만 존재하고, 이제 나의 몸에는 구역질나는 벌레 같은 형체만 남아 있을 뿐이다. 지금 느껴지는 것이라고는 휘둥그레진 나의 눈과 비명을 지르고 있는 입 밖에 없다. 놀란 눈과 비명, 비명과 놀란 눈, 그리고 속이 뒤틀리고 있는 것 같은 느낌뿐이다. 사랑에 절망한 광기에 남겨진 것이라곤 그것뿐이었다."[28]

「절규」의 등장을 예고하는 작품으로 뭉크가 1892년에 그린 작품이 있다. 전시될 당시 이 작품의 제목은 「해질녘의 분위기」 혹은 「해질녘의 어지러운 분위기」였지만, 지금은 「절망」(1892)이라는 제목으로 알려져 있다. 초기 작품인 「라파예트가」를 조금 다른 배경에서 표현하면서, 「죽음의 우화」에서 드러난 생각을 좀 더 발전시킨 것이다. 「절망」은 다리 위에서 모자를 쓴 채 난간 아래를 절망적으로 내려다보고 있는 남자는 누구일까? 얼굴을

[그림 5] 「절망」(1892)
캔버스 유화

28 모니카 봄 두첸, 김현우 옮김, 세계명화의 비밀, (서울: 생각의 나무, 2009) 256쪽.

알아볼 수 없는 무명 남자의 옆모습이 보인다. 그 남자의 모습은 살인 후 다리에 서서 절망하는 라스콜리니코프의 모습을 연상시킨다. 소설『죄와 벌』의 삽화도 종종 뭉크의「절망」과 유사한 장면을 보여준다. 뭉크는 1892년 내내 이「절망」의 모티프를 다루었는데, 그 과정에서 변신에 변신을 거듭해 마침내「절규」가 탄생하게 된다.

도스토옙스키의 소설에서 절규하는 등장인물들은 쉽게 발견된다. 절규하는 모습의 남자는『카라마조프가의 형제들』의 이반의 모습이자 동시에 드미트리의 모습일수도 있다. 무신론과 니힐리즘을 신봉하는 이반은 때때로 악마와 마주하고, 고뇌한다. 특히 스메르쟈코프의 범죄고백 이후 이반은 자신의 내면에 깃든 허위와 자신도 몰랐던 친부살해 욕망을 깨닫고 절규하며 열병에 시달리게 된다. 이반은 이성과 지성에 경도되어 타인들에게는 지식인으로 추앙받지만, 정작 그의 내면은 너무나도 허약하여 무너지기 쉬운 모래성과도 같았다. 굳건할 것 같았던 이성과 "모든 것이 허용된다"는 사상은 그를 지켜주지 못했다. 이반은 법정 진술에서 3000루블의 물증을 재판장에게 전달하며 진실을 고백한다. "스메르쟈코프, 그 살인자한테서 받은 겁니다. 그놈이 목을 매기 직전 그놈 집엘 갔습니다. 아버지를 죽인 건 그놈입니다. 형님이 아니라고요. 그놈이 죽였고, 저는 그놈에게 죽이라고 교사했던 거죠....... 아버지의 죽음을 바라지 않은 사람이 누가 있겠습니까?....... 진정하십시오, 저는 미친놈이 아니라 그냥 살인자일 뿐이니까요!"[29] 이 말을 마치고 이반은 고래고래 소리를 지르며 광포하게 울부짖으며 절규했다.

드미트리는 카테리나를 배신하고, 그루센카에게 가면서 빚진 3000루블에 대한 죄책감, 아버지에 대한 증오, 그루센카에 대한 미칠 듯한 사랑, 그리고 죄가 없음에도 유죄판결을 받게 된다. 드미트리는 작품의 시작부터 끝까지 분노

---

29 도스토옙스키, 김연경 역, 카라마조프가의 형제들(2권), (서울: 민음사, 2007) 371쪽.

와 증오로 소리를 지르고 절규한다. 그는 외적으로는 강인하고 난폭한 인물이지만 가장 인간적인 모습을 보이기도 하는 인물이다. 동물적이고 어리석은 아버지 표도르 파블로비치 때문에 상처받은 영혼을 가진 인물이기도 하다. 어쩌면 드미트리가 예심을 받으면서 잠시 잠이 들었을 때 꾼 '애기' 꿈은 과거의 자신, 그리고 지금의 자신을 보았던 것일지도 모른다.

> "진눈깨비 내리는 궂은 날씨에 어느 농군이 그를 쌍두마차에 딸린 달구지에 싣고 가는 것이다. 미챠는 그저 추울 따름이다. 11월 초, 축축하고 굵은 눈송이들이 날리다 땅바닥에 떨어지고 그러자마자 곧 녹아 버린다........ 자, 저기 멀지 않은 곳에 마을이, 검어도 너무 검은 오두막들이 눈에 들어오기 시작하는데, 그나마도 절반은 다 불에 타 버려서 타다 남은 기둥들만이 비죽비죽 서 있다. 마을 안으로 들어가면서 보니, 길바닥에 수없이 많은 아낙네들이 줄지어 서 있었다. 하나같이 꼬챙이처럼 마르고 바싹 여윈 데다가 그 얼굴에는 흙빛이 감돈다....... 그녀의 갸름한 얼굴은 바싹 여위었고, 그 품에 안긴 어린아이는 울고 있다. 분명히 어미의 젖가슴이 바싹 말라서 젖이 한 방울도 나오지 않는 탓이리라. 갓난애는 연신 울어 대면서 주먹을 꼭 쥔 채 벌거벗은 고사리 손을 뻗치는데, 날이 너무 추운 탓에 두 손이 거의 시퍼렇게 얼어 버렸다........ 울고만 싶다. 애기가 더 이상 울지 않도록, 시커멓게 말라 버린 애 엄마가 울지 않도록, 이 순간부터는 아무도 전혀 눈물을 흘리지 않도록 모든 사람들에게 뭔가를 해 주고 싶다. 지금 당장 한시도 미루지 않고 어떤 일이 있어도 카라마조프답게 막무가내로 나서서 말이다........ 살고 싶다. 정말 살고 싶다. 어떤 길을 향해, 내게 손짓하는 저 새로운 빛을 향해 떠나고 싶다. 정말 그러고 싶다. 얼른, 어서 빨리, 지금, 지금 당장!"[30]

---

30 위의 책, 471쪽

집은 불탔고, 먹지를 못해 죽어가는 애를 안고 있는 아낙네의 비참한 모습이 미챠의 꿈속에 잘 나타나 있다. 재앙을 맞은 마을 아낙네들의 참담한 심정과 그 광경을 바라보는 미챠의 외침은 그야말로 절규이다. 이반은 스메르쟈코프와 악마를 만나 대화하면서 아버지의 죽음의 원인이 바로 자기임을 알고 절규한다.

2. 질투

인간은 질투라는 위험한 열정을 품고 산다. 인간이 가진 본성의 부정적인 감정인 시기, 미움, 모욕감, 분노, 슬픔, 두려움, 불안, 공포의 총체로 나타나는 것이 질투이다. 일반적으로 질투는 사랑과 결부된 감정으로 파괴적인 폭력을 일으키는 경우가 많다. 보리스 소콜로프는 "질투는 인간 본성의 일부일 뿐만 아니라 인간관계의 모든 측면과 관련되는 가장 기본적이고 보편적인 감정이다."[31]라고 말한다.

질투란 무엇인가? 질투를 뜻하는 영어 'jealousy'는 프랑스어에서 나왔다. 이에 상응하는 프랑스어 'jaloux'와 'jalousie'는 모두 라틴어 'zelosus'에서 나왔다. 이 라틴어는 그리스어의 'zelos'에서 유래했는데, 그 뜻은 열정과 따뜻함, 열성 또는 강한 욕망이었다. 그런데 프랑스어 'jalousie'에는 '질투'라는 뜻과 '수평 조각들이 연결된 베네치아 블라인드'라는 두 가지 뜻이 있다.[32] 아내를 의심하게 된 남편이 아내가 다른 남자와 성관계를 갖는 현장을 잡기위해 블라인드 뒤에서 몰래 훔쳐보는 상황에서 생겨났다고 한다.

질투는 역설적이다. 질투는 진정한 사랑에 필수적으로 수반되는 감정이다. 성 아우구스티누스는 "질투를 느끼지 않는다면 사랑하지도 않는 것"[33]이라고

---

31 데이비드 버스, 이상원 옮김, 위험한 열정, (서울: 추수밭, 2006) 15쪽.

32 위의 책, 56쪽.

말했다. 셰익스피어 작품에 등장하는 비탄에 빠진 오셀로는 "깊이 사랑하지만 의구심이 사라지지 않고 의심하면서도 열렬히 사랑한다."[34]고 말한다. 사람들은 모두 상대의 질투가 사랑의 깊이를 말해주는 기호라고 생각하며, 질투가 없다면 사랑도 없다고 여긴다. 세상의 사랑하는 남자들과 여자들은 왜 서로 다른 사랑을 꿈꿀까. 고든 클랜턴(Gordon Clanton)은 질투를 "짝을 잃을지 모른다는 불안감으로 인해 표현되는 불편한 감정"[35]이라고 정의한다. 이 정의는 짝을 잃을지 모르는 위협과 제3자의 존재라는 질투의 두 가지 중심 요소를 포함한다. 실제로 질투 상황은 질투를 느끼는 사람과 그 배우자 그리고 경쟁자라는 세 사람이 관여된다는 점에서 종종 '영원한 삼각관계'라 불리기도 한다. 도스토옙스키의 소설에는 위험한 열정인 질투의 테마가 자주 등장한다. 그는 인간의 질투 감정과 심리 연구에 탁월한 분석가이다. 도스토옙스키 소설의 작중 인물이 보여주는 질투의 감정이 뭉크의 미술 작품으로 어떻게 전이되어 나타나는가를 연구 분석하는 일은 아주 흥미롭다.

잘 알려진 것으로 뭉크의 작품에는 언제나 사랑, 죽음, 불안이 내재되어 있다. 에로스에서 타나토스로 이어지는 중간 감정이 질투이다. 뭉크의 그림 『질투』(1896)[36]를 보면 한없이 무력해 보이는 남자가 그림 앞에 등장한다. 그 뒤쪽으로는 이 남자를 질투심으로 몰고 간 포옹하는 두 남녀가 보인다. 이 방은 뭉크의 마음속이고, 두 남녀는 마음속에서 일어난 상상을 그린 것이다. 질투라는 것이 대부분 그렇듯 실체가 있는 것이 아니라 상상의 감정이다. 질투는 상대방을

---

33 위의 책, 55쪽.

34 위의 책, 55쪽.

35 위의 책, 57쪽.

36 뭉크의 『질투』(1896)는 세 작품으로 보존되어 있다. 『질투1』(1896, 석판화, 33x45cm, 오슬로, 뭉크 미술관), 『질투2』(1896, 석판화, 46.3x56.5cm, 빈, 알베르티나 미술관), 『질투2』(1896, 채색 석판화, 45.4x51.3cm, 오슬로, 뭉크 미술관)

[그림 6]「질투」(1895) 유화

의심하고, 불안한 상상을 키워간다. 그 상상은 일반적으로 사랑에 자신감을 결여한 자가 품게 된다.

뭉크의 경우, 과거에 사랑했던 연인에 대한 감정이 완전히 정리되지 않아 심리적으로 극도로 불안정한 가운데 다른 여인을 새로 만나게 되었다. 뭉크는 그 여인을 정신적으로나 성적으로 만족시킬 자신이 없었다. 사랑에 대한 확신도 없었다. 그래서 겉으로는 서로 구속하지 않은 자유로운 관계를 원한다고 말하면서도, 마음 한 구석에서는 그 여자가 다른 남자와 함께 있을지 모른다는 상상으로 견딜 수가 없었던 것이다. 사랑이 있어야 할 자리에 질투가 대신 차지하고 들어와 마음을 온통 지배하게 된 것이다.

도스토옙스키는 특히 강박증에 시달리는 인물묘사에 관심이 많았다. 이것은 인간의 마음을 연구하는 정신분석이 자리를 잡기 훨씬 이전부터 그가 노이로제의 주요한 기질을 예측하고 탐구했다는 사실을 확인시켜주는 부분이다. 그의 소설들에는 강박관념 중 하나인 질투로 인해 괴로워하는 남자들의 모습을 자주 볼 수 있다. 뭉크의「질투」에서 그들의 모습을 엿볼 수 있다.『카라마조프가의 형제들』에서 “질투심이 많은 자는 일말의 양심의 가책도 느끼지 않으면서 상상도 할 수 없는 온갖 치욕과 도덕적 타락을 일삼는 법이다.”[37]라고 도스토옙스키는 경고한다. 이 소설에서 질투의 테마에 대한 이야기는 여러 번 반복된다. 이 소설의 6편 제2장 <고 수도사제 조시마 장로의 성자전>의 전기적 사항에서 아직 “속세에 묻혀 있던 조시마 장로의 청소년 시절과 청년시절 회상. 결투”에서 청년 조시마의 이야기가 전개된다. 군대 시절 자기 향락에 빠져 살았던 조시마는 질투심으로 결투를 한 적이 있었다. 이를 계기로 자신의 잘못을 깨달은 조시마는 상대자와 결투 입회인들에게 용서를 구하고 수도원에 들어가 수도사가 되었다. 질투에 대한 다른 에피소드도 있다. 조시마 장로는 수도사의 길에 들어서기 전에 만난 한 낯선 남자 이야기를 들려준다. 그 남자는 지위가 높은 관료로서 부자이면서 자선가로 알려져 존경받는 인물이었다. 50살 정도의 관료로 10년 전에 젊은 여자와 결혼하여 세 명의 자식을 두었다. 그 남자는 오랜 망설임 끝에 자신의 비밀 이야기를 조시마에게 고백하였다. 14년 전 그 남자는 젊고 아름다운 미

[그림 7]「질투」(1896) 채색 석판화

37 도스토옙스키, 김연경 역, 카라마조프가의 형제들 (2권), (서울: 민음사, 2007) 212쪽.

망인을 사랑했고 질투로 그녀를 살해했다는 것이다. 그 사건의 진상을 아는 사람은 아무도 없었다. 저명인사이자 자선가로 명망이 높은 그 남자는 자신의 생일날 축하객들에게 지난날의 죄를 모두 고백하였다. 그는 고백하고 나서 심하게 앓아누웠다. 조시마가 방문하던 날 그 남자는 오랜만에 처음으로 기쁨과 평화를 누리고 마음의 평화를 느꼈다고 했다. 그러고 나서 일주일 뒤 그 남자는 세상을 떠났다.

『카라마조프가의 형제들』에서 질투에 대한 이야기의 정점은 드미트리의 질투이다. 드미트리는 고상함과 저속함 사이에서 갈등하는 인물이다. 그루센카에게 사랑과 증오의 감정을 동시에 느끼며 그녀를 사랑하였다. 열정에 사로잡힌 드미트리는 그루센카가 아버지 표도르와 부적절한 관계를 갖지 못하도록 하기 위해 최선을 다한다. 표도르는 그루센카를 자신의 것으로 만들기 위해 돈을 제시한다. 아버지와 심한 충돌을 빚은 드미트리는 그루센카가 아버지 표도르를 만나러 갈지도 모른다는 생각에서 그를 죽이겠다고 위협하며, 그녀가 그곳에 있는지 확인하기 위해 아버지의 집으로 간다. 그루센카의 집에서 자신도 모르게 손에 절구 공이를 들고 나온 드미트리는 표도르의 집 안뜰에 숨어서 그의 그림자를 따라 감시의 눈을 떼지 않는다. 결국 안뜰에서 망보기를 포기한 드미트리가 떠나려고 한 그 순간에 그리고리에게 들키게 되고, 뒤쫓아 온 그를 무의식중에 절구 공이로 내리친다. 그러고 나서 계속 그루센카를 찾는다. 이것은 스메르쟈코프가 표도르를 살해한 직후에 발생한 일들이다. 뭉크의 작품「질투」속의 붉게 달아오른 여성과 남성의 모습은 그녀를 사랑하는 다른 남자로 하여금 질투심에 눈이 멀게 할만하다. 질투로 앞뒤 가리지 않고 불나방처럼 행동하는 드미트리 카라마조프의 모습은 뭉크의 그림「질투」의 이미지로 전이되어 나타날 수 있다.

『죄와 벌』에서 창백하고도 날카로운 스비드리가일로프의 눈빛은 두냐와 라주미힌 사이를 질투하고 있다. 스비드리가일로프는 이성적이지만 방탕한 호색한이다. 두냐가 자기 집의 가정교사로 있을 때, 그녀를 사랑하게 되고, 그녀가 자기 아내가 되어 준다면 무슨 일이든지 하겠다고 맹세한다. 두냐는 그의 구애를 거절하는 동시에 그가 능욕한 하녀 파라샤를 괴롭히지 않도록 약속을 받고 그를 변화시키려 노력한다. 소냐의 옆방에 머물러 있게 된 스비드리가일로프는 이 방의 특징을 이용하여 라스콜리니코프가 소냐에게 고백하는 것을 듣고 그것을 두냐를 만나는데 이용한다. 그는 두냐에게 오빠에 대한 정보를 알려 주겠다고 약속하고, 그녀를 고립된 자신의 아파트로 유인하는데 성공한다. 결국 두냐는 완전히 그의 수중에 놓이게 된다. 그러나 그녀는 결코 그를 사랑하지 않을 것이고 자진하여 그의 것이 되지도 않을 것임을 알게 된 스비드리가일로프는 그녀를 그냥 보내준다. 그에게 있어 질투의 원인인 두냐는 마지막 삶의 이유가 될 수 있었지만, 이전의 무절제로 인해 삶에 대한 의지를 잃은 그는 생의 파국을 맞이하게 된다.

뭉크의 그림 「질투」에서 창백할 정도로 분노를 느끼는 남자의 눈빛은 『백치』에서 아름답고 오만한 팜 파탈의 여인 나스타시야 필립포브나와 미시킨 사이를 질투했던 로고진의 모습에서도 찾아볼 수 있다. 로고진은 나스타시야 필립포브나에게 사로잡힌 27살의 정열적인 청년이다. 로고진은 미시킨과 경쟁하며 그녀와 결혼하려고 갖은 노력을 다한다. 나스타시야가 그를 떠났을 때, 그녀를 뒤쫓기도 한다. 로고진은 나스타시야에게 받은 모욕과 고통을 감수하면서 그녀를 사랑하고 미워한다. 그와 미시킨의 갈등이 첨예해지자, 서로 십자가 목걸이를 교환하였음에도 불구하고 그는 미시킨을 살해하려 시도한다. 마침내 나스타시야와 미시킨의 결혼식 직전에 그녀와 함께 달아난 로고진은 자신의 집에서 그녀를 살해하고 만다. 질투로 사랑하는 여인을 살해한 로고진은 뭉크의 그림에 등장하는 질투하는 남성의 모습이라 할 수 있다.

3. 에로스와 타나토스

인간은 왜 죽음까지 파고드는 사랑에 집착할까? 문학과 예술의 영원한 주제인 사랑의 충동인 에로스(Eros)와 죽음과 파괴의 충동인 타나토스(Thanatos)는 사실 극적인 흥미를 갖는다. 죽음과 키스하는 사랑은 무모한 열정과 광기에 의해 촉발된 것이고, 나아가 죽음을 부른다는 점에서 결과는 늘 비극적이다. 예술가들은 예술적 상상력으로 실패한 사랑이나 죽음을 아름답고 화려하게 형상화시키는 경향이 있다. 그들은 현실에서는 달성하기 어려운 사랑의 유형을 제시하고, 이를 예술적 상상력을 통해 해석함으로서 사랑의 본질을 통찰해왔다.

에로스와 타나토스는 인간 존재의 근본적 요소이다. 그러므로 사랑과 죽음에 대한 논의는 결국 인간 존재의 본질을 탐구하는 일인 것이다. 이 때 에로스는 인간 삶에 대한 진지한 탐구를 통해 생의 욕망을 다지는 충동이고, 타나토스는 파괴적 본능을 동반한 충동적인 힘이다. 결국 인간은 삶의 충동인 에로스와 죽음의 충동인 타나토스 사이에서 긴장된 삶을 살 수 밖에 없는 운명을 지닌 존재이다. 뭉크는 죽음의 공포와 에로스를 멍에처럼 짊어지고 살았던 예술가이다. 죽음의 두려움은 강박증으로 비약하였고, 훗날 에로스와 절묘하게 결합하여 그림의 주제가 되었다.

「뱀파이어」(1893)라는 작품명을 갖고 있는 뭉크의 그림은 붉은 머리칼을 가진 여성이 그녀에게 애절하게 안긴 남성의 목덜미를 물고 있다. 뭉크는 애초에 이 작품의 이름을 「사랑과 고통」이라고 지었으나, 평론가들은 작품의 음울한 이미지 때문에 「뱀파이어」라는 별칭을 붙였다. 어찌 보면 연인관계일 수도 있는 이 그림을 뭉크는 잡아먹히는 남녀관계로 보았던 것이다. 포악한 짐승처럼 목의 급소를 이빨로 짓이기는 잔인한 팜 파탈을 묘사한 「뱀파이어」는 사랑이 죽음을 매개로 연계되고 있다는 것을 참혹하게 보여준다. 뭉크에 의하면 사랑은 아

[그림 8] 「뱀파이어」(1893~94) 유화

름답게 성취되는 것이 아니라 오히려 배신과 질투로 점철되다가 끝내 죽음을 향해 거침없이 질주하도록 이끄는 원동력이다. 죽음을 동반한 에로스인 것이다.

뭉크에게는 여성에 관한 정신적 외상(trauma)이 있다. 뭉크는 오랫동안 여러 명의 여자들과 사귀었으나, 누구와도 오랫동안 좋은 관계를 갖지 못하였다. 어느 여인도 즐거운 추억의 대상이 아니다. 여자들이 그에게 부드럽게 대할수록 그는 공포감만 더 커졌다. 뭉크는 여성을, 영원히 남자를 잡아먹으며 살아가는 흡혈귀로 생각한 것이다. 여성에 대한 뭉크의 내면은 한없이 불행하다. 신경질적이고 내향적인 한 예술가의 전반적인 삶속에서 여성들에 대한 이미지는 부정적이다. 뭉크는 스스로를 피해자로 자처했기 때문에 여성은 가해자인 흡혈귀로 묘사된다. 여성을 남성 피를 빨아 살아가는 뱀파이어로 생각하는 뭉크의 삶은 비극적인 것이다.

이러한 부정적인 여성상은 도스토옙스키의 작품 속에 다양한 인물들로 등

[그림 9] 「뱀파이어」(1895) 석판화/목판

장한다. 『도박자』에서 알렉세이의 사랑을 미끼로 끊임없이 변덕을 부리며 그를 도박의 길로 이끄는 폴리나, 『백치』에서 팜 파탈의 매력으로 여러 남성들을 괴롭히는 나스타시야 필립포브나, 『카라마조프가의 형제들』에서 아버지와 아들 사이를 저울질하며 이득을 챙기려는 그루센카, 이반과 드미트리 사이에서의 카테리나, 『백치』에서 가냐와 미시킨 사이를 왔다 갔다 하며 변덕을 부리는 아글라야 등 불안정한 관계들이 많다. 비록 여성의 마음은 갈대라고들 하지만, 그녀의 행동들은 지나치게 남성들의 마음을 흔들고 파멸시킨다. 어머니와도 같은 여성의 한없는 부드러움이 때로는 증오와 질투심으로 인해 인도의 칼리여신과 같은 파괴적 속성으로 변질될 수 있다는 것을 그들은 알고 있었던 것이다.

채색 석판화(lithograph) 「마돈나」(1896-1902)에서는 어린 시절 이후 내내 뭉크를 괴롭혔던 죽음과 관련된 여성 이미지를 읽을 수 있다. 그림의 인물은 거의 신성 모독적으로까지 느껴지는 이상한 형상으로 표현되어 있다. 여기서 우리는 여성의 섹슈얼리티를 죽음과 연관시키려 했던 작가의 의도를 구체적으로 알 수 있다. 이 그림이 처음 발표되었을 때 "정자와 태아 모양의 그림과 조각이 장식된 액자에 끼워져 있었다. 액자는 그 후 제거되었는데 아무래도 분실된 것 같다? 액자 덕분에 이 작품은 수태(정자)와 죽음(태아의 얼굴은 백골과 비슷하다)이 연관된 의미로 파악되었다. 구도 면에서 가장 눈길을 끄는 것은 옷을 벗은 여자의 허리 아래쪽이 형체가 없는 것처럼 이상하게 매달려 있다는 점이다. 이 같은 인상을 주는 것은 흐르는 듯 대담한 붓질 때문만은 아니다. 오른쪽 팔은 머리 뒤로 올리어져, 그 흐르는 색채 속으로 사라지고, 왼쪽 팔은 허리 뒤로 묶인 것처럼 두르고 있다. 양팔의 이런 자세는 가슴과 복부를 내밀게 하는 효과를 낸다."[38] 뭉크의 「마돈나」에 그려진 이 여성은 일반적인 마리아의 모습이 아니라, 긴 머리를 풀어헤치고 반쯤 눈을 감고 입술은 약간 벌린 채, 마치 성적 희열에 빠진 것 같은 모습으로 다가온다. 긴 머리카락의 선들은 화면 전체를 휘감아 파괴적 힘을 암시하고 있다. 여인은 위로 치솟으면서 우리를 내려다보고 있는 것처럼 보이지만 우리의 눈 아래 누워 성적 황홀경에 빠진 채 자신의 의지를 포기하고 있는 것으로 보인다.

[그림 10] 「마돈나」(1896~1902)
(채색 리토그래프)

전기 작가들의 말에 따르면, 뭉크는 도스토옙스키의 『백치』와 『카라마조프가의 형제들』을 좋아했다.[39] 뭉크의 「마돈나」(또는 작가가 이름 붙인 「사랑하는 여자」)는 소설 『여주인』의 카테리나, 『백치』의 나스타시야 필립포브나, 『카라마조프가 형제들』의 그루센카를 연상시킨다. 이들은 모두 아름다운 요부의 이미

38 울리히 비쇼프, 반이정 옮김, 에드바르 뭉크, (서울: 마로니에북스, 2005) 40쪽.

39 요세프 파울 호딘, 이수연 옮김, 에드바르 뭉크, (서울: 시공아트, 2010) 40쪽.

지를 갖는다. 가난하고 아름답다는 이유로 유린당한 이들은 강한 자존심과 상처받은 영혼, 자학적이면서도 가학적인 사랑 속에서 괴로워하는 여성들이다. 하지만 내적인 순결함과 숨겨진 종교성이 이들의 특징이기도 하다. 뭉크의 「마돈나」에서는 특히 로고진의 칼에 살해된 나스타시야 필립포브나의 이미지가 연상된다. 그녀의 일생은 자존심과 그로 인한 고통으로 얼룩져 있다. 그녀는 어머니가 화재로 세상을 떠나고 아버지가 발광하여 죽은 후, 이웃 지주인 토츠키의 영지에서 좋은 교육을 받으며 자랐지만, 결국 토츠키에게 농락당하고 만다. 그 경험은 그녀의 자존심에 상처를 입혀서, 그 일이 있은 후 그녀는 스스로 고통과 파멸의 길을 찾는다. 비극적인 운명의 소용돌이 속에서 거리의 여자를 자처하는 나스타시야 필립포브나는 남성들이 첫눈에 마음을 빼앗길 정도로 빼어난 미모의 여인이다. 그런데 그녀의 아름다움에는 좀처럼 이해하기 힘든 요소가 덧붙여진다. 그녀의 부칭 필립포브나는 17세기 러시아 정교에서 나온 가장 극단적인 이단 종파인 흘리스뜨이의 창시자 이름인 다니엘 필립에서 유래된 것으로, 이 부칭을 통해 나스타시야가 다니엘 필립의 딸이라는 것을 짐작할 수 있다. 흘리스뜨이들은 예수 그리스도가 유일한 구원자로서 하느님의 유일한 아들이라는 사실을 부정하고 시대마다 여러 명의 구세주가 나타난다고 믿었으며, 성모도 같은 선상에서 이해한 종교집단이다. 이들은 금욕주의를 주장하며 몸에 채찍질하는 고행을 실천했으며, 결혼은 부정하지만 종교의식 중 신적 사랑을 실현하기 위해 여성과 남성의 자유로운 난교를 추구했고, 그 속에서 종교적 황홀경을 체험하고자 했다고 전해진다. 필립포브나라는 부칭은 바로 이단 종파에 홀린 타락하고 오염된 성처녀의 이미지를 갖게 한다. 성처녀의 이미지는 아글라야를 통해서도 나스타시야에게 부여되는데, 아글라야는 러시아의 문호 푸시킨의 시 「가련한 기사」를 미시킨에 빗대어 낭송할 때 성처녀 마리아를 지칭하는 이니셜을 나스타시야 필립포브나의 이니셜로 바꾸어 부른다. 나스타시야는 작품 속에서는 미시킨에게서 벗어나 로고진에게도 돌아가지 않고, 파블로프스크에서 뭇 남성들에게 둘러싸여 산다. 그녀는 이들의 묘한 성적 엑스타시의 대상으로 추종되고 숭배된다. 이렇게 볼 때 나스타시야 필립포브나라는 이름을 통해 구현되는 것은 부활과 구원을 기다리는 러시아 종교적 아름다움이지만, 이단 종파에 의해 오염된 아름다움의 이상이라고 할 수 있다.[40]

뭉크는 그림 「마돈나」에서 삶과 죽음을 직접 연결하는 끈을 어떻게 생각했는지에 대해 두 차례에 걸쳐 글로 남긴 바 있다. "세상의 모든 부드러움이 당신의 얼굴에 담겨 있습니다. 달빛은 그 얼굴을 투과합니다. 당신의 얼굴에는 세상의 모든 아름다움과 고통이 넘칩니다. 왜냐하면 죽음과 삶은 손을 잡고, 수천의 죽음과 수천의 삶을 연결하는 고리가 지금도 여전히 이어져 있기 때문입니다."[41] 다른 지면에는 이렇게 썼다. "세상이 발걸음을 멈추고 휴식을 취할 때, 지구상의 온갖 아름다움이 당신의 얼굴에 머문다. 당신의 입술은, 고통으로 일그러지며 열매를 맺는 과일처럼 붉은색이다. 시체의 웃음 이제 삶은 죽음과 손을 잡는다. 수천 세대에 걸친 죽은 자들을 이제

[그림 11] 「마돈나」(1893~94) 유화

40 홍대화, 도스또예프스끼: 읽기의 즐거움, (서울: 살림, 2005) 126쪽.

41 울리히 비쇼프, 반이정 옮김, 에드바르 뭉크, (서울: 마로니에북스, 2005) 42쪽.

태어날 수천 세대와 이어주는 고리가 이제 연결된다."[42] 뭉크가 지면을 통해 남긴 말은 성처녀와 성적 엑스타시의 대상으로 숭배된 『백치』의 나스타시아 필립포브나의 이미지에 대한 모방과 변주라 할 수 있다.

더 나아가 그림 「마돈나」에 대한 뭉크 자신의 설명은 도스토옙스키의 소설 『카라마조프가의 형제들』에서 드미트리가 알료샤에게 고백하는 말을 상기시킨다.

> "아름다움이란 말이다. 섬뜩하고도 끔직한 것이야! (.......) 아름다움이란 정말! 덧붙여 내가 참을 수 없는 건 어떤 사람이, 그것도 고귀한 마음과 드높은 이성을 가진 사람이 마돈나의 이상에서 시작하여 소돔의 이상에서 끝을 맺는다는 거야. 더 끔직한 것은 영혼 속에 이미 소돔의 이상을 품은 상태에서도 마돈나의 이상을 또한 부정하지 못하여, 그 때문에 죄악을 모르던 젊은 시절처럼 자신의 가슴을 진실로, 진실로 불태운다는 거지. 아니야, 인간이란 넓어, 너무도 넓어, 나는 차라리 축소시켰으면 싶어. 젠장, 도대체 뭐가 뭔지 알게 뭐람, 정말! 이성에겐 치욕으로 여겨지는 것이 마음에겐 완전히 아름다움이니 말이다. 소돔에도 아름다움이 있을까? 믿을 수 있겠니, 아주 많은 사람들에게 있어 아름다움이란 바로 소돔에 도사리고 있다는 것을 — 이 비밀을 너는 알고 있었니? 정말 무서운 건 말이지, 아름다움이란 비단 섬뜩한 것일 뿐만 아니라 신비스러운 것이기도 하다는 사실이야. 그러니까 악마와 신이 싸우는데 그 전쟁터가 바로 사람들의 마음속인 거지."[43] (밑줄은 필자 강조)

뭉크는 이미 도스토옙스키의 소설 『카라마조프가의 형제들』을 통해 '마돈나'

---

42 위의 책, 42쪽.

43 도스토예프스키, 김연경 옮김, 카라마조프가의 형제들, (서울: 민음사, 2007) 227쪽.

라는 이름에 친숙해져있었고, 인간의 영혼 속에는 "**마돈나의 이상**"과 "**소돔의 이상**"이 늘 싸우고 있음을 알았다. 아름다움에 대한 드미트리의 말이 뭉크의 도상기호로 재현된 것이 「마돈나」이다. 뭉크는 실제로 애인 다그니 유을을 통해 마돈나의 이상과 소돔의 이상을 동시에 경험하였다. 흥미로운 것은 다그니가 "영혼"이나 "정신"을 뜻하는 러시아어 "두샤(Dusha)"로 불리어졌다는 것이다. 마돈나와 소돔의 아름다움을 보여준 뭉크의 그림 「마돈나」는 "영혼의 시"로 불리는 도스토옙스키의 작품을 통해 이미 예견된 것이라 할 수 있다.

에로스와 타나토스의 테마가 가장 잘 구현된 도스토옙스키의 『백치』의 여주인공 나스타시야 필립포브나는 뭉크의 「마돈나」에서 재현되었고, 「마돈나」와 밀접한 관계가 있으며, 의미심장한 제목의 그림 「다음날 아침」(1894/95)에서 죽어 누워 있는 그녀의 마지막 모습을 연상시킨다.

[그림 12] 「다음날 아침」

뭉크의 그림 「죽음과 소녀」에서는 남자와 소녀가 키스를 하고 있다. 죽음(남자)은 아주 강한 힘으로 소녀의 허리를 부서질 듯 안고, 소녀도 두 팔로 사내의 목을 감고 있다. 죽음은 오른쪽 다리로 소녀의 가랑이를 음흉하게 비집고 이미 들어간다. 이것은 나름대로 에로틱한 분위기를 만들어낸다. 그런데 웬일인지 그녀는 죽음을 두려워하지 않고 오히려 죽음의 목을 강인하게 감싸고 죽음과 키스를 한다. 강한 애무로 흔들리는 모습인지, 아니면 춤을 추는 모습인지 어쩐지는 알 수 없다. 죽음은 공포의 대상이 아니라 애욕의 대상처럼 느껴진다. 문학

및 예술 비평가들은 에로스와 타나토스를 중세의 <죽음의 댄스(Danse macabre)>와 비교하여 이야기하는 경우가 많다. 「죽음과 소녀」도 중세의 '죽음의 춤'을 에로스와 노골적이고 도발적으로 결합시켰다고 할 수 있다. 뭉크는 그림을 둘러싼 테두리의 외부에 태아를 그려 에로스와 타나토스를 죽음의 차원에 그치지 않게 했고, 삶과 의도적으로 공존시켰다. 죽음에 대한 낭만적 찬미로 일관하지 않고, 에로스나 타나토스를 지양한 새로운 생명의 출현을 예고하고 있다고 평가했던 것이다.[44] 그림 「죽음과 소녀」에서 소녀는 도스토옙스키의 소설 『악령』에 등장하는 죽음의 교주라 할 수 있는 스타브로긴과 관계된 소녀들이나, 『죄와 벌』의 스비드리가일로프와 관련된 소녀들을 연상시킨다. 스비드리가일로프는 이성적이지만 방탕한 호색한의 지주이다. 스비드리가일로프의 정체를 파악할 필요가 있는데, 루진은 라스콜리니코프의 가족들 앞에서 스비드리가일로프의 비밀을 털어놓는다. "그(스비드리가일로프)는 악한 중에서도 가장 사악하고 파렴치한 인간입니다! 8년 전 불행하게도 그를 너무 사랑해서 그의 빚을 갚아 준 마르파 페트로브나가 그의 또 다른 문제도 해결해주었다는 확실한 근거를 저는 가지고 있습니다. 그 자는 시베리아 유형에 처해질 수도 있을 만큼 잔인하고 기괴한 살인

[그림 13] 「죽음과 소녀」

44 진중권, 춤추는 죽음, (서울: 세종서적, 1997) 165쪽에서 재인용.

사건에 연루되었는데, 그녀의 노력과 희생 덕택에 그 형사 사건을 초기에 무마할 수 있었습니다. 그는 바로 그런 사람입니다."[45] 이러한 스비드리가일로프는 두냐에게서 이루지 못한 욕망을 어린 소녀와 약혼을 하여 채운다. 그는 가난한 어린 소녀의 부모에게 대사업가로 소개된다. 소개가 끝난 후 사흘 만에 그는 소녀와 약혼식을 올리고 1500루블 어치의 선물을 가져간다. 거의 어린애와 다름없는 열여섯 살의 어린 소녀는 돈의 힘에 압도되어 어린아이의 상상력을 뛰어넘는 노예성 발언을 한다. "그 애는 갑자기 내 목을 달려들어 나를 두 팔로 꽉 껴안고는 키스하면서 순종적이고 충실하고 선한 아내가 되겠다고, 나를 행복하게 해주겠다고, 생애의 매순간, 전 생애를 바쳐서 모든 것, 모든 것을 희생하겠다고 맹세하더군요."[46] 더 나아가 죽음의 사신과도 같은 스비드리가일로프는 15살의 농아 소녀를 능욕하고 다락에서 목을 매고 자살하게 만들었다.

[그림 14] 「죽음과 소녀」(1894)

뭉크의 그림 「마돈나」(그림 10)와 「죽음과 소녀」(그림 14)에는 정자와 태아 모양의 그림과 조각이 장식된 액자에 끼워져 있었다. 액자의 장식 그림은 삶과 죽음에 대한 상징이라 할 수

45 도스또예프스끼, 홍대화 역, 죄와 벌, (서울: 열린책들, 2000) 571쪽.

46 위의 책, 571쪽.

있다. 뭉크는 다음과 같은 말을 한다. "나는 미술이라는 여신에게 충실했고, 그녀는 나에게 충실했다....... 태어난 순간에 이미 나는 죽음을 경험했다. 죽음이라고 불리는 진정한 탄생이 날 기다리고 있다. 우리는 죽지 않는다. 세상이 우리를 떠날 뿐....... 내 부패한 육신에서 꽃들이 자랄 테고, 난 만발한 꽃들 속에서 살아가게 되리라....... 죽음은 삶의 시작이요, 새로운 결정체의 기원이다."[47] 이 말의 함축의미는 『카라마조프가의 형제들』의 에피그라프 "내가 진실로 진실로 너희에게 말한다. 밀알 하나가 땅에 떨어져 죽지 않으면 한 알 그대로 남고, 죽으면 많은 열매를 맺는다."[48]를 연상시킨다.

4. 몽상가의 이미지: 불안과 우울

도스토옙스키는 1846년 『분신』을 발표하면서 환상과 몽상에 대한 문제에 관심을 갖기 시작하였다. 『분신』이 비평가들로부터 외면을 당했음에도 불구하고 그는 계속 심리묘사 중심의 공상적인 작품에 매달렸다. 시사문제를 풍자적으로 다룬 소품 『페테르부르크 연대기』와 중편소설 『백야』 등이 그것이다. 『페테르부르크 연대기』 한 대목을 읽으면 도스토옙스키가 환상과 몽상에 얼마나 집착했는지 알 수 있다.

> "여러분은 몽상가가 무엇인지 아는가? 그것은 페테르부르크의 악몽이요, 인간의 모습을 한 죄악으로서, 모든 끔찍한 공포와 파국, 급변 그리고 발단과 결말을 가진, 말이 없고 비밀스러우며 음산하며 야만적인 비극인데, 이것은 절대 농담이 아니다. 당신은 이따금씩 초점을 잃은 눈빛에 창백하고 피로가 누적된 표정

---

47 수 프리도, 윤세진 옮김, 에드바르 뭉크: 세기말 영혼의 초상, (서울: 을유문화사, 2008) 570쪽.
48 도스토예프스키, 김연경 옮김, 카라마조프가의 형제들, (서울: 민음사, 2011) 5쪽.

의 주의가 산만한 사람, 항상 마치 무언가 끔찍하게 고통스럽고 뭔가 머리가 깨질 것 같은 일에 빠져 있으며, 때로는 마치 힘든 노동으로 고통 받고 피로에 지쳐 있는 듯하지만, 실제로는 아무 일도 하지 않는 그런 사람을 만나게 되는데, 바로 이런 사람이 몽상가의 겉모습이다. 몽상가는 항상 침울한데 그것은 극도로 모순된 상태에 있기 때문이다. 지나치게 명랑한가 하면 어느새 금방 얼굴을 찌푸리고, 한 없이 거칠다가도 사려 깊고 섬세하며, 이기주의자인가하면 숭고한 감정을 가지기도 한다....... 몽상가의 마음에 현실은 늘 무겁고 적대적인 인상만을 남기기 때문에 그는 먼지가 그득하고 단정치 못하며 무질서하고 지저분하지만 자기만의 소중하고 행복한 피난처로 서둘러 몸을 숨긴다."[49]

몽상가는 도스토옙스키 주인공의 특징 중 하나이다. 예컨대『학대 받고 모욕받은 사람들』의 이반 페트로비치,『백야』의 몽상가[50],『지하생활자』의 지하생활자,『죄와 벌』의 라스콜리니코프,『백치』의 미시킨 공작 등이 몽상가 계열에 속한다. 그들은 불안한 모습으로 거리를 배회하거나 소외된 삶을 살아간다. 뭉크 역시 도스토옙스키의 몽상가들처럼 살았다.[51] 뭉크는 산책을 나갈 때 주변 환경에 아랑곳하지 않고 자신만의 상념에 지나치게 몰두해 있어 다른 사람의 눈에는 몽유병자처럼 보였다. 그러다 그가 눈을 크게 뜨기라도 하면 시야에 들어오는 것은 숭고하고 강렬한 효과를 가져다주었다. 갑자기 명확하게 사물을 보게 되는 것과 같았다. 그가 기억을 더듬어서 그림을 그리게 되는 습관에 빠진 것은

---

49 이병훈, Dostoevsky: 아름다움이 세계를 구원할 것이다, (서울: 문학동네, 2012) 87쪽.

50 도스토옙스키의 소설들 가운데 가장 서정적인『백야』는 "감상소설", "어느 몽상가의 회상 중에서"라는 두 개의 부제가 말해 주듯이 몽상을 일삼는 일인칭 화자의 이야기이다.

51 비평가들의 말에 의하면 뭉크는 많은 종류의 뿌리 깊은 불안과 두려움을 안고 살았다. 즉 낯선 사람에 대한 두려움, 여인에 대한 두려움, 죽음에 대한 두려움, 질병과 세균에 대한 두려움 그리고 무엇보다도 텅 빈 공간에 대한 두려움을 안고 살았다. 사실 그는 발작성 공황을 동반하는 광장 공포증을 앓고 있었다는 것이 정설이다. 일상적으로 광장공포증에 수반되는 불면증과 가슴 통증 그리고 격렬한 감정의 변화는 말할 것도 없었다. 그가 자주 겪었던 알코올 중독 역시 이러한 정서적 불안정으로부터 기인한 것이었다.

[그림 15]「카를 요한의 저녁」

이런 이유에서였다. 순간적인 환영이란 수확을 거둬들이기 위해서 말이다. 그는 "난 내가 보고 있는 것을 그리지 않고, 이미 본 것을 그린다."[52]고 종종 친구에게 털어놓았다.

뭉크는 인상주의풍의「카를 요한의 봄날」(1890)을 그린 후 약 2년이 지난 뒤 뭉크는 크리스티아나(오슬로)의 대로변으로 돌아가 그곳을 고독과 불안, 소외의 무대로 삼았다. 1890년대 이후에는 어둡고 복잡한 감정이 뭉크의 작품을 지배했다. 그의 그림「카를 요한의 저녁」(1892)에서는 우울하고 음산한 도시의 분위기가 감돈다. 알 수 없는 거대한 힘에 의하여 본인의 의지와는 상관없이 앞으로 밀려나가는 듯한 무표정한 군중의 모습은 도시인의 모습이다. 유령 같은 얼굴을 한 사람들이 감상자를 향해 다가온다. 그들의 모습에선 인간의 내면세계가 드러

52 울리히 비쇼프, 반이정 옮김, 에드바르드 뭉크, (서울: 마로니에 북스, 2005) 17쪽.

난다. 사람들 뒤로 1866년에 건설된 노르웨이 의회건물이 보인다. 이 건물이 거리의 한쪽 끝을, 다른 한쪽은 궁전이 확실하게 구분하고 있다. 인도를 걷는 사람들은 허리나 가슴 높이에서 잘라내는 시각을 선택했기 때문에, 무리 속의 사람들은 갑갑할 정도로 서로 붙어선 인상을 준다. 남자들은 중절모를, 여자들은 고급 보닛을 쓰고 있다. 이들은 크리스티아니아 보헤미아의 눈으로 본 중산층 사람들이다. 사람들의 눈은 크게 확대되어 있는데 얼굴은 무표정하여 아무 것도 전달하지 않는다. 중산층 사회의 규범과 제약에 길들여진 이 사람들은 도덕적 억압상황을 만드는데 기여하고 있다. 눈동자처럼 밝게 빛나는 법과 질서의 상징인 의회 건물의 창문은 부르주아 사회를 지키는 경찰이나 권위의 상징처럼 이 풍경을 지키고 있다. 그리고 길에는 사람들의 무리를 지나 반대방향을 향해 걷고 있는 고독한 인물이 있다. 이 인물이 무엇을 의미하는지 파악하는 것은 어렵지 않다. 뭉크의 일기를 보면, 우리가 이미 상상한 그대로이다. "길을 지나는 사람들이 모두 그를 이상한 눈으로 쳐다본다. 그 역시 사람들의 시선을 의식한다. 저녁 빛에 창백하게 물든 얼굴들. 그는 다른 생각에 몰두하려고 애쓰지만 쉽지 않다. 머릿속이 텅 비었다. 멀리 보이는 창가에 자신의 시선을 고정하려고 한다. 다시 한 무리의 보행자들이 그의 곁을 지나친다. 그는 머리끝부터 발끝까지 몸서리를 치며 식은땀을 쏟는다."[53]

[그림 16] 「불안」(1894)

53 위의 책, 51-52쪽.

뭉크의 그림 「불안」(1894)은 공허한 시선의 인물들이 묵시록적인 분위기의 피오르드를 배경으로 서있다. 가면을 쓴 것 같은 표정 없는 얼굴들과 초점 없이 앞을 응시한 모습은 그 자체로 불안의 이미지를 잘 보여주고 있다. 이 작품은 덴마크의 신학자이자 철학자인 키에르케고르의 『불안의 개념』(1844)에 나오는 말을 연상시킨다. "불안은 어지러움에 비견할 만하다. 자신의 발아래 쩍 벌어진 심연을 보고 있는 사람은 어지러움을 느낄 것이다. 하지만 그 어지러움은 심연 때문이기도 하지만 자신의 눈 때문이기도 하다. 그가 눈을 감아도 어지러움이 사라지지 않는 것은 바로 그 때문이다. 그러므로 불안이란 자유에서 비롯되는 어떤 어지러움이다."[54] 뭉크는 지적으로 혼란스럽고 극단적으로 불안했으며, 어디나 긴장 상태였던 시대를 살았다. 도스토옙스키는 "오늘날처럼 유럽이 갈등으로 피폐했던 적은 없었다."[55]고 말했다. 도스토옙스키는 자신의 소설들에서 여러 가지 이유들로 인해 불안한 삶을 사는 인물들의 군상을 보여준다. 이들의 모습은 다소 극단적이지만, 우리 자신도 모르는 사이에 불안한 인간이 될 수 있음을 보여준다는 점에서 인상적이다. 「카를 요한의 저녁」과 「불안」(1894)에서는 뭉크의 주제인 군중과 도시의 불안과 고독이 잘 나타나 있다. 이 그림의 군상들은 휑한 눈을 부릅뜨고 마치 바이러스에 걸린 듯이 앞만 보고 걸어간다. 도시는 어둡고 적막하다. 이 그림 또한 익명의 사회, 거대 도시 속에서 무력하고 단절된 삶을 사는 현대인들의 불안한 모습을 잘 표현한 그림이다.

---

54 모니카 봄 두첸, 김현우 옮김, 세계 명화의 비밀, (서울: 생각의 나무, 2009) 273쪽.

55 요세프 파울 호딘, 이수연 옮김, 에드바르 뭉크, (서울: 시공아트, 2010) 221쪽.

Ⅳ. 글을 나오며

지금까지 도스토옙스키와 뭉크의 예술 작품을 비교 분석하면서 뭉크의 유명 작품 위주로 도상해석을 시도해보았다. 예술작품의 주제와 내용을 바탕으로 해석을 한 것이다. 우리가 시도한 두 작가의 예술 작품에 나타난 상호텍스트성은 문학텍스트들 사이에서 발생하는 모방과 변주가 아니라, 장르를 초월하여 이루어지는 대화이다. 뭉크의 대화는 인간 대 인간의 교류를 의미하는 것이 아니라, 예술창조를 위해 언어의 예술가인 도스토옙스키의 문학 작품을 읽고 상상력을 통해 이루어지는 대화인 것이다. 시대를 앞서간 심오한 통찰력의 소유자인 도스토옙스키의 소설은 뭉크의 예술적 상상력을 풍부하게 해주는 언어 텍스트인 것이다. 뭉크는 도스토옙스키의 문학 텍스트의 이미지를 회화텍스트의 도상기호로 훌륭하게 재현시켰다. 뭉크는 도스토옙스키의 언어와 문법을 독창적으로 이해한 예술가인 것이다. 뭉크는 대가와의 공감의 세계를 침묵의 언어로 재현한 것이다.

도스토옙스키의 작품 분석에서 자주 사용되는 용어가 있다면 인간의 자유의지와 자의식이다. 뭉크 역시 도스토옙스키의 어조와 표현법으로 자신의 예술을 말한다. "사실상 나의 예술은 내 자유의지가 낳은 고백이자, 인생에 대한 관조를 명료하게 드러내려는 시도와 다름없다....... 근본적으로 그것은 내 자의식의 표출이다. 하지만 내 작품을 통해 다른 사람들 역시 나처럼 자신의 인생을 명료하게 관조할 수 있기를 바라마지 않는다."[56] 그들은 공통의 예술 문법을 사용하여 자신들의 예술 세계를 보여준 것이다.

사실 예술사에서 뭉크의 출현은 혁명적이었다. 그는 인간의 심리적이고 정신적인 현상을 보았다. 뭉크는 정신적 영역이나 아주 오묘하고 섬세한 영혼의

---

56 울리히 비쇼프, 반이정 옮김, 에드바르드 뭉크, (서울: 마로니에북스, 2005) 42쪽.

감정에만 존재하는 새로운 예술적 이상에서 우리 자신의 모습을 찾아보는 일을 가능하게 했다. 뭉크는 인간의 심리상태나 영혼의 상태를 극명하게 표현하기 때문에 강력한 호소력을 과시한다. 뭉크의 그림은 외상 치료교육(Remediation)에도 사용된다. 바로 이러한 점 때문에 "뭉크는 위대하고 중요한 작가다. 너무 심오하고 어두워서 언어로는 적절하게 표현할 수 없는 그 무엇, 어둡고 암울한 본능으로만 스스로를 드러내는 그 무엇이 그를 통해 형상과 색조를 얻게 되고, 그렇게 우리의 의식에 전해진다."[57] 뭉크가 인간의 심리와 영혼의 세계를 읽고 표현할 수 있었던 것은 도스토옙스키 문학의 도움 없이는 불가능했을지도 모른다.

결국 뭉크는 도스토옙스키의 영혼의 리얼리즘과 정신적 세계관을 계승한 화가라고 할 수 있다. 도스토옙스키는 인간의 영혼을 들여다보는 통찰력으로 뭉크의 상상력을 계속 장악했던 것이다. '영적 분위기'를 창조한 뭉크의 작품들마다 도스토옙스키적인 요소들이 녹아있었다. 어쩌면 그것은 비단 둘 사이의 연관성을 보여주는 것뿐만 아니라 현대사회를 살아가는 인간들 눈에 비친 문제점들을 천재적 시각에서 풀어낸 것일 수도 있다. 현대 사회가 안고 있는 불안한 삶 속에서의 절규, 존재에 대한 불안, 인간의 잔인성과 공포, 그리고 신의 부재 등등. 이것들은 인류 모두의 공통된 고뇌의 대상이며 풀어나가야 할 과제이기 때문이다.

주제어: 상호텍스트성, 대화, 영혼의 리얼리즘, 영혼의 미술, 절규, 죽음, 질투, 불안, 에로스, 타나토스.

---

57 모니카 봄 두첸, 김현우 옮김, 세계명화의 비밀, (서울: 생각의 나무, 2009) 251쪽.

참고 문헌

데이비드 버스. 이상원 옮김, 위험한 열정 질투, 서울: 추수밭, 2006.

도스또예프스끼. 홍대화 옮김, 죄와 벌(상하), 서울: 열린책들, 2000.

도스또예프스끼. 석영중 옮김, 분신, 가난한 사람들, 서울: 열린책들, 2002.

도스또예프스끼. 김근식 옮김, 백치(상하), 서울: 열린책들, 2007.

도스토예프스키. 김연경 옮김, 카라마조프가의 형제들(1,2,3), 서울: 민음사, 2007.

롤프 스테너센. 김윤혜 옮김, 에드바르드 뭉크, 서울: 눈빛, 2003.

모니카 봄 두첸. 김현우 옮김, 세계 명화의 비밀, 서울: 생각의 나무, 2009.

미셸 파스투로. 전창림 옮김, 색의 비밀, 미술문화, 2003.

수 프리도 지음. 윤세진 옮김, 에드바르 뭉크: 세기말 영혼의 초상, 서울: 을유문화사, 2008.

스테펜 크베넬란. 권세훈 옮김, 뭉크, 서울: 미메시스, 2014.

에르빈 파노프스키. 이한순 옮김, 도상해석학 연구: 르네상스 미술에서의 인문주의적 주제들, 서울: 시공아트, 2009.

오종우. 신은 우리 곁에 있는가, 서울: 예술행동, 2011.

요세프 파울 호딘. 이수연 옮김. 절망에서 피어난 매혹의 화가 에드바르 뭉크, 서울: 시공 아트, 2010.

울리히 비쇼프. 반이정 옮김, 에드바르드 뭉크(1863~1944) 서울: 마로니에 북스, 2005.

윤호병. "한국 현대시로 전이된 에드바르트 뭉크의 그림 세계".

이병훈. Dostoevsky: 아름다움이 세상을 구원할 것이다, 서울: 문학동네, 2012.

조용훈. 에로스와 타나토스, 서울: 살림, 2005.

조유선. 도스또예프스끼 읽기 사전, 서울: 열린책들, 2002.

조주관. 죄와 벌의 현대적 해석, 서울: 연세대학교 출판부, 2009.

진중권. 춤추는 죽음, 서울: 세종서적, 2005.

헨리 레마크. 이혜순 역, "비교문학, 그 정의와 기능,"비교문학, 서울: 중앙출판, 1980.

홍대화. 도스또예프스기: 읽기의 즐거움, 서울: 살림, 2005.

Julia Kristeva, Desire in Language: Semiotic Approach to Literature and Art, ed. Leon S. Roudiez, trans. Thomas Gora, Alice Jardine, and Leon S.

Lachmann, Renate. Memory and Literature: Intertexuality in Russian Modernism, Minneapolis and London: University of Minnesota Press, 1997.

Jacques Catteau, Dostoevsky and the Process of Literary Creation. Cambridge: Cambridge University Press, 1988.

Robert Louis Jackson, Dialogues with Dostoevsky: the Overwhelming Questions, Stanford: Stanford University, 1993.

Kenneth Lantz, The Dostoevsky Encyclopedia. London: Greenwood Press, 2004.

Leatherbarrow, W. J.(edited) The Cambridge Companion to Dostoevskii, Cambridge: Cambridge University Press, 2002.

Diane Oenning Thompson, The Brothers Karamazov and the Poetics of Memory. Cambridge: Cambridge University Press, 1991.

논평과 토론

도스토옙스키와 뭉크의 대화적 상상력

양석원 조주관 선생님 발표를 아주 재미있게 들었고 또 많이 또 배웠습니다. 특히, 문학과 예술, 심리, 이런 쪽에 대한 관심을 공유하고 있기 때문에 더 재미있게 들은 것 같습니다.

도스토예프스키의 작품이나 뭉크의 그림에 대한 전문적인 지식이 없기 때문에 제가 그에 대해서 논평할 만한 자격은 없는 것 같고요, 단지 세 가지 정도로 질문을 드릴 수 있을 것 같습니다.

세 가지 질문이 다 연관이 되는데요, 첫 번째로 간단한 질문입니다. 도스토예프스키의 여러 작품들에 나타나는 절망이나 분노 같은 다양한 감정묘사들이 있죠. 그런 감정들과 뭉크가 그려낸 그림 속의 감정들 사이의 영향관계, 주로 그런 것들을 장르를 넘어서 파악을 하시고 아주 독창적으로 제시해주셨는데, 제가 일차적으로 궁금한 것은 이런 영향관계에 대한 어떤 텍스트적인 증거가 있는지, 아니면 두 작가의 삶이라든지 사상의 공통성, 이런 것들에 기초해서 선생님께서 상상적으로 영향관계를 맺으신 건지가 궁금합니다. 예컨대 뭉크의 절규가 도스토예프스키의 어떤 작품에서 영향을 받았다든지 하는 텍스트적인 증거가 있는지요. 일차적으로 그런 게 좀 궁금했고요.

두 번째로는 상호텍스트성을 말씀을 하시고, 그것에 기초해서 도스토예프스키와 뭉크의 영향관계, 상호관계를 추적하셨는데, 선생님께서 상호텍스트성을 정의한 것에서도 나와 있지만, 이 상호텍스트성이라는 것은 단순한 모방, 인유, 기억, 이런 것만이 아니라 사실 패러디라든지, 고쳐 쓰기라든지, 그런 것들도 굉장히 많거든요. 탈구조주의에서 이야기하고 있는 상호텍스트성을 이야기하실 때, 텍스트의 네트워크가 무한하고 그래서 자기 것이 결국 무엇을 인용한 것이고, 어떤 것을 언급한 것이라는 식의 해석도 가능할 것입니다. 하지만 제가 알기로는 바흐친의 대화성에 접근하기 위해서는 반드시 서로 상대방을 인정하고 영향을 받고 모방하는 대화뿐 아니라, 이를 넘어서는 대화에 대한 이해를 필요로 하는 것 같습니다. 예를 들어 마이클 홀퀴스트(Michael Holquist) 같은 사람은 리버럴리즘의 관점에서 대화주의를 이해하는 것 같지만, 마르크스주의 비평에 가까운 켄 허시코프(Ken Hirshkop)같은 사람의 대화주의에 대한 이해는 다소 다릅니다. 이 사람은 대화를 서로 같은 이데올로기의 틀 안에서 무언가를 공유를 하는 것이라고 보기보다는, 서로 다른 관점과 신념 체계, 이데올로기 등이 충돌하는 장으로 대화를 파악하면서 갈등적인 관계로 보거든요. 그런 것들을 살펴보았을 때, 혹시 볼로시노프가 바흐친입니까.

조주관 정확하게 V. N. 볼로시노프(Voloshinov)하고 바흐친의 관계에 대해서는 계속적인 논쟁 상태입니다. 소비에트라는 불운한 시대적 상황에 의해서 생겨난 문제이기도 합니다. 사실 두 사람의 글 구별이 잘 안 됩니다. 요즘 일반적으로 바흐친의 저작으로 간주합니다. 바흐친의 저작이지만, 어쨌든 볼로시노프의 이름으로 출판되었으니까요. 그런 거죠.

양석원 제가 기억하는 건, *Marxism and the Philosophy of Language*가

볼로시노프 이름으로 출판되는데, 많은 사람들은 이 책이 바흐친이 쓴 것이라고 이야기를 하고 있으니까요. 어쨌든 그런 책들을 보면, 한 단어 안에서 이데올로기적인 기호, 이런 용어들도 등장합니다. 한 단어 안에서 서로 같은, 공통된 신념 체계를 가지고 대화한다기보다는, 계층적, 신념적인 측면에서 서로 다른 것들이 충돌하는 장으로 대화를 본다는 거죠.

그런 식으로 이해할 수 있다면, 세 번째 질문은, 도스토예프스키와 뭉크의 영향관계를 파악을 할 때, 뭉크에게 도스토예프스키는 존경하고 모방하고 따라하고 싶은, 그런 존재였다고 이해할 수가 있을 것입니다. 그런데 또 다른 한편으로 헤럴드 블룸이 말하듯이, 작가나 예술가는 자기의 앞선 작가라든지, 이런 사람에 대한 모방을 할 때, 반드시 독창성을 확보하기 위해서 어떤 비판과 수정을 가합니다. 창조적인 파괴라는 말도 쓰거든요. 교수님께서 마지막에 뭉크가 도스토예프스키를 존경하고 여러 가지 면에서 그 영향관계를 파악하시는 것에 더해서, 굉장히 독창적으로 이해를 했다고 말씀하셨을 때, 이런 유사성이라든지 모방관계 말고, 어떤 갈등적인 것은 없었을까요. 수정을 가한다든지……. 물론 뭉크가 장르가 다르기 때문에 그런 차이가 있기는 하겠지만, 그런 걸 넘어선 차이나 갈등관계가 있을 수 있나, 이런 것들이 궁금했습니다.

조주관 좋은 질문 감사합니다. 선생님께서 두 예술가의 영향관계에 대한 어떤 텍스트적인 증거가 있는지를 질문해주셨습니다. 텍스트적인 증거라면 뭉크 전문가들의 저서에 도스토옙스키의 이름이 자주 언급됩니다. 뭉크 전문가 프리도는 도스토옙스키를 뭉크에게 가장 중요한 작가였다고 언급하면서 뭉크 부자(父子)가 모두 도스토옙스키 소설을 광적으로 좋아했다고 말합니다. 뭉크가 죽기 직전에 옆에 있었던 책 역시 도스토옙스키의 『악령』이었다고 말합니다. 이처럼 영향관계에 대한 간접적인 언급은 있습니다. 그러나 두 예술가의 예술텍스트를 구체적으로 비교분석한 논문은 없습니다. 두 사람이 추구한 장르가 다릅니다. 뭉크는 화가이고, 도스토옙스키는 소설가입니다. 저는 두 예술가의 삶과 예술적 세계관, 그리고 전기 작가들이 언급한 말들을 기초로 해서 영향 관계를 상상해보았습니다. 뭉크 역시 도스토옙스키의 소설을 읽고 자기 나름대로의 상상을 2차원적인 화면에 그림으로 표현한 것이라 할 수 있습니다.

두 번째 상호텍스트성이라는 개념에 대해 질문해주였습니다. 상호텍스트성은 원래 미하일 바흐친의 대화주의 이론에 뿌리를 두고 있습니다. 줄리아 크리스테바가 바흐친을 프랑스에 소개하는 과정에서 대화주의를 텍스트의 문제와 연관시켜 새롭게 재해석하면서 상호텍스트성의 개념이 제기되었습니다. 우리가 대화를 하다 보면 말과 말의 충돌이 일어납니다. 예를 들어, 이런 대화가 오간다고 해봅시다. "이 바보야, 웃기는 소리 하지 마!" "어, 나보고 바보라고? 웃긴다고? 야, 너는 뭘 잘했다고?" 이 대화에서 두 사람의 말은 서로 충돌되고 반복되면서 인지됩니다. 이 과정에서 대화자들은 선행자의 말을 생각하면서 그에 대한 응답을 하게 됩니다. 선행자의 말을 상상(생각)이든 실제로든 반복하면서 대화가 진행됩니다. 두 사람의 말 사이에는 부분집합이랄까, 공통분모가 생겨나는 겁니다. 이렇게 생각해보면 대화는 모방이며 충돌입니다. 그런 대화가 단편적으로 나타난 예가 뭉크라 할 수 있습니다. 뭉크 부자는 도스토옙스키의 소설을 읽으면서도 서로 다르게 평가했습니다. 아버지 크리스티안 뭉크는 도스토옙스키를 긍정적으로 평가한 반면, 에드바르 뭉크는 부정적으로 평가했거든요. 대화는 대화자들의 공통된 세계관에 따르기도 하지만, 개인의 신념이나 이념체계에 따라 충돌하기도 합니다.

가라타니 고진은 대화를 두 사람 이상이 모여 로고스를 추구하는 행위라고 정의합니다. 바흐친의 대화주의 이론에 대해서는 다양한 담론의 세계가 펼쳐질 수 있습니다. 사실 러시아에서 바흐친은 언어철학자로 간주됩니다. 바흐친의 동생은 영국으로 망명가서 비트겐슈타인에게 상당히 영향을 줬던 인물 중에 하나입니다. 사실 줄리아 크리스테바나의 상호텍스트성 이론도 바흐친의 대화주의에서 똑같이 영향을 받아서 생겨났습니다. 그런 이론을 바탕으로 영향을 받아서 저도 미술텍스트와 서사 텍스트를 비교한 것입니다. 여기서 사용하는 텍스트라는 용어는 러시아 기호학자 로트만이 사용하는 용어입니다. 로트만은 언어를 일차언어와 이차언어로 구분합니다. 일차언어는 영어, 불어, 한국어, 이런 걸 일차언어라고 하고, 이차언어는 분석대상이 될 수 있는 신화, 이야기, 소설, 미술 등을 말합니다. 로트만 기호학에서 분석대상이 된 이차언어를 텍스트라 정의합니다. 그런 의미에서 상호텍스트성을 텍스트와 텍스트의 만남과 대화로 생각했습니다. 그리고 텍스트의 근거가 없다고 하셨는데, 저도 이 부분에 있어서 어떤 근거로 그렇게 쓰느냐…….

양석원 제가 근거가 없다고 한 것은 아니고요. (웃음)

조주관 누구든지 그렇게 생각할 수 있습니다. 제가 학술회의에 가서 논문을 발표하는데, 인용부호가 없으면, 출처가 어디냐, 논문에 인용이 너무 부족하다는 지적을 받기도 합니다. 그거 가지고 그러면… (웃음) 인용이 너무 많은 것도 문제입니다. 독창성이 문제될 수도 있습니다. 논문을 쓸 때에 꼭 인용 위주로 조합해서 써야만 하는가하는 의문이 생길 때가 있습니다. 나이가 들면서, 인용 좀 덜하면서 나만의 독창적인 글을 쓰고 싶었습니다. (웃음)

백영서 단순히 인용부호 차원의 문제만은 아닐 겁니다. 근거가 있어야 한다는 거지요. 마치 인상비평이나 칼럼 쓰듯이, 이 그림과 이 소설에서 유사성을 찾거나 작가의 퍼스널 히스토리에서 연관된 것을 찾아서 엮는 방식이 에세이 차원의 비평으로 보일 수 있어요.

조주관 바흐친 연구가로 대가들인 캐릴 에머슨(Emerson)과 G. S. 모슨(Morson)의 논문을 보면 인용이 별로 없어요. 그렇다고 제가 대가라는 말은 아닙니다.

양석원 제가 발표했던 아우에르바흐는 이스탄불에서 망명생활을 하는 동안에 글을 썼기 때문에 책이 없었어요. 그렇다보니 비평이나 연구 인용이 하나도 없습니다. 그래서 오히려 독창적인 글이 나왔다는 평가를 받거든요.

조주관 학회에 가서 보면 늘 지적당하는 게, 인용부호가 없다는 겁니다. (웃음) 하나의 에피소드죠. 덧붙이자면, 롤랑 바르트의 스투디움(Studium)과 푼크툼(Punctum)에 대한 사진 비평 이론이 있어요. 스투디움은 남들이 해석하는 대로 똑같이 해석하는 것이고, 푼크툼은 자기 나름대로 와 닿는 느낌에 따라 사진을 감상하는 것입니다. 파노프스키의 도상해석학도 도상을 보고 자기 나름대로 해석해내는 것에서 의미를 찾습니다. 그런 관점에서 제가 도스토옙스키와 뭉크의 연관성을 뒷받침해 줄 텍스트가 분명히 있을 것이라고 생각하게 되었습니다. 왜냐하면 아까 이야기했던 뭉크에 대한 저서들을 통해 인용을 찾기가 힘들었습니다. 그런 부분은 선생님의 지적처럼 한계가 있습니다. 그런 점에서 도스토옙스키의 소설 속에서 인용한 부분들은 어느 정도 작위적이라고 할 수 있습니다.

백영서 (근거가 되는 텍스트를) 인용을 한다든가, 문헌적 근거, 영향관계가 있는지를 밝히는 것도 중요하지만, 상호텍스트 개념은 설명하시는 범위 내에서 이해하는 정도니까 그게 중요한 게 아닌 것 같습니다. 그 개념을 안 써도 된다는 거죠. 상호텍스트성이라는 용어를 쓰지 않고도 비슷한 논의를 하실 수도 있을 것 같아요. 독자인 제 입장에서 볼 때 더 중요한 것은, 두 사람을 비교함으로써, 뭉크에 대한 이해를 어떻게 심화시킬 수 있는가, 도스토예프스키 작품에 어떻게 더 가까이갈 수 있는가, 그것이 더 중요한 게 아닐까 하는 것입니다. 역사에서도 비교사 연구를 많이 합니다만, 비교사 연구를 함으로써 보이지 않던 것을 발견할 수 있어야 합니다. 양자를 비교함으로써 양쪽 다의 안 보이던 무언가를 드러내주는 게 비교의 의미라는 거죠. 반복됩니다만, 예를 들면 장르를 넘나드는, 크로스오버 하는 이 프로젝트를 통해서, 각각, 뭉크의 어떤 면이, 도스토예프스키의 어떤 면이 더 잘 보이는가, 그것이 무엇일까 하는 의문이 듭니다.

조주관 이전까지 뭉크 해석은 표현주의 예술의 관점에서 뭉크가 한 말을 금과옥조로 여기면서 해석해왔습니다. 도스토옙스키의 작품을 원용한 해설이 없었습니다. 그런 점에 주안점을 둔다면 뭉크 예술의 이해에 대한 새로운 해석이 될 수 있지 않을까 싶습니다.

백영서 그렇다면 도스토예프스키의 경우는 어떻습니까?

조주관 뭉크는 이후의 사람입니다. 도스토옙스키는 이미 죽은 사람인데… 뭉크한테 영향을 받기가….

백영서 문제는 두 사람의 직접적인 영향관계가 아니라는 거죠. 우리가 도스토예프스키를 이해할 때, 뭉크와 비교함으로써 우리가 도스토예프스키를 어떻게 새롭게 이해할 수 있는가, 하는 문제가 중요한 게 아닌가 하는 거죠.

조주관 아까 발표한 것처럼, 인간의 영혼에 대한 문제를 생각해볼 수 있겠습니다. 도스토옙스키는 자신의 소설을 "고차원의 리얼리즘" 또는 "영혼의 리얼리즘"이라고 주장했습니다. 그런데 이 말이 무슨 의미 인지 확실히 다가오지 않았습니다. 그런데 그것을 도상기호로, 즉 그림으로 표현해서 이야기하면 쉽게 이해가 됩니다. 뭉크의 그림을 "영혼의 시"라고 합니다. 인간의 내면세계, 아까 언급한 레알리오라(Realiora)의 세계를 밝혀주는 것이라 할 수 있습니다.

학생들이 도스토옙스키의 작품을 상당히 어려워해요. 톨스토이의 작품은 읽기 쉽고 이해도 빨리 되는데, 도스토옙스키는 그렇지 않습니다. 특히 「지하생활자의 수기」 같은 경우에는, 학생들이 몇 번을 읽어도 무슨 이야기인지 모르겠다고 합니다. 그런데 도상기호는 글보다 일반적으로 쉽거든요. 그런 면에 있어서는 서로가 서로에게 주는 영향관계라고 볼 수가 있습니다.

선우환 뭉크가 다루는 여러 주제들, 질투라든가, 도박이라든가, 살인이라든가, 그런 주제에 있어서 도스토예프스키와의 연관성을 많이 인용하셨습니다. 그런데 뭉크는 스타일의 측면에서도 아주 독특합니다. 예를 들어서 인간의 심리상태가 풍경 속에서 표현이 된다든가, 또 뭉크가 쓰는 색채도 그렇죠. 색채에 대해서는 물론 말씀을 하셨지만, 색채의 특이한 혼용이 특징적이기도 하고요. 그러한 다양한 스타일상의 독특함이 도스토예프스키의 문학적인 독특한 스타일과 비교될 수 있는 측면이 있는지 궁금한데요.

조주관 스타일 문제는 장르가 완전히 다르기 때문에.

선우환 제 생각에는 장르가 완전히 다르기 때문에 도리어 더 흥미롭지 않은가 하고 생각됩니다. 문학적인 스타일이 미술적인 스타일에 반영이 된다든가, 미술적인 스타일에 대응되는 문학적인 스타일이 있다든가, 하는 식으로까지 밝혀낼 수 있다면…. 사실 두 작가는 모두 주제에 있어서 그 진가를 발휘하고 있지만, 그에 못지않게 표현의 측면에 있어서도 탁월한 능력을 보여주고 있다고 생각합니다. 그래서 그 측면에 있어서 어떤 대응 같은 것을 생각해 보신 게 있다면 듣고 싶습니다.

조주관 앞으로 생각해보겠습니다. (웃음)

이경훈 저는 한 가지 떠오르는 생각이 있는데요. 얼마 전에 윤정미라는 사진작가의 전시회가 있었습니다. 「날개」, 「동백꽃」 같은 한국 근대 단편소설을 작가가 읽고, 나름대로 떠오르는 장면을 연출해서 사진 촬영을 한 것이죠. 예를 들면, 「날개」에서 골방에 창백한 청년이 누워 있는 장면을 연상하고, 그 모습을 연출해 촬영한 결과물에 「날개」라는 제목을 붙입니다. 뭉크도 이런 식으로 한 것일까요? 도스토예프스키 작품에 보이는 어떤 구체적인 이미지를 가지고 작업을 한 것일까요?

조주관 충분히 가능성이 있다고 생각합니다. 사진작가처럼 뭉크 역시 도스토옙스키의 소설 속 특정 장면에 영감을 받아 이미지 작업을 했다고 할 수 있습니다. 사진처럼 도상 이미지에 자기 나름의 상상력을 가미하여 하나의 도상 텍스트로 완성했다고 할 수 있습니다. 이런 작업을 우리는 대화적 상상력이라 할 수 있습니다. 한국 작가들도 의외로 도스토옙스키의 영향을 많이 받은 것 같습니다. 김춘수의 『들림, 도스토예프스키』, 장정일의 『보트 하우스』, 김영현의 『낯선 사람들』, 최수철의 『분실들』 모두 도스토옙스키 작품의 패러디나 혼성모방이라 할 수 있습니다. 다른 작가들도 원용하는 예가 꽤 많습니다. 21세기에 와서 톨스토이보다는 도스토옙스키가 더 인기가 많습니다. 그런 점에서 도스토옙스키 연구는 앞으로 계속 해봐도 괜찮지 않을까 하는 생각입니다. 저도 처음으로 도상텍스트에 관심을 갖고 서사문학과 미술작품을 비교해보았습니다. 이 분야에도 공부해야할 것들이 많습니다. 미술 장르의 용어와 문학의 용어 사이의 차이도 많았습니다.

이 에세이를 쓰면서 보낸 시간이 즐거웠습니다. 뭉크와 도스토옙스키에 대해 이것 말고 하나 더 쓸 자료가 남았습니다. 도스토옙스키 소설의 삽화에 준하는 뭉크의 그림 자료들을 많이 찾았습니다. 뭉크 비평가들의 말에 따르면 뭉크는 그림과 텍스트를 결합시키려는 계획을 했다고 합니다. 삽화가 들어간 일기는 그가 실제로 삽화에 상응하는 텍스트가 담긴 문학출판을 고려했다고 합니다. 그런 자료들을 전문적으로 잘 활용하면, 한 편 더 쓸 수 있지 않을까 생각합니다.

양석원 제가 보기에는 그 점도 흥미로운 주제 같아요. 외국에서 판본이 나올 때 삽화가 유명한 경우가 있거든요. 삽화가 유명해서 그 에디션이 많이 팔리기도 하고 연구 대상이 되는 경우도 있습니다. 물론 뭉크와 도스토예프스키의 관계하고는 매우 다르겠지만 말입니다. 이경훈 선생님께서 말씀하신 것처럼 작품의 내용을 그림으로 표현하는 그 자체, 그것이 작품의 일부가 되는 경우도 굉장히 많기 때문에, 그 점도 충분히 연구할 만한 가치가 있다고 저는 생각합니다. 덧붙여, 용어와 관련해서 말씀드리자면, 트라우마는 주로 우리나라에서 외상으로 번역됩니다.

조주관 네, 맞습니다. 트라우마는 외상으로 번역되고 있습니다.

이경훈 네, 그럼 이것으로 조주관 선생님 발표를 마치도록 하겠습니다.

철학적 탐구에서 상상이 왜 중요한가?

선우환(연세대, 철학과)

I. 철학적 탐구에서 상상의 역할

철학은 문학과 같은 예술이 아니라 하나의 학문이다. 철학은 진리 탐구를 목표로 하는 활동이지, 탐구자의 주관적 감성을 표현하거나 세계관을 드러내는 활동이 아니다. 철학자 즉 철학적 탐구자가 어떤 이론을 주장할 때에 그는 그것을 참이라고 주장하는 것이지, 그것을 각자의 취향이나 세계관에 따라 창조하는 것이 아니다. 또한 그가 제대로 된 철학자라면 그는 그 이론을 적절한 근거에 바탕을 두고서 주장하는 것이지, 그 이론이 자기 마음에 든다고 해서 근거 없이 내세우는 것도 아니다. 그 철학적 이론을 비판하는 또 다른 철학자도 그것이 옳지 않다고 즉 참이 아니라고 나름의 근거에 따라 비판하는 것이지, 취향이나 관점에 따라 싫다고 하는 것이 아니다.

철학적 탐구가 하나의 학문적 활동이라면 그 탐구에는 객관적 기반과 방법이 있어야 한다. 철학적 문제들이 워낙 어렵고 근본적인 문제들이기 때문에, 철학적 토론이 벌어질 때에 철학자들 사이에 합의에 이르는 것이 대개 쉽지 않은 것은 사실이지만, 그렇다고 해서 객관적 기반에 바탕을 두고 객관적 방법을 통해서 공통의 결론에 이르고자 하는 노력을 포기해서는 안 된다. 그런 노력을 포기할 경우 철학은 이미 학문으로서의 자격을 잃게 될 것이다. 또한 그런 노력이 실제로 성공하는 경우들이 (특히 지난 한 세기 동안) 드물지 않게 있고 그런 성공들에 기초해서 철학은 더딘 발걸음으로나마 진보를 한다. 철학적 탐구의 객관성을 통해서만 철학은 하나의 학문일 수가 있다.

객관적인 철학적 탐구의 방법론이 확립되지 않을 때, 철학은 예술과 같은 미적, 취향적 활동으로 되어버리거나 또는 철학사 연구가 철학 연구를 대체해 버리게 될 것이다. 철학 자체는 각자의 주관적 세계관의 표명이 되어 버리고, 철학 주변에서 유일하게 객관적 탐구는 과거의 철학자들이 어떤 생각들을 했는지 올바르게 해석해내기 위한 탐구일 것이다.

그렇다면 철학적 탐구에 어떻게 객관적 기반과 방법이 있을 수 있는가? 과학자들과 달리 철학자들은 실험도 하지 않고 관측도 하지 않으며 통계조사도 하지 않는다. 철학자들은 실험실도 망원경도 사용하지 않는다. 철학자들은 오직 사유를 할 뿐이다. (철학자에게 실험실이 있다면 그것은 그의 마음속에 있는 실험실뿐이다.) 그렇다면 철학자들은 도대체 어떻게 해서 단지 사유를 통해서 진리에 이를 수 있는가? 철학자들의 탐구가 경험과학처럼 경험에 근거하지 않는다면 어떻게 객관적 기반을 가질 수가 있는가?

철학적 탐구 방법의 객관성은 부분적으로 논증의 객관성에 기초한다. 철학자들은 논증적으로 사유한다. 철학자들은 대개 자신의 이론들과 주장들을 논증을 통해서 정당화한다. 어떤 논증은 타당하고 어떤 논증은 부당하며, 타당성과 부당성 사이에는 객관적 차이가 존재한다. 타당한 논증에 근거한 이론들은 그 점에서 그렇지 못한 이론들에 비해 객관적으로 더 선호될 만하다.

그러나 논증은 전제들을 요구한다. 타당한 논증이 주어지더라도 그 논증의 결론은 그 논증의 전제들이 정당화되는 한에서 정당화된다. 그 논증의 전제들을 정당화하기 위해서 다른 타당한 논증을 제시한다고 하더라도 그 논증의 전제들이 다시 정당화되어야 한다. 경험과학에서라면 그런 논증적 정당화의 과정은 경험적 정당화의 원천에 도달할 수 있을 것이다. 어떤 전제들은 더 이상 다른 전제들에 의거해서 정당화되는 것이 아니라 관찰이나 실험 등의 경험에 의해서 정당화되는 것이다.

그렇다면 철학적 탐구에도 논증 이외에 객관적 정당화의 원천이 있어야 한다. 그러나 철학이 관찰이나 실험 등의 경험에 의거하지 않는 선험적 학문이라면 어떻게 다른 객관적 정당화의 원천이 있을 수 있는가? 철학자라고 해서 초감각적 인식 기관을 가지고 있는 것이 아닐진대 감각 경험에 의거하지 않고 사유를 통해서 어떻게 객관적 인식을 하는 것이 가능한가?

필자는 이 문제에 대해서 철학적 탐구에서 상상(imagination)이 차지하는 역할이 바로 그 대답이 될 수 있다고 주장하려고 한다. 필자는 이제부터 상상이 철학적 인식의 수단으로 사용될 수 있을 뿐만 아니라 특별히 중요한 인식 수단이라는 것을 보이고자 한다.

얼핏 상상은 인식 수단과는 거리가 멀어 보인다. 상상은 문학 등 예술의 중요한 수단이다. 상상은 자유롭고 거기에는 한계가 없어 보인다. 우리는 우리가 원하는 무엇이건 우리 자신의 상상력이 허용하는 한 상상하면 되고 세계에 의해 강제되는 바가 없어 보인다. 반면 감각 경험 또는 지각 경험은 세계가 어떠한지에 의해서 상당 부분 강제된다. 우리 눈앞에 고양이가 있을 때에 (우리가 고개를 돌리거나 눈을 감지 않는 한) 우리는 우리의 의지와 상관없이 고양이 모습의 감각 경험들을 가지게 된다. 우리의 감각 경험, 지각 경험은 세계의 상태를 반영한다. 바로 그 이유로 해서 감각 또는 지각을 통한 경험은 진리 탐구에서 객관적 정당화의 원천이 될 수 있다. 그러나 상상에는 세계로부터의 그런 제약이 없기 때문에 상상은 객관적 인식의 수단이 되기에 적합하지 않은 것처럼 보인다. 우리는 옆방에 분홍색 코뿔소가 있다는 상상을 할 수는 있지만 그런 상상이 옆방에 정말로 분홍색 코뿔소가 있다는 인식을 정당화하지는 못한다.

상상이 왜 철학적 탐구에서 중요한 인식적 역할을 할 수 있는지 설명하기 전에, 우리는 철학이 가진 중요한 학문적 고유성 하나에 주목할 필요가 있다. 그 특징은 철학은 아주 근본적인 학문이라는 것이다. 즉 철학은 매우 근본적인 주제들에 대해서 탐구한다. 철학은 이 세계에서 우연히 성립하는 이런저런 구체적 사실들에 대해서 탐구하는 학문이 아니다. 철학적 탐구의 상당 부분은 이 세계가 실제로(현실적으로) 어떠한가에 대한 탐구라기보다는 세계가 실제로(현실적으로) 어떠한가에 상관없이 성립하는 것에 대한 탐구이다. 철학은 현실 세계의 우연적 질서에 대해서 탐구하기보다는 세계가 필연적으로 가져야 할 구조에 대해서 탐구한다. 또는 철학은 세계에 대해 탐구하기 전에 세계에 대한 우리 인식의 기반을 이루는 개념적 사실들에 대해 탐구한다. 또는 철학은 세계가 실제로 어떠한지에 대해서 탐구하는 대신 세계가 어떠해야 하는가와 같은 규범적 문제에 대해서 탐구한다. 철학의 이런 문제들에 대한 대답들은 참이라면 ***필연적으로*** 참(즉 현실 세계가 우연히 어떠한가에 상관없이 성립하는 참)이어야 하는 것들이다.[1]

철학적 탐구의 결과 얻어져야 할 인식은 필연적인 양상 지위를 가지는 것이기에 우연적으로 성립하는 것에 의존하는 특정 감각 경험의 유무는 일반적으로

---

1 철학 이론의 모든 부분들이 이와 같이 필연적인 것으로 (즉 참이라면 필연적 참이어야 되는 것으로) 제시된다고 주장하는 것은 아니다. 철학에서도 현실적 세계에 대해서 서술하는 부분들이 존재한다. 다만 여기에서 이야기하고자 하는 것은 철학의 핵심 주제들에 대한 이론의 중심적 부분이 대개 필연적인 것으로서 제시된 것이라는 것이다. 또한 철학 이론의 모든 부분들이 반드시 순수하게 선험적으로만 정당화되는 것은 아니다. 철학자들이 별도의 고유한 전문화된 관찰과 실험을 하는 것은 아니지만 일반인들이 쉽게 할 수 있는 공통의 통상적인 경험으로부터 정당화되는 상식적 믿음들은 철학자들도 흔히 자기 논증의 전제로 삼는다. 더 나아가 다른 과학자의 전문화된 관찰과 실험으로부터 얻어진 정보들까지도 철학자들이 사용하는 경우가 있는데, 이 경우 그 철학자의 탐구 작업은 이론 과학자의 탐구 작업과 경계선에 있는 작업이라 할 수 있고, 철학의 보다 고유한 탐구 영역으로부터는 더 떨어져 있다.

철학적 이론을 뒷받침하거나 반증하는 데에 큰 도움이 되지 못한다. 반면 우연적으로 성립하는 것들에 대한 인식에 있어서 별 도움이 되지 못하는 상상이 오히려 철학적 인식에 있어서 중요한 역할을 할 수가 있다.

철학적 이론은 일반적으로 참일 경우 필연적으로 참이어야 하기 때문에, 필연적인 것으로 상정된 어떤 철학적 이론이 거짓일 ***가능성만으로도*** 그 이론이 참이 아니라는 것을 보여준다. 그리고 상상은 이 세계가 실제로 어떠한지를 알게 해 주는 인식적 수단으로서는 부적합하지만 세계가 어떠할 ***수도 있었다는*** 것을 알게 해 주는 인식적 수단으로서는 적합할 수 있다. (다음 절에서 설명하려고 하듯이) 적절한 조건 하에서 (적절한 의미의) 상상은 (적절한 의미의) 가능성에 대한 최선의 인식적 수단이다. 분홍색 코뿔소에 대한 상상은 분홍색 코뿔소가 실제로 있다는 인식에 대한 근거가 될 수는 없지만 분홍색 코뿔소가 있을 수도 있다는 인식에 대한 근거가 될 수는 있다. 그리고 상상이 가능성에 대한 인식적 수단이 될 수 있다면, 상상은 (필연적인 것으로 상정되는) 철학적 이론을 반증하는 인식적 수단이 될 수 있다. 상상은 그 철학적 이론이 거짓인 상황이 가능하다는 것을 보여줄 수가 있기 때문이다.

철학적 탐구에서 상상이 하는 역할은 과학적 탐구에서 관찰이나 실험이 하는 역할과 비슷하다. 포퍼(Karl Popper)에 의하여 잘 제시되었듯이, 과학적 탐구는 여러 과학 이론들이 제시되고 그 이론들 중 어떤 것들이 관찰이나 실험에 의해서 반증되고 그런 반증에 살아남는 이론들이 (최소한 반증될 때까지) 받아들여지는 식으로 이루어진다.[2] 마찬가지로 철학적 탐구에서는 철학 이론들이 제시되고 그 이론들 중 어떤 것들이 상상(또는 사고실험)에 의해서 반증되고 그런 반증에 살아남는 이론들이 (최소한 반증될 때까지) 받아들여진다고 할 수 있

2 Popper, K. (1959) The Logic of Scientific Discovery, London: Hutchinson; Popper, K. (1963) Conjectures and Refutations: The Growth of Scientific Knowledge, London: Routledge 참조.

다. 과학에서와 마찬가지로 철학에서도 어떤 주제에 대한 라이벌 이론들이 대부분 반증될 경우 반증에 살아남은 이론은 인식적으로 가장 잘 확립되고 정당화된다. 다양한 상상들이 어떤 주제에 대한 다양한 철학 이론들을 반증할수록, 반증되지 않는 철학 이론을 고안해 내는 것 자체가 중요한 철학적 발전을 이루게 하는 성취가 된다. 그리하여 상상은 직접적으로는 철학 이론의 반증에 기여하지만, 이를 통해서 간접적으로는 다른 철학 이론을 뒷받침하는 데에도 기여한다.

II. 상상과 양상 인식론

상상이 철학적 탐구에서 이상과 같은 중요한 역할을 하기 위해서는 상상이 가능성에 대한 인식적 수단이 될 수 있어야 한다. 그렇다면 정말로 상상은 가능성에 대한 인식적 수단이 될 수 있는가? 상상이 가능성에 대한 인식적 수단이 된다고 하는 것이 현실성에 대한 인식적 수단이 된다고 하는 것보다는 훨씬 더 받아들일 만하기는 하지만, 상상이 가능성에 대한 인식적 수단이 된다고 하는 것에 대해서도 여전히 반론들이 존재한다. 필자는 그런 반론들에 대해 대답하면서 상상이 가능성에 대한 인식적 수단이 된다고 하는 주장이 적절한 방식으로 이해될 때, 그 주장에 대한 많은 반론들은 힘을 잃게 된다고 하는 것을 보일 것이다.

최근에 양상 인식론(modal epistemology)-즉 가능성, 필연성 등의 양상(modality)에 대한 인식의 문제를 탐구하는 인식론 분야-가 부상하면서 여러 철학자들에 의해서 중심적으로 탐구되고 있고, 양상 인식론에서 인식 수단으로서의 상상의 중요성은 당연하게 잘 인지되고 부각되고 있다. “상상가능성(conceivability)이 가능성(possibility)에 대한 안내자(guide)이다”라고 주장하는 야블로(Stephen Yablo)의 논문은 이 점에서 중요한 선구적 업적이다.[3] 보다 최근에 차머스(David Chalmers)의 연구나 필자의 기존 연구가 상상이 가능성에 대한 인식 수단으로서 가지는 중요성을 부각시키고 있다.[4] 필자는 여기에서 부분적으로 필자 자신의 기존 연구에도 기반해서 상상이 가능성에 대한 인식적 수단이 된다고 하는 것을 옹호하고자 한다.

우선 강조해야 할 것은 상상이 가능성에 대한 인식 수단이 된다고 할 때의 '가능성'의 의미이다. '가능성'은 여러 가지 의미로 사용된다. 어떤 일들은 물리적으로 가능하지만 기술적으로 불가능하다. 항성간 유인 우주비행은 물리적으로는 가능하지만, 우리가 가진 기술적 수준에 비추어 볼 때 기술적으로는 불가능하다. 어떤 일들은 논리적으로 가능하지만 물리적으로 불가능하다. 양의 질량을 가진 어떤 물체가 초속 30만 km보다 더 빠른 속도로 운동하는 것은 논리적으로는 가능하지만 물리적으로는 불가능하다. 한편 어떤 물체가 100kg 이상의 질량을 가지면서 동시에 30kg 이하의 질량을 가지는 것은 아예 논리적으로 불가능하다.

특히 여기에서 물리적 가능성과 논리적 가능성을 구분하는 것은 중요하다. 어떤 일이 물리적으로 가능한지는 어떤 물리 법칙이 성립하는지에 의존한다. 물리 법칙에 의해 배제되는 일은 설사 그것이 논리적으로 가능하다고 하더라도 물리적으로는 불가능하다. 우리는 어떤 일이 물리적으로 가능하다고 하는 것을 상상에 의거해서 알 수는 없다. 양의 질량을 가진 어떤 물체가 초속 30만 km보다 더 빠른 속도로 운동하는 것을 우리가 상상할 수 있다고 해서 그것이 물리적

3 Yablo, S. (1993) "Is Conceivability a Guide to Possibility?", *Philosophy and Phenomenological Research*, 53

4 Chalmers, D. J. (2002) "Does Conceivability Entail Possibility?" in Conceivability and Possibility, eds. T. Gendler & J. Hawthorne, Oxford: Oxford University Press. 선우 환 (2004b) "통세계적 동일성의 문제와 양상 인식론" <철학연구> 65집:193-222.

으로 가능한 것은 아니다. 상상은 명백히 물리적 가능성에 대한 인식 수단이 되지는 못한다. 어떤 일이 기술적으로 가능한지를 알기 위해서는 현재 우리가 가진 기술 상태에 대한 경험적 지식을 가져야 하는 것처럼, 어떤 일이 물리적으로 가능한지를 알기 위해서는 현실 세계에서 어떤 물리 법칙이 성립하는지에 대한 경험적 지식을 가져야 한다. 상상이 가능성에 대한 인식 수단이 되기 어렵다고 생각할 때 그렇게 생각하는 이유 중의 하나는 가능성으로서 물리적 가능성과 같은 가능성을 염두에 두고 있기 때문에 그런 것일 수 있다.

상상이 가능성에 대해 인식 수단이 된다고 할 때 이야기하고자 하는 바는 상상이 ***논리적*** 가능성에 대해 인식 수단이 된다고 이야기하는 것이다. 논리적 가능성은 가능성 중에 가장 약한 의미의 가능성이다. 어떤 의미에서건 가능하면 (인식적 가능성의 의미를 제외하면) 그것은 논리적으로 가능한 것이다. 둥근 사각형(또는 둥근 사각형 모양 색종이)의 존재는 논리적으로 불가능하다. 즉 그런 존재는 어떤 의미에서건 불가능하다. 상상은 바로 그런 원초적이고 근본적인 의미의 가능성에 대한 인식 수단이 된다. 우리는 둥근 사각형 모양 색종이를 상상할 수는 없지만 황금으로 된 산을 상상할 수는 있다. 우리가 황금으로 된 산을 상상할 수 있다는 것은 황금으로 된 산이 (비록 현실적으로는 존재하지 않지만) 논리적으로 가능하다는 것에 대한 증거가 된다. 또 한편 우리가 아무리 노력해도 둥근 사각형 모양 색종이를 상상할 수 없다는 것은 둥근 사각형 모양 색종이의 존재가 논리적으로 불가능하다는 것을 (최소한 잠정적으로) 보여 준다.

상상이 가능성에 대한 인식적 수단이 된다고 할 때 어떤 의미에서의 '상상'에 대해서 이야기하는가 하는 것도 중요하다. '상상'이란 말도 여러 의미로 사용되는데, 그 중에서 다음의 두 가지 의미 사이의 구분이 특히 중요하다.[5]

5 이러한 두 의미의 상상의 구분은 다음 논문에서 처음 제시하였다. 선우 환 (2004b). 다음 논문에서는 상상의 두 의미 사이의 구분을 다소 다른 형태로 제시했다. 선우 환 (2009) "욕구와 상상의 사이에서: 커리의 이론에 대한 비판"『철학』99집:221-244.

첫째 의미에서의 상상은, 명제적 태도(propositional attitude)로서의 상상이다. 그것은 단순히 어떤 명제를 마음에 품고서 그 명제에 대해 가정하는(suppose) 태도를 갖는 것이다. 이런 상상을 하기 위해서 필요한 것은 대상이 되는 명제를 이루는 개념들을 가지고 있어서 그 명제-또는 그 명제에 해당하는 심적 언어(mental language) 문장-를 마음에 품을 수 있는 능력 정도이다. 그리고 그 명제가 참이라고 가정하는 태도를 가지기만 하면 된다.

이런 의미의 상상은 "게으른" 상상이다. 이런 종류의 상상은 큰 노력을 들이지 않더라도 너무나 쉽게 이루어질 수 있다. 그리고 바로 그것 때문에 이런 의미의 상상은 상상된 명제가 참일 가능성이 있다는 것에 대한 증거 역할을 하기에 적합하지 않다. 우리는 <둥근 사각형 모양 색종이가 존재한다>는 내용의 명제를 우리 마음에 품을 수 있고, 또한 그 명제에 대해 가정을 하는 태도를 취할 수 있다. 그러나 그것은 둥근 사각형 모양의 색종이가 존재하는 것이 가능하다는 것에 대한 증거가 되지는 못한다. 우리는 사실상 우리가 마음속에 품는 어떠한 명제에 대해서건 그 명제가 참이라고 가정해 보는 태도를 가질 수 있다. 우리는 <2+3=100>이라고 가정해 볼 수도 있고 심지어 <2+3=100이면서 2+3=100이 아니다>라고 가정해 볼 수도 있다. 물론 우리는 그 명제가 참일 가능성이 없다는 것을 미리 알고 있어서 그 명제가 참이라고 가정하는 태도를 갖는 것에 대해서 심리적 저항감을 가질 수는 있지만, 어떤 명제의 가능성 여부에 대해서 미리 알고 있지 못하는 경우에는 설사 그 명제가 참임이 불가능하다 하더라도 그 명제에 대해서 이런 의미의 상상을 하는 것에는 아무 어려움이 없을 것이다.

둘째 의미에서의 상상은, 시뮬레이션(simulation)으로서의 상상이다. 이런 의미의 상상에서는 상상하는 심적 상태 또는 심적 내용이 어떤 식으로건 상상된 상황이나 대상과 적절하게 유사한 측면을 가진다. 이런 의미의 상상의 가장 대표적 유형으로 유사 지각적 상상(quasi-perceptual imagination)이 있다. 이런 상상은 지각과 유사한 내용을 갖는 상상이다. 그 중에서도 대표적인 것은 시각 경험과 유사한 상상인데, 이와 같은 상상은 어떤 상황이나 대상에 대한 심적인 상(象, image)을 그리는 것(mental picturing)으로 여겨진다. 이런 의미의 상상은 '상상(想像, imagination)'의 원래 의미와도 일치한다. 인지과학에서의 어떤 연구들에 따르면 우리가 이런 상상을 할 때 우리는 정말 마음속에 그림과 유사한 심상(mental imagery)을 형성한다.[6] 우리가 예를 들어 분홍색의 사각형 모양 색종이를 심상을 떠올린다는 의미에서 구체적이고 생생하게 상상할 경우, 그때의 경험은 분홍색의 사각형 모양 색종이를 직접 지각하는 것과 어느 정도 현상적인 공통성을 가진다.

이런 종류의 상상은 "게으른" 상상이 아니다. 복잡한 상황에 대해 이런 의미에서 상상하기 위해서는 그 복잡성에 상응하는 정신적 노력이 요구된다. 그리고 그 상황이 만약에 불가능한 상황이라면, 우리가 그 상황에 대해 심적인 상을 그리는 것도 가능하지 않을 것이다. 예를 들어 우리는 아무리 노력하더라도 둥근 사각형 모양 색종이를 이런 의미에서 상상할 수가 없다. 따라서 이런 의미에서 어떤 상황이나 대상을 상상하는 것은 그 상황이나 대상이 존재할 가능성이 있다는 것에 대한 증거 역할을 할 수가 있다.

다른 예를 들기 위해서, 우리가 12개의 성냥개비를 평면상에 적절히 배열해서 6개의 삼각형을 만드는 것이 가능한지에 대한 질문을 받은 상황이라고 하자. 그리고 우리에게 성냥개비나 그것을 대치할 만한 사물이 주어지지 않았다고 하

6 심상에 대한 유사 그림 이론(quai-pictorial theory)을 발전시킨 대표적 인지과학 연구로 다음과 같은 것들이 있다. Shepard, R. N. & Metzler, J. (1971). "Mental Rotation of Three-Dimensional Objects". *Science* (171) 701–703; Shepard, R. N. (1978). "The Mental Image", *American Psychologist* (33) 125–137; Kosslyn, S. M. (1980) Image and Mind. Cambridge, MA: Harvard University Press; Kosslyn, S.M. (1994). Image and Brain: The Resolution of the Imagery Debate. Cambridge, MA: MIT Press; Kosslyn, S.M., Thompson, W.L., & Ganis, G. (2006). The Case for Mental Imagery. Oxford: Oxford University Press. 다음과 같이 이 이론에 대한 비판적 연구도 있다. Pylyshyn, Z. W. (1973) "What the Mind's Eye Tells the Mind's Brain: A Critique of Mental Imagery", *Psychological Bulletin* (80) 1–25; Pylyshyn, Z. W. (2002) "Mental Imagery: In search of a theory", *Behavioral and Brain Sciences* (25) 157–182

자. 우리가 일정한 정신적 노력을 사용해서 12개의 성냥개비가 평면상에 6개의 삼각형을 이루고 있는 모습을 마음속에 떠올리는 방식으로 상상한 경우에, 그 상상은 <12개의 성냥개비로 평면상에 6개의 삼각형을 만드는 것이 가능하다>는 양상 판단에 대한 좋은 증거 구실을 할 것이다. 반면에 우리가 단순하게 <12개의 성냥개비로 평면상에 6개의 삼각형을 만들었다>는 명제를 마음속에 품고 그것이 참이라고 가정하는 방식의 상상을 한 경우에 그 상상은 <12개의 성냥개비로 평면상에 6개의 삼각형을 만드는 것이 가능하다>는 양상 판단에 대한 아무런 증거가 되지 못할 것이다.

지금까지는 둘째 의미의 상상 중에서 유사 지각적 상상에 대해서 주로 이야기했지만, 둘째 의미의 상상 즉 "게으르지 않은" 상상에 지각 경험과 유사한 내용을 갖는 상상만이 있는 것은 아니다. 어떤 경우 상상되어야 할 상황이나 대상은 설사 그것이 현실적으로 존재한다고 하더라도 감각적으로 지각될 수 있는 종류의 상황이나 대상이 아닌 경우도 있다. 지각될 수 없는 대상(블랙홀, 수, 집합 등)의 존재는 결코 유사 지각적으로 상상될 수는 없지만 그렇다고 해서 그런 대상의 존재가 불가능하다고 단정할 수는 없다. 지각될 수 없으면서 이러저러한 특성과 구조를 갖는 대상의 존재는 유사 지각적으로 상상될 수는 없지만 그런 대상이 갖는 특성과 구조를 충분히 반영하는 표상을 적절한 방식으로 마음속에 떠올릴 수 있다면 그런 대상의 존재가 가능하다는 것에 대한 증거가 될 수도 있다. 예를 들어 골드바흐의 추측 <2보다 큰 모든 짝수는 두 소수의 곱으로 표현될 수 있다>가 거짓인 상황을 "게으르지 않은" 방식으로 상상하기 위해서 우리는 단지 골드바흐의 추측이 거짓이라고 가정하는 것으로는 충분하지 않다. 우리는 이 명제를 거짓이게 만드는 구체적인 상황의 구조를 상상할 수 있어야 한다. 그러한 상상에는 충분한 정신적 노력이 요구되고 또한 그런 힘든 노력이 요구되는 대신 만약에 그 상상을 실제로 성취할 경우라면 중요한 양상 판단에 대한 증거가 될 것이다.

또한 상상되는 것이 감각적으로 지각될 수 있는 상황이나 대상이라고 하더라도 그 상황이나 대상을 지각과 유사한 방식으로 상상하는 것이 중요하지 않을 수도 있다. 그러나 그렇다고 하더라도 그 상황이나 대상의 가능성의 증거가 될 수 있게끔, 그 상황이나 대상을 충분히 구체적으로 반영하는 시뮬레이션을 포함하는 심적 상태일 경우에만 그 심적 상태는 가능성의 증거 구실을 하는 종류의 상상일 수 있다. 예를 들어 <한 마을에 자기 머리를 깎지 않는 마을사람들 모두의 머리를 그리고 오직 그런 마을사람들의 머리만을 깎아주는 이발사가 마을사람으로 살고 있다>라는 명제와 <한 마을에 자기 머리를 깎는 마을사람들 모두의 머리를 그리고 오직 그런 마을사람들의 머리만을 깎아주는 이발사가 마을사람으로 살고 있다>라는 명제는 각각 참일 수 있는가? 첫째 명제가 참인 것은 불가능하고 둘째 명제가 참인 것은 가능하다. 그리고 이에 상응하여 우리는 첫째 명제가 참인 상황을 상상할 수는 없고 둘째 명제가 참인 상황을 상상할 수는 있다. 물론 우리는 첫째 명제에 대해서도 "게으른" 방식으로는 상상할 수 있다. 그러나 우리가 첫째 명제가 참인 상황의 구조를 적절히 반영하는 표상을 마음속에 떠올리는 상상을 하려고 하면 그런 상상을 할 수가 없다. 반면 둘째 명제가 참인 상황은 그 구조를 표상하는 방식으로 "게으르지 않게" 상상을 할 수가 있다. 이런 상상에서 중요한 것은 (그것이 "게으르지 않은" 상상이라고 하더라도) 상황의 지각적, 감각적 특성들까지 모두 구체적으로 (예를 들어 이발사의 얼굴 생김새나 머리카락 색깔 등등까지) 표상하는 것이 아니라 상황의 구조에 적절히 유사한 표상이나 모형을 떠올리는 것이다.

그러므로 우리가 이런 두 의미의 상상을 구분한다면, 명제적 태도로서의 상상 즉 "게으른" 상상이 양상 판단에 대한 증거 구실을 하지 못한다고 생각하는 것은 옳지만, 그렇다고 해서 시뮬레이션 상상 즉 "게으르지 않은" 상상까지도 양상 판단에 대한 증거 구실을 하지 못한다고 결론 내리는 것은 옳지 않다고 할 수 있다.

상상가능성 여부는 가능성 여부를 인식하는 데 있어서 일반적으로 중요한 인식론적 기준이 된다고 할 수 있다. 예를 들어 우리는 어떻게 둥근 사각형 모양의 색종이가 존재할 수 없다는 것을 아는가? 그것은 우리가 아무리 시도하더라도 그런 모양의 색종이를 상상할 수가 없기 때문이다. 그리고 더 나아가 우리는 그런 실패가 우리의 상상력 부족에 기인한다고 여길 수 없기 때문이다. 우리는 어떻게 황금으로 이루어진 산이 존재할 수도 있었다는 것을 아는가? 그것은 우리가 그런 대상을 상상할 수 있기 때문이다. 상상가능성 여부에 대한 고려는, (비록 완벽하지는 않다 하더라도) 어떠한 양상적 지식이라도 가지기 위해서 우리가 기댈 수 있는 거의 유일한 수단이다.

상상가능성이 양상 판단에 대한 인식론적 기준이라는 생각에 대해 제기되는 한 가지 반론은 상상***가능성*** 자체가 이미 양상 개념을 포함하고 있다는 점을 우려하는 것이다. 어떤 것이 상상가능하다는 판단 자체가 이미 양상 판단이라면 어떻게 상상가능성이 모든 양상 판단의 증거 구실을 할 수 있겠는가? 빌러(George Bealer) 등 많은 철학자들이 흔히 이런 식의 반론을 제기한다.[7]

이 반론에 대해서 우리가 할 수 있는 대답은, 상상가능성이 아니라 실제 이루어지는 상상 자체가 양상 판단에 대한 증거 구실을 할 수 있다는 것이다. 우리가 실제로 어떤 상상을 했다면 그것은 바로 상상된 것이 가능하다는 것에 대한 증거가 된다. 물론 반대로 우리가 어떤 것을 상상하지 못했다는 것이 그 자체로 그 상상되지 못한 것이 불가능하다는 것을 보장해 주지는 않는다. 그럼에도 불구에도, 우리가 어떤 것을 상상하고자 충분히 노력했음에도 불구하고 그것을 상상하지 못했다는 것은, 그것이 불가능하다는 것에 대한 잠정적 증거 역할을 할 수 있다.

---

7 Bealer, G. (2002) "Modal Epistemology and the Rationalist Renaissance" in Gendler & Hawthorne (2002) 참조..

이 점에 있어서 상상이 양상적 지식에 대해 하는 역할은 지각(perception)이 물리적 사물들에 대한 지식에 대해서 하는 역할과 유사하다. 지각가능성이 아니라 지각 자체가 사물의 존재에 대한 증거 구실을 하듯 상상가능성이 아니라 상상 자체가 사물의 가능한 존재에 대한 증거 구실을 한다. 지각의 경우에도 어떤 것을 지각하지 못했다는 것이 그것이 존재하지 않는다는 것을 보장해 주지는 않는다. 그러나 예를 들어 책상 서랍 안에서 가위를 지각하려고 시도하면서 그것을 찾아보았음에도 불구하고 그것을 지각하지 못했을 경우, 그것은 책상 서랍 안에 가위가 없다는 것에 대한 잠정적 증거 구실을 할 수 있다. 마찬가지로 어떤 것을 상상하지 못했다는 것 역시 그것이 불가능하다는 것을 보장해 주지는 않는다. 그러나 그렇다고 해서, 상상의 실패가 불가능성에 대한 잠정적 증거 구실조차 할 수 없다는 것이 따라 나오는 것은 아니다.

우리가 노력을 했음에도 불구하고 어떤 상황을 상상할 수 없었다는 것이 그 상황이 가능하지 않다는 것에 대한 잠정적 증거가 되기는 하지만, 한편으로 그 증거력이 잠정적일 뿐이며 그 증거 관계에 대해서 항상 주의를 기울여야 한다는 점에 대해서도 강조를 할 필요가 있다. 우리의 상상력은 자세한 부분까지를 상상하거나 복잡한 구조를 상상하는 데에 많은 제약을 가지고 있고, 어떤 경우에 우리가 어떤 것을 상상하지 못하는 것은 단지 상상력의 그런 제약 때문일 수 있다. 그러므로 우리는 어떤 상황을 상상하지 못했기 때문에 그 상황이 불가능하다는 결론을 (잠정적으로라도) 내리기 전에, 우리가 그 상황을 상상하기 위해서 충분한 노력을 기울였는지, 우리 자신의 상상력의 한계 때문에 상상하지 못한 것이 아닌지 등에 대해서 면밀하게 살펴 볼 필요가 있다.

필자는 상상이 양상에 대해 증거 구실을 한다고 주장함에 있어서도 그 증거 관계에 늘 오류가능성이 있다는 것을 열어 놓고자 한다. 상상은 양상에 대한 인식 수단이기는 하지만 오류불가능한(infallible) 인식 수단인 것은 아니다. 그리고 이 점에 있어서도 상상은 감각적 지각의 경우와 유사하다. 우리가 지각을 통

[그림 1] 에셔(M. C. Escher)의 〈폭포〉

해 오류를 범할 수 있는 많은 경우들이 있을 수 있듯이, 상상을 통해 오류를 범할 수 있는 또 다른 많은 경우들이 있다.

어떤 경우에는 상상된 상황이나 대상의 구조를 충분히 구체적이고 적절한 방식으로 반영하는 표상을 떠올리는 상상을 하지 못했기 때문에 그 상상이 불가능한 상황이나 대상을 마치 가능한 것처럼 표상할 수도 있다. 에셔(M. C. Escher)의 유명한 많은 그림들(그 중의 하나가 (그림1)의 <폭포>라는 제목의 그림이다)은 불가능한 상황을 묘사하는 그림들인데, 그런 그림들이 가능한 이유는 3차원적으로 불가능한 구조를 2차원 평면에서 묘사하기 때문이다. 에셔의 그림이 묘사하는 상황을 3차원 모형으로 표상하고자 했다면 그런 3차원 모형을 만드는 것이 불가능하기 때문에 그 상황과 동일한 3차원 구조의 표상 자체가 불가능했을 것이다. 그러나 차원을 하나 줄인 보다 불완전한 표상에서는 묘사되는 상황과의 불충분한 구조적 유사성으로 해서 불가능한 상황을 표상하는 것이 가능해진다. 그러나 그런 불완전한 표상으로서의 그림을 마음속에 떠올리는 상상을 한다고 하더라도 그 상상은 상상된 상황이 정말 가능하다는 것에 대한 좋은 증거가 되지 못할 것이다.

또한 우리가 어떤 명제 p가 성립하는 상황을 상상했다고 생각했지만 실제로는 우리는 그 명제 p가 성립하는 상황을 상상한 것이 아니라 유사한 다른 상황을 상상한 경우일 때도 있다. 이러한 종류의 오류가능성은, 상상가능성이 가능성을 보여준다는 주장에 대한 잘못된 반례들을 처리하는 데에 자주 유용하게 사용될 수 있다. 예를 들어 페르마의 정리는 참이고 따라서 필연적으로 참이라고 여겨지는데, 그럼에도 불구하고 그것이 거짓인 경우를 상상할 수 있는 것처럼 보인다. 이를테면 페르마의 정리에 대한 와일즈(Andrew Wiles)의 증명이 실은 잘못된 것이었고 페르마의 정리가 반증되었다는 것을 수학자들이 선언하는 것을 우리가 신문에서 읽는 상황을 상상할 수 있다. 따라서 불가능한 어떤 것을 우리가 상상할 수 있다고 생각할지 모른다. 그러나 사실 그런 상황을 상상하는 것은 페르마의 정리가 정말로 거짓인 상황을 상상하는 것이 아니다. 그것은 단지 일반인들의 입장에서 페르마의 정리를 믿게 만드는 어떤 (개연적) 증거가 무너지고 페르마의 정리를 부정하게 만드는 또 다른 (개연적) 증거를 가지게 되는 상황을 상상하는 것이다. 페르마의 정리 즉 <$x^n+y^n=z^n$를 만족하는 자연수 x, y, z와 2보다 큰 자연수 n는 존재하지 않는다>가 거짓인 상황을 제대로 상상하기 위해서, 우리는 예를 들어 $x^4+y^4=z^4$를 만족하는 ***특정한*** 자연수들 x, y, z가 존재하는 상황을 상상해야 한다. 그러나 페르마의 정리가 참이라면 우리는 그런 특정한 자연수들을 상상할 수가 없다.

따라서 우리가 어떤 상황이나 대상에 대해서 상당히 구체적 표상을 가지는

"게으르지 않은" 상상을 했다고 하더라도, 그 상상이 정말 그 상황이나 대상이 가능하다는 것을 보여 주는가 판단하기 위해서는 그 상상에 대해서 다각적으로 평가할 필요가 있다. 그 상상은 그 상황이나 대상에 대해서 정말로 적절한 측면에서 유사한 표상을 포함하고 있는가? 그 상상은 그 상황이나 대상에 대해서 충분히 구체적으로 표상하고 있는가? 그 상상은 그 상황이 아닌 다른 상황을 표상하고 있는 것은 아닌가?

양상 인식론에서 상상의 중요성을 주목하고 이를 강조하는 다른 철학자들의 논의 속에서 상상이 가능성에 대한 인식 수단이 된다는 생각은 대개 다음과 같은 논제를 통해서 표현된다.

(CP) 상상가능성(conceivability)은 가능성(possibility)을 함축(entail)한다.

흔히 (CP) 논제라고 불리는 이 논제는 차머스 등에 의해서 옹호되고, 상상이 가능성에 대한 인식 수단이 된다는 생각을 비판하는 철학자들도 흔히 이 논제를 반박 대상으로 삼는다.[8] 그러나 필자는 앞에서의 논의에 기초해서 '상상가능성'보다는 '상상'을 (필연적 보장 관계인) '함축' 관계보다는 '오류가능한 증거적 지지' 관계를 선호하여 다음과 같은 논제를 주장한다.

(IP) 상상(imagination)은 가능성(possibility)에 대한 (오류가능한) 증거(evidence)이다.

이 논제에서 '상상'은 "게으르지 않은" 상상 즉 시뮬레이션으로서의 상상을 의미하고, '가능성'은 논리적 가능성을 의미한다. 그렇게 이해되었을 때에 (IP)

---

8 Chalmers, D. J. (2002). Bealer, G. (2002)

는 반박될 가능성이 더 적고 충분히 옹호할 만하다고 생각한다.

III. 사례 연구 (1): 개념 분석과 상상

이상의 논의를 통해서, 철학적 이론의 지지와 반증에서 구체적 상황들의 가능성 여부에 대한 판단이 중요하고, 상상이 가능성 판단에 대한 적절한 인식 수단이 된다는 것을 일반적인 수준에서 규명하였다. 상상은 실제로 철학에서 주로 '사고실험(thought experiment)'이라는 명칭으로도 불리며 자주 중요한 방법적 도구로 사용되어 왔고 특히 최근의 한 세기 동안 특히 영미철학에서 중요하게 사용되면서 학문으로서의 철학의 최근의 비약적 발전에 기여해 왔다. 이제부터는 상상이 실제의 철학적 탐구에서 어떤 중요한 역할을 하는가 하는 것을 몇 가지 대표적 유형의 사례들을 검토함으로써 드러내는 논의를 하고자 한다.

그 중에서 첫째로 개념 분석(conceptual analysis)에서 상상이 차지하는 중요한 역할을 논의할 필요가 있다. 근본적 학문으로서 철학은 세계에 대한 인식에 앞서 그 인식의 바탕이 되는 우리 자신의 개념들에 대한 반성과 명료화를 해 왔다. 플라톤(Platon)의 많은 대화편들 속에서 소크라테스(Socrates)는 "X란 무엇인가?" 형식의 질문을 하면서 다양한 개념에 대해서 그것을 분석하고 규정하기 위한 철학적 대화를 해 나간다. 오늘날도 철학자들은 "자유(freedom)란 무엇인가?", "앎(지식, knowledge)이란 무엇인가?", "인과(causation)란 무엇인가?", "진리(truth)란 무엇인가?" 등의 질문들을 하면서 근본 개념들을 규정하고 정의하려고 한다. 개념 분석은 개념을 정의하는 일이다. 세계에 대한 우리의 판단들의 참 여부는 부분적으로는 세계에 의해 결정되지만 부분적으로는 그 판단을 구성하는 개념들에 의해 결정된다. 개념을 어떻게 분석해야 할 것인가를 명확히 하는 것은 세계 인식과 관련해서 근본 학문으로서의 철학이 기여하는 중요한 측면이다.

흔히 개념 분석은 단어의 의미를 규정하는 형태를 띤다. 그러나 흔히 한국어 사전이나 영어사전에서 단어의 의미를 제시하는 방식은 철학에서의 개념 분석으로서는 별 가치를 갖지 않는다. '앎', '知識', 'knowledge' 등의 동의어들이 표현하는 개념에 대한 규정을 위해서 '알다'라는 단어를 한국어사전에서 찾으면 "교육이나 경험, 사고를 통하여 정보나 지식을 갖추다" 등으로 나오는데[9] 이런 내용은 앎의 수단들을 나열할 후 '지식'이라는 동의어 표현을 사용해 '알다'의 의미를 설명할 뿐 앎 개념의 분석에는 도움이 되지 않는다.[10]

개념 분석을 위해서는 개념이 적용되는 사례들과 적용되지 않는 사례들의 경계선을 그을 수 있어야 한다. 예를 들어 앎 개념을 규정할 수 있기 위해서는 어떤 사례들이 앎 개념이 적용되는 사례들이고 어떤 사례들이 앎 개념이 적용되지 않는 사례들인지 구분하고 그 두 종류의 사례들 사이에 경계선을 확정해야 한다. 그리고 앎 개념의 분석에는 앎 개념이 적용되는 사례들에만 해당하고 앎 개념이 적용되지 않는 사례들에는 해당하지 않는 공통의 필요한 조건들을 찾아내고 그 조건들의 결합이 충분조건이 되게끔 망라하는 일이 필요하다.

그런데 그런 작업을 위해서 고려해야 할 사례들은 현실적으로 우연히 존재하는 사례들에만 국한되어서는 안 된다. 개념 분석을 위해서는 논리적으로 가능한 사례들 사이에서도 개념이 적용되는 사례와 개념이 적용되지 않는 사례 사이에 경계선을 그을 수 있어야 한다. 두 단어는 현실적 외연에 있어서 일치한다고 해서 같은 의미를 가지는 것도 아니고 같은 개념을 표현하는 것도 아니다.

---

9 고려대학교 민족문화연구원 국어사전 편찬실 편(2009)『고려대 한국어대사전』, 고려대학교 민족문화연구원. 또는 좀 더 자세히 "교육이나 경험, 사고 행위를 통하여 사물이나 상황에 대한 정보나 지식을 갖추다" 라고 나옴. 국립국어연구원 (1999)『표준국어대사전』, 두산동아..

10 같은 사전에서 '지식' 항목을 찾으면 "교육이나 경험, 또는 연구를 통해 얻은 체계화된 인식의 총체"라고 나오고, 이 설명 속에 나오는 "인식' 항목을 찾으면 '사물을 분별하고 판단하여 아는 일"이라고 나와 다시 처음의 '알다' 항목으로 되돌아가게 된다.『고려대 한국어대사전』참조.

'cordate'와 'renate'의 두 단어는 각각 <심장을 가진 동물>과 <콩팥을 가진 동물>을 의미하지만 두 단어는 현실 세계에서 정확히 같은 동물 사례들에 적용된다.[11] 두 단어가 각각 표현하는 개념들은 그 개념들이 현실 세계에서 적용되는 사례들만을 고려함으로써 규정되어서는 안 된다. 어떤 가능 세계에 콩팥을 가지면서 심장을 가지지 않는 동물이 있을 경우 'renate'가 표현하는 개념은 거기에 적용되고 'cordate'가 표현하는 개념은 거기에 적용되지 않는다고 하는 식으로 두 개념을 차별화할 수 있게 두 개념이 규정되어야 한다. 언어의 의미를 규정하기 위한 탐구에서도 언어 공동체 화자들이 어떤 단어를 어떤 현실적 경우에 적용하고 있는지에 대해서만 고려하는 것으로는 충분하지 않다. 'cordate'라는 단어를 사용하는 언어 공동체 화자들이 어떤 현실적 사례들에 대해서 적용하는지만 고려하는 것으로는 'renate'와의 의미 차이를 규명할 수 없을 것이다. 그러면 개념 규정과 의미 규정을 위해서 어떤 논리적으로 가능한 사례들을 고려해야 할 것인지에 관해서 우리의 상상이 중요한 역할을 하게 된다.

철학에서 개념 분석의 한 사례 연구로 인식론에서 기초를 이루는 앎(지식, knowledge) 개념 분석을 검토해 보자. 앎 개념에 대한 철학적 탐구에서 오랫동안 중요하게 받아들여진 표준적 분석은, S라는 사람이 p라는 명제를 안다는 것에 대한 필요충분조건으로서 다음과 같은 조건을 제시하는 것이다.

(K) S는 p라는 것을 안다 ↔ (i) S는 p라는 것을 믿는다, 그리고
(ii) p라는 것은 참이다, 그리고
(iii) p라는 것에 대한 S의 믿음이 정당화된다.

---

11 'cordate'와 'renate'의 사례는 콰인(W. V. Quine)으로부터 나왔다. Quine, W. V. (1970) *Philosophy of Logic*, New Jersey: Prentice Hall, pp. 8-9.

즉 "앎(knowldege)이란 무엇인가?"라는 질문에 대해서, 이 분석은 "앎이란 참이면서 정당화된 믿음(true justified belief)"이라고 대답한다.[12] 예를 들어, 갑돌이가 알로사우루스가 육식공룡이라는 것을 알고 있다고 할 수 있기 위한 필요충분조건은, 갑돌이가 알로사우루스가 육식공룡이라는 것을 믿고 있고, 알로사우루스가 육식공룡이라는 것이 실제로 참이며, 알로사우루스가 육식공룡이라는 것을 갑돌이가 믿는 것이 정당화된다는 것이다. 그리고 그 필요충분조건이 바로 앎 개념에 대한 정의를 제공한다는 것이다.

앎을 이와 같은 세 가지 요소에 의해 분석하는 정의는 인식론의 역사에서 매우 오랫동안 명시적으로건 암묵적으로건 앎에 대한 가장 받아들일 만한 분석으로 여겨져 왔다고 할 수 있다. 이미 플라톤(Platon)이 앎을 정의하기 위한 여러 가지 시도들을 살피는 그의 대화편『테아이테투스』에서 위의 정의에 유사한 정의를 마지막 정의로서 제시하고 논의했다.[13] 이와 같은 정의는 20세기에는 치즘(Chisholm)이나 에이어(Ayer)와 같은 철학자들에 의해 상당히 명시적인 형태로 제시되고 받아들여졌다.[14]

그런데 놀랍게도 게티어(Edmund Gettier)가 이 개념 분석에 대한 유명한 반례를 제시함으로써 이 분석은 반증되었다.[15] 게티어가 제시한 사례는 (K)에

---

12 인식론에서 어떤 믿음이 적절한 근거에 바탕을 두고 있기 때문에 그 믿음을 받아들이는 것이 합리적일 경우에 그 믿음이 '인식적으로 정당화된다(epistemically justified)'라고 또는 줄여서 '정당화된다(justified)'고 한다.

13 Platon, *Theaetetus*, 187A-210D 참조. (F. M Conford, (1960) *Plato's Theory of Knowledge*, London: Routledge) 여기에서 그가 마지막으로 고려하는 정의는, 앎(지식, episteme)이란 이유(이성, logos)와 결합된 참인 의견(믿음, doxa)이라는 정의이다. 그는 이 마지막 정의에서 이유에 대한 조건과 관련해 해명되어야 할 부분들이 더 있다고 여기면서 대화편을 끝내기는 하지만, 이 마지막 정의를 폐기하지는 않는다.

14 R. Chisholm (1957) *Perceiving: a Philosophical Study*, Cornell University Press, p. 16; A. J. Ayer (1956) *The Problem of Knowledge*, Macmillan, p. 34.

15 E. Gettier (1963) "Is Justified True Belief Knowlege?"*Analysis* 23, pp. 121-123. 윌리엄슨(Timothy Williamson)도 게티어 사례를 그의 메타철학적 연구에서 중요한 대상으로 삼는다. 그는 이 사례를 주로 반사실조건문적 사고(counterfactual thinking)의 사례로서 다룬다. Williamson, T. (2007) *The*

포함된 세 조건을 모두 결합하더라도 앎에 대한 충분조건이 되지 못한다는 것을 보여주기 위한 사례이다. 즉 그는 그 세 조건을 모두 만족하기는 하지만 앎 개념이 적용된다고 볼 수는 없는 다음과 같은 상황을 상상하여 묘사한다.

X 회사에서 한 사람의 직원을 뽑는 데에 스미스와 존스가 지원해 입사 시험을 보았다. 그리고 그 시험의 결과 그 회사에 채용될 사람이 누구인지가 결정되었다. 그런데 스미스는 다음의 두 명제 각각에 대해 강한 증거들을 가지고 있고, 그 증거들에 근거하여 그 두 명제를 믿게 되었다.

(1) X 회사에 채용될 사람은 존스이다.

(2) 존스의 주머니에는 동전이 10개 있다.

X 회사의 사장은 스미스와 존스에게 자기 회사에 채용될 사람은 존스라고 이야기해 주었고 또 스미스가 그 회사의 인사 서류를 몰래 들여다보니 존스의 이름이 채용될 사람으로 적혀 있었다. 또한 스미스는 옆에 있던 존스의 주머니에 있는 동전을 여러 번 직접 세어 보고서 동전이 10개 있음을 재차 삼차 확인했다. 이와 같이 두 명제에 대한 증거들이 충분하다면, 그 두 명제에 대한 스미스의 믿음들은 모두 정당화된다고 할 수 있다.

그리고 스미스는 자신의 두 정당화된 믿음으로부터 다음의 명제를 논리적으로 연역해 이끌어내었고, 그 연역에 근거해서 그 명제를 믿게 되었다.

(3) X 회사에 채용될 사람의 주머니에는 동전이 10개 있다.

(3)에 대한 스미스의 믿음도 정당화된 믿음들로부터 논리적 연역을 통해 얻어

Philosophy of Philosophy, Oxford: Blackwell.

진 믿음이므로 정당하다고 할 수 있다.

그런데 사실은 X 회사에 채용될 사람은 존스가 아니라 스미스이다. 그 회사의 사장은 스미스와 존스의 이름을 혼동해서 채용될 사람의 이름을 잘못 이야기했던 것이고, 스미스가 몰래 들여다보았던 인사 서류도 전산 오류로 해서 이름이 잘못 기입되었던 것이었다. 게다가 스미스 스스로는 의식하고 있지 못했지만 실은 그의 주머니에도 우연히 동전이 10개 들어 있었다.

그렇다면 명제 (1)은 실은 거짓인 것으로 판명되었지만 명제 (3)은 참이다. X 회사에 진짜로 채용될 사람인 스미스의 주머니에 동전이 10개 있기 때문이다. 그리고 명제 (1)이 거짓인 것으로 판명되기는 했지만 그 명제에 대한 스미스의 믿음은 여전히 정당화된 (적절한 근거에 바탕을 둔) 믿음이고, 따라서 정당화된 믿음들인 (1)과 (2)에 대한 믿음들로부터 정당한 논리적 연역에 의해 이끌어내어진 명제 (3)에 대한 스미스의 믿음은 여전히 정당화된 믿음이다. 그렇다면 명제 (3)에 대한 스미스의 믿음은 참이면서 정당화된 믿음이다. 그러나 우리는 스미스가 명제 (3)을 알고 있었다고 보지는 않을 것이다. 비록 스미스의 믿음이 참이면서 정당화된 믿음이기는 하지만 스미스가 참이면서 정당화된 믿음을 지니게 된 것은 스미스의 행운에 기인한 것으로 여겨지기에 우리는 이 상황 속의 스미스가 명제 (3)을 안다고 보지는 않는다. 따라서 이 상상된 상황은 참이면서 정당화된 믿음이라고 해서 꼭 앎이라고 할 수 있는 것은 아니라는 것을 보여준다.

게티어는 이 상황을 구체적으로 상상하고 묘사함으로써 그 상황을 가능한 상황으로 제시한다. 그 상황이 현실적으로 벌어진 상황일 필요는 없다. 스미스와 존스는 모두 가상의 인물들이고 위에서 묘사된 상황 속에 실제로 처해 있는 사람들은 아마 현실 속에 없을 것이다. 그러나 그 상황이 현실적이건 현실적이지 않건 그것은 중요하지 않다. 앎에 대한 표준적 분석을 반증하는 데에 있어서는, 어떻든 게티어가 상상한 상황이 논리적으로 가능한 상황이고, 그 가능한 상황에 대해 우리가 스미스의 믿음을 참이면서 정당화된 믿음으로 받아들이면서도 거기에 앎 개념을 적용하지는 않을 것이라는 것으로 충분하다. <참이면서 정당화된 믿음이면 앎이다>라는 것이 개념적 참이라는 것은 이 가능한 상황에 의해서 반증된다.

어떤 개념이 어떤 상황에 적용될 만하다거나 적용될 만하지 않다고 하는 것은 우리 자신이 암묵적으로 가지고 있는 개념적 성향(conceptual disposition)에 기반한다. 또한 언어 공동체의 유능한 화자가 어떤 단어를 어떤 상황에 적용될 만하다거나 적용될 만하지 않다고 하는 것도 그 화자가 암묵적으로 가지고 있는 언어 능력(linguistic competence)에 기반한다. 그러나 그런 개념 또는 단어 의미에 대한 이해는 추상적 수준에서 명시적이지는 않고, 그 개념이나 의미에 대한 일반화된 이론이 제시되었을 때 우리는 그 이론이 받아들일만한지를 판단하는 데에 자주 어려움을 느낀다. 게티어가 상상한 상황과 같은 구체적 상황이 주어졌을 때 우리는 비로소 우리의 암묵적 성향과 언어 능력에 기반해서 그 상황에 우리의 개념이나 단어를 적용할 만한지에 대해 확신 있는 판단을 내릴 수 있다. 따라서 이론의 시험 사례(test case)가 되는 결정적 상황을 상상해내는 것은 개념적 이론의 평가에 매우 중요하다.

우리는 우리 자신의 앎 개념에 기반해 게티어가 상상한 상황에서 스미스가 알고 있지는 않다고 자신 있게 판단할 수 있는데, 그것을 통해서 우리는 (K)의 세 조건이 앎의 충분조건이 되지 못한다는 것을 알 수 있게 된다. 이는 우리 자신의 개념으로부터 비롯된 것이지만, 게티어 식의 상황을 상상하기까지는 알 수 없었던 사실이다. 상상은 우리 자신의 개념의 내용에 대해 더 많은 것을 알 수 있게 해 준다. 그리고 적절히 잘 구성된 참신한 상상은 우리 자신의 개념의 내용에 대해 매우 중요한 것을 더 알 수 있게 해 준다.

개념 분석에서 상상이 하는 중요한 역할을 보여 주기 위한 또 다른 사례로서 인과 (causation) 개념의 분석과 관련된 철학적 탐구의 사례를 검토해 보자. 인과란 무엇인가? 한 사건 c가 다른 사건 e의 원인이 된다고 하는 것은 무엇을 의미하는가? 이러한 문제에 대해서 많은 철학적 이론들이 제시되었고 그 이론들을 둘러싼 다양한 논의들이 있어 왔다. 여기에서는 그런 논의 중 한 가지 하위문제에 대한 논의만을 사례로 사용하고자 한다. 그것은 인과 관계가 이행적(transitive) 관계인가 하는 문제이다. 그 문제는, a가 b의 원인이고 b가 c의 원인이면 a가 c의 원인이라고 하는 것이 반드시 성립하는가 하는 문제이다. 인과 개념에 대한 여러 이론들이 인과의 이행성을 개념적, 필연적 참으로 함축한다. 예를 들어 인과 관계가 물리적 보존량의 전달(transfer of conserved quantity)이라고 보는 이론들에서는 인과의 이행성이 함축되는데, a에서 b로 보존량이 전달되고 b에서 c로 보존량이 전달되면 당연히 a에서 c로 보존량이 전달되는 것이기 때문이다.[16] 또한 상식적으로도 a에서 b로 인과적 사슬(causal chain)이 연결되어 있고 b에서 c로 인과적 사슬이 연결되어 있으면 당연히 a에서 c로 인과적 사슬이 연결되어 있다고 여겨지기 때문에, 많은 사람들이 인과 관계가 이행적이라고 하는 것을 인과에 대한 개념적, 필연적 참으로서 흔히 상식적으로 받아들인다.

그러나 필드(Hartley Field)가 상상하여 제시한 다음과 같은 상황은 인과의 이행성에 대한 반례를 구성한다.[17] 나를 살해하기 원하는 킬러가 어느 날 아침에 나의 집 앞에 건물 전체를 폭파시킬 수 있는 고성능 폭탄을 설치했다. 그 폭탄은 정오에 폭파되게끔 되어 있었다. 다행히 나의 보디가드가 오전에 그 폭탄

---

16 인과를 물리적 보존량의 전달로 보는 보존량 인과 이론에 대해서는 다음을 참조. Dowe, P. (2000). Physical Causation New York: Cambridge University Press. 그 밖에 루이스(D. Lewis)의 반사실조건문 인과 이론도 인과의 이행성이 개념적 참이 되게끔 인과 개념을 분석했다. Lewis, D. (1973) "Causation," *Journal of Philosophy,* 70 참조.

17 필드(Field) 자신은 이 반례를 글로 써서 출판하지 않았고, 철학자들 사이에 구전되었다. 본 논문의 반례는 필자가 루이스(D. Lewis)로부터 구전으로 들은 형태의 것을 틀로 해서 살을 입혔다. 다음과 같은 문헌들에 이 반례가 기록되어 있다. Hall, N. (2004) "Causation and the Price of Transitivity" Collins, J., Hall, N. and Paul, L. A. (2004) (eds.) *Causation and Counterfactuals*, Cambridge, Mass.: MIT Press.

을 발견하고서 그 폭탄을 해체했다. 나는 하루 종일 집에 있었지만 죽지 않았고 그 날 저녁에 숨을 쉴 수 있었다. 이 상황에서 킬러가 나의 집 앞에 폭탄을 설치한 사건 a는 나의 보디가드가 그 폭탄을 발견해 해체하는 일을 한 사건 b의 원인이다. 나의 보디가드가 그 폭탄을 발견해 해체하는 일을 한 사건 b는 내가 그 날 저녁에 숨을 쉬는 사건 c의 원인이다. 그러나 킬러가 나의 집 앞에 폭탄을 설치한 사건 a는 내가 그 날 저녁에 숨을 쉬는 사건 c의 원인이 아니다. 그러므로 인과의 이행성은 반증된다.

우리는 인과의 이행성에 대한 개념적 이론이 일반적인 수준에서 주어졌을 때 그 이론이 참이라고 생각하거나 또는 그 이론의 참 여부에 대해서 판단하기 어렵다고 느끼는 경향이 있다. 이 경우에도 그 이론을 평가할 수 있는 기반은 우리 자신이 이미 암묵적으로 가지고 있는 개념적 성향이나 언어 능력이다. 우리는 우리가 이미 가지고 있는 인과 개념을 이 상상된 상황에 적용하여 판단한다. 우리의 인과 개념을 이 상황에 어떻게 적용할지에 대해서 외부로부터의 경험적 관찰 자료가 추가되어야 하는 것은 아니다. 우리가 위의 상황을 상상하기만 하면 우리는 이 상황이 인과의 이행성에 대한 반례가 된다는 것을 우리의 개념적 능력을 통해서 알 수 있다. 위의 상황이 현실적으로 존재하는지 존재하지 않는지는 중요하지 않고, 그렇기 때문에 경험적 증거가 추가될 필요는 없다. 우리는 미처 생각하지 않았던 새로운 상황을 상상함으로써 인과의 이행성에 대한 앞서의 판단과 달리 그것이 거짓이라는 것을 알게 된다. 이와 같이 이전에 고려하지 않았던 가능한 상황들을 새롭게 상상하여 그 상황들에 우리의 개념들이 어떻게 적용될 것인지 판단하는 것이 개념 분석을 지지하거나 반증하는 데에 중요한 역할을 할 수 있다.

Ⅳ. 사례 연구 (2): 세계에 대한 형이상학적 인식과 상상

오늘날 많은 철학자들은 우리 자신의 개념을 넘어서서 세계의 필연적 질서에 대해서 선험적 방식으로 파악할 수 있다고 생각한다. 그러한 형이상학적 인식이 가능한가 하는 것이 때로 논란이 되기는 하지만, 어떻든 그런 인식이 가능하다면 상상이 그런 인식에서도 중요한 역할을 할 수가 있다. 우리가 세계의 필연적 질서를 우리의 직관(intuition)에 의해서 직접 파악할 수 있다고 생각하는 입장도 있지만, 그런 방식으로 접근하는 철학 방법론을 통해서는 결실이 큰 철학적 탐구를 하기가 어렵다. 세계의 필연적 질서에 대한 일반 이론 자체에 대해서는 서로 다른 철학자들이 서로 상반된 직관을 가지기가 쉽고 그 상반된 직관 중 어떤 직관이 올바른 직관인지 평가하기는 어렵다. 그 경우에 두 철학자는 각자 자기의 세계관을 직관으로 위장하여 서로에게 대립하게 되기가 쉽다.

반면 형이상학의 일반 이론들을 평가하기 위해서 그 이론들을 반증할 수 있는 구체적 상황을 상상하고 그 상황의 가능성에 의거해서 논쟁을 할 경우 철학자들은 보다 객관적이면서도 선험적인 공통의 논쟁 기반을 가지게 된다. 그 상황을 정말로 상상할 수 있는가, 그 상황에 대한 상상이 그 상황의 가능성을 정말로 보여주는가, 그 상황의 가능성이 그 이론을 정말로 반증하는가 등에 대해서 추가적인 논쟁의 가능성들이 있기는 하지만, 그 논쟁은 보다 구체적인 이슈들을 다루는 합리적 토론들에 좌우되는 논쟁이 된다. 그리고 다양한 상상적 도전의 반증 시도에 살아남는 형이상학적 이론은 보다 객관적인 수준에서의 지지를 받을 수 있게 될 것이다.

형이상학적 논쟁에서 상상이 할 수 있는 유익한 역할의 사례를 살펴보기 위해서 시간 형이상학(metaphysics of time)에서의 중요한 한 문제를 고려해 보자. 사물들의 변화(change) 없이도 시간(time)이 경과할 수 있는가? 사물들의 변화는 시간의 경과에 본질적인 것인가? 많은 철학자들에 따르면, 사물들의 변화는 시간에 본질적인 것이고, 아무런 변화가 없다면 시간도 경과하지 않는다.[18] 이런 생각은 충분히 이해할 만하다. 시간이 1시간이건 2시간이건 경과한다는 것을 측정하기 위해서는 시계 역할을 하는 무언가가 변화(성질 변화이건 위치 변화이건)를 해야 한다. 시계 바늘의 움직임도 없고 천체의 움직임도 없고 우리 자신의 의식의 흐름 또는 생체 변화도 없다면 그리고 다른 어떠한 운동 변화도 없다면, 우리는 시간이 경과한다는 것에 대한 어떠한 합리적 증거도 가질 수 없고 시간이 얼마큼 경과했는지를 측정할 수도 없는 것 같다. 그럴 경우 시간이 경과했다고 이야기하는 것은 아무 의미가 없는 것처럼 보인다. 시간의 경과에는 변화하는 것들의 존재가 필연적으로 요구되는 것 같다.

이런 논의에는 우리가 어떠한 합리적 증거를 가질 수도 없고 원리적으로 측정하거나 탐지할 수도 없는 대상은 존재할 수 없다는 생각이 전제로 깔려 있고 이 전제 자체도 논란의 대상이 될 만하지만, 현재 논의의 편의상 그 전제에 대해서는 의심하지 않기로 하자. 슈메이커(Sidney Shoemaker)는 설사 그 전제를 받아들인다고 하더라도 사물들의 변화 없이도 시간이 경과할 수 있다는 것을 보여 주는 논리적으로 가능한 상황을 제시했다.[19] 특히 그는 사물들의 변화 없이도 우리가 시간의 경과에 대한 합리적 증거를 가질 수 있고 시간이 얼마큼 경과했는지를 측정할 수도 있는 논리적으로 가능한 상황을 제시했다. 그는 다음과 같은 가능 세계를 상상한다.

현실 세계와는 다른 물리 법칙이 성립하는 이 세계(우주)는 세 개의 지역-각

---

18 아리스토텔레스(Aristoteles)는 "시간이 변화(운동)의 수(척도)"라고 한다. Arsitoteles, *Physics*, book. IV, ch. 11, 219b. (Hussey, E. (1993) *Aristotle Physics* Books III and IV, Oxford: Clarendon Press.) 맥타가트(J. M. E. McTaggart)는 "아무 것도 변화하지 않으면 시간은 존재하지 않는다"라고 한다. McTaggart, J. M. E. (1927) *The Nature of Existence,* Cambridge: Cambridge University Press, p. 11.

19 Shoemaker, S. (1969) "Time Without Change," *Journal of Philosophy*, 66: 363–381.

각을 A, B, C라고 부르자-으로 나뉘어져 있다. 세 지역 사이에는 자연적 경계선이 있지만 세 지역의 거주자들은 다른 지역과 왕래하여 넘나들 수 있고 다른 지역에서 일어나는 일을 관찰할 수 있다. 세 지역에서는 각각 주기적으로 이른바 "국지적 동결(local freeze)" 현상이 발생한다. 국지적 동결이 발생하는 지역에서는 동결 기간 동안 모든 운동, 변화가 정지하고, 성장도 부패도 진행되지 않는다. 한 지역에서 국지적 동결이 발생하는 동안에도 다른 지역에서는 변화들이 진행되고 있으므로 다른 지역의 변화들로 시간을 측정할 수 있는데, 국지적 동결은 매번 1년 동안 진행된다. 국지적 동결이 발생하고 있는 지역에는 다른 지역의 거주자들이 들어갈 수 없고 그 내부를 관찰할 수도 없지만 동결 기간이 끝난 직후에 들어가 보면 동결 기간이 시작하기 직전의 상태 바로 직후의 상태 같은 모습이다. 동결 직전에 신선한 계란은 동결 직후에 여전히 신선하고, 동결 직전에 떨어지고 있던 돌은 허공에 있다가 동결 직후에 땅에 떨어지며, 동결 직전에 문장을 말하고 있던 거주자는 동결 직후에 그 문장을 끝낸다. 국지적 동결이 발생하는 지역의 거주자들은 자기 지역의 일들만 가지고는 1년의 동결을 자각하지는 못하지만 다른 지역을 관찰하고 다른 지역 거주자들의 증언들을 듣고 하여 자기 지역이 1년간 동결했었다는 것을 확인할 수 있다.

그 세계에서 사람들은 오랜 관찰을 통해서 다음과 같은 법칙이 성립한다는 것을 믿을 합리적 근거를 가지게 되었다. A 지역에서는 매 3년차에 1년간의 국지적 동결이 발생하고, B 지역에서는 매 4년차에 1년간의 국지적 동결이 발생하며, C 지역에서는 매 5년차에 1년간의 국지적 동결이 발생한다. 이에 따라 간단한 계산을 통해서, 매 12년차에 A 지역과 B 지역이 동시에 국지적 동결을 하고, 매 15년차에 A 지역과 C 지역이 동시에 국지적 동결을 하며, 매 20년차에 B 지역과 C 지역이 동시에 국지적 동결을 한다는 사실을 알 수 있다. 그러면 같은 계산에 의해서 매 60년차에는 A 지역, B 지역, C 지역이 동시에 동결을 한다는 것 즉 전 우주가 동결을 한다는 것을 알 수 있다. 즉 우주 전체에서 아무 변화가 없는 상태에서 1년의 시간이 경과한다는 것에 대한 합리적 증거를 가지게 된다.

슈메이커가 상상한 세계가 물리적으로 가능한 세계가 아니라고 하는 것은 분명하다. 한 지역의 모든 사물들이 원자 수준에서까지 아무런 변화를 겪지 않는 상황은 현실 세계의 물리 법칙이 허용하지 않는다. 그러나 사물들의 변화가 시간의 경과에 본질적이라고 주장하는 형이상학자는 현실 세계의 물리 법칙에 의해서 사물들이 늘 변화한다고 주장하는 것은 아니다. 그는 시간의 경과가 있기 위해서는 세계의 물리 법칙이 어떻게 주어지건 간에 필연적으로 변화가 있어야 한다는 것 즉 변화가 시간의 본질적 요소라고 주장하는 것이다. 따라서 슈메이커는 그의 형이상학적 이론을 반증하기 위해서 논리적으로 가능한 세계를 제시하는 것으로 충분하다. 논리적으로 가능한 어떤 세계에서 사물들의 변화 없이 시간의 경과가 있을 수 있다면 그것은 변화가 시간에 본질적인 것은 아니라는 것을 보여준다.

하나의 세계는 워낙 크고 복잡하기 때문에 슈메이커가 제시한 세계를 유사 지각적인 방식으로 상상하고자 할 때 자세한 세부까지 아주 구체적으로 상상할 것을 기대할 수는 없을 것이다. 그 세계를 상상하는 의도에 맞추어 중요한 구조와 특성만을 상상하면 충분할 것이다. 더 자세히 상상하지 못하더라도 그것은 상상의 원리적 한계에 기인하는 것은 아니다. 그러나 그 세계를 유사 지각적인 방식으로 상상하고자 할 경우, 매 60년차에 A 지역, B 지역, C 지역이 1년간 동시에 동결을 한다는 것 자체를 상상할 수 없다는 것은 중요하다. 그것은 원리적 한계의 문제이다. 왜냐하면 그 우주의 어느 지역에서 지각을 하는 것으로 상상을 하던 우주의 모든 지역이 동시에 동결을 하면서 1년간 시간이 경과하는 것을 지각하는 상상을 할 수는 없기 때문이다.

그러나 또한 중요한 것은 그 세계에 대해서 유사 지각적으로 상상할 수 있는 것들로부터 그 상상된 세계에서 매 60년차에 A 지역, B 지역, C 지역이 1년간 동시에 동결을 한다는 것을 귀납적으로 추론하는 것이 합리적이라는 점이다.[20] 즉 슈메이커는 변화가 없으면서 시간이 경과하는 상황을 직접 지각하는 것을 그 자체로 상상할 수 있게 해 주지는 못하지만(당연히 그것은 원리상 불가능할 것이다), 변화가 없으면서 시간이 경과하는 것을 믿을 합리적 근거가 있는 상황을 지각하는 것을 상상할 수 있게 해 준다. 현실 세계에서도 우리는 쿼크나 블랙홀을 직접적으로 지각하지는 못하지만 그런 것들의 존재를 믿을 합리적 근거를 가지기 때문에 그런 것들이 존재한다고 믿는다. 현실 세계에서 우리가 쿼크나 블랙홀의 현실적 존재를 믿어야 하듯이 우리가 슈메이커의 세계에 살았더라면 우리는 사물의 변화 없는 시간 경과의 현실적 존재를 믿어야 할 것이다. 사물의 변화 없는 시간 경과에 대해서는 어떠한 합리적 근거를 가지는 것도 논리적으로 불가능하므로 아예 그런 가능성은 무의미하고 따라서 사물의 변화는 시간에 본질적이라는 형이상학 이론에 대해서, 슈메이커의 세계의 논리적 가능성은 효과적인 반증의 수단이 된다.

현대의 형이상학적 논쟁에서 상당 기간 동안 본질(essence)과 본질적 속성(essential property)에 대한 논의 자체가 꺼려지다가 이에 대한 논의들이 다시 존중 받게 된 것이 가능 세계 의미론의 발전 시기 즈음인 것은 우연이 아니다.[21] 대상들에 본질과 본질적 속성을 귀속시키는 판단들을 가능 세계들에 근거해 이해할 때 그 판단들의 인식론적 지위는 더 받아들일 만 해졌다. 예전에 흔히 본질

---

20 예를 들어 A 지역, B 지역, C 지역에서 각각 매 3년차, 매 4년차, 매 5년차에 국지적 동결이 발생하되 예외적으로 60년차에는 각 지역의 주기적 동결이 발생하지 않는다는 보다 복잡한 가설도, A 지역, B 지역, C 지역에서 각각 매 3년차, 매 4년차, 매 5년차에 국지적 동결이 발생한다는 보다 단순한 가설과 마찬가지로 그 세계에서 사람들이 관찰한 데이터와는 양립가능하기는 하지만, 복잡한 가설을 받아들이는 것보다는 단순한 가설을 받아들이는 것이 귀납적으로 더 합리적이다. 또한 슈메이커는 상상된 세계의 특성들을 조정하는 제안을 통해서, 단순한 가설과 복잡한 가설의 차이를 훨씬 더 크게 만들어서 복잡한 가설을 선택하는 것이 더욱 비합리적인 것으로 바꿀 수 있음을 지적한다. Shoemaker, S. (1969) pp. 372-376 참조.

21 가능 세계 의미론은 여러 논리학자들에 의해 발전되었지만 그 중에서도 크립키(Saul Kripke)의 역할이 중요했다. Kripke, S. (1963) "Semantical Considerations on Modal Logic," *Acta Philosophica Fennica*, 16. 가능 세계 의미론에 대한 보다 체계적인 논의로 Chihara, C. (1998) *The Worlds of Possibility: Modal Realism and the Semantics of Modal Logic*, Oxford: Clarendon Press 참조.

에 대한 언급들이 의혹의 대상이 되었던 중요한 이유 중 하나는, 그것이 맹목적(brute) 직관을 요구한다고 여겨졌기 때문이다. 예를 들어 소크라테스에 대해 그가 사람임이 필연적이라고 말할 경우, 우리는 그 말이 옳은지 알기 위해, 소크라테스의 본질을 그 자체로 직관해야 하는가? 그러나 가능 세계 의미론이 등장한 이래, 본질에 대한 언급들은 철학자들의 차가운 시선을 벗어나게 되었는데, 그것은 "소크라테스가 필연적으로 사람이다"를 "소크라테스가 모든 가능 세계에서 사람이다"라는 식으로 이해할 수 있게 되었기 때문이다. 물론 그렇게 이해할 경우에도, "소크라테스가 모든 가능 세계에서 사람이다"가 참인지를 알기 위해서는 각각의 가능 세계가 어떠한지에 대한 지식은 여전히 요구된다. 그렇다고 각각의 가능 세계에 대한 그런 지식이, 사람임이라는 속성이 소크라테스의 본질에 속한다는 직관에 다시 근거해서는 안 된다. 그럴 경우 본질에 대한 원래의 인식론적 의혹은 전연 해소되지 않고 남게 될 것이다. 각각의 가능 세계가 어떠한지에 대한 지식은 그보다는 상상에 기초하게 된다. 즉 "우리가 ***어떤 세계를 상상하든*** 그 세계에서 소크라테스는 사람이다"가 참임을 가능 세계들에 대한 우리의 상상에 기초해 확립하고 그것으로부터 "소크라테스가 모든 가능 세계에서 사람이다"와 "소크라테스가 필연적으로 사람이다"를 차례로 이끌어내는 것이다.

특히 크립키(Saul Kripke)가 생명체 개체나 인공물 개체들의 기원(origin)이 그것들의 본질적 속성이라고 주장하는 데에 있어서도 가능 세계 의미론으로부터 자연스럽게 암시되는 이런 아이디어들이 중요하게 사용되고 있다.[22] 예를 들어, 그는 특정한 책상이 특정한 나무 조각으로부터 만들어졌을 경우, 그 책상이 그 나무 조각으로부터 만들어졌다는 것은 그 책상의 본질적 속성이라고 주장한다. 그의 주장은 (명시적으로 말해지지는 않지만) 명백히 상상에 근거한다.

---

22 Kripke, S. A. (1980) *Naming and Necessity*, Cambridge: Harvard University Press.

즉 그 책상이 존재하는 어떤 세계를 상상하든 그 책상은 그 특정한 나무 조각으로부터 만들어졌다는 것이 그 근거이다. 그리고 그 책상이 완전히 다른 나무 조각으로부터 만들어졌거나 템즈 강으로부터 취해져 얼음으로 압축된 물로부터 만들어진 경우를 상상하려고 하면 그것과 유사한 다른 것을 상상할 수 있을 뿐이라고 주장한다. 우리는 "그 책상과 겉보기에 똑같은 한 책상이 다른 나무 조각으로부터 만들어지거나 혹은 얼음으로부터 만들어져서" 그 책상이 있는 그 자리에 놓여 있는 경우를 상상할 수는 있어도, "그것은 이 책상이 나무 조각으로부터 만들어지거나 얼음으로부터 만들어진 경우를 상상하는 것이 아니라 다른 나무 조각이나 얼음으로부터 만들어졌으면서 겉으로는 세부적으로 이 책상을 닮은 또 다른 책상을 상상하는 것이다."라는 것이다.[23]

그 상상이 그 특정한 책상에 대한 상상인지 아니면 그 책상과 겉보기에 닮은 다른 책상에 대한 상상인지의 문제에 대한 크립키의 판단에 논란의 여지가 없는 것은 아니지만, 어떻든 그의 상상과 판단은 매우 강한 설득력을 가지고 있어서 생명체 개체나 인공물 개체들의 기원적 속성이 그것들의 본질적 속성이라고 하는 그의 형이상학 이론은 (추상적 수준에서의 맹목적 직관에만 호소했더라면 얻지 못했을) 광범위한 영향을 철학자들에게 미치게 되었다. 크립키의 본질 이론의 경우에 상상은 이론의 반증 수단으로서가 아니라 이론의 귀납적 지지 수단으로서 중요한 역할을 하고 있다고 할 수 있다.

형이상학적 논쟁에서 상상이 중요한 역할을 하는 또 다른 사례를 제시하기 위해서 이번에는 물리주의(physicalism) 문제에 대한 논의를 살펴보기로 하자. 현대의 형이상학과 심리철학에서 많은 철학자들에 의해 받아들여지는 물리주의에 의하면, 모든 사실은 물리적 사실(physical fact)이다.[24] 물리적 사실들-물

23 Kripke (1980) pp. 113-114

24 물리주의를 이와 같이 정식화하는 것은 다소 강하게 정식화하는 것이다. 물리주의자는, 물리적이지 않은

리학, 화학, 신경생리학 등 물질과학이 대상으로 하는 사실들 즉 물질적 대상들이 크기, 형태, 질량, 에너지 등 이러저러한 물리적 속성들과 관계들을 가진다는 사실들- 이외에 다른 사실은 존재하지 않는다. 물리주의에 의하면, 모든 사실은 물리적 사실로 환원된다. 특히 사람들이 믿고, 생각하고, 욕구하는 등의 심리적 사실들도 물리적 사실들로 환원된다.

물리주의에 대한 반론으로서 제기된 유명한 사고실험 논증 중 하나가 바로 잭슨(Frank Jackson)의 논증이다. 그는 다음과 같은 상황을 상상하도록 제안한다.[25]

메리는 태어날 때부터 흑백 방에 갇혀서 성장했고 흑백 책들과 흑백텔레비전 강의들을 통해서만 교육을 받았다. 그 방 안에 있으면서 메리는 흑백 이외의 색을 본 적은 없다. 이렇게 해서 메리는 세계의 물리적 측면에 대해 알아야 할 모든 것을 배웠다. 그녀는 우리와 우리의 환경에 대해 모든 물리적 사실을 안다. 그녀는 예를 들어 토마토의 표면으로부터 어떤 파장의 빛이 반사되고 그 빛이 망막의 신경 세포를 어떻게 자극하고 그 자극을 받은 사람들의 두뇌가 어떤 상태에 이르게 되고 하는지 등을 모두 알고 있다. 어느 날 메리는 흑백 방으로부터 석방되어 처음으로 여러 색들을 가진 바깥 세계를 경험하게 되었다. 그리고 메리는 토마토를 처음으로 직접 보게 되었다. 그 순간 메리는 무언가를 새로 알게 되었다. 즉 그녀는 빨강 색을 볼 때의 고유한 느낌이 어떠한 것인지 알게 되었다.

사실들이 있음을 허용하면서 다만 그것들이 모두 물리적 사실들에 의해 결정된다고 주장할 수도 있다. 이렇게 약하게 정식화할 경우에 이후의 논의는 더 복잡해지는데, 이 논문이 물리주의 문제를 철학 방법론의 사례로서 다루고 있기 때문에 그런 복잡성을 피하고자 물리주의를 이와 같이 보다 단순하게 정식화한다. 물리주의에 대한 보다 정교한 정식화에 대해서는 Chalmers, D. J. (1996) *The Conscious Mind*. Oxford: Oxford University Press, p. 40; Jackson, F. (1998) *From Metaphysics to Ethics*, Oxford: Clarendon Press, pp. 12-13 참조.

25 Jackson, F. (1982) "Epiphenomenal Qualia", *Philosophical Quarterly* 32:127-136; Jackson, F. (1986) "What Mary Didn't Know", *Journal of Philosophy* 83:291-5.

이러한 상황이 가능하다면 우리는 잭슨이 추론했듯이 다음과 같은 추론을 할 수가 있다. 이 상황 속에서 메리는 흑백 방으로부터 석방된 후 새로운 사실을 새로 알게 되었다. 그렇다면 메리는 석방되기 전에는 무언가 어떤 것을 알고 있지 못했다. 즉 메리는 빨강 색을 본다는 것이 어떤 느낌인지에 대한 사실을 알고 있지 못했다. 그런데 메리는 석방되기 전에도 모든 물리적 사실을 알고 있었으므로 메리가 어떤 물리적 사실을 모르고 있었던 것은 아닐 것이다. 따라서 물리적이지 않은 어떤 사실-즉 메리는 빨강 색을 본다는 것이 어떤 느낌인지에 대한 사실-이 존재한다. 따라서 물리주의는 반박된다.

이상의 상황이 가능한지에 대해서는 논란이 있다. 누군가가 물리적 사실에 대해서 이렇게 전지적(全知的)인 것이 가능한가? 누군가가 모든 물리적 사실을 안다는 것은 현실적으로 주어진 물리적 한계 등에 비추어 가능하지 않으리라고 생각되지만 이 상황이 논리적으로 불가능하다고 할 수 있는가? 전지성의 가능성에 대해서 이런 양쪽의 입장이 가능하다. 그러나 잭슨의 논증의 목적을 위해서 메리가 정말로 모든 물리적 사실을 다 알아야 하는 것은 아니다. 중요한 것은 메리가 흑백 방에서 아무리 많은 물리적 사실들을 알더라도 여전히 그녀는 빨강 색을 본다는 것이 어떤 느낌인지에 대한 사실을 알지는 못한다는 것이다. 그렇다면 빨강 색을 본다는 것이 어떤 느낌인지에 대한 사실은 여전히 물리적 사실 중에 있지 않을 것이다.

잭슨의 논증에 대한 물리주의자의 대표적 반론 유형은, 메리가 석방 시에 무언가 새로운 것을 알게 된다는 것을 인정하기는 하지만,[26] 그녀가 새로운 **사실적** 지식(factual knowledge) 혹은 **명제적** 지식(propositional knowledge)을 획득하는 것은 아니라고 주장하는 것이다. 이 유형에 속하는 가장 대표적인 대응

26 이 사실을 부인하기는 매우 어려우며, 이것조차 인정하지 않는 물리주의자는 드물다. 그 예외적인 경우로 Dennett(1991)과 한 부분에서의 Churchland(1985)가 있다.

은 루이스(David Lewis)와 네미로(Laurence Nemirow)에 의해 제안된, 이른바 "능력 가설(the Ability Hypothesis)"에 의거한 반론이다.[27] 이 반론에 의하면, 메리는 석방 시에 새로운 사실적 지식 혹은 명제적 지식("knowing that")을 획득하는 것이 아니고 대신 새로운 ***능력*** 혹은 ***능력적*** *지식*("knowing how")를 획득하는 것이다. 즉 메리는 석방되기 전에 어떤 ***사실이 성립한다는 것(that)을*** 모르고 있었던 것이 아니라 어떤 일을 ***할 줄(how)*** 모르고 있었다는 것이다.

능력 가설에 따르면, 빨강 색을 볼 때의 느낌이 어떤 것인지를 안다는 것은 능력적 지식(knowing how)이다. 이런 가설이 옳다면, 물리적인 사실을 모두 아는 사람이 자전거를 탈 줄 모른다고 해서 물리주의에 대한 반론이 되지 않듯이, 물리적인 사실을 모두 아는 사람이 빨강 색을 볼 때의 느낌이 어떤 것인지를 모른다고 해서 물리주의에 대한 반론이 되지는 않을 것이다. 물리적 전지자가 능력적 지식을 결여한다는 것은 물리적이지 않은 사실의 존재 여부에 대해 아무런 이야기를 하지 않기 때문이다. 그렇다면 빨강 색을 볼 때의 느낌이 어떤 것인지를 안다는 것은 어떤 능력인가? 능력 가설에 의하면, 그 능력은 경험을 기억(remember)하고 상상(imagine)하고 다시 알아보는(recognize) 능력이다.[28] 메리는 토마토의 빨간 색을 새로 경험함으로써 그 경험을 기억할 수 있게 되었고 그런 경험을 상상할 수 있게 되었다. 그리고 메리는 그것과 같은 경험을 다시 가지게 될 때 그것을 이전의 것과 같은 경험이라고 알아볼 수 있게 되었다.

필자는 이전의 논문에서 바로 이와 같은 능력 가설 반론이 제기되지 않게끔

---

27 Lewis, D. (1983) "Postscript to "Mad Pain and Martian Pain"" in *Philosophical Papers* vol. 1, Oxford: Oxford University Press.; Lewis, D. (1990) "What Experience Teaches". in *Mind and Cognition* ed. W. Lycan (1990), Oxford: Blackwell.; Nemirow, L. (1990) "Physicalism and the Cognitive Role of Acquaintance", in *Mind and Cognition* ed. W. Lycan (1990), Oxford: Blackwell. 또한 멜러(Mellor) 역시 이와 같이 분류될 수 있는 반론을 제시한다. Mellor, D. (1993), "Nothing Like Experience" *Proceedings of the Aristotelian Society* 93, pp. 1-16.

28 Lewis(1983, 1990)은 이 세 능력 모두를 언급하고, Nemirow(1990)은 앞의 두 능력을 언급한다.

잭슨의 사고실험 상황을 변형한 사고실험을 제시했다.[29] 필자는 다음과 같은 상황을 상상할 것을 제안한다. 이 상황은 세 단계로 나누어진다.

단계 1: 순이가 메리처럼 태어날 때부터 흑백 방에 갇혀 성장해서 흑백 책들과 흑백텔레비전의 강의들을 통해 교육받았다. 그녀 역시 이렇게 해서 물리적 사실들에 대해 알아야 할 모든 것을 배웠다. 그녀는 특히 다른 사람들의 두뇌에 대해 주의 깊게 관찰하고 연구했다. 예를 들어 사람들이 토마토를 보면서 '빨갛다'고 말할 때의 사람들의 두뇌의 물리적 상태들에 대해 그녀는 빠짐없이 알고 있다.

단계 2: 순이는 메리와 달리 석방되기 며칠 전에 눈이 가리어진 채 실험대에 묶여 눕혀진다. 그리고 애초에 순이를 흑백 방에 가두어 길렀던 비밀스런 과학자는 순이의 두뇌에 전극을 연결시키고 전기 자극을 통해 그녀의 두뇌 상태를 어떤 특정한 색깔 경험을 할 때의 두뇌 상태와 같게 만든다. 그래서 순이는 비록 눈이 감겨 있지만 어떤 특정한 색깔 경험을 한다. 그녀는 그 색깔 경험을 'X'라고 부른다. 그녀는 자신이 경험한 색깔이 검은 색도 흰 색도 아닌 새로운 색깔이라는 것은 알지만, 그것이 빨갛다고 불리는 색깔인지 파랗다고 불리는 색깔인지는 알지 못한다. 어떻든 그녀는 색깔 경험 X를 가져 봄으로 해서, 그 색깔 경험을 기억할 수 있게 되고 그것을 다시 상상할 수도 있게 된다. 그리고 그 경험을 다시 가지게 될 때에 그것이 전에 그녀가 가졌던 경험 X와 동일한 경험이라는 것을 다시 알아볼 수 있게 된다.

단계 3: 순이도 메리처럼 흑백 방으로부터 석방된다. 그녀는 무언가 새로운 것을 알게 될 것이다. 그녀는 토마토를 보고서, 그 토마토의 색깔을 볼 때의 느낌이 경험 X와 같다는 것을 알게 된다. 그녀는 그제야 경험 X가 빨강 색을 볼 때의 경험이라는 것을 알게 되는 것이다.

---

29 선우 환 (2004a) "물리주의와 지식 논변: 순이가 알지 못했던 것" 『철학적 분석』 9호:77-104.

이상의 사고실험은, 순이가 단계 1에서 사람들에 대해 알아야 할 모든 물리적인 사실들을 알게 되고, 단계 2에서 빨강 경험을 기억하고 상상하고 식별하는 능력을 가지게 된다고 하더라도 (물론 그녀는 그 단계에서 자신의 능력이 '빨강 경험'이라고 불리는 경험에 대한 능력이라는 것을 알지는 못하지만), 단계 3에 이르기 전까지는 그녀는 사람들이 빨강 색을 볼 때의 경험이 어떤 것이었는지를 알지 못한다는 것을 보여 준다. 여기에서 순이가 단계 3에서 획득한 지식은 빨강 경험을 기억하고 상상하고 식별하는 능력들과 동일시될 수 없다는 것이 명백하다. 왜냐하면 그녀는 그 능력들을 단계 2에서 이미 획득했기 때문이다. 그녀가 단계 3에서 획득하는 지식은 빨강 경험을 기억하고 상상하고 식별하는 능력이 아니라 그렇게 기억되거나 상상된 경험에 대한 사실적, 명제적 지식이다. 즉 그 기억되고 상상된 경험이 바로 사람들이 토마토 등 '빨갛다'고 불리는 것들을 볼 때 가지게 되는 그런 경험이라는 사실에 대한 지식이다. 그 지식은 사람들에 대한 물리적 지식에 포함되어 있지도 않고, 특정 경험을 기억하고 상상하는 등의 능력과 동일시되지도 않는다. 그리하여 필자가 상상한 상황에 대한 사고실험에 근거해서 논증을 전개할 경우 우리는 더 이상 상황 속 인물이 석방 전에 알지 못했던 것을 그녀의 능력적 지식으로 간주함으로써 물리주의에 대한 반론을 피할 수가 없게 된다. 능력 가설은 이 변형된 사고실험 논증에 의하여 무력화된다.

잭슨이 상상했던 상황은, 물리적 사실을 모두 알고 있는 누군가가 빨강 색을 보는 경험을 처음으로 함으로써 빨강 색을 볼 때의 느낌과 관련해서 무언가 새로운 것을 배울 수 있다는 것을 보여 준다. 필자가 상상한 상황은, 빨강 색을 보는 경험 자체와 빨강 경험을 다른 개념과 연결시킬 수 있게 해 주는 학습을 분리시킴으로써, 빨강 색을 볼 때의 느낌이 어떤 것인지를 아는 것과 빨강 경험과 관련된 능력이 동일시될 수 없다는 것을 보여 준다. 즉 물리적 사실을 모두 알고 있는 누군가가 여전히 새로이 배울 수 있는 사실-빨강 색을 볼 때의 느낌이 어떤 것인지에 대한 사실-이 존재하게 되는 것이다.

물리주의에 대한 이런 반박은 부분적으로는 빨강 색을 본다는 것이 어떤 느낌인지를 우리가 내성을 통해서 파악하고 있기 때문에 가능하다. 거기에서 더 나아가 우리의 상상은 우리가 내성적으로 알고 있는 그 사실이 물리적 사실로 환원될 수 없다는 것을 보여 준다. 그리하여 물리주의를 반박하는 데에 우리의 상상과 사고실험이 중요한 역할을 하게 되는 것이다. 이와 같이 형이상학적 이론들을 지지하거나 반증하는 데에 상상이 다양한 방식으로 중요한 역할을 할 수 있다.

V. 결론: 논의의 종합

철학 이론들에 대해서 시험 사례(test case)를 제공하는 "게으르지 않은" 상상을 하는 것, 그리고 그것을 적절한 방식으로 충분히 구체적으로 제시하는 것은 쉽지 않은 지적 과제이다. "게으르지 않은" 상상에는 상황의 복잡성에 상응하는 정신적 노력이 요구되고, 철학 이론을 평가하는 데에 적절한 상상을 해내는 것은 큰 철학적 성취가 될 수 있다. 우리는 "게으른" 상상을 할 때에처럼 무제약적인 방식으로 상상할 수는 없다. 철학적 탐구에 적합한 상상에는 나름의 제약들이 있다. 그것은 현실성의 제약은 아니지만 가능성의 제약이다. 가능한 상황이 아니라면 우리는 (시뮬레이션의 방식으로는) 상상을 할 수가 없다.

제약 하에서 적절한 상상을 해내는 성취들을 통해서 우리는 다양한 상황들의 논리적 가능성을 파악하게 되고 그러한 파악은 여러 철학 이론들을 객관적으로 평가하는 자료(data)가 된다. 그것은 과학 이론들을 평가하기 위한 관찰 자료들이 과학의 객관성의 기본적 바탕이 되는 것과 같다. 또한 과학을 위한 관찰 자료들에 오류의 여지들이 있는 것을 감안해야 하듯이 철학을 위한 상상 자료들에 오류의 여지들이 있는 것도 감안할 필요가 있다. 관찰과 상상 모두 오류의 여지가 있기는 하지만 학문적 탐구의 객관성의 기본적 자료이기도 하다.

많은 부분 선험적인 성격을 갖는 철학적 탐구에 있어서 기본적 자료로서 직관 역시 중요하지만 직관이 너무 일반적이고 추상적인 수준에서 적용될 때 신빙성 없는 맹목적(brute) 직관이 되기가 쉽다. 그보다는 구체적 사례들을 판단하는 데에 적용하는 직관이 보다 믿을 만하다. 따라서 추상적이고 일반적인 철학 이론들끼리 직관에 의해서 논쟁하는 것보다는, 구체적 가능 상황들을 정교한 방식으로 상상해서 그 상황들에 직관을 적용하고 그 적용 결과가 일반적인 철학 이론들에 어떤 함축을 가지는가를 도출해내는 것이 보다 생산성 있는 철학적 탐구의 방법이다.

우리는 앞서 개념 분석과 형이상학적 인식에서 상상이 어떤 중요한 역할을 하는가에 대해서 실제의 철학적 탐구의 사례들을 통해 들여다보았다. 개념 분석에 있어서, 우리는 현실 사례들뿐만 아니라 가능 사례들까지 포함하는 논리적 공간 속에서 개념이 적용되는 사례들과 적용되지 않는 사례들 사이의 경계선을 그어주는 조건들을 찾아내어야 한다. 그런 조건들이 올바른지 판단하기 위해서 우리는 다양한 가능 사례들을 검토해야 한다. 우리는 중요한 가능 사례를 간과함으로써 잘못된 개념 분석을 하게 될 수도 있다. 각 가능 사례에 우리의 개념이 적용되는지는 우리 자신이 암묵적으로 가지고 있는 개념적 성향에 근거해서 결정되지만, 그 사례를 실제로 상상해서 생각할 때까지는 그 사례가 우리의 개념에 대해서 가지는 함축에 대해서 의식하지 못하는 경우가 많다. 게티어가 상상한 상황과 필드가 상상한 상황은 각각 앎 개념과 인과 개념과 관련해서 우리가 미처 생각하지 못했던 것을 알게 해 주고 그 두 개념의 분석에 대해서 중요한 함축을 갖는 통찰을 부여하였다.

형이상학에서는 자주 세계의 필연적 질서에 대한 이론들을 제시하는 데, 이와 같은 이론들을 지지하거나 반증하는 데에 있어서도 상상이 중요한 역할을 한다는 것을 우리는 살펴보았다. 예를 들어 시간의 경과에 사물들의 변화가 본질적이라는 이론에 대한 반증을 하는 데에 있어서와 생명체나 인공물 개체들의 기원이 그것들의 본질적 속성이라는 이론에 대한 지지를 하는 데에 있어서 슈메이커가 상상한 우주와 크립키가 상상한 상황들이 각각 중요한 역할을 한다. 또한 모든 사실이 물리적 사실이라는 물리주의 이론을 반증하는 데에 있어서 잭슨과 필자가 상상한 상황들이 어떤 역할을 할 수 있는지도 검토하였다.

어디까지가 개념 분석의 문제이고 어디서부터 형이상학의 문제인지는 그 자체로 철학적 논란거리이다. 이 논문에서 개념 분석의 문제로 분류한 인과 개념의 문제를 인과 관계의 본질에 대한 형이상학적 문제로 분류하는 입장도 있을 수 있고, 이 논문에서 형이상학의 문제로 분류한 시간의 본질 문제를 시간 개념의 문제로 분류하는 입장도 있을 수 있다. 어떤 철학자들은 진정한 형이상학적 문제는 없고 여기에서 형이상학의 문제로 분류한 문제들은 모두 개념의 문제로 분류되어야 한다고 볼 것이고, 또 어떤 철학자들은 순수하게 개념적인 문제는 없고 모든 문제는 어떤 식으로든 세계에 대한 문제라고 보면서 여기에서 개념의 문제로 분류한 문제들이 모두 형이상학 문제로 분류되어야 한다고 볼 것이다.[30] 이 논문에서는 이 논란을 해결하려 하지는 않는다. 만약 전자의 철학자들이 옳다면 이 논문에서 개념 분석에서 상상이 차지하는 중요성에 대해서 이야기한 것들이 다른 문제들 즉 이른바 "형이상학적" 문제들에도 적용될 것이다. 만약 후자의 철학자들이 옳다면 이 논문에서 형이상학적 인식에서 상상이 차지하는 중요성에 대해서 이야기한 것들이 다른 문제들 즉 이른바 "개념적" 문제들에도 적용될 것이다. 두 종류의 문제가 다 존재한다는 필자와 같은 철학자의 생각이 옳다면 두 문제 각각에서 상상이 차지하는 중요성에 대해서 이야기

30 논리실증주의자들이 전자의 철학자들을 대표하고, 콰인(W. V. Quine)이 후자의 철학자들을 대표한다. 물론 필자와 같이 두 종류의 문제들을 다 인정하는 철학자들도 많이 있다.

한 것들이 각각의 문제에 적용될 것이다. 물론 두 문제 사이의 경계선은 지금과는 다르게 그어질 수도 있다.

이 논문에서 다룬 사례들 외에도 철학적 탐구에서 상상이 하는 중요한 역할을 보여 주기에 적합한 수많은 다른 사례들이 있다. 자유의지(free will)의 개념에 대한 중요한 함축을 가지는 프랭크퍼트(Harry Frankfurt)의 사고실험, 식별불가능자 동일성 원리(the principle of identity of indiscernibles)를 반증하는 블랙(Max Black)의 사고실험, 인격 동일성(personal identity) 문제의 논의에 등장하는 슈메이커(Shoemaker) 등의 수많은 사고실험들, 언어의 의미가 화자의 "머릿속에 있지 않다"는 것을 보여주기 위한 퍼트남(Hilary Putnam)의 사고실험, 물리주의를 반박하기 위한 차머스(David Chalmers)의 사고실험, 강한 인공지능의 불가능성을 보이기 위한 서얼(John Searle)의 사고실험 등 수많은 사고실험에서의 수많은 상상들이 철학적 탐구에서 중요한 역할을 했다.

또한 이 논문에서는 개념 분석과 형이상학 이론의 사례들을 주로 다루었지만, 윤리학이나 인식론 이론 등과 같은 규범적 이론의 지지와 반증에서도 상상이 중요한 역할을 한다. 예를 들어 윤리학에서 근본적 도덕 원리는 현실 세계의 우연적 사실들에 의존하는 것으로 제시되지 않고 따라서 필연성을 가지는 것으로 제시되므로, 가능한 상황들을 상상하여 그 도덕 원리의 시험 사례로 삼을 수 있다. 예를 들어 공리주의 원리를 평가하기 위해서 수많은 가능 상황들을 검토할 수 있고 그 중 많은 가능 상황에서 공리주의 원리의 판단과 우리의 도덕적 직관에 의거한 판단이 심각하게 충돌할 경우 그 고려는 공리주의 원리를 반증하거나 최소한 위협하게 될 것이다. 트롤리 문제(the trolley problem) 등 윤리학에서 논의되는 많은 도덕적 딜레마 상황들은 대개 현실 속에 없는 상황들이지만 그럼에도 불구하고 받아들일 만한 도덕 원리들을 정교하게 구성하는 데에 중요한 역할을 한다. 인식론에서도 정당화에 대한 근본적인 규범적 원리는 필연적 원리로 상정되므로, 평가 대상인 정당화 원리의 판단과 우리의 직관적 규범 판단이 충돌하는 가능한 상황을 상상함으로써 그 원리를 반증하거나 위협할 수 있다. 예를 들어 정당화에 대한 외재주의(externalism)을 반박하기 위해 제시된 반쥬어(Lawrence BonJour)의 사고실험 속 상상된 사례들이 그런 역할을 한다.

철학적 탐구에서 상상의 중요성은 점점 더 커지고 있고, 그에 따라 최근에는 철학도 오랜 답보 상태에서 벗어나 발전과 진전을 이루고 있다. 최근의 (영미철학계의) 철학적 논쟁들에서 철학자들은 자기가 받아들이는 이론에 대해 객관적인 반증 사례가 주어졌을 때 자신의 이론을 포기하거나 최소한 자기 이론이 직면하는 어려움을 인정할 수밖에 없게 되었다. 예를 들어, 게티어 사례 이전에 대부분의 인식론자들은 앎에 대한 표준적 분석을 받아들이고 있거나 의심치 않았지만 게티어 사례를 접하고는 거의 대부분이 앎에 대한 표준적 분석이 반증되었다는 것을 인정할 수밖에 없었다. 철학과 같이 근본적 문제를 다루는 학문에서 이런 객관적 토대가 존재하고 이런 진보가 이루어진다는 것은 놀라운 일이다. 이것은 철학이 탐구 방법론을 제대로 갖춤으로써만 가능한 일이다. 이 논문에서 상상의 역할에 대해 주제적으로 본격적으로 검토한 것은 철학의 이런 탐구 방법론의 한 중요한 요소에 대한 메타적 성찰을 위한 것이었다.

참고문헌

고려대학교 민족문화연구원 국어사전 편찬실 (2009)『고려대 한국어대사전』, 고려대학교 민족문화연구원.

국립국어연구원 (1999)『표준국어대사전』, 두산동아.

선우 환 (2004a) "물리주의와 지식 논변: 순이가 알지 못했던 것"『철학적 분석』9호:77-104.

선우 환 (2004b) "통세계적 동일성의 문제와 양상 인식론"『철학연구』65집:193-222.

선우 환 (2005) "상상가능성 논변들과 형이상학적 가능성"『철학적 분석』11호:61-93.

선우 환 (2009) "욕구와 상상의 사이에서: 커리의 이론에 대한 비판"『철학』99집:221-244.

Alter, T. (1998) "A Limited Defense of the Knowledge Argument", *Philosophical Studies*, 90:35-56.

Aristoteles (Hussey, E.) (1993) *Physics* Books III and IV, Oxford: Clarendon Press.

Ayer, A. J. (1956) *The Problem of Knowledge*, Macmillan.

Barnes, G. (2002) "Conceivability, Explanation, and Defeat", *Philosophical Studies*, 108:327-338.

Balog, K. (1999) "Conceivability, Possibility, and the Mind-Body Problem", *Philosophical Review* 108:497-528.

Bealer, G. (2002) "Modal Epistemology and the Rationalist Renaissance" in Gendler & Hawthorne (2002)

Chalmers, D. J. (1996) *The Conscious Mind*. Oxford: Oxford University Press.

Chalmers, D. (1999) "Materialism and the Metaphysics of Modality", *Philosophy and Phenomenological Research* 59:473-493.

Chalmers, D. J. (2002) "Does Conceivability Entail Possibility?" in *Conceivability and Possibility*, eds. T. Gendler & J. Hawthorne, Oxford: Oxford University Press.

Chalmers, D. & Jackson, F. (2001) "Conceptual Analysis and Reductive Explanation", *Philosophical Review* 110:315-360.

Chihara, C. (1998) *The Worlds of Possibility: Modal Realism and the Semantics of Modal Logic*, Oxford: Clarendon Press.

Chisholm, R. (1957) *Perceiving: a Philosophical Study*, Ithaca: Cornell University Press.

Collins, J., Hall, N. and Paul, L. A. (2004) (eds.) *Causation and Counterfactuals*, Cambridge, Mass.: MIT Press.

Dennett, D. C. (1991) *Consciousness Explained*, Boston: Little-Brown.

Dowe, P. (2000). *Physical Causation,* New York: Cambridge University Press

Gendler & Hawthorne (2002) *Conceivability and Possibility*, Oxford: Oxford University Press.

Gertler, B. (1999) "A Defense of the Knowledge Argument", *Philosophical Studies* 93:317-336.

Gettier, E. (1963) "Is Justified True Belief Knowlege?" *Analysis* 23, pp. 121-123.

Graham, G. & Horgan, T. (2000) "Mary Mary, Quite Contrary". *Philosophical Studies*

99:59-87.
Hill, C. S. (1997) "Imaginability, Conceivability, Possibility, and the Mind- Body Problem", *Philosophical Studies* 87:61-85.
Hill, C. S. (1998) "Chalmers on the Apriority of Modal Knowledge" *Analysis* 58:20-26.
McGinn, C. (1977) "Anomalous Monism and Kripke's Cartesian Intuitions", *Analysis* 2:78-80. Reprinted in *Readings in the Philosophy of Psychology*, Vol. 1, ed. N. Block (1980), London: Methuen.
Jackson, F. (1982) "Epiphenomenal Qualia", *Philosophical Quarterly* 32:127-136. Reprinted in *Mind and Cognition* ed. W. Lycan (1990), Oxford: Blackwell.
Jackson, F. (1986) "What Mary Didn't Know", *Journal of Philosophy* 83:291-5.
Jackson, F. (1994) "Armchair Metaphysics", in *Philosophy in Mind*, ed. J. O'Leary-Hawthorne and M. Michael, Dordrecht: Kluwer
Jackson, F. (1994b) "Finding the Mind in the Natural World", in *Philosophy and the Cognitive Sciences: Proceedings of the 16th International Wittgenstein Symposium*, eds. R. Casati, B. Smith, and G. White, Vienna: Verlag Holder-Pichler-Tempsky.
Jackson, F. (1995) "Postscript to "What Mary Didn't Know"", in Contemporary Materialism, eds. P. K. Moser & J. D. Trout, London: Routledge.
Jackson, F. (1998) *From Metaphysics to Ethics*, Oxford: Clarendon Press.
Kosslyn, S. M. (1980) Image and Mind. Cambridge, MA: Harvard University Press.
Kosslyn, S.M. (1994). Image and Brain: The Resolution of the Imagery Debate. Cambridge, MA: MIT Press.
Kosslyn, S.M., Thompson, W.L., & Ganis, G. (2006). The Case for Mental Imagery. Oxford: Oxford University Press.
Kripke, S. (1963) "Semantical Considerations on Modal Logic," *Acta Philosophica Fennica*, 16.
Kripke, S. A. (1971) "Identity and Necessity", in *Identity and Individuation*, ed. M. Munitz, New York: New York University Press: Reprinted in *Naming, Necessity, and Natural Kinds*, ed S. P. Schwartz (1977), Ithaca: Cornell University Press.
Kripke, S. A. (1980) *Naming and Necessity*, Cambridge: Harvard University Press.
Levine, J. (1998) "Conceivability and the Metaphysics of Mind" *Nous* 32:449-480.
Lewis, D. (1973) "Causation," *Journal of Philosophy,* 70.
Lewis, D. (1986) *On the Plurality of Worlds,* Oxford: Blackwell
Lewis, D. (1983) "Postscript to "Mad Pain and Martian Pain"" in *Philosophical Papers* vol. 1, Oxford: Oxford University Press.
Lewis, D. (1990) "What Experience Teaches". in *Mind and Cognition* ed. W. Lycan (1990), Oxford: Blackwell.
McTaggart, J. M. E. (1927) *The Nature of Existence,* Cambridge: Cambridge University Press.
Nemirow, L. (1990) "Physicalism and the Cognitive Role of Acquaintance", in *Mind and*

Cognition ed. W. Lycan (1990), Oxford: Blackwell.
Plantinga, A. (1974) *The Nature of Necessity*, Oxford: Oxford University Press
Plantinga, A. (1976) "Actualism and Possible Worlds" *Theoria.*
Platon (Conford, F. M.) (1960) *Plato's Theory of Knowledge* (translation of *Theaetetus* and *Sophist* of Plato), London: Routledge
Popper, K. (1959) *The Logic of Scientific Discovery*, London: Hutchinson.
Popper, K. (1963) *Conjectures and Refutations: The Growth of Scientific Knowledge*, London: Routledge.
Pylyshyn, Z. W. (1973) "What the Mind's Eye Tells the Mind's Brain: A Critique of Mental Imagery", *Psychological Bulletin* (80) 1–25.
Pylyshyn, Z. W. (2002) "Mental Imagery: In search of a theory", *Behavioral and Brain Sciences* (25) 157–182.
Quine, W. V. (1970) *Philosophy of Logic*, New Jersey: Prentice Hall.
Shepard, R. N. (1978). "The Mental Image", *American Psychologist* (33) 125–137.
Shepard, R. N. & Metzler, J. (1971). "Mental Rotation of Three-Dimensional Objects". *Science* (171) 701–703.
Shoemaker, S. (1969) "Time Without Change," *Journal of Philosophy*, 66: 363–381.
Tye, M. (1996) *Ten Problems of Consciousness*, Cambridge: MIT Press
Williamson, T. (2007) *The Philosophy of Philosophy*, Oxford: Blackwell.
Yablo, S. (1993) "Is Conceivability a Guide to Possibility?", *Philosophy and Phenomenological Research*, 53
Yablo, S. (1998) "Concepts and Consciousness", *Philosophy and Phenomenological Research* 59:455-463.

논평과 토론

철학적 탐구에서 상상이 왜 중요한가?

전동열 사실 제가 전공이 독문학이고요, 철학을 잘 모릅니다.(웃음) 그런데 선생님 글을 읽으면서 환경의 차이라고나 할까요, 그런 걸 느꼈어요. 제가 홍대에 있다 보니, 문학을 가르치면서 디자인학과 학생들에게 기호학도 가르치고 있습니다. 그런데 학생들 논문에서도 그렇고 요새 유행처럼 많이 등장하는 용어 중 하나가 '시뮬레이션'이에요. 더불어 디자인학과 박사과정 학생들 중에 미디어 제품, 특히 스마트폰 디자인하는 학생들이 적지 않은데, 그들은 가상(virtuality)과 증강현실(augmented reality), 가상현실(virtual reality) 같은 용어들을 스마트폰 같은 미디어에서 현실과 가상을 혼합하거나 그 경계를 불분명하게 만드는 현상을 규정하는 것으로 사용합니다. 제가 시뮬레이션이란 용어를 미디어 일반과 실무적 맥락에서 사용하는데 익숙해 있었기에 선생님께서 현실적 명증성과 관련해 사용하시는 시뮬레이션 개념이 고전적 사용 방식이라는 생각과 함께, 제가 선생님과 다른 환경 속에 살고 있구나 하는 느낌을 갖게 된 것 같아요.

저는 시뮬레이션이라는 개념을 항상 환상이나 가상과 연관시켜서 듣거나 사용했습니다. 예를 들어 1995년에 출판된 《Illusion und Simulation》이란 책은 1994년에 보드리아르나 마투라나 같은 사람들의 참여로 뮌헨의 바이에른 극장에서 열린 심포지움을 묶어낸 건데, 부제가 "리얼리티와의 만남"으로 되어 있습니다. 여기에 실린 글들의 제목들을 대충 보면, '일루전과 시뮬레이션', '가상의 시뮬레이션: 환상인가 암시인가?', '비-실재성 속 실재성, 실재성 속 비-실재성' 등입니다. 이처럼 현실적 지각 속 시뮬레이션은 선생님의 글 속에서 등장하는 것처럼 명증성을 확보해나가려는 사고의 방향과는 달리 어쩌면 그 경계를 무너뜨리고 오히려 불분명하게 하려는 방향으로 일어나고, 또 그런 의미로 사용되고 있는 거죠. 그래서 현실이 가상에 접근하거나. 가상이 현실에 접근해, 양쪽 구분이 어려워지고 현실을 확정하기 어려운 현재 상황을 '시뮬레이션의 시대'로 규정하기도 하고요.

물론 선생님의 경우 같은 고전적 정의에 따르자면 시뮬레이션은 어떤 확정적 목표에 도달하기 위해 여러 요소들을 일정한 방식으로 조합하거나 조작하는 거겠죠. 비행 연습을 위해 시뮬레이션 장비를 사용할 수 있는데, 그것은 현실에 익숙해진다는 목표가 있는 거죠. 정해진 목표가 있다는 게 현재 사용되는 방식과의 가장 큰 차이 같아요. virtual reality의 경우 simulation은 프로세스 자체잖아요. 현재 미디어와 관련된 시뮬레이션에는 계속적인 진행과 작동의 과정이 중요해요. 그 과정에서는 어떤 게 리얼리티고 어떤 게 가상이냐를 확정할 수가 없어지는 거고요. 현재 시뮬레이션이라는 용어는 폭넓게 그렇게 사용되고 있다고 생각되기에, 철학에서는 혹시 여전히, 아니면 현재의 사용 방식과는 다른 어떤 기준에 따라 시뮬레이션이라는 용어를 사용하는지 궁금하네요. 그렇다면 저도 앞으로 그 용어를 쓸 때 여전히 철학의 영역에서는 미디어의 영역에서와는 다른 방식으로 사용하고 있음을 고려해야 할 것 같네요.

시뮬레이션 용어 사용의 문제 외에 또 하나의 다른 질문은 선생님께서 사용하신 "게으른 상상" 또는 "게으르지 않은 상상"이라는 표현에 대한 것입니다. 그것이 학문적으로 어떤 지위를 갖는 용어인지 궁금하네요. 선생님께서는 "게으른 상상"을 현실에서 존재를 확인할 수 없는 것에 대한 상상과 관련된 것으로 설명하시는데요. 하지만 예를 들면 문학에서 소위 '과감한 메타포Kühne Metapher'라는 게 있는데요, 이거는 현실적 명증성하고는 전혀 관계없는 것들을 많이 포함하고 있지만 '게으른 상상'이라고 하기는 어려워요. 가령 '죽은 자의 그림자'라는 메타포의 경우 죽은 자인데 그림자가 있을 리 없죠. 이런 메타포는 사실 현실성이란 것을 따질 수 없는 명제인거죠. 그리고 이게 현실과 관계없다고 해서 '게으른 상상'이라 할 수 있을지는 의문이에요. 그리고 이거는 선생님이 말씀하신 '시뮬레이션적 상상'하고도 맞지 않거든요. 예는 사실 무수히 많아요. '검은 우유'라는 메타포도 있을 수 있자만 문맥에 따라 '흰 우유'가 '검은 우유'보다 더 '과감한 메타포'일 수 있어요. 그건 자동적 상상으로 해결되지 않는 것들이고 현실적 존재를 확인할 수 없지만 '게으른 상상'이라고 할 수는 없는 것들이죠. 어쩌면 선생님께서 사용하시는 '상상'이라는 개념은 객관적 현실의 인지 가능성을 확고한 것으로 두고 발전시킨 개념이거나, 그걸 기반으로 하고, 그 전제하에서만 전개되는 개념이 아닌가 하는 생각이 듭니다. 그러면 아마 1, 2, 3번까지, 또는 4번까지도 상상의 영역에 들어갈 것 같은데요. 그렇게 놓고 보면 문제는요, 추론도 상상의 영역과 명확하게 분리되지 않는다는 거죠. 심지어 지각조차도 상상의 영역과 명확히 분리되지 않기도 해요. 제가 앞으로 여기서 발표하게 될 퍼어스 경우, 가추법(abduction)이라는 추론 방식은 이미 지각과 혼합되어 있다 그렇게 이야기 하거든요. 그러니까 지각이 우리의 명료성을 보장한다고 하지만 이미 그 안에 들어있는 여러 차원과 개인적 상이성 때문에 지각의 명료성조차도 확정적일 수 없다는 것이죠. 그러니까 보면, 객관적 명료성이라고 하는 것을 과연 전제할 수 있는 것인가. 그리고 그것을 바탕으로 논리의 명증성이라고 하는 것을 얼마나 담보할 수 있을 것인가 하는 문제가 생길 것 같아요. 선생님이 다루시는 영역 내에서 '상상'을 사용하는 방식에 대해서는 100% 동감하는데, 선생님께서는 상상이라는 용어를 한정적으로만 사용하시는 건 아닌가 그런 느낌을 가졌습니다.

선우환 감사합니다. 우선 제가 사용하는 시뮬레이션 개념은, 철학 영역에서 전문 용어로서 특수한 개념은 아니고, 오히려 일상적 개념을 상상의 두 의미를 개념을 구분하기 위해서 끌어들여 쓴 것이고요. 그래서 게으른 상상, 게으르지 않은 상상 그것도, 제가 그걸 구분하기 위해 쓴 것이고요. 제가 생각할 때 시뮬레이션은, 대표적인 예가 이런 거죠. 만약에 영남지방에 있는 원자력 발전소들이 방사능 누출이 되면, 그러면 그 방사능들이 어떤 식으로 퍼져나갈 것인가, 이것을 실제로 시뮬레이션들을 하잖아요. 일상적인 의미에서 컴퓨터로 시뮬레이션을 할 텐데요. 그럴 때에 보통 그 시뮬레이션을 하기 위해 진짜로 원자력 발전소를 파괴해 방사능이 누출되게 하고 그러는 것은 아니지만, 그것과 굉장히 유사한 표상들을 만들겠지요. 그래서 그런 표상들은 실제 조건의 가능성에 대한 표상이기 때문에 당연히 실제 조건들을 입력 값으로 넣을 것이고, 그것을 통해서 상당히 유사한 모형들을 만듦으로써 실제로는 일어나지 않은 어떤 상황에 대해 우리가 판단하게 해 줄 텐데요. 거기서 중요한 것은 시뮬레이션 되는 것과 적절한 유사성을 가지는 것이지요. 그런데 제가 고려하는 경우, 즉 철학의 시뮬레이션 상상의 경우에서는, 방사능 유출에 대한 시뮬레이션과 달리 현실적 조건들이 입력 값으로 주어져야 되는 건 아니고요. 왜냐하면 그 상상들은 논리적 가능성에 대한 상상들이기 때문이지요. 그래서 현실에서 성립하는 물리법칙이라든가, 현실에서 성립하는 원자력 발전소의 위치라든가 그런 것들이 입력 값으로 주어질 필요는 없고, 그렇기 때문에 훨씬 더 자유로운 시뮬레이션이기는 하지만, 그럼에도 불구하고 그것이 게으른 상상이 아닌 것은, 그래도 어쨌든 시뮬레이션 되는 상황에 대해서 적절한 구조에 있어서의 유사성이라든가, 다른 측면에서의 유사성이라든가, 그런 것을 가질 수 있게끔 충분히 구체적 모형을 만들 수 있어야 되는 상상이기 때문이고요. 그래서 제가 시뮬레이션 상상이라고 이야기를 한 것입니다.

그런데 지금 예술의 경우를 말씀하셨는데, 사실 제가 '게으른 상상'이라는 식으로 어떤 명제적 태도로서의 상상에 대해서 부정적으로 이야기한 것은, 사실은 순전히 그것이 철학에서 증거로 사용되게 될 때를 이야기하기 위해 그런 것이고, 예술에서는 그런 명제적 태도로서의 상상이 굉장히 가치 있는 용도를 위해서 사용될 만하다고 생각하고요. 다만 예를 드신 '검은 우유' 같은 건 제 생각에는 충분히 심상적으로 상상될 수 있는데요, 검은 우유의 이미지를 우리가 실제로 떠올릴 수 있으니까요. 심지어 죽은 자의 그림자에 대해서도 어느 정도 떠올릴 수가 있는 것 같은데요. 그래서 그런 것은 충분히 심상적으로도, 유사 지각적으로도 상상될 수 있는 거라고 생각됩니다. 그러나 심지어 그렇지 않은 문학에서의 어떤, 자유로이 상상된, 아주 이질적인 단어를 조합해서 그 단어에 해당하는 심상을 우리가 떠올릴 수 없는 상황에서조차도, 그런 굉장히 이질적인 단어를 조합 한 것만으로도 굉장히 흥미로운 예술적 효과를 불러일으키는 경우가 충분히 있을 수 있다고 생각하고요, 다만 그 경우에 그렇다고 해서 그에 해당하는 상황이 논리적으로 가능하다는 것에 대한 증거가 되진 못하겠지만, 그러나 그건 나름대로의 가치가 있는 것이라고 생각합니다.

그 다음에, 여러 가지 지각이 명료하지 못할 수 있고, 또 논리도 명료하지 못할 수가 있고, 그런 여러 가지 가능성이 있고, 특히 지각과 관련해서는 그 자체로 제 발표에서도 오류 가능할 수 있다는 것에 대해 많이 강조를 했고요. 그리고 또 지각과 상상이 충분히 구분되지 못하는 그런 인식적 상황이 있을 수도 있죠. 예를 들어 정신분열증 환자의 경우, 자기가 지각한 것처럼 느끼지만 사실은 상상한 것을 마치 지각한 것이라고 스스로 생각하고 있는 것일 수도 있고. 사실 내가 바로 그런 정신분열증 환자인데, 내가 그것을 모르고 있을 수도 있고. 그런 가능성들에 대해, 하나의 일종의 광범위한 회의주의적인 문제를 제기 하는데요. 그런 것은 철학에서도 인식론에서의 중요한 흥미로운 문제이기는 하지만, 그것은 또 별개의 문제이고요. 그렇다고 해서 우리가 항상 어떤 지각과 상상을 구분할 수 없는 가능한 상황, 어떤 회의주의를 불러일으킬 수 있는 상황이 있다고 해서, 우리가 그런 개념들을 구분하지 않고서 다른 문제들을 논의할 수 있는 것은 아니니까요. 그런 차원에서 여러 가지 회의주의적 가능성에도 불구하고, 저는 여전히 상상과 지각을 구분해서 진행하고 있습니다.

선동열 굉장히 과학하고 더 가까이 있는 것 같은 느낌이 들어요.

선우환 그렇다고 생각합니다. 사실 과학과 철학이 공통적으로 학문이라고 생각이 되고.

이윤석 지식과 상상력의 관계를 철학에서는 어떻게 보는 건가요?

선우환 제 입장은 최소한 양상에 대한 지식, 가능성에 대한 지식에 대해서는 상상이 좋은 증거가 될 수 있다고 보는 것입니다. 물론 과학에서도 상상이 지식에 중요한 기여를 할 수 있는데, 그때의 기여는 새로운 이론을 발견한다던가 하는 식의 발견적 기여이고요. 그렇지만 철학에서는 이러이러한 어떤 것이 가능하다, 또 어떤 것이 필연적이지 않다고 하는 그런 지식에 대해서 상상이 정당화의 원천이 될 수 있다 즉, 증거 역할을 할 수 있다고 하는 점에서 보다 긴밀한 연관을 가지고 있다고 생각을 하고. 그리고 아까 이야기 했듯이, 철학적인 지식들은 가능성·필연성에 대한 지식과 긴밀하게 연관되어 있기 때문에 철학적인 지식의 상상이 하나의 증거로서 중요한 역할을 하고 있다고 생각합니다.

이경훈 게으른 상상이라는 재밌는 표현을 쓰셨는데, 그것은 증거가 불충분하기 때문에 그렇다는 말씀이잖아요. 그런데 게으르다고 규정할 때 예술의 경우와 철학의 경우는 구분되어야 할 것 같습니다. 물론 동의하실 거라 생각하는데, 이를테면 어떤 시인이 예술적 천재를 발휘해 이제까지 한 번도 결합되지 않았던 어떤 단어들을 결합해 새로운 이미지를 창출했다. 하지만 그 이미지는 시뮬레이션 되지 않고, 따라서 증거를 세울 수 없다, 하지만 그 시인의 창의적 노력을 게으름과 관련시킬 수 있는가 하는 의문이 듭니다. 그것은 게으른 상상이 아니라 부지런한 상상이 아닌가 하는 생각이 듭니다.

선우환 제가 이야기 드린 게 바로 그건데요, 게으르다는 것이 순전히 증거적 관점에서 그런것이고. 예술에서 새로운 단어들의 결합이 비록 그것에 해당하는 이미지를 떠올리게 할 수 없더라도, 그것은 충분히 예술적 가치를 가질 수가 있고요. 여기서 '게으르다', '게으르지 않다'라고 하는 것은 상대적인 거죠. 그러니까 어떤 단어들을 새롭게 조합을 했을 때, 그렇다면 그 단어들을 조합한 것에 해당하는 구체적인 이미지나 구체적인 상황을 떠올리는 데에는 그만큼의 정신적 노력이 더 요구되거든요. 물론 그 정신적 노력까지 가지 않더라도, 그 전에 단어들을 결합하는데 있어서도, 나름대로의 게으르지 않은, 사실은 힘든 정신적 노력을 해야 할 수가 있는 거죠. 그래서 지금 제가 '게으르다', '게으르지 않다'

라고 하는 것은 단어들의 결합, 혹은 어떤 명제를 만들어 내는 그 단계에 대해서 말하는 게 아니고, 그 다음 단계에 대한 정신적 노력이 들어가느냐 들어가지 않느냐에 관련해서 이야기를 한 것이고요. 그런데 이제 그 부분이 사실은 증거와 관련해서는 중요한 것이기 때문이지요. 예술과 관련해서는 충분히 방금 말씀하신 그런 상상의 가치를 충분히 강조할 만하다고 생각합니다.

이경훈 제가 조금 더 말씀드리면, 예술에서는 그렇게 새로운 결합을 만들어내는 것이, 즉 철학에서 봤을 때는 게으른 상상의 결과 자체가 증거일 수 있지 않을까 하는 생각이 듭니다.

선우환 어떤 의미에서 증거가 될 수 있을까요?

이경훈 시뮬레이션이란 어떤 사물이 있어서 그것을 재현하는 것이 아니라, 애초에 실재하지 않는 것을 만들어 내는 것이잖아요. 그 점에서 이런 의미의 시뮬레이션은 "게으르게" 만들어 놓은 결과물 자체가 예술의 증거가 될 수 있음을 웅변하는 좋은 사례가 아닌가 하는 생각이 듭니다.

선우환 제가 이야기하는 시뮬레이션도 꼭 있는 것을 만들어내는 것은 아니고요. 대개는, 아까 전동열 선생님이 말씀하신 그 부분에 대해서는 답변을 충분히 못했던 것 같은데요. 사실은 제가 이야기 하는 상상도 꼭 객관적 현실에 기반해야 하는 건 아니고요. 오히려 이 세계가 가지는 객관적 현실을 뛰어넘어서 상상을 하는 거고, 그렇기 때문에 그것은 물리적으로는 불가능한 것이라고 하더라도 우리가 다 상상을 할 수 있는 것이고요. 그렇기 때문에 현실적으로는 존재하지 않는, 또 현실적인 물리적 법칙에 비추어서는 아예 가능하지도 않는 시뮬레이션, 그런 것들을 지금 시뮬레이션을 하는 것이거든요. 그리고 그런 시뮬레이션을 통해서 최소한 이러 이러한 것은 논리적으로 가능하다는 것에 대한 증거가 주어지는 것인데요. 예를 들어서, 아까 이야기한 '어떤 마을에 자기 자신의 머리를 깎는 오직 그런 사람들의 머리만을 깎아주는 이발사가 있다'라고 하는 그런 식의 명제가 최소한 논리적으로 가능하다고 하는 것, 혹은 슈메이커가 상상하는 그런 세계가 논리적으로 가능하다는 것에 대한 인식적인 증거 역할을 시뮬레이션이 하는데요. 그런데 예술에서 어떤 아주 이질적인 단어들의 조합을 했고, 그러나 그 단어들의 조합이 어떠한 식의 심상도 떠올리게 할 수가 없고, 이를테면 다다 식의, 순전히 무의미 식의 결합이라고 했을 때, 그렇다고 했을 때 그것이 가지는 예술적인 가치가 있기는 하지만, 어떤 명제에 대한 믿음에 대한 인식적 증거가 된다고 보기가 어려운 것 같거든요.

이경훈 동의합니다.

선우환 증거라는 것은 순전히 인식적 의미에서 사용하는 것이고요, 증거라는 표현을 통해서 말씀하시고 싶은 것은 제 생각에는 그것이 어떤 예술적인 충분한 가치를 가진다는 것을 말씀하시고 계신다고 생각이 되는데, 그것에 대해서는 동의합니다.

이경훈 시뮬레이션으로서의 상상이 철학적인 증거로서 작용하는 것이라면, 제가 말씀드리는 것은 예술에서 시뮬레이션은 그와 좀 달리 작용한다는 것, 즉 시뮬레이션 자체가 게으른 상상의 핵심으로서 예술의 증거가 된다는 것입니다. 아까 물이 아래에서 위로 흐르는 그림을 보여주셨는데, 그림이 그려진 2차원의 평면에서나 그런 일이 가능하지 실제의 3차원에서 그런 일은 있을 수 없지요. 하지만 그 그림은 그림으로서 훌륭히 성립했고, 따라서 하나의 시뮬레이션으로서 예술의 자기 증거가 된 것이죠.

선우환 그것은 그 예술이 예술성을 가진다는 것에 대한 증거가 되는 것 같고요. 그것은 저도 동의합니다. 그 자체가 예술적으로 높은 가치를 갖는다는 것을 저도 계속 강조를 했으니까요, 그것에 대해서는 100% 동의를 합니다. 저는 순전히 그것이 어떤 양상 판단에 대한 증거가 되는가 하는 점을 이야기 하는 것입니다. 그리고 에셔의 그림은 게으른 상상의 예로 제시한 것이 아니라 시뮬레이션 상상을 했음에도 불구하고 그에 상응하는 가능성이 존재하지 않는 경우의 예로 제시한 것입니다.

전동열 아마 '게으르다', '게으르지 않다'는 용어에 대한 개개인의 관념적 차이가 있는 듯해요. 그래서 왜 문학적 상상이 게으른 거야? 현실의 확정은 게으르지 않나?라는 의문이 든 거겠죠.

백영서 용어가 오해를 불러일으킬 수 있는 것 같아요.

선우환 네. 제가 정서적인 반응을 불러일으킬 수 있는 표현을 써서 그러신 것 같기는 하네요.

백영서 다음 발표까지 듣고, 토론을 이어나가는 게 더 재미있을 것 같네요.

과학적 창조와 예술적 창조의 유사성과 차이
- 퍼어스의 가추법을 중심으로

전동열(홍익대, 독어독문학과)

I. 퍼어스의 가추법과 창조성

퍼어스Ch.S. Peirce(1839-1914)는 소쉬르(1857-1913)와 비슷한 시기에 기호학의 기초를 마련하면서 아이콘, 인덱스, 심볼을 기호의 분류 체계에 도입했다. 그는 세계와 사물의 관계를 3원적 관계로 파악함으로써 데리다나 들뢰즈 등에 의해 소쉬르에 의한 2원적 사고의 정태적 구조를 해체한 인물로 평가되기도 한다.[1]

퍼어스는 새로운 지식 습득의 추론 방식으로서 가추법을 제안하는데[2](CP

1 Vgl. Jacques Derrida(1983), Grammatologie, übersetzt v. Jörg Rheinberger u. Hanns Zischler, Frankfurt a.M.: Suhrkamp, 85; 전동열, 독일문학 139집 57권, 135-159, 이중 138, 146.

2 Peirce, Charles Sanders, Collected Papers, Bde. 1-6(1974), hg. v. Charles Hartshorne/Paul Weiss, und 7-8(1966) hg. v. Arthur W. Burks, Cambridge MA: Harvard University Press (원본 1931-1958), 2.632, 7.249(이하 CP 2.632, CP 7.249 ="CP 권.항"으로 인용).

2.632, CP 7.249), 인지과학의 측면에서 가추법을 조명하는 마그나니Magnani는 그의『가추적 인지』의 서문에서 추론의 과정을 통해서도 과학적 법칙 같은 것이 발견될 수 있음을 지적한다.

> 이 높은 수준의 가추적 추론의 방법들에 대한 연구는 철학과 논리학, 인식론과 인공지능, 신경과학과 인지심리학, 동물 인지와 진화이론들의 교차로들, 즉 인지과학의 심장에 자리 잡고 있다. [...] 그들[과학철학자들: 필자] 중 대부분은 창조적 과정의 논리란 존재하지 않으며 게다가 발견의 합리적 모델은 불가능하다고 결론지었다. [...] 다른 한편으로 인공 지능 영역의 몇몇 연구는 경험적 또는 이론적 법칙들과 정리의 최초, 또는 재발견에서 컴퓨터에 부합하는 방법들을 찾을 수 있음을 보여주었다.[3]

과학적 법칙들이 직관이나 순간적 통찰이 아니라 컴퓨터의 알고리즘 구성방식 같은 것을 통해 발견될 수 있다면 창조 역시 추론의 과정을 통해 이루어질 수 있을 것이다. 퍼어스의 경우 그런 발견과 창조를 위한 추론 과정의 중심에 가추법이 있다.

퍼어스는 철학적 사유를 하면서도 예술에 대해 지속적으로 관심을 표명했으며, 자신의 철학적 이력이 쉴러의『미학 편지』를 읽으면서 시작되었다고 말하기도 한다.[4] 그러나 그가 미학에 관심을 집중한 것은 그의 철학적 이력의 중후반에 속하는 1890년대 중반이다. 이 시기 그는 이전처럼 논리학이 모든 추론의 기초라고 주장하면서도 논리학은 미학에 의존한다고 말한다.

---

3 Lorenzo Magnani(2009), Abductive Cognition. The Epistemological and Eco-Cognitive Dimensions of Hypothetical Reasoning, Berlin/Heidelberg: Springer, VIII.

4 Douglas R. Anderson(1987), Creativity and the Philosophy of C.S. Peirce, Dordrecht/ Boston/ Lancaster: Martinus Nijhoff, 3.

> 당시[1850년대: 필자] 나는 미학에 대한 다양한 저술들을 읽었다. 하지만 전체적으로 나는 대부분의 논리학자들처럼 그 주제를 너무 적게 다루었음을 고백한다. [...] 미학과 논리학은 상이한 우주에 속하는 듯 보인다. 하지만 그런 추정은 착각일 뿐이며 오히려 반대로 논리학은 미학의 도움을 필요로 한다(CP 2,198).

미학과 논리학이 그런 것처럼 예술과 과학은 생산과 수용에 있어 일견 전혀 다른 논리가 작동하며, 양자가 사용하는 기호 역시 상이한 성격을 지니는 듯하다. 하지만 미학과 논리학, 예술과 과학은 서로 보완적일 수밖에 없으며, 양자를 연결시켜 주는 것은 상상력이다. 퍼어스는 진실과 상상력의 연관성을 다음과 같이 서술한다.

> 누군가가 진실을 알려고 열망한다면 그의 첫 노력은 그 진실이 무엇인지를 상상하는 것이 될 것이다. 그는 구속되지 않은 상상력이 확실히 그 궤도를 따라가도록 만든다는 것을 알지 못하고는 그의 추적작업을 오래 수행할 수 없다. 어쨌거나 상상력 이외에는 진실을 어렴풋이 감지할 수 있게 해주는 것은 없다(CP 1.46).

과학적 발견과 창조뿐 아니라 예술의 영역 또한 가추법이 관련되어 있다면 상상력은 이들을 연결해주는 연결고리이다. 그렇다면 어떤 의미에서 예술적, 과학적 창조는 '창조적'일 수 있는가? 그리고 그 과정에서 상상력은 어떻게 작용하며, 그것은 경험 및 기억을 바탕으로 한 '모방'과는 어떻게 관계될 수 있는가? 이것이 본고에서 다루어질 내용들이다.

II. 가능성의 추정이자 제안으로서의 가추법

하나의 선은 어디서든 시작하고 끝나며 새롭게 시작할 수 있는 가능성과 미확정성을 지닌다. 확장 가능성으로서의 이런 선이 만들어내는 일방성은 두 점 사이를 중개하는 다른 하나의 점을 통해 논리적 관계를 형성한다.

> 칸트가 기초적 관계에 두 시점들 사이 관계의 형식을 부여하거나, 그것을 논리적 선행과 귀결 사이 관계로 규정한 것은 옳다. 한 선 위의 어떤 점이 다른 점과 맺는 관계를 규정하려 할 때 제4의 지점이 아니라 왜 제3의 지점에 대해 말해야 하는지의 근거는 사람들이 하나의 선 위에서는 한 방향을 다른 방향과 구분하지 않는다는 데 있다.[5]

퍼어스는 제 3의 지점에 의한 '중개'를 논리적 관계가 물리적 직접성을 넘어서기 위해 필요한 조건으로 규정한다. 논리적 관계는 규칙성을 통해 구성되며, 가추법 역시 논리적 관계의 규칙성을 통해 인식과 지식의 직접성을 넘어서는 가능성이다.

초기의 퍼어스는 칸트의 범주인 설명Erläuterung과 부연Erweiterung의 구분을 바탕으로[6] 연역법을 귀납법 및 가추법과 구분한다. 그에 따르면 연역법은 단순히 대전제 안의 내용을 삼단논법의 논리로 작업해내기에 지식이나 사상에 새로운 것을 덧붙이지 못한다. 반면 귀납법과 가추법은 나타난 현상의 원인을 추론함으로써 미확정적인 것에 대한 새로운 사고를 가능하게 한다. 퍼어스는

---

5 Charles S. Peirce(2000), Semiotische Schriften, Bd. 3: 1906-1913, hg. u. übers. v. Christian Kloesel und Helmut Pape, Frankfurt a.M.: Suhrkamp, 123. [= SS 3.123].

6 Vgl. I. Kant(2014), Kritik der reinen Vernunft, hg. v. W. Weischedel, Frankfurt a. M.: Suhrkamp, 52.

가설법의 추론 형식을 다음과 같이 설명한다.

> 어떤 익명의 글이 찢어진 쪽지 위에 적혀있다. 그것의 작가는 어떤 특정인으로 추정된다. 그래서 그가 사용했던 책상을 살펴본다. 그곳에서 종이쪽지가 발견된다. 그런데 문제가 된 찢어진 쪽지가 그것과 맞는다. 추정된 사람을 실제로 그 작가라고 추정하는 것은 순전히 가설적인 추론이다. 그리고 이 추론의 근거는 두 개의 찢어진 종이가 서로 단지 우연에 의해서만 맞을 것 같지는 않다는 것이다 (CP 2.632).

이와 유사한 예로서 퍼어스는 누군가가 방에 들어가 상이한 색의 콩들이 든 가방들과 한 줌의 하얀 콩들을 발견하는 경우를 들어 연역법과 귀납법, 가설법을 설명한다.

연역법

법칙. – 이 가방에서 나온 모든 콩들은 하얗다.

경우. – 이 콩들은 이 가방에서 나왔다.

∴결과.[7] – 이 콩들은 하얗다.

귀납법

경우. – 이 콩들은 이 가방에서 나왔다.

결과. – 이 콩들은 하얗다.

∴ 법칙. – 이 가방에서 나온 모든 콩들은 하얗다.

---

7 1900년경까지의 초기 퍼어스는 삼단논법의 순서를 상위명제Obersatz, 하위명제Untersatz, 결론명제Schlusssatz로 구분함으로써 아리스토텔레스적 삼단논법의 전통을 따른다. 퍼어스는 "propositio major"를 법칙rule으로, "propositio minor"를 경우case, 포함subsumption, 또는 사실fact로, "conclusio"를 결과result로 옮긴다.

가설법

법칙. – 이 가방에서 나온 모든 콩들은 하얗다.

결과. – 이 콩들은 하얗다.

∴ 경우. – 이 콩들은 이 가방에서 나왔다(CP 2.623).

연역법은 전항과 그에 연결된 현상이 '법칙'으로 제시되고, 다음으로 전항만 '경우'로 제시되었을 때 그에 연결된 사실이 자연스런 결과로 도출되는 경우에 성립한다. 반면 귀납법은 미지의 사실을 포함하는 '경우'가 있고, 이어 현상이 '결과'로서 제시될 때 양자의 연결에서 법칙을 수립하는 과정이다. 이 경우 명제의 연결과 '법칙'의 확실성은 여러 번의 실험이 반복되면서 확정된다. 가설법의 경우 주어진 '법칙'이 현상으로 제시된 '결과'의 발생 가능성을 추정하게 한다는 점에서 미지의 사실을 추정하게 하는 귀납법과 유사하다. 하지만 전제에 대한 추론은 논리적 함의를 갖는 가설일 뿐 반복적 실험이 귀납법과 같은 법칙성을 보증하지 못한다는 차이가 있다.[8]

퍼어스는 "가설을 만드는" 이런 "경우"에 대해 "나는 일전에 한줌의 콩이 저 가방에서 나왔다는 것이 가능성 또는 타당한 추정이라고 추론했다"(CP 2.623)고 말한다. 여기에서 퍼어스는 "가설을 만드는 것"과 현상으로 나타난 "경우"의 근원에 대한 추정을 구분하지 않는다. 하지만 퍼어스 후기의 가추법은 삼단논법의 문맥 뿐 아니라, 전혀 새로운 유형의 사물들을 탐구 대상으로 도입하는 것까지를 포함한다. 퍼어스가 귀납법과 가추법을 구분하기 위해 노력하는 과정에서 새로운 출발점을 제공하는 것은 '종류'(또는 '유형')의 개념이다.

귀납법의 요체는 한 무리set의 사실들에서 다른 무리의 유사한 사실들을 추론하

8 Magnani(2009), S. 9.

는 것이며, 반면 가설은 한 종류kind의 사실들에서 다른 종류의 사실들을 추론해 내는 것이다(CP 2.641).

"한 무리의 사실"이 특정 사실의 집합으로서 객관적 진실성을 확정할 수 있는 것이라면, "한 종류의 사실"에서는 종류의 경계 설정의 불확실성으로 대상의 객관성을 확정하기 어렵다. 그래서 귀납법이 최종적으로 어떤 의견을 사실로서 확정하고 종결하는 성격을 지닌다면, 가추법은 새로운 가설을 제시하고 추론의 시작을 여는 가능성의 형식이다. 이런 연장선에서 퍼어스는 두 종류의 추론을 심리학적 구분의 방식으로 확장하여 "가추법은 사고의 *감각적sensuous* 요소를 생산하고, 귀납법은 *습관적habitual* 요소를 생산한다"(CP 2.643)고 말한다.

귀납법의 기능은 주어진 가설을 입증하거나 논박하는데 있다. "귀납법은 이론을 출발점으로 하여 이론이 예견한 현상을 밝히며, 그 현상들이 얼마나 이론과 일치하는지를 보기 위해 현상들을 관찰하는 과정이다"(CP 5.170). 그래서 귀납법이 관찰된 현상에서 제기될 수 있는 가설을 법칙으로 수렴시킨다는 의미에서 설명적explicative 유형의 추론에 포함시킬 수 있다면, 가추법은 귀납법이 논박해야 하는 가설의 원천을 새로운 가설을 통해 부연하는applicative 유형의 추론이다.

퍼어스에 의해 새로운 사고의 추론 양식으로 정리된 가추법이 퍼어스에 의해 창안된 것은 아니다. 1901년 퍼어스는 아리스토텔레스의 『제1분석Prior Analytics』, II장 25절을 해석하면서, 아리스토텔레스의 개념인 'epagogue'를 귀납법으로, 'apagogue'를 가추법으로 번역하는데(CP 7.249) 아리스토텔레스는 apagogue를 다음과 같이 서술한다.

가추법은 (1) 첫 번째 항이 중간의 항에 적용되는 것은 명백하지만 중간 항이 마지막 항에 적용되는 것은 명백하지 않으며, 그럼에도 불구하고 첫 번째 항이 마지막 항에 적용되는 것보다는 더 명백할 때, 또는 (2) 마지막 항과 중간 항 상호 간을 매개하는 항들이 많지 않을 경우 발생한다. 왜냐하면 이 모든 경우 그것의 효과는 우리를 지식에 접근시키기 때문이다.[9]

아리스토텔레스는 이것의 예로서 첫 번째 항을 "배울 수 있는 것", 중간 항을 "지식"으로, 마지막 항을 "도덕성"으로 놓고, '지식'과 '배울 수 있다'의 결합은 당연해 보이는 반면, '도덕성'과 '지식'의 결합, 즉 '도덕성이 지식'이라는 것은 덜 당연해보이며, '도덕성'이 '배울 수 있는' 것이라는 것은 더욱 더 당연해 보이지 않는다고 한다. 당연한 결합의 연쇄에서 하나의 항이 이전의 다른 항들과 결합되면서, 낯설지만 그 결합의 가능성을 모색하게 되고, 그럼으로써 새로운 지식도 가능해진다. 퍼어스가 중시하는 것은 이전에 시도되지 않았기에 당연하지 않아 보이는 이런 새로운 결합의 가능성이다. 가추법의 경우 어떤 항이 새로운 항과 결합될 가능성은 현재의 결합 이전에 결합되었던 3원적 관계의 모든 항들에서 발생한다. 이것은 마치 인터넷 페이스북의 '친구 요청'이 이전의 모든 결합에서 추론되는 것과 유사하다.

가설법의 논지argument는 알려진 대전제를 바탕으로 사실에서 가능성의 소전제를 추론하는 식으로 진행된다. 가능성의 소전제는 가설로 수립되는데, 이를 통해 가추법은 사실의 확정보다는 "다수의 사실을 검증하며, 이 사실들이 이론을 제안하도록 허용하는"(CP 8.209)추론의 형식이 된다. 이런 사고의 연장선상에서 후기의 퍼어스는 모든 추정과 그에 대한 해석적 행동들을 본질적으로 가추적이라고 주장한다. 그런데 가추법이 어떤 특이한 현상의 근원을 찾는 과정이지만, 그 현상에 대한 관심은 이미 지각의 행위를 포함한다.

---

9 Aristotle(1962), Prior Analytics by Hugh Tredennick, II, 25, Harvard University Press: Cambridge Massachusettes, 517.

가추적 추론은 지각적 판단과 명확한 구분선이 없이 중첩된다(CP 5.181).

퍼어스에게 지각은 지각적 판단을 제공하는 개념 또는 아이디어에 감각적 데이터 또는 지각대상Percept을 귀속시키는 행동이다.[10] 그래서 그는 귀속된 것을 역으로 삼단논법의 가추적 추론으로 분석한다.

(P1) 어떤 잘 인식된 종류의 대상 M은 일반적 술어 P[1], P[2], P[3] 등을 지닌다.

(P2) 추정된 대상 S가 이 술어 P[1], P[2], P[3] 등을 지닌다.

(C) 그렇다면 S는 M과 같은 종류이다(Peirce, 8.64).

인식된 어떤 대상이 특정의 술어들을 갖는다는 것은 그 대상에 대해 이미 귀속의 판단이 이루어졌음을 의미한다. 추정된 어떤 대상이 이미 인식된 대상의 술어를 지닌다면 그에 대해서도 이미 귀속의 판단이 시작된 것이다. 두 번째 전제에서의 그런 추정적 판단은 기존의 술어를 바탕으로 한 새로운 대상 창조의 행동이며, 그런 종류 발견의 행동은 무한히 계속될 수 있다. 그리고 지각적 판단의 발생 자체를 가추적 추론으로 이해한다면 우리는 지각을 통한 대상 추적 작업을 통해 무한히 그 근원을 찾아나가게 될 것이다(CP 5.181).

퍼어스에 따르면 귀납법은 "분류하고classify" 가추법은 "설명하는explain"(CP 2.632) 추론의 방식이다. 어떤 특징을 특정 범주에 귀속시키는 것이 귀납법의 역할이라면, 가추법은 왜 그것이 그 범주에 귀속되는지를 설명하려는 추론의 방식이다. 그래서 귀납법은 이미 알려진 것에 새로운 것을 귀속시키는 작업인 반면 가추법은 새로운 아이디어를 도입하는 가능적 논증으로서 "그럴 수 있다may be"(CP 5.171)의 영역이다.

---

10 Magnani(2009), 274.

연역법의 경우 전제와 결론으로 이어지는 명제의 순서와 논리의 긴밀성은 긍정명제를 부정하는 경우에도 변함없이 유지된다. 귀납법의 경우 명제의 순서와 논리적 긴밀성은 경우가 반복되면서 결론의 확실성에 가까워진다. 하지만 가추법의 경우 전제는 언제나 가능성으로만 존재하며 반복적 출현을 통해서도 전제의 확실성이 보장되지 않는다.

가추법은 지각을 포함하는 마음의 움직임에 자유를 허용할 때 발생할 수 있다(CP 6.458, 6.455). 퍼어스는 이러한 가추법을 예술적 가추법과 과학적 가추법으로 구분한다. 모든 과학적 탐구가 비정상적이거나 낯선 현상을 이해하려는 추론과 판단에서 시작된다는 점에서 미학적 응시나 경탄을 넘은 근원적 법칙의 탐구는 과학적 가추법의 출발점이 된다.[11]

III. 예술과 과학의 차이와 공통점, 가추법의 기초로서의 아이콘과 1,2,3차성의 범주

퍼어스에 의하면 과학자는 우주의 상태와 관련된 합리적 가설을 구성해내기 위해 '이성'을 통한 분석적 추론을 사용하며, 무엇보다 새로운 가설을 구성해낸다는 점에서 창조적이다. 그에 반해 예술가는 "느낌의 자질" 즉, 불분명한 상태의 '느낌'을 작업해내며 예술적 창조는 그 과정에서 이루어진다. 예술가와 과학자의 차이를 퍼어스는 '느낌'과 '이성'으로 구분한다.

> 역사와 삶에 대한 개념을 형성하려 할 경우 우리는 세 가지 부류의 사람들을 언급할 수 있다. 첫 번째는 그의 주된 일을 느낌의 자질에 두는 사람들로 구성된다.

11 Anderson(1987), 43.

이 사람들은 예술을 창조한다. 두 번째는 세상의 사업을 수행하는 실용적 사람들이다. 그들은 힘 이외에는 존중하지 않는다. [...] 세 번째 부류는 이성보다 큰 것이 없는 듯 보는 사람들로 이루어진다(CP 1.43).

퍼어스는 예술가들이 주로 느낌과 관계하며, 느낌이 모호하거나 가능성의 상태에 있기에 그것을 구체화하고 형상화하려 한다고 한다. 창조의 과정에서 예술가는 최종적으로 무엇을 창조하게 될지 알지 못하며, 그의 행동 역시 스스로 오성으로 통제하지 못한다. 이 과정에서 그는 현재의 "직접성"으로 빠져 들어가며 그가 '빠져드는' 현재는 확정적인 것으로 생각되는 과거와 미확정 상태의 열린 미래를 중개한다. 이런 의미에서 퍼어스는 새로운 창조를 위한 예술가의 "시적 정취poetic mood는 현재가 현재로 나타나는 상태에 접근한다"(CP 5.44)고 말한다. 그런데 예술가가 모호성과 함께 현재의 직접성에 '빠져든다' 해도, 그의 직접성은 과거의 기억과 무관할 수 없으며 미래와의 관계 역시 무질서 상태로 흐르지는 않는다. 퍼어스는 "예술가가 그리는 디자인"과 "수학의 추론"(CP 2.281)이 서로 유사성을 지닌다고 말하면서 수학적 추론을 순수 아이콘적이거나 다이어그램적이라고 주장한다. 그 주장의 근거는 관계성을 바탕으로 한 수학적 구체성과 예술적 모호성의 중첩에 있다.

아이콘은 형상기호이며 퍼어스는 다이어그램을 "지적 관계의 아이콘"[12]으로 정의하기도 한다. 다이어그램의 전형적 예는 집합 관계를 나타내는 오일러나 밴 다이어그램, 막대그래프나 전기의 흐름을 나타내는 회로도 같은 것들이다.[13] 하지만 퍼어스는 지시 대상과의 '관계성의 성격' 때문에 수학적 연산이나

12 Peirce, Charles S.(2010), Philosophy of Mathematics, Selected Writings, ed. by Matthew E. Moore, Bloomington/Indianapolis: Indiana University Press, 83.

13 Zeitschrift für Semiotik, Bd. 31, Heft 3-4(2009), Diagrammatische Zeichen, hg. v. Roland Posner, Tübingen: Stauffenburg Verlag, 214.

심지어 언어텍스트까지도 다이어그램으로 파악한다. 그래프는 “원칙적으로 점들과 그 점들을 연결하는 선들로 구성된 다이어그램”(CP 4.535)이며, 예를 들어 25 같은 숫자는 20과 5 사이에 ‘그래픽적으로’ 사이공간을 지니지 않음으로써 25라는 가치를 지니게 되고, 대수학의 서술시스템에서 $x = y^2$라는 등식은 왼쪽과 오른 쪽의 ‘대칭적 배열’이 양쪽 가치의 동등성 관계를 나타낸다. 그리고 문장에서의 ‘언어의 배열’ 역시 특정 관계의 연결로서 특정 역할을 부여받기에 역시 다이어그램이다.[14]

퍼어스의 아이콘이나 다이어그램 파악 방식에서 개념 자체의 정의보다 결정적인 것은 범주론이다. 퍼어스의 경우 모든 논리적 추론 역시 범주적 관계로 파악되는데, 특정 범주에 속한 것들은 그 범주에 고정되지 않고 논리적 진행에 따라 지속적으로 다음의 범주로 이동한다. 범주의 개념을 퍼어스는 다음과 같이 요약한다.

> 우리가 다루는 것은 형이상학이 아니라 논리학이다. 따라서 우리는 실제로 무엇이 있느냐가 아니라 삶의 각각의 때에 누구에게 무엇이 나타나는지를 묻는다. 나는 우리의 지난 삶의 인식론적 결과로서의 경험을 분석하며 그 안에서 3가지 요소들을 발견한다. 나는 그것을 범주들이라고 부른다.[15]

퍼어스는 모든 철학이 관찰에서 시작한다고 한다. 이런 점에서 철학은 현상학이어야 하며, 퍼어스에게 현상학은 “모든 감각에 나타나는 모든 얽힌 타래를 풀어내어 구분된 형식에 감는 범주들의 이론”(CP 1.280)이다. 이렇듯 범주는

14 전동열(2016), 139집, 147쪽 참고.

15 Charles S. Peirce(2000), Semiotische Schriften, Bd. 1: 1865-1903, hg. u. übers. v. Christian Kloesel und Helmut Pape, Frankfurt a.M.: Suhrkamp, 380.

사물들의 존재 양태이자 의식에 의한 경험의 분류체계이기도 하다.

퍼어스가 “발견”하는 범주는 모두 ‘3가지’로 이루어지는데, 모든 현실 속 사물은 2차성의 존재양태를 지니고 작용, 반작용을 통해 구체적 시간성과 공간성을 획득한다. 반면 1원적으로만 존재하는 1차성은 일방적 작용만 있을 뿐 반작용을 통해 현실적 구체성을 획득하지 못하는 가능성의 영역이다. 퍼어스는 의식 영역에서의 1차성의 예로서 “감정의 속성”[16]을 드는데, 이는 현실적 감정으로 구체화되기 이전의 ‘불확실한 느낌’ 정도로 존재할 수 있다. 3차성은 2차성의 구체성을 다른 것과 ‘구분’되는 것으로 관찰하고 인식하며 규정하는 범주이다. 이런 관찰과 인식은 2차성을 의식을 통해 중개하는 과정이라 할 수 있으며, 그런 의미에서 퍼어스는 3차성을 “중개”[17]라고 규정한다. 간단히 규정하면 1차성, 2차성, 3차성은 모호성에서 구체성, 일반성으로 변하는 경험의 발전 과정을 나타내며, 이전의 것은 항상 다음 단계를 생성하는 바탕이 된다. 퍼어스는 이 관계를 형상적으로 설명한다.

> 당신이 애플파이의 꿈을 꾼다면 그 꿈의 바로 그 자질(맛, 향, 온기, 바삭함 등)은 순수 1차성이다. 반면 그것을 굽는 행동은 일련의 실제의 2차성으로 구성된다. 하지만 그것의 조합은 3차성에 의해 지배된다. [...] 3차성은 필연적으로 일반적이고 모호하다. 물론 레시피는 다소간에 상세하지만 어떤 레시피도 케이크 속 개별적 모든 내용물과 날짜, 시간, 장소, 어떤 나무에서 애플이 나오는지를 규정할 수는 없다. [...] 이 경우 레시피(3)는 꿈(1)과 수행(2)을 중개한다. 그것의 일반성, 상징성, 관계성, 그리고 미래의 지침은 3차성의 모든 성격이다(CP 1.341).

16 Charles S. Peirce(2000), Bd. 1, 345.

17 Charles S. Peirce(2000), Bd. 1, 346.

애플파이의 '꿈'을 꾸는 단계는 아직 애플파이라는 명칭이 붙을 수 없는 상상의 과정이다. 그것은 개별적 재료에 대한 경험을 통해 생겨날 것이다. 각각의 재료를 넣은 다양한 '굽기'의 '실험'은 일회적이며, 어느 것이 애플파이라는 음식의 레시피로 선택되고 확정될지는 알 수 없다. 하지만 3차성의 레시피는 이 과정이 만들어내는 결과물이다. 그럼에도 불구하고 일단 애플파이라는 명칭의 음식과 그것의 레시피가 정해지면 이 레시피가 역으로 2차성의 다양한 굽기를 제한한다. 3차성의 연속성은 2차성에서 만들어졌지만 3차성이 확정되면 그것은 2차성을 제한하는 근거가 된다. 2차성에서 3차성이 나왔다는 점에서 2차성의 자유로운 실험을 제한하는 근거는 결국 자신에게서 나온다고 할 수 있다.

Ⅳ. 과학적 창조성과 가추법

인간의 발견과 창조의 문제와 관련해 퍼어스는 그것의 출발을 지각과 인식의 시작에서 발견하려 한다. 그래서 그는 아담의 최초 인식을 1차적인 것이자 독창적인 것으로 규정한다.

> 절대적으로 1차적인 것에 대한 사고는 어떤 다른 모든 것에 대한 참조의 개념과 완전히 분리되어야 한다. [...] 아담이 눈을 떴던 그날, 그가 어떤 구분을 하기 전, 또는 그 자신의 존재를 인식하게 되기 전 그에서 세상은 무엇이었을까? 그것은 첫 번째이고 현재적이며, 직접적이고 신선하며, 새롭고 선제적이며intiative, 독창적이고 자발적이며, 자유롭고 생생하며, 의식적이고 일시적이다(CP 1.357).

퍼어스는 과학적 탐구를 세 가지 유형의 추론들로 구분한다. 그것은 가추법, 연역법, 귀납법이다. 이중 탐구의 출발점을 이루는 것은 가추적 추론인데, 왜냐하면 “가추적 추론은 지각적 판단과 명확한 구분 없이 중첩”(CP 5.181)되기 때문이다. 1차성에서 출발하는 가추법은 지각과 중첩되는 것으로서 비-추론에 가까운 추론이다. 그럼에도 그것은 추론의 형식이라는 점에서 자기통제의 성격을 지니며 논리적 형식을 지닌다.

> 기억해야 할 것은 비록 논리적 규칙들에 의해 방해를 거의 받지 않는다 해도 가추법은 논리적 추론이라는 점이다. 그것은 그의 결론을 문제적으로 또는 추정적으로만 주장하지만 그것은 사실이며 완전하게 확정적인 논리적 형식을 지닌다(CP 5.188).

가추법은 추론의 형식이라는 점, 즉 규칙성의 영역이라는 점에서 3차적인 것이며, 동시에 규칙성 속에 있는 대상의 지각적 판단을 전제한다는 점에서도 3차성의 영역에 있다. 하지만 그것은 의식의 범주에서 1차성에 속하는 ‘느낌’을 바탕으로 하는 추론이며(CP 2.643), 느낌은 그 자체로 느낌의 담당자에게 스스로를 강요한다.[18] 그것은 순수한 1차성과는 달리 이미 ‘전제된 어떤 것’에 대한 ‘이야기’일 수 있다. 그렇다고 가추법이 주어진 사실의 진실성을 긍정하는 형태로만 이루어지지는 않는다. “가추적 추정은 그의 진실이 의문시되거나 부정되기도 하는 어떤 것이다”(CP 5.187). 가추법과 지각이 구분되면서도 중첩된다면 가추법은 논리적 추론일 수도 직관적 통찰일 수도 있다. 퍼어스는 양자를 모두 인정한다.

> 가추적 추정suggestion은 우리에게 불빛처럼 다가온다. 그것은 비록 극도의 오류 가능성이 있을지라도 통찰의 행동이다(CP 5.181).

---

18 Anderson(1987), 40.

퍼어스는 가추법과 관련해 '추론'과는 일견 전혀 다른 영역인 '통찰'을 서로 결합시킨다. 통찰로서의 가추법은 심리학적 측면이다. 그것은 "통찰의 섬광", "추정", "느낌"(CP 7.219, 2.643)이라는 용어의 사용에서 나타난다. 퍼어스는 가추법과 과학적 추정의 능력이 인간의 본능과 연결되어있다고 한다. 그는 그런 관점을 이렇게 밝힌다.

> 논리적 상황에 대해 우리가 말할 수 있는 [...] 가장 분명한 언급은 사람들이 특정한 통찰을 지니고 있다는 것이다. [...] 내가 그것을 통찰이라고 부르는 것은 그것이 지각적 판단에 속하는 것과 같은 일반적 종류의 작동과 연결되기 때문이다. 동시에 이 능력은 본능의 일반적 본성이다(CP 5.173).

사람들은 진실을 추정할 수 있는 일반적 본능을 가지고 있다. 그리고 그것은 통찰의 본능이기도 하다(CP 7.220). 퍼어스는 이런 가추법의 단계를 인상, 관찰, 숙고, 교감의 연속체로 파악한다.

> 그것은 수동적으로 세 개의 우주 중 하나의 인상 속으로 빠져드는 것에서 시작한다. 하지만 인상은 곧 주의 깊은 관찰로 넘어가고, 관찰은 숙고로, 숙고는 살아있는 유연성으로 넘어가며 자신과 자신 사이 교감이 이루어진다(CP 6.459).

과학적 가추법은 다양한 생각들이 자유롭게 유희하도록 허용하면서도, 특정 대상에 대한 지각은 문제를 파악하고 설명할 수 있도록 스스로를 통제한다. 그런 점에서 가추법의 출발점을 제공하는 1차성은 의식의 자유로운 유희와 추론 과정의 자유라는 이원적 측면을 지닌다. 이것은 추론과 통찰의 역설이 퍼어스에게서 어떻게 공존하며 중개되는지를 설명해준다.

가추법적 추론의 인식 관심이 이미 지각 속에 스며있으며, 지각이 어떤 일반적 법칙 속에서 일어난다면, 가추적 추론 역시 일반적 법칙 속에 있다고 할 수 있다. 그렇기에 가추적 추론의 과정에서 창조된 가설이 독창적이지 않고 통상적 수준의 것일 수도 있다.[19] 따라서 지각적 판단과 관련된 창조성에도 수준의 차이가 있을 수 있으며, 창조성은 항상 기존의 지식과 관련을 맺고 있다고 할 수 있다.

창조성이 기존 발견과의 관계 속에서 판단된다면 가령 케플러의 타원형 궤도나 뉴턴의 중력에 대한 서술 등도 새로운 것의 창조이기 보다는, 기존의 실재성을 기존의 시각과는 다른 방식으로 지각하고 그것의 법칙성을 통찰한 것이라고 할 수 있다. 그것은 일상에서 놀랄만한 사실을 관찰하고 그것을 파악하려는 탐구를 통해 가능해진다. 퍼어스는 가추법을 다음과 같이 설명하기도 한다.

> 놀라운 사실 C가 관찰되었다. 하지만 만약 A가 진실이면, C는 당연한 일일 것이다. 따라서 A가 진실이라고 추정할 이유가 있다. 이처럼 A는 그것의 내용이 이미 "A가 진실이라면 C는 당연한 일이다"는 전제 안에 제시되기 전에는 귀납적으로, 또는 보다 선호할 만한 용어로서 가추적으로 추정될 수 없다(CP 5.189).

C는 실제 세계의 사실이면서도 놀랍고 우리의 지식으로는 설명할 수 없는 의심스러운 것이다. 일상에서 나타나는 비정상성은 과학적 지식의 성장에서 '놀라움'을 일으키는 역할을 담당한다. 모순과 불연속성은 가추적 추론을 발생시킬 가능성이며, 가추적 추론은 불연속성을 분류하고 분석함으로써 그것을 통제하는 방법이다.[20] 어떤 놀랄만한 사실들을 파악 가능한 것으로 만들기 위해 우리는 그것을 설명할 가설을 상정한다.[21] 어떤 사물이 놀라움을 준다 해도 그

---

19 A.a.O., 17.

20 Magnani(2009), 81

것은 어떤 법칙 속에 있으며, 가설은 그것이 법칙 속에 있다는 추정을 바탕으로 제기된다. 어떤 가설이 가능해졌다면 그것은 이미 알려진 법칙 속에서 파악되었다는 것이며, 그런 점에서 가추법을 통한 가설은 이미 전제에 지시되어 있다.[22] 예를 들어 가추적 가설인 중력은 지각적으로 전제 안에 내포되어 있지만 그것이 법칙으로 형식화되고 알려짐으로써 비로소 '창조'된다. 그래서 퍼어스는 이렇게 주장한다.

> 새로운 요소가 의식 속에 처음 출현하는 것은 지각적 판단으로 간주되어야 한다"(CP 5.192).

가추법과 지각은 동시에 일어날 수도 있다. 그럼에도 양자는 서로 구분된다. 그리고 전제들이 어떤 식으로든 결론을 포함한다고 해도 결론, 즉 가설로 제기된 새로운 지식이 과거의 지식으로 환원될 수는 없다. 동시에 새로운 지식은 기존의 지각을 전제하지 않고는 생각할 수 없다. 과학적 발견과 창조는 새로운 지식의 창조이면서 동시에 가설을 매개로 한 기존 지각의 형식화이다.

통찰이 심리학적으로 결정론적으로 이루어지는 것이 아니라면 가추법은 현상의 원인을 추적하는 다양한 능력이며 다양한 방식으로 논리를 개진할 가능성이기도 하다. 그렇다고 퍼어스가 직관주의자는 아니며 가추법 역시 직관적이라고 하지 않는다(CP 5.213). 퍼어스는 모든 통찰 역시 중개를 통해 가능해진다고 보기 때문이다. 그 중개는 과거와 미래의 중개이다.

> 추론의 결론들은 *지각적 사실들*과 별로 유사할 수 없다. 왜냐하면 후자의 것들

21 K.T. Fann(1970), Peirce's Theory of Abduction, The hague: Martinus Nijhoff, 43.

22 Anderson(1987), 25.

은 비자발적이라는 점 외에도 엄밀히 말해 최근의 과거에 발생한 것의 기억들이며, 반면 추론의 모든 결론들은 미래의 예상의 일반적 본성의 일부이기 때문이다(CP 2.145).

직관이 비매개적 성격을 지닌데 반해(CP 5.213) 가추법은 매개를 통해 발생하며, 그런 의미에서 가추법의 출발은 축적된 경험을 필요로 한다(CP 2.755). 가추법은 추론자가 오성적 과정reasoning을 통제한다는 점에서 추론inference이며, 앞선 생각이 다른 생각을 제안하도록 허용한다는 점에서 통찰의 행동이다. 양자의 자유는 과거와 미래 사이에 끼어들어 새로운 아이디어를 가능하게 하는 비연속성에서 생긴다.

가추법은 새로운 아이디어의 원천이며, 새로움은 퍼어스의 과학적 창조성의 중심을 이룬다. 새로움은 "독창적original"(CP 2.96)인 것을 포함하는데, 이는 새로운 개념의 창안뿐 아니라 낡은 용어에서 새로운 생각을 제공하는 경우를 포함한다. 그런 점에서 새로운 아이디어들의 참신성은 옛 것과 새 것의 조합일 수밖에 없다. 새로운 창조는 과거의 과학적 아이디어들과 관계가 있으며, 사실상 모든 추론은 "어떤 옛 것과 아직 알려지지 않은 것을 포함하는 새로운 경험이다"(CP 7.536). 새로운 아이디어는 항상 옛 아이디어의 새로운 조합이거나 재구성이며, 가추법 역시 그것의 출발점을 이루는 '비정상적인 것'의 경험을 놀라운 일이 아니도록 재구성하는 과정으로 규정된다.

우리는 관찰된 사실들에 대한 기억을 재편성한다. 우리는 그들을 그런 새로운 관점에서 보려고 재구성해서, 예기치 못한 경험이 더 이상 놀랍지 않게 되어야 한다(CP 7.36).

어떤 현상을 예전의 시각과 다른 방식으로 재구성하는 것은 우리가 지닌 아이디어들이나 지각들을 바탕으로 한다. 그리고 그런 방식의 재구성은 새로운 개념의 창조를 동반하기도 한다. 중력이라는 개념은 뉴턴에 의해 수학적으로 창안되고 정의된 새로운 것이며 기존의 것의 단순한 재배열이 아니다. 물론 뉴턴은 중력 자체를 창조한 것이 아니라 중력의 개념을 창안했다. 그 개념은 과학적 지식의 요소로서 급진적으로 새로운 것이었다.

새로움을 창조해내는 재구성은 옛 아이디어를 새로운 방식으로 이해하려는 시도이며, 새로운 개념은 이미 알려진 것을 설명하려는 시도의 결과로서 나타난다.[23] 가추법은 논리이자 통찰이며 상상력과도 연관된다. 퍼어스는 상상력은 미래를 바라보며, 기억은 과거를, 지각은 현재를 바라본다(CP 2.148)고 한다. 케플러의 작업에 대해 말하면서 퍼어스는 시적 상상력과 과학적 상상력을 다음과 같이 구분한다.

> 복잡한 상태의 사실들의 정신적 다이어그램을 형식화하는 데는 어떤 종류의 상상력이 요구되는가? 그것은 '알려지지 않은 사물들의 형식들을 구체화하는' 시적 상상력이 아니라, 자연의 여신이 던져주는 힌트를 재빨리 취하여 다룰 수 있는 상상력이다.[24]

과학적 가설들과 과학적 창조성은 '실재성'을 설명하려는 시도에 한정된다. 그것들은 예술적 창조성처럼 실재성의 측면을 벗어나 자유롭게 배회하거나 유희할 수 없다. 비록 아이디어가 새롭다 해도 이미 세계 속에 존재하는 실재성 자체가 새로울 수는 없다. 과학이 흥미를 끄는 것은 자연의 진실에 이른다는 점, 그리고 경험의 사실들에 대한 이유를 발견해낸다는 점 때문이다. 이유 발견의

23 A.a.O., 49.

24 MS. 1284(Manuscript of Ch. S. Peirce), Anderson(1987) 49 재인용.

방식이 가추법이며, 여기에서 '발견'과 연관된 새로움의 개념은 실재성과의 연관성으로 인해 예술가들의 창조성이나 새로움과 구분된다.

V. 예술적 창조성과 가추법

퍼어스는 과학적 창조성의 경우와는 달리 예술적 창조성에 대해서는 명시적으로 논의를 전개하지 않는다. 그러면서 퍼어스는 예술가들이 "추론을 적고 매우 단순하게 하는 듯하다"고 주장한다.[25] 그럼에도 불구하고 예술가들도 기호를 가지고 작업하고 사상을 작품에 집어넣으며, 그런 점에서 최소한의 추론을 사용한다. 하지만 최소의 추론이라 하더라도 그것이 추론인 한 규칙성으로 분류되는 3차성을 포함할 수밖에 없다. 더욱이 퍼어스는 "모든 진실한 시는 논지argument를 포함한다"고 주장한다.[26] 그러나 예술적 추론은 과학적 추론과 같을 수 없다. 논지의 구체화로서의 예술적 작업도 과학과 같은 논리적 형식은 지니지 않는다. 퍼어스는 예술가의 "사고thought"를 다음과 같이 규정한다.

> 그의 사고에는 – 그것을 사고라고 말할 수 있다면- 1차성이 상대적 우월성을 갖는 그런 것들이 있다. 주어진 것은 비록 사실이라 해도 그것들이 특별히 가설적 추리를 위한 것이 아니며, 그것의 모든 개념들도 상대적으로 분리된 상태에 있고 감각적이다.[27]

---

25 Anderson(1987), 59.

26 퍼어스는 논지Argument와 논증Argumentation을 구분한다. 논지는 어떤 것이 타인을 믿음의 상태로 이끌기 위해 사용될 때의 그 어떤 것, 즉 논리적 내용물을 이르는 용어이며, 논증은 알려진 전제에서 필요한 결론으로 이끄는 논지이다. Vgl. CP 2.266, 3.160, 6.456.

27 MS. 439, Anderson(1987), 60 재인용.

예술 작업이 어떤 의심의 해소나 믿음에 기여하는 경우라면 그것 역시 과학의 논리적 사고와 같은 것일 수 있다. 하지만 그런 경우에도 과학적 추론은 자연법칙에 부합하는 합리적 아이디어로 끝나는 반면, 예술은 이성에 작용하는 감정으로 끝을 맺는다. 퍼어스는 "좋은 예술작품"의 관찰에서 생성되는 것에 대해 이렇게 말한다.

> 우리는 일종의 지적 공감, 즉 해석 가능한 느낌feeling, 합리적 느낌이 있다는 감각sense을 갖게 된다. 그것이 무엇인지를 성공적으로 말할 수는 없다. 하지만 그것은 재현의 범주에 속하는 의식이다. 비록 재현하는 어떤 것이 느낌의 자질이라는 범주에 속한다 해도 말이다(CP 5.113).

1차성에 속하는 '느낌의 자질'을 재현하는 예술적 작업에서 이루어지는 추론은 느낌에 속하는 추론이다. 그것이 느낌임에도 추론일 수 있는 것은 그것이 기호적이기 때문에, 즉 퍼어스의 표현처럼 과정적 성격을 지닌 "재현의 범주에 있기" 때문이다. 또한 지각적 사실들에 대한 과학자의 관심이 논리적, 인식적 정보의 원천에 대한 관심에 있는 반면, 그에 대한 예술가의 관심은 감정 자질들의 원천에 대한 관심에 있다.

예술이 느낌을 출발점으로 진행되며 느낌이 1차성의 범주에 속한다는 점에서 예술적 창조는 예술적 가추법에서 시작된다. 하지만 과학적 가추법이 비정상적이거나 놀라운 '사실'에서 시작하는 반면, 예술의 경우에는 예술가의 감정을 동요시키는 미확정적 '상태'에서 시작된다. 예술가는 과학자처럼 개념적 문제에 대한 해법들을 제시하려 하기보다는, 문제의 표현을 시도하며 그런 의미에서 가설을 세운다. 이것이 확정되지 않은 느낌을 구체화하는 예술가의 방식이다.

과학과 예술 사이 한 가지 유사성은 예술적 가추법 역시 두 가지 양상의 자유, 즉 상상력과 추론과정의 자유를 공유한다는 데 있다. 예술가는 능동적, 수동적으로 그의 상상력과 관찰력의 사용 측면에서 자유롭다. 관찰의 능력에서도 "예술가들은 과학자들이 찾아내려는 것 외에는 과학자들보다 더 섬세하고 정확한 관찰자"(CP 1.315)라고 할 수 있다. 동시에 그는 관찰된 '사실의 의미'보다는 '사실 그 자체'로서의 지각의 1차성에 대해 더 열린 태도를 취함으로써 사회적으로나 집단적으로 주어진 의미구조에서 자유로운 상상력을 발휘할 수 있다.

지각적 대상을 중심으로 보면 예술적 가추법은 지각적 사실에서 발생하는 느낌의 자질들을 관찰하는 것으로 시작되며, 이 자질들은 상상 속에서 자유롭게 유희한다. 예술적 창조가 창조적일 때 그 결과로 새로운 자질의 느낌이 생성되며, 창작의 과정에서 생성되는 예술가의 부유하는 느낌은 구체적 느낌으로 정착된다. 예술은 그것을 대변 내지 재현하는 기호들을 포함할 수밖에 없다. 그리고 예술은 기호들을 포함하면서 최소한의 추론을 포함할 수밖에 없다. 느낌에 대한 아이디어를 구체화하고, 그 과정에서 자신을 통제하면서 예술가는 창조적 과정의 1차성에 있게 된다. 그것은 여전히 "일련의 느낌"이다.

> 콘서트에서 연주된 음악 한편은 기호이다. 그것은 작곡자의 음악적 아이디어를 전달하거나 전달을 의도한다. 하지만 이것들은 일련의 느낌으로만 이루어져 있다(CP 5.475).

퍼어스의 기호들은 객체를 어떻게 대신하는가에 따라 1차성의 아이콘, 2차성의 인덱스, 3차성의 심볼로 구분된다. 예술은 1차성의 '느낌'이 중심을 이루며 "아이콘은 느낌을 전달해주는데 적합한 유일한 종류의 기호"[28]이다. 왜냐하면

28 Max Oliver Hocutt(1962), The Logical Foundations of Peirce's Aesthetics, The Journal of Aesthetics and Art Criticism, 21, 158.

"전달될 인지의 요소가 분석되지 않은 추상적 생각, 또는 느낌이라면 유일한 길은 아이콘, 즉 그것의 복사 또는 모형을 보여주는 것"[29]이기 때문이다. 아이콘이 느낌의 "복사 또는 모형"이기에 예술적 창조 역시 근본적으로 '재현'일 수밖에 없다.

퍼어스에 따르면 1차성, 또는 아이콘은 기호의 가능성으로서 순수한 아이콘은 존재를 지닐 수 없고 구체적 기호일 수도 없다(CP 2.276). 퍼어스는 그런 '순수 아이콘'에 대해 "명사가 필요하다면, 아이콘적 표현체는 기초적 아이콘 hypoicon이라는 명칭을 붙일 수 있을 것"(CP 2.276)이라고 한다. 이 기초적 아이콘들은 그것이 취하는 양식에 따라 "거칠게" 다음과 같이 구분될 수 있다.

> 단순한 자질들, 1차적 1차성을 띠는 것들은 이미지들이다; 어떤 사물의 부분들의 관계들, 주로 2원적인 관계들을 그들 자신 내의 유사적 관계를 통해 대변하거나 그렇다고 간주되는 것들은 다이어그램들이다; 표현체의 대표적 성격을 어떤 다른 것 안의 병렬성을 통해 대변하는 것들은 메타포들이다(CP 2.277).

예술 작품을 창조하면서 예술가는 기초적 아이콘의 3가지 유형을 사용한다. 존재하거나 상상적인 그림의 단순 자질을 재현하는 경우 그는 이미지를 사용할 것이다. 또한 마음속 리듬과 병렬적인 어떤 음악적 리듬을 창조할 때 그는 다이어그램 기호를 사용할 것이다. 그리고 어떤 조형물에 대한 시가 그에 대한 '느낌'을 매개로 양자 사이에 전혀 새로운 관계를 창조해낼 때 그는 메타포를 사용한다고 할 수 있다. 이 유형들은 모두가 '느낌의 복사'인 아이콘에 속한다.

과학자도 3개 양식의 아이콘 기호를 사용할 수 있다. 과학도 가설을 형상적으로 드러내면서 이미지들을 사용할 수 있다. 수학적 공식처럼 상태를 병렬적으로 묘사할 경우 다이어그램을 사용할 수 있으며(CP 2. 279), 새로운 가설을

---

29 MS 16, Anderson(1987), 66 재인용.

제시할 경우 메타포를 사용할 수 있다. 하지만 과학적 탐구는 실존하는 세계에 대한 유추적 가설을 목표로 한다. 반면 예술적 창조성은 새로운 자질의 느낌들의 결합을 통한 메타포적 자질들의 제시를 목표로 한다. 그렇기에 양 영역이 동일하게 아이콘을 사용한다 해도 과학은 주로 다이어그램을 통해, 예술은 주로 메타포를 통해 대상을 구체화한다.

메타포들은 아이콘적 기호들이며 특별한 유형의 유추이다. 모든 유추는 세 가지의 요소를 지닌다. 두 개의 관계 항들과 그 관계 항들이 공유하는 유사성analogy이다. 메타포에서는 두 개의 관계 항들을 유사성으로 연결해주는 제3의 요소로서의 사물이 "병열적으로" 존재하며, 다이어그램처럼 두 항들 모두 공유하는 요소를 지니는 유형의 유추와는 다르다.

예를 들어 "골프공이 미소짓는다"는 텍스트에서 골프공이 미소와 같은 흠을 지니고 있다면 텍스트와 골프공 사이 관계는 동형태적isomorphism이며 다이어그램적이다. 하지만 골프공에 미소라고 할 만한 흠이나 곡선이 없는데 "골프공이 미소짓는다"고 한다면 골프공의 자질과 미소의 자질 사이에는 동형태 관계가 존재하지 않는다. 동형태 관계가 없는 양자를 제3의 것이 유사성으로 연결해주는 경우 메타포가 작동한다.

메타포의 아이콘성은 골프공이나 미소가 아니라, 양자의 종합으로서 구성되는 제3의 것에 있다. 메타포의 바탕이자 메타포의 작동 요인인 제3의 것은 메타포의 요소들에 의해 작가의 내면에 생성되는 공동감각isosensism이다. 창조된 메타포는 '느낌'으로 존재하며, 그런 점에서 1차성의 아이콘이다. 메타포의 유사성은 사전에 존재하지 않고 공동감각을 통해 비로소 창조된다.

퍼어스는 '스스로를 의미하는self-signifying 상징'의 문제를 논하면서 데자-뷔의 느낌에 대해 말한다.[30] 눈 앞의 어떤 것에 유사한 것이 중첩되는 듯한 느낌

30 MS. 517, Anderson(1987), 73 재인용.

의 데자-뷔에서 그와 일치하는 이전의 대상은 없다. 눈 앞의 것은 자신을 대변한다. 퍼어스에 따르면 이것은 창조적 메타포에서도 마찬가지다. "스스로를 의미하는 상징"은 자신이 창조한 아이콘이자 참조물을 지시한다. 이것은 '공동감각'으로서 한편으로는 의식의 자기 복제이자, 다른 한편으로는 경험의 자기 분리이기도 하다. 창조적 메타포에서는 그것이 모방하는 이전의 형식이나 자질이 없기 때문이다.

다이어그램 같은 유추analogy의 경우 구성 용어들이 단수나 유한한 무리의 자질에 의해 연관성을 지니는데 반해, 메타포의 경우 구성 용어들은 그들의 결합 속에서 창조된 유사성에 의해 연관성을 지닌다. 이 차이는 과학(적 창조성)과 예술(적 창조성)의 차이이기도 하다. 과학은 이미 존재하는 세계를 다이어그램적 유추를 통해 참조한다(CP 1.367). 반면 예술이 참조하는 것은 존재하는 세계가 아니어도 좋다. 그런 의미에서 예술적 창조성은 곧 자기-대표적 또는 메타포적 양상의 가능성이다. 그럼에도 불구하고 메타포가 자신을 대변하는 방식은 과거의 종합이거나 변형, 또는 왜곡이며, 그런 점에서 메타포는 과거의 경험과 연관되어 있다. 그것은 과거의 경험을 바탕으로 아이콘을 자기 복제함으로써 동형체적 관계에 없는 것들에서 유사성을 발견 내지 추정하는 과정이기도 하다.

기호로서의 아이콘은 기호가 대상과 닮음으로써 성립하며 아이콘의 개념은 '유사성'이라는 개념과 동의어로 사용되기도 한다(CP 2.279). 이런 바탕에서 퍼어스는 모든 이미지성Bildlichkeit (=imagery)을 그것이 대변하는 시각적, 촉각적, 후각적 '유사성'의 정도에 따라 모두 "아이콘성 Ikonizität"으로 규정하는데,[31] 이런 아이콘성을 지니는 아이콘은 현실 속 "역동적 대상"과의 "유사성"에 의해 구성된다.

31 아이콘성이 높으면 유사성도 높다. Vgl. John M. Krois(2100), 149.

> 나는 아이콘을 자신의 본성에 힘입은 역동적 대상에 의해 결정된 기호로 규정합니다. 그런 것은 환상, 또는 작곡가의 의도를 대변하는 것으로 간주되는 한편의 음악에 의해 유발된 정감 같은 속성기호Qualisign입니다.[32]

"음악에 의해 유발된 정감"은 비-시각적 아이콘성을 지닌다.[33] '정감'으로서의 아이콘은 음악이 작곡가의 의도라는 대상과 유사한 것으로 간주될 '가능성'을 통해 기능한다. 유사성의 재현으로서의 아이콘은 예술적 창조가 어떻게 변형되고 재구성된 모방의 성격을 지녔는지를 드러내준다.

가추법에 관련된 여러 영역 중 과학적 창조성과 예술적 창조성의 차이를 설명해주는 것으로 '외적 재현'과 '내적 재현'의 문제가 있다.[34] 마그나니는 "내적 재현"을 "지식과 명제, 생산물, 도식, 모델, 원형, 이미지들처럼 기억 속 구조 안에 존재하는"것[35]으로 규정하며, 이를 바탕으로 손으로 그려진 형체들과 사회 속에 정착된 상징들을 "외적 재현"으로 규정한다. 외적으로 잘 구성된 구조와 내용들은 내적 구성에 투영되며, 이 투영은 현상의 원인을 발견하려는 논리적 추론인 가추법의 구성 노력과 결합되면서 이루어진다. 여기에서 외적 구조의 요소들은 구성적, 설명적인 내적 활동에 힘입어 상호간 새로운 의미들과 관계를 획득하는데, 이때 양측의 상호작용은 그것을 매개하는 "인식적, 인지적 매개체들"[36]을 통해 이루어진다. 이 매개체들은 유지, 보존되고 개선되기도 하며 일회적 역할에 그치기도 한다. 그리고 이 과정에서 내적 재현은 "정신적 변형

---

32 Charles S. Peirce(1977), Semiotic and Significs: The Correspondence between Ch.S. Peirce and Victoria Lady Welby, hg. v. Charles S. Hardwick, Bloomington/London: Indiana University Press, 33.

33 Vgl. John M. Krois(2011), S. 108, 정감의 직접성이 강하다면 아이콘성을 지니지 못할 수 있으며, 그런 경우 정감은 기호가 아니다. Vgl. SS 3.306.

34 Magnani(2009), 2.

35 A.a.O., 45.

36 A.a.O., 123.

mental transformation"을 동반하고, 외적 재현 역시 내적 재현의 변형을 동반하며, 이것은 소위 "마음의 탈육체화"[37]를 통한 "의미창조"의 방식으로 일어난다. 이것의 예로 들 수 있는 것은 마지막 빙하기인 3만년전 독일의 홀렌슈타인-슈타델Hohlenstein-Stadel 동굴에 새겨진 반인 반사자의 형상이다. 이 형상은 변형과 탈육체화를 동반하는 재현으로서 "모방적이면서도 창조적 재현"[38]이라고 할 수 있다. 모방과 창조는 어느 경우에나 순수하거나 완전할 수 없다. 모방과 창조의 구분은 내적 재현과 외적 재현이 서로 의존적이듯 서로 의존 관계에 있으며, 양자의 규정 역시 현실적 준거를 바탕으로 한 정도의 차이일 뿐 완전한 모방도 완전한 창조도 있을 수 없다.

VI. 결론: 모방으로서의 창조, 창조로서의 모방

예술적 가추법은 창조적 아이디어의 도입 과정으로서 그것은 '느낌의 자질'에 대한 인지적 통제, 상상력을 통한 아이디어들의 자유로운 유희, 그리고 일정한 양의 놀라움과 자발성을 포함한다. 과학자와 마찬가지로 예술가는 가능성의 영역에 자신을 개방함으로써 가추법을 시작한다. 하지만 과학적 가설과는 달리 이 가능성들은 과학적 문제들에 대한 가능한 답변이 아니라, 모호성과 불편함을 동반하는 예술적 욕망에 대한 답변이다. 퍼어스가 지닌 미적 상대주의의 태도 역시 실제 세계와의 일치라는 과학적 진실의 기준이 예술적 진실의 기준일 수 없는 것과 무관하지 않다.

37 A.a.O., 157.

38 A.a.O., 159.

나는 순수한 미적 우월성 또는 열등성의 구분이 있다는 것에 대해 진지하게 의심한다. 나는 무수한 수의 다양한 미적 자질이 있으며, 순수하게 미적인 우월성의 단계는 없다고 생각한다(CP 5.132).

예술가가 그의 작품을 자신의 주관적 미적 판단에 의해 판단할 수 있다 해도 그의 판단이 절대시될 수는 없다. 예술의 미적 성격 역시 과학적 탐구의 진실처럼 관찰자가 속한 "공동체의 이상적 견해에 의해 규제"[39]되기 때문이다. 그리고 예술적 판단이 그런 '공동체의 이상적 견해'에 의존할 가능성은 예술적 창조가 지니는 자기 준거적, 자율적 성격에도 불구하고, 그것이 '변형'의 매개체를 통과하는 "내적 재현"과 "외적 재현"이자 양자간의 상호작용이며, 그래서 결국은 창조가 자기 복사이자 모방이라는 점에서도 발생한다.

마그나니가 말하는 '모방적 재현'과 '창조적 재현'의 상호작용에서 핵심적인 것은 단순한 반영이 아닌 자기 분리와 복사의 능력이며, 나아가 내적 구조와 외적 구조 사이 상호 작용으로 일어나는 "이중의 복사superimposition"[40]이다. 복사이자 분할의 양식을 취하는 "이중의 복사"에 개입하는 "매개체"는 다양한 방식으로 존재할 수 있다.[41] 이것은 추론의 과정에 개입하는 제3의 요소로서 사이버네틱스에 대한 라캉의 논의에서 전기와 자기를 매개하는 "요정전기"와 유사하며, 의식과 무의식을 매개하는 양자의 "차이" 자체와도 유사하다.[42]

예술적 가추법은 새로운 자질의 느낌을 제시하려는 목적과 함께 시작된다.

---

39 Vgl. C.M. Smith(1972), The Aesthetics of Charles S. Peirce, Journal of Aesthetics and Art Criticism, 31, S. 27.

40 Lorenzo Magnani(2009), S. 53.

41 마그나니는 인위적 모델에 의한 매개체를 통해 가설을 설명하는 작업을 수행하기도 한다. Magnani(2009), S. 61.

42 전동열(2016), 137집, 193쪽.

이것은 특히 느낌들의 생각을 관계로 연결함으로써 수행된다. 생각들의 반작용은 예술작품의 메타포적 본성을 수립하면서 새 자질을 제시한다. 그것들은 이미 세계 속의 어떤 유사물로 환원할 수 없다. 그들은 자신이 참조할 것을 창조해내며, 그것의 재현 양식은 자기-재현적이다. 과학자도 예술가처럼 추론의 과정에서 다양한 하이포아이콘들을 사용하지만 초기의 가추법의 최종적 대응물은 과학자에게는 다이어그램적 유추의 형식이며 예술가에게는 메타포의 형식이다.

예술작품은 자신의 참조물을 창조한다. 그렇기에 예술의 메타포적 또는 아이콘적 자기재현의 기능은 과학에서 발견하는 것보다 근본적인 새로움을 가능하게 한다. 과학적 가설은 독창적일 수 있지만 그것과 관계하는 실재성은 새롭지 않다. 하지만 예술에서는 아이디어의 측면에서 독창적일 뿐 아니라 존재의 세계에서도 새롭다. 예술은 실제 세계의 참조를 필요로 하지 않고 자기 지시적, 자기 재현적일 수 있기 때문이다. 이것은 예술에 대한 판단이 실제 세계와의 일치나 상응 관계로 이루어지지 않는다는 점과 무관하지 않다.

참고문헌

전동열(2012), “움직이는 그림”과 의미의 관계에 대한 기호학적 고찰 – 들뢰즈의 퍼어스 기호 분류 수용을 중심으로, 독일언어문학 제58집, 161-188.

전동열(2016), 라캉의 심리분석에서 기표, 의미작용과 사이버네틱스의 작동방식, 독일문학 137집, 177-199.

전동열(2016), ‘그래머톨로지’에서 ‘다이어그래머톨로지’로? 또는 스테른펠트의 ‘다이어그래머톨로지’와 데리다의 ‘그래머톨로지’의 관계는 단지 “수사학적인 것”인가? 독일문학 139집 57권, 135-159.

Anderson, Douglas R.(1987), Creativity and the Phiosophy of C.S. Peirce, Dordrecht/Boston/Lancaster: Martinus Nijhoff.

Aristotle(1962), Prior Analytics by Hugh Tredennick, II, 25, Harvard University Press: Cambridge Massachusettes.

Deleuze Gilles/ Guattari, Félix(1992), Tausend Plateaus: Kapitalismus und Schizophrenie, Berlin: Merve.

Derrida, Jacques(1983), Grammatologie, übersetzt v. Jörg Rheinberger u. Hanns Zischler, Frankfurt a.M.: Suhrkamp.

Fann, K.T.(1970), Peirce's Theory of Abduction, The hague: Martinus Nijhoff.

Hocutt, Max Oliver(1962), The Logical Foundations of Peirce's Aesthetics, The Journal of Aesthetics and Art Criticism, 21.

Hoffmann, Michael H.G.(2005), Erkenntnisentwicklung. Ein semiotisch - pragmatischer Ansatz, Vittorio Klostermann: Frankfurt a.M.

Kant, I.(2014), Kritik der reinen Vernunft, hg. v. W. Weischedel, Frankfurt a. M.: Suhrkamp.

Krämer, Sybille/Cancik-Kirschbaum, Eva/Totzke, Rainer (Hg.) (2012), Schriftbildlichkeit. Wahrnehmbarkeit, Materialität und Operativität von Notationen, Berlin: Akademie Verlag.

Magnini, Lorenzo(2009), Abductive Cognition. The Epistemological and Eco-Cognitive Dimensions of Hypothetical Reasoning, Berlin/Heidelberg: Springer.

Peirce, Charles Sanders, Collected Papers, Bde 1-6(1974), hg. von Charles Hartshorne/Paul Weiss, Bde. 7-8(1966), ed. by Arthur W. Burks, Cambridge MA: Harvard University Press(CP 권.항으로 인용).

Peirce, Charles S.(1977), Semiotic and Significs: The Correspondence between Ch.S. Peirce and Victoria Lady Welby, hg. v. Charles S. Hardwick, Bloomington/London: Indiana University Press, 33.

Peirce, Charles Sanders(1992, 1998), The Essential Peirce. Selected Philosophical Writings, Vol. 1 (1867-1893), Vol (1893-1913), ed. by Nathan Houser and Christian Kloesel, Bloomington/Indianapolis: Indiana University Press.

Peirce, Charles S.(2000), Semiotische Schriften, Bd. 1: 1865-1903, II: 1903-1906, III: 1906-1913, hg. u. übers. v. Christian Kloesel und Helmut Pape, Frankfurt a.M.: Suhrkamp 2000.

Zeitschrift für Semiotik, Bd. 31, Heft 3-4(2009), Diagrammatische Zeichen, hg. v. Roland Posner, Tübingen: Stauffenburg Verlag.

논평과 토론

과학적 창조와 예술적 창조의 유사성과 차이

- 퍼어스의 가추법을 중심으로

선우환 저와 상당히 비슷하고 연관성이 많은 발표 주제인데, 논문을 읽으면서 글쓰기의 방식이 많이 다르다는 느낌을 받았습니다.

몇 가지 질문을 드리는 걸로 토론을 진행할 텐데요. 우선, 퍼스의 입장을 선생님도 받아들이는 관점에서 말씀을 하시고 계시기 때문에 이 첫 번째 질문을 드리는 건데요, 퍼스가 나름의 시대적 한계를 가지고 있다고 저는 생각합니다. 퍼스 당시의 논리학의 발전 단계에서 볼 때에는 연역논증, 귀납논증에 대해서 굉장히 협소한 이해를 가지고 있었습니다. 연역논증이라고 하면 전통적인 아리스토텔레스 식 삼단논증에 국한해서 이해를 했고, 또 귀납논증이라고 하면 오늘날 열거에 의한 귀납이라고 하는 것에 국한해서 이해를 했죠. 오늘날 연역논증과 귀납논증을 이해하는 방식은 그에 비해 훨씬 더 포괄적이고 체계적이라고 할 수 있습니다. 그래서 연역논증에 열거적인 연역논증까지도 포함이 될 수 있는 것이죠. 퍼스가 생각하고 있었던 연역논증보다는 훨씬 더 넓은 범위의 것들이 자연스럽게 (연역논증의 범위로) 들어가게 됩니다. 귀납논증의 경우도 (마찬가지로) 통계적 삼단논증도 당연하게 귀납논증에 포함이 되어야 하거든요. 그런 식의 현대적인 이해에 입각해서 볼 때에는 사실은 가추법도 귀납논증에 속하게 되거든요. 얼핏 퍼스의 입장에서 보면, 연역논증, 귀납논증 외의 제3의 논증으로 가추법을 생각했던 것으로 보이는데, 이것이 실은 당시에 연역논증과 귀납논증을 너무 협소한 방식으로 이해했던 것에서 기인한 것은 아닐까요. 보다 개선된 이해에 비추어서 볼 때에 사실은 퍼스의 그 당시의 생각이 늘 충분한 정당성을 가지지 않는 것으로 생각이 되는데, 그에 대해서 선생님의 의견이 어떠신지 궁금하고요.

다음으로, 발견의 문제와 정당화의 문제는 구분될 수 있다는 점입니다. 사실 논증들도 보통 정당화의 규칙입니다. 전제들이 주어졌을 때 결론을 정당화하는가, 정당화하지 않는가에 대한 규칙이라고 할 수 있는 것이죠. 그런데 가추법도 하나의 정당화 규칙으로도 이해될 수 있고, 그러면서 동시에 가추법의 경우에는 발견의 규칙, 즉 새로운 원인에 대한 가설을 찾아낸다든가 하는 그런 규칙으로도 이해가 될 수가 있습니다. 그럼에도 불구하고 그 두 가지 규칙이 굉장히 유사하면서도 여전히 다른 규칙이라고 생각되거든요. 정당화 규칙으로서의 가추법과 발견의 규칙으로서의 가추법이요. 마치 퍼스는 가추법이 이 양자를 동시에 할 수 있는 것처럼 논의하는데, 실제로는 그 두 가지를 각각 하는 것이 사실은 서로 다른 두 가지 종류의 규칙이라고 생각이 되고요.

그 다음에 세 번째로는, 상상력과 창조성의 개념에 관한 질문입니다. 이 두 가지가 퍼스에 있어서도 그렇고 선생님 논문에 있어서도 그렇고, 거의 뒤섞여서 사용이 되는 경향이 있습니다. 상상력 개념과 창조성 개념은 물론 밀접한 관련이 있습니다만 그럼에도 불구하고 완전히 똑같은 개념은 아니라고 생각이 됩니다. 선생님께서는 똑같은 개념이라고 보시는 건지, 아니면 다른 개념이라고 보신다면 그 둘이 어떻게 다르다고 생각하시는지 듣고 싶고요.

네 번째로, 예술적인 창조성을 가추법을 대표로 해서 보든지, 가추법을 가지고 주로 말씀을 하시는데, 가추법이 과학에서 가설을 발견하는 그런 창조적인 방법으로서의 측면이 있는 것은 사실이지만, 그러나 모든 창조성이 가추법에 의해서 망라되는 것은 아니라고 생각되어서요. 특히나 예술적인 창조성의 경우에는 가추법에 의해서 포착될 수 없는 창조성이 얼마든지 있으리라고 생각이 됩니다. 만약 가추법을 가지고 그 모든 것을 설명을 하시고자 하면 가추법을 굉장히 넓게 이해해서 원래 가추법의 의미가 더 이상 남아있지 않은 느슨한 개념이 될 것 같습니다. 아니면 가추법으로 설명할 수 없는 예술적 창조성을 설명하지 못하는 문제가 생길 수 있는 것 같고요.

마지막으로 퍼스의 입장이 어떤지를 충실하게 설명을 해주셨는데, 제가 좀 더 궁금한 것은 퍼스의 입장과 업적에 덧붙여서, 선생님의 입장이 어떤 건지, 선생님의 목소리가 어떤 건지, 그게 좀 궁금했습니다. 이에 대해서 말씀할 것이 있으면 이야기해 주시기 바랍니다.

전동열 예, 선생님 말씀 맞습니다. 제 글의 목표가 가추법이 연역법이나 귀납법과 어떤 차이를 지니는지를 규명하려는 데 있는 것은 아니고요, 퍼어스의 가추법에 초점을 맞추고는 있지만, 그렇다고 제 글이 퍼어스가 말한 내용을 그대로 요약한 것도 물론 아닙니다. 저의 입장은 가령 포스트구조주의 철학자인 들뢰즈가 『철학이란 무엇인가』에서 '철학은 개념의 창조다', 그런 의미에서 철학은 '좀비를 다시 일어나서 춤추게 하는 것이다'라고 하는 것과 유사하다고 할 수 있습니다. 말하자면 죽어있는 개념에 어떻게 생명력을 불어넣을 것인가 하는, 그런 문제의식을 가지고 있다고 할 수 있죠. 그런 점에서 제가 이야기한 내용이 모두 퍼어스가 생각한 것이었고, 그것을 제가 그대로 옮겨 말한 것이라고 할 수 없죠. 그보다는 그의 사상을 제가 이해했거나 제가 동의하는 방식으로 다른 학자들이 해석하고 설명한 것을 제가 가진 문제의식에 부합하게 재구성했다고 할 수 있을 겁니다.

사실 퍼어스는 예술적 창조성을 가추법과 연관시켜서 설명하지 않았어요. 그가 명시적으로 말한 것은 가추법이 과학적 창조성, 또는 새로운 지식 습득의 유일한 방식이라는 것입니다. 저는 그것을 예술적 창조성의 문제와 어떻게 관련지을 수 있는지를 살펴본 다른 연구자들에게서 힌트를 얻어 가추법을 중심으로 과학적 창조성과 예술적 창조성을 비교해보려 한 것이고요. 그 바탕 역시 가추법이 새로운 지식을 획득하는 유일한 방식이라고 보는 퍼어스의 사고에 바탕을 두고 있지요. 물론 연역법과 귀납법이 퍼어스의 말처럼 새로운 지식의 습득에 아무런 역할을 하지 못한다고 할 수는 없습니다. 연역법이라고 하더라도 주어진 명제만 확정하는 역할만 하는 것이 아니고, 새로운 지식을 얻는 과정의 측면을 지니고 있어요. 어떤 면에선 모든 추론은 새로운 지식의 습득에 일정한 역할을 한다고 할 수 있습니다. 귀납법도 그렇고요. 퍼어스도 초기에는 귀납법과 가추법을 혼용합니다. 비슷한 점이 있고 때론 잘 구분이 가지 않는다고 본 거죠. 왜냐하면 귀납법도 나타난 사실에 대해 계속해서 원인을 찾아 나가는 과정이고, 또한 나타난 현상의 규칙과 그것의 일반적 법칙을 찾아가려고 하는 추론의 방식인데, 가추법 역시 나타난 현상의 규칙을 찾아나가는 방식이기 때문이에요. 하지만 가추법은 실험의 반복에 의해서도 확정적 결론을 낼 수 없고, 그래서 종착점이 없이 끊임없이 원인을 찾아나갈 수밖에 없는 가정에 중점을 둔다는 차이가 있죠. 그러니까 프로세스의 지속성과 확정성의 유무에서는 차이가 나는데, 그 틀로 보면 별 차이가 안 나는 겁니다. 저의 발표에서 왜 굳이 가추법이 그렇게 커다란 능력과 잠재력을 지닌 것이 될 수 있을까에 대한 의문이 제기될 수 있는데, 그 답은 가추법의 그런 근본적 성격과 관련되어 있습니다. 가추법은 나타난 현상의 원인에 대한 의심과 현상에 대한 끊임없는 질문, 그리고 그에 대한 가설의 설정, 이런 것에 더 중점을 둔 추론방식이라는 것 말입니다. 귀납법이 일반적 법칙을 찾아내고 그것을 정당화하는 것에 중심을 둔다면, 가추법은 귀납법처럼 법칙 발견을 위해 실험을 반복하고 '아 이제 법칙이 발견되었으니 됐다'가 아니고, 끊임없이 새롭게 다시 규칙 이면의 출발점을 찾아가려고 한다는 겁니다. 그런 점에서 보면 푸코식의 '지식의 고고학'처럼 언제부터 어떻게 해서 주어진 현상이 나타났을까에 대해서 끊임없이 질문하는 그런 모멘텀이 가추법에서는 중요하다고 할 수 있을 것 같고요, 퍼어스 역시 그런 모멘텀을 중시했다고 할 수 있겠죠. 저도 실은 그 점에 관심을 가졌던 거고요. 물론 가추법이 창조적인 모든 것을 할 수 있다는 건 아니죠. 가추법의 핵심이 의심과 가설 설정, 계속되는 질문 제기에 있다는 점에서 따올 만한 가치가 있다는 것입니다. 연역법과 귀납법과의 관계에서 가추법이 지닌 잠재성이나 능력에 대해서는 이상과 같이 설명드릴 수 있을 것 같습니다.

그리고 가추법을 너무 광의로 이해하는 것 아닌가에 대해 질문해주셨는데요. 역으로 가추법을 논리적 형식의 틀에만 한정시키는 것도 너무 협소한 접근방식이라고 봅니다. 퍼어스는 가추법을 학문적이고 과학적인 창조성에 이르는 유일한 방식으로 설명합니다. 그렇지만 그걸 절대화할 수는 없겠죠. 퍼어스의 주장은 퍼어스의 관점을 담고 있고요, 가추법을 규정하는 방식이나 관점에 차이가 있을 경우 퍼어스의 주장에 대한 반론은 항상 가능하다고 봅니다. 그의 주장의 근본 바탕에는 가추법이 원인을 설명하는 가설 제기의 유일한 추론 방식이라는 규정이 자리 잡고 있습니다. 그리고 제 발표의 부제를 통해서도 시사하고 있다고 생각하는 데요, 저의 발표는 가추법과 창조성의 문제를 "퍼어스의 abduction을 중심으로" 한번 살펴보겠다는 것이지 모든 가추법이 창조성 일반에 적용될 수 있다는 것은 아닙니다. 그 전제하에서 가추법이 과학적 창조성과 예술적 창조성을 구분하고 설명하는 데 유용하고 생산적인 측면이 있다, 그 정도지요.

저는 이미 나와 있는 많은 것들, 즉 퍼어스에 대한 다른 사람들의 이해 같은 것들을 제 발표에 집어넣었습니다. 이미 많이 알려져 있고 '예술의 자율성'으로 요약되어 하는 명제로서 '예술은 스스로를 참조한다'는 게 있죠. 이런 명제를 어떻게 이해할지에 대한 하나의 시각이 과학적 창조성과 예술적 창조성의 차이를 규명하는 가운데 제시된다고 생각해요. 과학이 창조적일 수 있다면, 그 창조는 어디까지 갈 수 있는 것인가. 어떤 의미에서 창조라고 할 것인가, 이런 문제를 설명하는 데 이 가추법이라는 추론의 방식이 유용하다고 생각하고요. 퍼어스 자신도 가추법은 하나의 출발점이라고 이야기하죠. 다음으로 가추법에 의해 제기된 가설의 세분화 작업은 연역법을 거쳐야 이루어지며, 다시 그것이 얼마나 우리의 경험 속에서 일반성을 획득할 수 있는가는 귀납적 방식으로 다시 검증해야 한다, 이렇게 말합니다. 저는 이 가운데서 창조성이라는 것이 어디에서 시작될 수 있는가라는 문제에 집중하기에, 그 가능성으로서 가추법을 살펴 본 겁니다. 더 이상은 다루지 않았습니다. 그 이상을 다루는 것은 어찌 보면 저한테는 지나친 과제이고, 능력을 벗어나는 것일 수도 있고요. 또한 과학의 분야에도 제가 다룬 이상을 다루는 것도 제 영역에서 벗어나고, 그 점은 예술의 영역에서도 마찬가지예요. 과학적 창조성과 예술적 창조성의 차이를 퍼어스의 가추법을 바탕으로 규명해보는 것, 그걸 설명하는 수준에 제 발표는 한정됩니다. 그 정도에서 이해해 주시면 될 것 같습니다.

이윤석 과학과 예술 이외에 학문에서의 상상력은 어떻게 되는 거죠? 어디에 들어가는 건가요? 과학에 들어가는 건가요?

전동열 학문의 영역도 그런 것 같습니다. 의학과 같이 경험치에 의해서 원인을 확인해야 하는 학문이 있을 수 있죠. 그런 식으로 논증, 검증, 실험을 거쳐서 결과를 확인할 수 있는 것들은 자연과학적 상상력에 더 가까이 있다고 볼 수 있을 것 같아요. 문학이 과연 과학이냐고 물을 때, 그걸 실험으로 검증할 수 없다는 점에서 그건 다른 영역에 …….

이윤석 문학은 학문은 아니죠. 그런데 요즘에는 문학작품을 대상으로, 문학적 사건을 대상으로 하는 탐구를 포괄하여 문학연구라고 합니다. 그렇다면 문학연구에서의 상상력과 지식의 문제, 이런 것들은 어떻게 관련이 되는지요.

전동열 가령 딜타이 같은 사람은 정신과학(Geisteswissenschaften)이라는 용어를 쓰잖아요. 문학에 대한 연구가 소위 문학학(Literaturwissenschaft)으로 정립되는 것은 문학적 용어로 문학의 가치를 평가할 수 있을 때 가능해지죠. 문학이 푸코적 의미에서 하나의 담론으로 구성되는 과정에서 방법론적으로 자연과학적 방법론과는 다르면서, 문학을 문학의 고유한 언어를 가지고 설명할 수 있게 되고, 그런 의미의 담론적 성격을 지니면 그것을 과학이라고 할 수 있을 것 같아요. 정신과학이라는 용어 속에는 논리적 완결성을 기하는 방식을 과학이라고 파악하려는 의도가 포함되어 있다고 할 수 있겠죠. 그러나 사실 정신과학은 자연과학과는 다르죠. 자연 과학적 합리성이나 사실성의 확인, 또는 현실적 사실성에 입각한 실험적 지식이 정신과학에서 감정과 정서, 그리고 포괄적으로 '정신'을 바탕으로 얻어지는 지식과 같을 수는 없으니까요. 어찌 보면 생철학을 바탕에 두고 있는 딜타이의 '정신과학'이라는 용어는 자연과학이 높이 평가되던 시기에 문학 연구도 과학적 성격을 띠면서 그것과 차별화되는 방법론을 가져야 하겠는데, 어떻게 하면 그런 의미에서 문학학이 과학일 수 있을까, 이것을 고민하는 가운데 나왔다고 할 수 있죠. 어찌 보면 궁여지책이라 볼 수도 있고, 어찌 보면 자신의 위상을 확실히 하기 위한 하나의 방식을 택한 건데, 그 과정이 정신과학의 영역을 정립하는 결과로 구체화되었다고 할 수 있을 것 같아요. 인문학적 접근 방법과 인문학적 용어로 인문학을 판단하려는 움직임, 그러니까 과학적 용어, 법률적 용어, 신학적 교리로 문학을 판단하지 않고, 인문학에 맞는 용어와 방법을 개발하고, 그것의 완결성을 통해 하나의 영역으로 정립하려는 것이었다고 요약할 수 있겠네요. 그것이 문학의 담론화 과정에서 일어났고, 또한 그 차이가 문학을 포함하는 인문학적 지식과 과학적 지식의 차이를 만들어낸다고 할 수 있겠죠.

자연과학적 지식과 인문과학적 지식의 우위에 대한 논쟁도 있을 수 있는 듯합니다. "자연과학과 달리 문학은 과학적 지식을 내놓지 못 하잖아"라고 말하면 문학 쪽의 사람들은 또 이렇게 반박해요. "그럼 자연과학은 실험을 통해서 인간의 마음을 완벽하게 규명해 낼 수 있어?"라고요.

이윤석 그런데 자연과학 쪽에서는 이런 건 있죠. 똑같은 실험을 해서 똑같은 결과를 낼 수 있어야 하죠. 그리고 철학자는 사유만으로 한다는 것 아닙니까. 그렇다면 문학연구자는 무얼 가지고 하는 걸까요.

선우환 문학 연구에서도, 아까 같은 그런 문제, 예를 들어 『춘향전』이 『춘향가』에서 나왔는가에 대한 탐구는 경험과학적인 성격을 가지고 있다고 생각되거든요. 그런 경우에 『춘향가』에서 『춘향전』이 나왔다고 상상했다고 해서 그것에 대한 증거가 되는 건 분명히 아니지 않습니까.

이윤석 그렇죠.

선우환 그런데 경험과학에서도 그 상상이 어떤 역할을 할 수가 있는 것은, 그것이 어떤 증거역할을 하지는 못하지만, 아, 이런 가능성도 있겠다는 상상을 하고서 과연 그 가능성이 실제로 성립하는 가능성인가에 대해서 그걸 탐구하고자 하는 동기가 생길 수가 있는데요, 그런 동기부여라든가 발견의 계기를 부여한다든가, 하는 식으로 상상은 여전히 역할이 있다고 생각합니다.

이윤석 당연히 그렇다고 봅니다. 그런데 상상을 증명하지 않으면 안 되는 거죠. 그런 문제도 있을 겁니다.

선동열 어찌 보면 자연과학의 자기주장이라고 할까요, 그것이 끊임없이 제기되었던 듯한데요. 실험적 결과에 대한 명증성의 확신 말입니다. 하지만 그런 이야기하잖아요. 우리가 볼 수 있는 건 맹점 때문이지만 맹점은 볼 수 없다. 다른 말로 하면, 우리는 관점이 없이는 세계를 보지 못하지만 관점은 볼 수 없다는 거죠. 자연과학이 아무리 실험의 조건을 만들고 그것이 합당한 것이어서 같은 결과가 나온다고 하더라도, 그것조차도 항상 일정한 관점을 가지고 있다는 거예요. 철학, 문학, 예술 측에서는 결국 우리의 경험과 그에 바탕을 둔 증명도 완전한 진실성을 보장해주지는 못한다고 공격을 하지요. 과학적 실험의 명증성도 그것이 기반으로 하는 바탕에서 보증되는 것이고요, 그런 점에서는 인문학적 상상도 자신이 기반으로 하는 체험과 인식 구조의 바탕 위에서 진실성과 명증성을 획득한다고 할 수 있죠. 그 모두가 인간과 세계에 대한 지식을 구성할 텐데, 자연과학적 증명만을 진실성의 전부라고 믿는 것은 감정과 정서를 통한 인식의 가능성을 제한하는 결과를 낳을 수 있겠죠. 그것을 맹점을 통해 보지만 맹점은 보지 못한다, 관점을 통해 보지만 관점은 보지 못한다고 말할 수 있겠네요. 그리고 루만의 시스템 이론에서도 이렇게 이야기합니다. 항상 자기가 보는 것은 어느 한 쪽이다, 양쪽을 다 보지 못한다고 말입니다. 그런데 한 쪽을 보면서 양쪽을 다 본다고 착각하죠. 과학도 마찬가지라는 것입니다. 그에 반해 미학이나 문학, 철학은 결코 자연과학에 비해서, 그들이 말하는 명증성에 뒤지지 않는 나름의 논리를 가지고 있다고 계속해서 주장하죠. 그것은 어찌보면 인문학이 경영이나 돈에 의해 너무 밀려나니까, "인문학은 인간과 세계에 대한 지식을 가능하게 하는 나름의 고유한 영역이 있어, 너희들이 보지 못하고 알지 못할 뿐이야"라고 주장하는 것 같을지 모르겠습니다. 하지만 그 논의를 진지하게 따라가다 보면 과학적 명증성의 취약함에 대해서도 사유할 수 있을 것입니다. 과학적 명증성도 동일하게 주어진 조건 속에서만 유지될 뿐, 그 조건을 변화시키면 그 명증성이라고 하는 것도 일시에 무너질 수 있기 때문이죠. 실험과 그를 통한 증명도 한계를 지니고 있는데, 어쩌면 우리가 그 결과에 대해 지나친 확신이나 신뢰를 가지고 있는 것은 아닌가, 그런 생각을 할 수도 있겠고요.

이경훈 그럼 이것으로써 오늘 발표회를 마치겠습니다. 장시간 고생하셨습니다.

발표자 및 토론자

이윤석 전 연세대학교 교수(연구분야 : 국어국문학)

김장환 연세대학교 교수(연구분야 : 중어중문학)

양석원 연세대학교 교수(연구분야 : 영어영문학)

조주관 연세대학교 교수(연구분야 : 노어노문학)

선우환 연세대학교 교수(연구분야 : 철학)

전동열 홍익대학교 교수(연구분야 : 독어독문학)

이경훈 연세대학교 교수(연구분야 : 국어국문학)